教育部人文社会科学研究项目（印度高等教育发展问题研究）主要成果

北京大学国际高等教育研究中心研究成果之一

光明社科文库
GUANGMING DAILY PRESS:
A SOCIAL SCIENCE SERIES

·教育与语言书系·

印度高等教育史

施晓光 | 著

光明日报出版社

图书在版编目（CIP）数据

印度高等教育史 / 施晓光著 . -- 北京：光明日报
出版社，2022.11
ISBN 978 - 7 - 5194 - 6924 - 5

Ⅰ.①印… Ⅱ.①施… Ⅲ.①高等教育—教育史—印
度 Ⅳ.①G649.351.9

中国版本图书馆 CIP 数据核字（2022）第 214270 号

印度高等教育史
YINDU GAODENG JIAOYU SHI

著　　者：施晓光

责任编辑：李壬杰　　　　　　　　责任校对：李　倩　李佳莹
封面设计：中联华文　　　　　　　责任印制：曹　净

出版发行：光明日报出版社
地　　址：北京市西城区永安路 106 号，100050
电　　话：010-63169890（咨询），010-63131930（邮购）
传　　真：010-63131930
网　　址：http://book.gmw.cn
E - mail：gmrbcbs@ gmw.cn
法律顾问：北京市兰台律师事务所龚柳方律师

印　　刷：三河市华东印刷有限公司
装　　订：三河市华东印刷有限公司
本书如有破损、缺页、装订错误，请与本社联系调换，电话：010-63131930

开　　本：170mm×240mm
字　　数：438 千字　　　　　　　印　　张：24.5
版　　次：2023 年 6 月第 1 版　　印　　次：2023 年 6 月第 1 次印刷
书　　号：ISBN 978 - 7 - 5194 - 6924 - 5
定　　价：99.00 元

内容摘要

　　本书是一部印度高等教育发展史专著。作者采用历史研究的方法，通过对大量文献资料的整理和分析，系统地梳理了印度高等教育从古代形态演变成现代制度的历史发展过程。

　　全书分上下两编，共五章。上编为独立前印度高等教育，下编为独立后印度高等教育。上编三章分别描述了印度独立前三个不同历史阶段（古印度和中世纪时期、东印度公司时期和英属印度时期）高等教育发展的状况。下编两章分别描述了印度独立后两个历史阶段（计划经济时期和市场经济时期）高等教育改革与发展的状况。在考察其历史发展过程中，各章结合不同历史时期的社会经济、政治和文化背景，围绕各个时期重要的高等教育历史事件、人物和发展问题，在深入挖掘和整理历史资料的基础上，全景式地描述了印度高等教育发展跌宕起伏的历史图景，客观地分析和解释了其发生、发展的内在逻辑。本书旨在帮助读者学习印度高等教育历史，拓宽学术视野，深化对印度高等教育现实问题的认识和理解。

前　言

一

　　回首追忆，往事如烟，岁月如钩，提笔沉思，瞬间，所有与本书相关的往事仿佛一下重现眼前。过往的经历迄今仍然记忆犹新，永生难忘。佛经道："一切皆有因果，因业而报。"本书问世似乎验证了这句至理箴言，因为它是我十年寒窗，甘于寂寞，投身于此"业"的一种回报，是我的三次印度高等教育研究经历的因果。

　　2004 年，我告别出生、成长的东北家乡——沈阳，离开学习和工作二十三年的沈阳师范大学，调入北京大学工作。两年后的一次邂逅，让我与印度高等教育研究有了第一次结缘。是年春天，我有幸结识了来访的美国夏威夷大学前校长 P. 英格莱特（Englert. P）教授①。初次相见，我们一见如故，希望一起开展合作研究工作。他坦言道："作为校长，我对中国和印度两国的高等教育体系非常感兴趣，也愿意在北京大学寻找合作伙伴。"他建议一起开展中印高等教育比较研究，我表示赞同，并欣然接受邀请。2006 年夏天，为了解印度社会政治、经济、文化和教育状况，我们一起报名参加了在印度海德拉巴大学（Hyderabad University）举办的大学教师发展暑期培训项目②。该项目由美国南达科他大学（University of South Dakota）和印度海德拉巴大学联合举办，主题为《学习印度》（*Program for Studying India*），培训时间为两周。其间，除了在海德拉巴大学学习课程（讲座）、参观校园设施、观摩教学、参加毕业典礼和学位授予仪式

---

　　① P. 英格莱特教授是美籍德国人，天体物理学家，先后担任过澳洲和北美高校的副校长和校长，多次到访过中国。

　　② 暑期培训班一共 15 名学员，除了我来自中国外，其他受训者都是美国人，分别来自美国不同地区的高校。

等活动之外，海德拉巴大学国际处还为受训学员提供了参观当地高等院校、农村基层组织、文化机构、历史遗址等机会。培训结束归途中，我们顺访了位于首都德里的贾-尼赫鲁大学、德里大学、英-甘地国立开放大学和印度国家教育行政管理大学（NUEPA）等印度高等院校。在 NUEPA 访问时，时任校长维-普拉卡什（V-Pralcash）① 教授热情地接待我们，安排我们与该校教师进行深入交流和座谈。首次印度之行，记忆深刻，令人终生难忘。它不仅让我初步了解了印度悠久的历史、古老的文化和独特的高等教育体系，而且还激发了我学习和研究印度高等教育的兴趣。

与印度高等教育研究第二次结缘始于我从印度回国的第二年。2007 年春，我的同事阎凤桥教授② 邀请我一起参加由北京大学公共政策研究所宁骚教授主持的一个国际合作项目——中印发展经验研究③。由于该项目是由中印两国领导人提议和亚洲开发银行资助的，因此受到两国政府部门和社会相关单位的高度重视，调研所到之处一路绿灯，研究进展非常顺利。其间，中方研究小组先后两次到德里、古吉拉特、孟买、班加罗尔等地进行考察和调研，走访了印度政府部门、互联网企业、农村社区、企业和院校协会、民间组织，以及包括印度理工学院［简称"印度理工"（IIT）］和印度工商管理学院［简称"印度商管院"（IIM）］在内的著名高等院校，对财政部和人力资源开发部的高等教育司官员、企业协会负责人、大学校长和大学教师等人进行了多次深入访谈。2008年，课题组顺利完成了《中国和印度发展经验》调研报告④ 的撰写工作，并分别参加了在中国北京、印度德里、越南河内和西班牙巴塞罗那等地举行的成果推介会，与来自亚洲、欧洲的部分国家代表分享了研究成果。此次国际合作研究的经历让我对印度高等教育有了更加深入的认识，强化了自己的研究志趣。

---

① 维-普拉卡什校长后来担任过印度大学拨款委主席，任我国"春晖奖"外籍评审专家，多次访问中国和北京大学。
② 现任北京大学教育学院院长，主要从事高等教育管理、大学组织治理等方面的研究和教学，代表著作有《大学组织与治理》。
③ 该项目经由中印两国时任总理温家宝和曼-辛格商议，由亚洲开发银行和两国财政部共同资助，由北京大学和印度国家经济研究中心共同主持。中方研究团队成员由北京大学宁骚、国际关系学院张秋敏、经济学院王大树、教育学院阎凤桥和施晓光、中国人民大学金融学院杨健教授等多位研究人员组成。课题组的任务是研究两国社会发展经验，其中中方学者负责研究总结印度的经验，印度学者负责研究总结中国的经验。
④ 2010 年，亚洲开发银行将报告命名为《复苏的亚洲巨人：来自中印的经验》（*Resurging Asian Giants: Lession From People's Repubic of China and India*）正式出版，主编是亚洲开发银行高级专家 K-格哈尤瑟等人。阎凤桥教授和我共同承担了"印度高等和职业教育"一章的研究和撰写任务。

2009 年是我与印度高等教育研究第三次结缘的一年。是年，我成功地申请到教育人文社会科学研究项目——印度高等教育发展问题研究，正式开启了系统探索印度高等教育问题之旅，并于三年后顺利结题。研究过程中，我收集到很多有关印度高等教育历史方面的资料，同时也得到国内外很多同行和朋友热心提供的各种资料。这些宝贵的资料使本书的研究和出版成为可能。这三次与印度高等教育研究的结缘激发了我的研究热情，为完成本书撰写工作奠定了良好的基础。

二

过去的几十年里，印度高等教育研究似乎正在成为一门"显学"，成果也越来越丰富。现有研究文献可以分成几类：（1）分散在印度教育发展史类著作、教科书和学术文章中的高等教育制度、思想、人物和事件等。譬如印度学者罗-拉尔和基-辛哈的《印度教育发展及其问题》、斯-巴特纳噶尔的《印度教育》、顾明远和王长纯的《印度教育史》等著作中所包含的高等教育发展内容；（2）印度教育断代史研究成果，主要指那些专门针对印度某一特定历史阶段高等教育制度、思想、人物和事件研究。有的是古代的，有的是中世纪的，更多的是殖民地时期的，如迪-阿皮特（D-Apte）的《古代印度大学》、马骥雄的《古代印度的教育》①、张梦敏的《简述殖民地时期的印度高等教育》、陈群的《英属印度高等教育的殖民化》、袁朋的《独立后到 90 年代初期印度高等教育的发展》等；（3）高等教育专题史研究成果，主要是针对印度高等教育历史中某些专门问题展开的研究，如 P. 阿特巴赫（Altbach. P）的《孟买学生政治活动》、阿依言（Aiyan）的《大学治理》、赵芹的《印度高等教育附属制度研究》等；（4）比较教育研究中的有关印度高等教育的研究成果，如麦恩蒂拉塔的《美国和印度大学管理方法、问题和意义：比较研究》、B. 伯恩（Born. B）主编的《九国高等教育》中的"印度高等教育"一章、P. 阿特巴赫主编的《古儒的衰落：发展和中等低收入国家的学术职业》中的"印度学术职业"一章等；（5）其他学科领域中涉及的高等教育发展问题，如 D. 阿诺德（Arnold. D）主编的《新剑桥印度史：殖民地印度的科学、技术和医学》等。尽管现有研究成果十分丰富，但目前国内还没有一本印度高等教育通史专著。基于此，我认为撰写这样一本

---

① 马文是中国知网上可以查到的有关印度教育的最早的文献。

通史类著作是有意义的，它可以在一定程度上弥补我国在印度高等教育研究方面的某种遗缺和不足。这也是本书写作的目的和动因。

三

英国社会史学家 H. 珀金 (Parkin. H) 认为，历史研究方法的特殊性在于探讨变革与稳定。说得更具体些，它既研究未被人们承认和尚未预见的变革，同时也研究人们计划或有意进行的变革；既研究影响全部人类组织机构兴衰的潜在过程，也研究对待变革的顽固抵抗行为（H. 帕金：24）。我国先哲孔子也有言："告诸往而知来者""虽不能至，然心向往之。"

本书是一部印度高等教育历史著作，采用历史研究的常规方法，在收集和分析大量文献资料的基础上，全面而系统地梳理了印度高等教育发展的过程，探索其中的制度变迁、历史事件和人物思想等。全书分上下两编，共五章。上编为独立前印度高等教育，下编为独立后印度高等教育。上编三章分别描述了印度独立前三个不同历史阶段（古印度和中世纪时期、东印度公司时期和英属印度时期）高等教育发展的状况。下编两章分别描述了印度独立后两个历史阶段（计划经济时期和市场经济时期）高等教育改革与发展的状况。各章结合不同历史时期的社会经济、政治和文化背景，围绕各个时期重要的高等教育历史事件、制度、人物和发展问题，在深入挖掘历史资料的基础上，全景式地复现了印度高等教育发展起伏跌宕的历史图景，客观地分析和解释了其发生、发展的内在逻辑。本书旨在帮助读者学习印度高等教育历史，拓宽学术视野，深化对印度高等教育现实问题的认识和理解。与其他有关印度高等教育史的著作相比，本书有如下几个特征：第一，整体性。它是具有通史性质的著作，是对印度高等教育从古代形态到现代制度（公元前 2500 年至公元 2014 年）近 4000 多年发生史的全景式描述。每一章都重点围绕特定历史时期的高等教育改革与发展的社会背景、演进过程、关键事件及其影响因素进行梳理和分析。第二，系统性。本书首先将分散在不同文献中有关印度高等教育的历史资料进行梳理和分类、解构与重构。其次，采取剥茧抽丝、去伪存真等方法，力争准确地复现、理解和解读印度高等教育历史事件和人物思想。再次，以历史时间次序为纵坐标，以历史关键事件为横坐标，建构本书的框架结构和内在逻辑。最后，通过对文献材料的"艰难"取舍、对词语选用的再三斟酌，以及对知识正确性、表述准确性等细节的反复推敲，完成对书稿内容的写作和全景式的呈现。第三，关联性。本书在描述不同历史时期的高等教育发生发展之前，都安排一节专门介绍当时社会的基本状况，尤其注意从宗教、文化以及教育本身的视角出发，考察分析不同历史时期高等教育发展的社会背景和思想基础。

本书适合作为相关专业领域专家、学者和研究生等人群工作和学习的参考用书。我希冀本书能让所有读者开卷有益，增加知识，开阔视野。由于本人知识储备、能力水平有限，书中存在各种不足，甚至出现错误也在所难免。在此，恳请学术界专家学者批评指正。

施晓光

2022 年 4 月

目 录
CONTENTS

下编　独立后印度高等教育

上 编 01

独立前印度高等教育

第一章

古印度和中世纪时期（公元前 2500 年—18 世纪）

教育是文明的有机组成部分，既被文明塑造，也塑造文明。印度今天所有的制约，均来自其传统的局限。印度今日之快速发展，均为过去影响之结果，教育也不例外。

——穆-苏瑞（Suri, S. M.：13）

印度教育并非舶来品。世界上没有哪个热爱教育的国家会像（印度教育）这样有如此早的起源，产生如此久远和强大的影响力。

——S. R. 唐戈尔科瑞（Dongerkery, S. R.：1.）

印度位于南亚次大陆，是世界四大文明古国之一。考古发现：早在公元前 7500 年—公元前 3500 年，南亚次大陆就出现了以旧石器和青铜器为标志的史前文明。公元前 2500 年—公元前 1500 年，北方游牧民族雅利安人迁移到南亚次大陆，与土著岁毗荼人混血成为印度雅利安人，并创立了第一个印度文明——印度河流域文明。公元前 1500 年—公元前 500 年，印度雅利安人创造了吠陀文化，推行吠陀教育，以此建立了印度历史上第一个教育体系——吠陀教育体系，又称婆罗门教育体系。公元前 6 世纪中叶左右，佛陀教在摩羯陀国产生，形成了佛陀教文明和文化。在此之后的 2000 多年里，古印度见证了佛陀教（包括与之相似的耆那教）从鼎盛到衰微，以及新婆罗门教（印度教）再度复兴的过程。这一时期，佛陀教一直占据主导地位，形成了比较完备的教育体系，被称为佛陀教育体系。吠陀教育体系和佛陀教育体系是古印度两种不同的教育体系，构成了古代印度教育传统，也孕育了古代印度高等教育的最初形态。

第一节 古印度和中世纪时期的社会状况

古印度和中世纪高等教育是古印度宗教文化发展的结果。宗教文化与宗教教育相辅相成，相互促进。宗教文化发展变化往往会导致宗教教育目的、课程设置、方式方法、机构管理，以及师生关系等方面发生变化。反之，通过培养宗教人才和开展宗教研究，宗教教育会促进宗教知识生产和宗教文化传播与发展。印度历史学家迪-高善必（D-kosambi）指出："文化的连续性是印度最主要的特征。宗教与印度文化，特别与古代和中世纪文化教育有不可分割的联系（迪-高善必：1）。"维-玛黑斯瓦里也指出："教育与宗教有着密切的关系。它们以不同的方式影响社会。宗教在古印度人的生活中扮演着重要的角色（Maheshwari, V. K.：Webpage）。"因此，要考察印度高等教育传统之根，必须从了解印度古代文明和文化开始。

一、吠陀时期：公元前 2500 年—公元前 500 年

吠陀时期是印度文明和文化，尤其是宗教文化和文学之滥觞，分成两个阶段：吠陀前期（公元前 2500 年—公元前 1000 年）和吠陀晚期（公元前 1000 年—公元前 500 年）。[①] 公元前 1000 年左右，吠陀教逐渐演化成婆罗门教，因此，吠陀晚期也称为婆罗门教时期。

（一）吠陀前期：以吠陀教为主调的宗教原始社会

在吠陀初期，印度雅利安人敬畏与崇拜自然山川，膜拜、礼赞、歌颂一切自然神祇，并将赞歌编为圣典，相互传颂，祈求神灵保佑，由此形成了敬神的传统和信仰，在此基础上创造了印度本土最古老的原始部落文化——哈拉帕文化（Harappan Culture）。公元前 2000 年左右，原始部落哈拉帕文化成为印度雅利安人的信仰，形成一种古老的宗教形式——吠陀教。

吠陀教是古印度教的前身，属多神教，崇拜诸种神化之自然力与祖先、英雄人物等（平川彰：18）。公元前 1500 年—公元前 1000 年，印度雅利安人用古

---

① 在吠陀前期，吠陀文明与河流文明部分时间交叉。

老的雅利安语，即梵语写出了最古老的文学作品和宗教典籍——《吠陀本集》①。其中《梨俱吠陀》是现存世界上最古老的诗歌集之一。《耶柔吠陀》《娑摩吠陀》《阿达婆吠陀》三部经书则是通过神话传说反映当时人们的现实生活。吠陀教的主要教义来源于这四部经书（和红梅，周月：138-151）。

（二）吠陀晚期：以婆罗门教为基础的等级奴隶社会

公元前 10 世纪中叶至公元前 6 世纪，印度雅利安人从印度河上游向东推进至朱木那河、恒河流域，建立了一个以婆罗门教为统治文化、以奴隶制为基础的等级社会。吠陀教从原始宗教逐渐发展成一种更加高级的宗教——婆罗门教。是时印度历史进入吠陀后期——"梵书-奥义书时期"。其主要特征是：第一，吠陀教中用梵文表示伟大盛典的"婆罗门"（Brahman）一词被人格化，变成至高无上的存在——梵天主神"婆罗摩"（Bromo）。吠陀教逐渐由多神信仰转向主神信仰的神教模式，创造祭祀作为人与神沟通的方式。负责主持宗教祭祀之人称为"祭司"（Priest）。由于掌握着神权、祸福占卜、垄断文化、报道农时季节，以及主持王室仪典等特殊权力，祭司们获得了至高无上的社会地位和绝对权力，成为祭祀贵族阶层，亦即社会统治者。第二，在吠陀晚期，印度建立了一种以婆罗门基层为核心的"种姓制度"，又称"瓦尔纳制度"。该制度强调"血统出身论"，将印度人分成四类种姓，按阶序依次为婆罗门（祭司阶层）、刹帝利（武士、王室贵族阶层）、吠舍（农民、商人或手工业者阶层）和首陀罗（奴隶阶层）。其中前三种姓属于自由人，有诵念吠陀经及祭祀的权利，死后可再投身于世，故称为"再生族"。非雅利安人的首陀罗，既无诵经祭祀的权利，亦无转世投生的希望，故称为"一生族"。婆罗门死时只须拜神诵经，即可归返宇宙本体之梵天，称为"顿悟法"。刹帝利及吠舍族，除诵经祭祀外，尚得苦练修禅，方生梵天，称为"渐证法"。第三，自公元前 1000 年起，婆罗门教逐步取代吠陀教，成为占据统治地位的宗教。其三大纲领是："吠陀天启，祭祀万能，婆罗门至上"（和红梅，周月：138-151）。婆罗门教把人的一生分为少年学习正法的"梵行期"，青年追求利、欲的"家居期"，老年的"林栖期"和探求解脱的"遁世期"四个阶段。婆罗门教强调人的一生中要通过不断学习吠陀圣典、祭祀礼仪、种姓法则等方面的知识，提高个人精神境界，最终实现对"法、利、欲、解脱"四大目标的追求。吠陀教和婆罗门教同属一门，并无本质

---

①　《吠陀本集》是印度迄今保存下来的最早的文学作品，也是印度教最古老的经书。《吠陀本集》最初包括四部经书：《梨俱吠陀》《耶柔吠陀》《娑摩吠陀》《阿达婆吠陀》。加上后期问世的《梵书》和《奥义书》共同组成印度的六大吠陀经典。

区别。实际上，婆罗门教不过是吠陀教在内容和形式上的不断完善和升华（欧东明：64-69）。

二、佛陀时期：公元前 6 世纪—公元 8 世纪

（一）从列国时代到孔雀王朝：佛陀教的创立

公元前 7 世纪—公元前 4 世纪的印度北部，随着雅利安政权的衰败和波斯人的入侵，印度雅利安社会开始分裂，群雄并举，形成大大小小十多个城邦国家割据之局面。历史学者把这一时期称为"16 列国时代"（王新有：78-83）。公元前 4 世纪，难陀王统治下的摩羯陀国①兼并了北方 16 个城邦国家，成为势力最强的国家，并于公元前 324 年，建立了印度历史上第一个"统一帝国"② ——孔雀王朝。

在列国时期，种姓制度日益固化整个社会阶层，阶级矛盾不断加深。刹帝利、吠舍、首陀罗阶层都对处于第一阶层的婆罗门感到不满，极力反对婆罗门及其所拥护的瓦尔纳制度。他们提出各种新的宗教哲学向婆罗门教发起挑战，进而出现了印度宗教历史上著名的"沙门思潮"③。沙门思潮之后，佛陀教（与耆那教）成为最有影响力的宗教哲学，逐渐取代婆罗门教，成为历史上相对长时间占据统治地位的宗教。

佛陀教，自称"智慧宗教"，是以"戒、定、慧"三学为主要内容的宗教哲学体系，始创于公元前 6 世纪。摩羯陀国释迦族人乔-悉达多（约公元前 566 年—公元前 486 年）是佛陀教始创者，被教徒们尊称为"释迦牟尼"，含有释迦族人的"世尊"之意。"佛陀"④ 是对佛陀教徒的称呼，梵文本意为"觉者"（觉悟的人）。佛陀教的核心思想强调"众生平等""佛度一切"，重视人类心灵和道德的进步和觉悟。学佛之目的在于追寻和实践释迦牟尼所悟到的修行方法，发现生命和宇宙之真相，最终超越生死和苦难，断尽一切烦恼和痛苦，得到究竟解脱，进入涅槃境界（平川彰：134）。从佛陀教史上看，佛陀教始终反对婆

---

① 摩羯陀国建立于公元前 7 世纪中期，后征服了恒河下游的鸯伽国，又先后打败了北邻强国居萨罗、迦尸以及跋耆国，在恒河与宋河的交汇处建立新的都城——华氏城。

② 事实上，古印度历史上南北方从来没有形成真正意义上的统一。

③ "沙门"，原意是"宗教修行者，修炼者"，词根"sram"有"努力、精进"之意。后来用来指一些反对婆罗门教及其哲学流派的统称。其中以佛陀教和耆那教影响力最大。

④ 最初 Buddha 一词专指佛陀教创始人，后泛指所有佛陀教徒。同时，耆那教中，创始人也使用"佛陀"一语，但很多地方用"胜者"（Jina）以示与佛陀教的区别。然而，佛陀教中有时也经常称佛陀为胜者，可见佛陀教与耆那教本质上区别不大。

罗门特权，主张四姓平等，否定吠陀经书的权威性。佛陀教提出的"四谛、五蕴、八苦、众生平等"等普世思想迎合了大批印度非婆罗门教徒的心理需求，成为公元前 7 世纪至公元前 4 世纪的主流宗教哲学，取代了婆罗门教的统治地位。日本佛陀教史学家平川彰认为，自佛陀成道到入灭后的 1800 年里，佛陀教先后经历了早期佛陀教、部派佛陀教、大小乘佛陀教和密佛陀教四个不同时期①。在这个过程中，佛陀教发生了四次集结，出现过多位护法明主，其中最有影响力的是孔雀王朝的阿育王。

阿育王是孔雀王朝的第三代君主，是印度第一位建立统一（北方）帝国的统治者。据传说，他年轻时信奉正名论教，性格残暴。为了统一帝业，他连年发动战争，杀戮无数。当征服羯陵伽之后，他突然觉悟，对战争带来的灾难深表忏悔，宣称从此皈依佛陀教。称帝后，阿育王施行善政，积极弘扬佛法，成为有名的护法王，人称"法阿育"，含有"无忧"之意。他曾觉悟道："法就是善（sādhu）""善固难行，然而任何人只要开始行善的话，即已行此难行之善了。"他现身说法告诫教徒："我已经行了许多善了（平川彰：134）。"在阿育王建立统一北方帝国之前，印度社会教派林立。虽然经过了两次集结和多次护法，但与耆那教、阿耆昆伽教、正名论等宗教哲学流派相比，佛陀教并没有取得压倒性的优势，更未传播到印度以外的地区。阿育王即位之后，支持护法弘法，发展佛陀教育。他甚至派遣使臣到印度境外去传播佛陀教，使之成为世界性的大宗教。

（二）从南北对峙到戒日王朝时期：佛陀教从鼎盛到衰败

孔雀王朝之后，古印度又经过了贵霜王朝、莎塔瓦哈那王朝南北对峙时代。其间，佛陀教经历部落派佛陀教、大小乘佛陀教阶段。护法王迦腻色迦皇帝曾经热衷大乘佛陀教，并督促完成佛陀教史上的第四次结集。不久之后，素有"第二佛陀"美称的大哲学家龙树提出大乘佛陀教的中观学说。不久之后，无著和世亲兄弟又创立了瑜伽行派，将大乘佛陀教推到一个新高度，标志着佛陀教发展达到鼎盛。

2 世纪，婆罗门教再度兴起，仍信仰婆罗摩。新婆罗门教吸收佛陀教和耆那教中关于"果报"和"轮回"的观点，又去掉了旧婆罗门教义中不合理的部分，改革成为一种新型宗教，即印度教。印度教一经问世，很快被低种姓人群

---

① 另有四个时期：原始佛陀教时期（公元前 6 或 5 世纪至公元前 4 或 3 世纪）、部派佛陀教（公元前 4 或 3 世纪至公元元年前后）、大乘佛陀教（公元元年前后至 7 世纪）和密教时期（约 7 世纪至 13 世纪初）。有的学者更加详细地将其分成五个甚至六个时期。

接受，有了广泛的大众基础。320 年—6 世纪，笈多王朝建立，开始崇奉印度教。在一段时间里，印度教替代佛陀教回归社会主流宗教地位。戒日王朝时期，佛陀教开始衰落。尤其是进入印度中世纪，伴随着伊斯兰教的崛起，印度佛陀教寿终正寝，印度教也一度受到冷落。

三、中世纪时期：8 世纪—18 世纪

从历史上看，印度中世纪可以分成两个时期。早期从 8 世纪到 13 世纪第一个伊斯兰教国家——德里苏丹帝国建立。中世纪晚期是从 1206 年德里苏丹帝国建立开始一直到 18 世纪卧莫尔帝国结束。

（一）中世纪早期：印度教复兴与伊斯兰教传入

8 世纪，北部印度社会进入普拉蒂哈拉、帕拉和拉斯特拉库塔三国争雄时期。与此同时，南部印度王朝更迭频繁，政治纷争不断，社会动荡不安。从宗教状况来看，佛陀教和耆那教势力正旺。一场印度教复兴运动正在印度各地，尤其在南部泰米尔地方悄然兴起。所谓印度教复兴运动是指代表新婆罗门教的宗教团体，如传湿婆教派和毗湿奴教派等发起的反对旧婆罗门教、佛陀教和耆那教的等级制度的思潮和宗教改革运动。10 世纪前后，南部地区的印度教复兴运动愈演愈烈，最终逐渐演变成为历史上著名的"帕克蒂运动"（Bhakti Move-ment）。① 其早期代表人物阿-商羯罗（A-samkarachrya）和罗摩奴遮（Ramanu-ja）。

阿-商羯罗是著名哲学家和思想家，《梵经注》《薄伽梵歌注》和《示教千则》等书的作者，帕克蒂运动的主要发起者之一。他极力主张改革婆罗门教，赋予首陀罗阶层拜神权，反对烦琐的祭祀仪式，吸取佛陀教合理思想，模仿佛陀教建立寺院精舍做法，鼓励建立印度教寺庙，发展新婆罗门教育。罗摩奴遮是吠檀多哲学家，极力将自己的哲学与帕克蒂思想结合起来，创立了吠檀多的限制不二论哲学。他认为在神面前所有个体灵魂是平等的，通过同样的虔诚都可以达到与神结合的目的（姜景奎：57-62）。阿-商羯罗和罗-摩奴遮发起宗教改革运动之后，婆罗门教渡过难关，重新焕发出欣欣向荣的面貌，逐渐发展为更加强大的印度教。尤其是"沙门思潮"之后，印度教受到佛陀教影响，在教义、教规，以及传教方式等方面都与佛陀教和耆那教有了很多相似之处。

---

① 帕克蒂运动，又称"虔信运动"，几乎可与中世纪印度教的主流发展画等号。6 世纪前后该运动发端于南印度，12-13 世纪又在北印度得到进一步发展，到 15-17 世纪达到顶峰，持续千年之久。

10 世纪，突厥人经中亚、阿富汗入侵印度北方。他们一边掠夺财富，一边用强硬手段传播伊斯兰教。其目的是希望借助宗教力量加强自身在印度的统治。"伊斯兰"（Islam）是阿拉伯语音译，意为"顺从""和平"。信奉伊斯兰教的人统称"穆斯林"（意为"顺从者"）。《古兰经》是伊斯兰教为唯一根本的经典，是伊斯兰教先知穆罕默德在传教过程中陆续宣布的真主安拉启示。伊斯兰教认为，《古兰经》是神圣语言，是伊斯兰教教义的最高准则。信教者必须立誓承认除安拉之外再无其他神灵。穆斯林遵循统一的生活规则，具有一致性的心理状态和道德准则。不管语言、肤色、历史文化有何种差异，在真主面前人人平等（张昊：6）。

伊斯兰教进入印度后，不断吸收融合了本土宗教文化的合理成分，使之成为能被本土印度人所接受的宗教。这时候，印度伊斯兰教已被描述为"实质上的圣人伊斯兰教"。尤其是伊斯兰教苏非派教团主张宽容，普爱众生，宣传真主面前人人平等，个人修炼等思想。这些主张对印度教低级种姓和贱民具有很大吸引力。该教团创始人凯-契什提四次传教，声名远扬，被称为"印度的太阳"。在他的影响下，大批印度人纷纷改印度教为伊斯兰教。这种宗教格局的改变为穆斯林政权提供了很大的保障（张嘉妹：124-239）。

13 世纪以后，印度宗教状况发生巨大变化。1206 年，德里苏丹帝国建立之后，伊斯兰教一跃获得国教地位，伊斯兰文化和教育在印度开始流行，尤其是在北部地区产生极大影响。在伊斯兰教的压制下，佛陀教、耆那教及其教育受到毁灭性打击，逐渐在印度彻底消失。大量佛陀大学遭到破坏。印度教是唯一幸存，并逐渐复兴的本土宗教。

（二）中世纪中晚期：伊斯兰教、印度教和基督教并存的时代

穆斯林建立政权之后，伊斯兰教地位不断得到巩固。在德里苏丹和莫卧儿两个帝国统治时期，伊斯兰教始终是帝国发展的重点，逐渐成为在南亚次大陆仅次于印度教的第二大宗教，影响力日益扩大，从而改变了印度教、佛陀教、耆那教在印度社会长期占据优势的局面。

在中世纪中后期，伴随伊斯兰教影响力日益上升，印度教影响力不断下降，一度步入低谷。然而，印度教毕竟源于吠陀教，在印度民间有广泛的群众基础，仍然是本土最有影响力的宗教。14 世纪—15 世纪，帕克蒂运动仍在如火如荼地进行着。新的领导者罗-摩难陀提出不论任何种姓，在神面前都一律平等的理念。这一理念受到印度社会基层民众的欢迎，印度教逐渐复苏，再一次焕发生机。印度教在印度社会主流宗教的地位得到一定程度上的巩固。

16 世纪，印度进入"莫卧儿帝国时期"（the Period of Mughal Empire，1526—1770）。① 莫卧儿帝国是一个相对长久与平安的统一帝国。第三代皇帝阿-阿克巴（A-Akbar）是明君②，主张包容性的文教政策。他还创办宗教讨论庭，开始只容纳伊斯兰教学者参加，后来允许印度教、基督教、耆那教、拜火教的学者参加。五大教精英人士济济一堂，辩论宗教、人生、就赎、超脱和永恒的真理。阿-阿克巴还产生出将五大教合而为一的念头（尽管这在当时是不可能实现的）。为了促进伊斯兰教、印度教两大宗教的教徒们能够互相接近，文化上取长补短，互相渗透与融合，阿-阿克巴下令将印度教吠陀经典译成波斯文，同时还请各教派学者进宫探讨。在他统治时期，第一部梵语—波斯语词典编撰完成。许多著作是用梵语、印度语-乌尔都语和地区语言，如孟加拉语和马拉地语编写的。在贾汗吉尔和沙贾汗统治时期，莫卧儿帝国势日盛，伊斯兰文化和教育达到新的发展阶段。

在 16 世纪前后，西方文化和宗教传入印度，并逐渐在印度社会产生深刻而强烈的影响。1498 年 葡萄牙水手迪·伽玛（D-Ctama）成功发现了印度洋海路，首次到达印度巴拉巴尔海岸的卡利卡特城。从 1510 年开始，大批葡萄牙人沿着这条印度洋海路蜂拥到达印度，先后占据了果阿、达曼、第由、达德拉和纳加尔-海威里等地，开始对印度海上贸易权长达 100 年的控制（Haggerty，W. J.：5）。17 世纪之后，英国、荷兰、法国和丹麦的商人纷纭踏至，对印度进行统治。1600 年 12 月 31 日，英国女王伊丽莎白批准成立伦敦贸易招商公司，授予其在印度、东南亚和中国开展贸易活动的特许权。该公司即为后来著名的"东印度公司"。③ 伴随经贸交流的深入，欧洲传教士来到印度，希望宣传推广天主教和基督教教义。1542 年 5 月 6 日，葡萄牙耶稣会传教士艾克瓦（Xavier）带领一小队人在果阿登陆，开始了耶稣会在印度传播天主教的历史。由于传教效果很好，越来越多印度人受洗改宗，天主教传播在印度达到了巅峰。伴随天主教的成功，基督教新教开始效仿。荷兰是最早把基督教传到印度的国家。然

---

① 莫卧儿，即蒙古之意。莫卧儿帝国从 1526 年建国到 1857 年灭亡先后产生了 19 位皇帝。主要经历巴布尔（1526—1539）、胡马雍（1530—1556 年）、阿-阿克巴（1556—1605）、贾汉吉尔（1605—1627）、沙贾汉（1627—1658）和奥朗则布（1658—1707）五个重要历史时期。1764 年，莫卧儿帝国沦为英国殖民主义者的附庸，名义上存在到 1858 年。

② 阿-阿克巴是穆斯林入侵印度后第一个把宗教政策建立在真正平等基础上的君主，被后人称之"是莫卧儿帝国甚至整个印度中世纪时期最杰出的君主"。

③ 又称"荣耀的东印度公司"，或者"约翰公司"，是 1600 年英国人开办的股份公司，负责从好望角到麦哲伦海峡之间各国（包括印度和中国清政府）的贸易往来。总部设在伦敦。

而，荷兰人过分重视商业利益，对传教热情不高，没有吸引更多印度人信奉基督教。直到丹麦和德国传教士踏上印度这块土地后，基督教才得到广泛传播（杨旭彪：125-130）。西方基督教的入侵对印度本土其他宗教产生一定冲击，一些印度教神庙遭到一定程度的破坏，因此，虔诚的印度教徒们开始抵制基督教在印度传播。在这种情况下，基督教传教士改变策略，由直接传教改为传播西方文化和科技。西方教育和语言在印度悄然兴起。由于基督教不断适应印度本土需要，在印度宗教中终于占有了一席之地。西方传教士和基督教入侵南亚次大陆，给印度教造成巨大冲击。

第二节　吠陀时期高等教育

　　吠陀时期是古印度"高等教育"① 的开端。按照吠陀历史两阶段划分法，吠陀时期教育体系也可分成早期吠陀教育体系和晚期吠陀教育体系。晚期吠陀教育体系又称婆罗门教育体系。虽然两种体系在教育性质、教育目的、教育管理、师生关系、经费支持等方面没有太大差别，但与早期吠陀教育体系相比，晚期婆罗门教育体系特征呈现出了新变化。第一，教育阶级性更加明显。由于种姓制度形成，接受教育成为高种姓阶层的特权，而低种姓阶层的首陀罗子弟却被剥夺了受教育的权力。第二，由于出家人增多，生源不断增加，办学规模越来越大。第三，各种各样专门的教育机构——古儒库拉②纷纷建立。除此之外，还出现了其他类型的婆罗门教育机构。第四，课程内容和教育范围不断扩大。除了六大《吠陀经》之外，六大哲学流派的内容也被列入教学计划。因此，早期吠陀和婆罗门两者之间的"高等教育"一脉相承，是连续不断的发展过程。虽然它们都不是近现代和当代意义上的"高等教育"概念，但仍然可以被视为印度高等教育的最初形态。

一、最早的"高等学府"

（一）古儒库拉

　　古儒和学徒僧一起生活和研修的地方称作"古儒库拉"（Gurukula）。"Gurukula"是梵语复合词，由"guru"和"kula"两部分组成。前者的基本含义是

---

① "高等教育"一词打引号是因为吠陀时期还没有出现真正意义上的高等学校。
② 吠陀时期，教师开门收徒教学的地方，通常也是教师居住的地方。

"沉重的、有分量的"意思，与拉丁语中的"vir gravis"相似，指"一个有分量的人"，引申为"可以值得尊敬的拜师学艺之人（Sgharfe, H.：277）"，在汉语界一般译为"明师"。kula 指"家、家庭"。故"古儒库拉"又称"古儒之家"或"古儒学舍"①。在古儒库拉中，有一种较为高级的吠陀经学校"阿什仑"（Ashram），被视为最早出现的学校，到吠陀晚期，它们又有了其他名称，如"巴瑞萨"（Parisad）和"隐林寺"（Hermitage）等（刘筱：1）。

吠陀教育早期，古儒都生活在远离喧嚣，地点隐蔽的闭塞乡村之中。古儒库拉通常设在环境幽静的林边或景色美丽的小河岸，素有"森林大学"之美称。即使一些没有开设在森林或小河岸边的古儒库拉，也经常选择在村庄和城镇里的僻静之地，远离世人侵扰。早期古儒库拉的办学规模很小，有些地方只有一个古儒和少数学生。尽管如此，古儒和古儒库拉仍然被视为最早的教师和最早的"高等学府"。印度学者罗-姆科尔基指出：

　　　　在古印度，一个古儒学舍就是一所教育机构。它们是自然形成的，存在于教师和学生的不断接触之中。教师与学生朝夕相处，学生们不断吸收教师的内在学习方法，生活方式和工作精神。这些过程非常微妙，不能依靠课堂教学活动所传授。……教学成为一种艺术，是人类技能的产物，而不是机器的产物（Mookerji, R.K.：63-81）。

到吠陀教育晚期，古儒开始从乡村迁移到城市生活，住在城市中拥挤而喧闹的朝拜之地——寺庙之中。古儒库拉也随迁到寺庙之中，成为寺庙的组成部分。这一时期，在塔克西拉、卡伊剡、米提拉、普拉亚、喀什和坎奇等城市的寺庙中，出现了各种各样的古儒库拉。在城市寺庙中，大批学徒僧投身古儒门下，拜师求学，在古儒的指导下学习和研究。在一些寺庙中，大师级古儒的讲学经常会吸引大批学生慕名而来，蜂拥而至。与著名古儒一起研修和生活是当时学生们最大的理想和幸福。例如，在著名塔克西拉寺②、那烂陀、优禅尼国、维克拉姆舍拉、瓦蜡比、巴拿勒斯和坎奇等寺庙中就生活着很多圣哲古儒。这些地方随之也成为出家人出家修行、经典研习的理想的聚集地和开门收徒的场所。伴随着学生数量的增加，一个寺庙中古儒库拉不再只有一个，而是有许多

---

① "古儒库拉"犹如古希腊柏拉图学园和吕克昂学园，犹如中国的私塾，不同的是它具有明显的宗教特性，师生关系非同一般。

② 现在巴基斯坦境内。

古儒共同在一起生活和授业。伴随着古儒库拉规模的扩大，寺庙中的古儒库拉就成为吠陀教育的中心，即最早的印度"高等学府"。

晚期古儒库拉中，吠陀教育开始从非专门化教育向专门化教育方向发展。一些古儒库拉经过扩建，逐步发展成为具有学科特色的专业化教育机构。譬如，这一时期出现的"拖拉"（Tola）是一种专门传授语言和文学知识的古儒库拉；"伽提卡"（Ghatika）是一种教授语言、文学、宗教、哲学和伦理等学科相关专门知识的古儒库拉；"查拉衲"（Charana）是一种专门教授部分吠陀经的古儒库拉；"查图斯帕缇"（Chatuspathi）是一种教授四个经典学科①的古儒库拉（Bhatnagar，S.：10）。

（二）婆罗门大学

除了这些古儒库拉之外，在婆罗门教育时期，一些吠陀哲人、古儒和婆罗门"教团"（Sangh）开始在寺庙之外创办一种更高级的教育机构。他们希望采取特殊教育方法教授学生系统的婆罗门教知识、学科知识和冥想技能。历史学家们把这些特别的教育机构统称为"婆罗门大学"。当时最有名的婆罗门大学有四个：

第一个是"隐林寺"，又称"吠陀哲人-冥思学舍"（Rishi-Ashrams），位于古代印度西北部，通常坐落在人稀僻静的隐蔽之地，故而得名。实际上，隐林寺是哲人们"创造的一种教育环境，一种氛围孤独、和平、安静的地方。其作用是帮助学习者通过沉思冥想，进而达到人最高思想之境界"。因此，隐林寺经常被比喻成"森林大学"。隐林寺产生于公元前7世纪，兴盛于公元前6世纪，衰败于公元前3世纪。这期间出现的有名的隐林寺林有：（1）奈米萨（Nimisa）隐林寺，主要拥有被尊称为"库拉帕提"（Kulapat）②的哲人桑纳卡。在他执教的12年里，他的祭祀表演吸引了一大批门徒慕名而来。人数最多时，其名下弟子多达10000名。（2）坎瓦（Kanva），坐落在马里尼河岸边的森林中的某个隐蔽之处。整个森林里经常神圣火燃烧，回荡着博学的婆罗门人吟诵经文的声音。（3）毗耶娑（Vysa）是一所以导师名字命名的隐林寺。在那里，毗耶娑大师向他的门徒们传授《吠陀经》等相关知识。（4）女性-隐林寺，位于库茹柴陀附近的一个隐居地。该隐林寺曾住过两个著名的女隐居者，一个是深谙婆罗门经典的青年人，一个是瑜伽大师的夫人；一个是来自富足之家的孩子，一个是皇帝的女儿。她们独自隐居森林的目的在于获得精神的升华（Mookerji，R. K.：

---

① 主要指古代哲学、印度史诗、梵文语法和政治学。

② 导师、掌门人之意。

63-81）。在课程方面，隐林寺与古儒库拉大同小异，主要由吠陀或哲学哲人向学生们讲授四部经书以及一些深奥高深的学科知识，例如法律、医学、军事、哲学和宗教。哲人们学识渊博，德高望重，他们愿意帮助学生解答人生中的困惑问题，因此备受追随者信赖。

第二个是"巴瑞萨德"（Paraishades），是吠陀早期一些地方建立的"学者委员会"（Councils of Scholars）组织，被引申为高等学府（马骥雄：20-28）。作为一个学者组织，该组织下设若干委员会，每个委员会设 10 名委员，其中含《吠陀本集》四部吠陀经领域的大师 4 人，哲学经典领域的知名学者 3 人，寺庙主持 1 人，房主 1 人和隐士 1 人。委员会定期开会，讨论社会、政治、宗教问题，寻找解决这些问题的途径。从形式上看，巴瑞萨德的模式和运行方式很像欧洲中世纪学者行会，也类似我国春秋战国时期齐国的"稷下学宫"，主要是皇帝召集学者聚会，讨论国事和学问的地方（曹孚：27）。

第三个是"萨米兰"（Sammelan），原意是指皇帝组织著名学者召开会议的地方。会议讨论的议题主要涉及哲学、宗教和艺术领域的各种问题。会议地址通常选在东部地区的婆罗门教寺院和萨米兰寺院里。召开会议时，古儒及其学生们都可以列席或参与。萨米兰逐渐演变成古印度时期流行的一种高等教育中心，为学生提供占星术、天文学、古医学、古外科术和吠陀哲学等高深知识和学科课程。最兴盛时，萨米兰曾招收学生 10000 多人，其中还从周边国家招收许多留学生（维-普拉卡什：120-138）。

第四个是"帕缇巴哈亚"（Partibhacharya），又称为"流动的教师"（Mobile Teachers）。主要指一些教师不在固定的教育场所进行教学，而是采用巡回讲学的方式从一个地方到另一个地方去传道、授业和解惑，指导和帮助学生提高学问水平。历史学家把古儒讲学的地方称为"流动的高等教育机构"（Lal, R. B. & Sinha, G. N.：13）。有时候，流动教师也到有钱有势的人家教授弟子。根据《摩诃婆罗多》记载，彼斯玛聘请婆罗门冬那（Drona）教教授王子坎德拉普达（Camdraplda）时，就是将他请到王宫里教授自己的儿子（Sgharfe, H.：281）。

二、吠陀教育中的师生关系

（一）古儒与学徒僧

吠陀教育时期，教师被尊称为"古儒"（Guru）①，被视为古印度文化价值

---

① Guru 在我国汉语界一般译为"明师"。在当代印度，人们仍然把雕刻、绘画、舞蹈、音乐、医药、天象等专业中水平极高的行业师、技艺师尊称为古儒。

和身份的守护者，是婆罗门教信徒入教的引路人，在社会上具有较高的地位，备受尊重。因此，古儒不可被看成普通意义上的教师，其内涵要比"老师"（Teacher）的概念丰富得多。他们通常扮演"精神导师"（Acharyas）、"知识法师"（Master of Knowledge）或"吠陀哲人"（Vedic Rishi）等多种角色，被认为是与神最接近的人（Pertz, S.：38-47）。古儒睿智博学，被视为知识和智慧的化身，负责向信徒们传授吠陀知识，使之获得精神上的重生。古儒经常被视为如同婆罗摩、湿婆和因陀罗天神一样，是医学、语法和其他知识分支中最初的传播者（Sgharfe, H.：277）。因此，古儒在民众眼里"是教师、顾问、父亲形象、成熟理想人格、英雄力量之源，甚至是融合在人格中的神性……是万千神明中的一个"（庄静：68-75）。他们的社会地位尊贵、学识渊博、信仰坚定、品德高尚，被誉为"学富五车、才智过人、无所不知"，是圣人般的智者。

古儒的工作方式是在家中收徒授业，独立教学，很少与其他古儒合作。一个导师要带几个或十几个学生。古儒与弟子同吃同住，同甘共苦。在与外界隔绝的条件下，古儒让弟子接受一种禁欲独身式的宗教生活和教育。[①] 古儒负责免费安排弟子的食宿和生活所需，同时也负责向学生传经布道，启智解疑，以及培养学生道德品质和宗教精神。古儒对学业出众的弟子往往偏爱有加，不断催其进步，对其寄予厚望，甚至有些古儒在弟子完成"梵行期"修行之后，让自己的女儿下嫁，与之成婚（Haggrtty, W.J.：39-40）。为招揽到弟子，一些古儒还会通过口诵魔法般的咒语吸引学生。例如他们经常会呼喊："神啊，让学生们向我致敬吧！""就像水流下山坡，就像岁月流逝，就像日子天天变老，快让他们从四面八方来到我这里吧（Sgharfe, H.：281）。"

古儒库拉里的学生通常被称为"学徒僧"（Shishya），梵文含义即为"弟子"（Disciple）。学生的主要任务除了拜师学艺，研习经典之外，还要服务古儒库拉，如劈柴挑水、清扫学舍、喂养家禽、侍奉导师饮食起居等。所有学生学习期间都必须是未婚的"出家僧"（Celibate）或"禁欲者"（Brahmacari），必须遵守舍规舍训、布衣素食、不嗜烟酒、晨练、早读、做礼拜、沐浴、斋戒（Lal, R. B. &Sinha, G. N.：9-10）。大多数学徒僧在当地古儒库拉里完成所有学习任务，从始至终，一以贯之，从不朝三暮四。一些雄心勃勃的学徒僧还会同时向多位古儒请教拜师，但这种方式只适用于一些特殊的研究领域。譬如，

---

① 婆罗门教把接受这种宗教生活教育，称为"梵行期"或"净行期"教育（时间大约12年）。梵行期是婆罗门教子弟成长的第一阶段，非常重要，需要举行"入法礼"或"入教礼"仪式。

某学徒僧在学完《梨俱吠陀》之后，如果还想学习《耶柔吠陀》，那么他可到其他古儒库拉跟随另一个古儒学习新东西（Sgharfe，H.：282）。

（二）拜师入教

在吠陀前期，学舍式教育形式比较简单。学徒僧拜师学艺门槛没有太多限制。但到吠陀后期，信奉婆罗门教的雅利安人子弟需要通过从师学艺、研修吠陀经以获得第二次生命。因此，入学被视为再生族人生中的一件大事，有很多条件限制。一是入学年龄限制，不同种姓阶级子弟入学年龄不同，一般而言，婆罗门人是8—16岁，刹帝利人是10—22岁，吠舍是12—24岁。二是雅利安青少年进入梵行期，这是拜师学习吠陀经的开端，是人生发展中重要的第一阶段，需要举行拜师仪式，称之为"入教礼"（Upanayan Ritual），又称"入法仪式"（Upanayan Ceremony）①。对于婆罗门、刹帝利、吠舍弟子在入教仪式上的穿戴和动作程序，婆罗门教法典都有明文规定。譬如按照《摩奴法论》之规定：

> 婆罗门的腰带应该光滑而柔软，用三股蒙阇草搓制；刹帝利的腰带应该是用穆尔瓦草搓制的弓弦；吠舍的腰带应该是麻绳。至于戴在肩上的（2.42）……圣线，婆罗门的应该是棉线制的；刹帝利的应该是麻线制的；吠舍的应该是毛线制的（2.44）。婆罗门的手杖应该做成至发际；刹帝利的至前额；吠舍的至鼻端（2.46）（摩奴：18–32）。

拜师礼仪（入教礼）程序是：在某一良辰吉日，男孩与母亲一起吃完早餐后，来到古儒库拉拜访。古儒先将男孩家装脱去，把一块作为神传先兆之物的鹿皮或者上衣披在男孩上半身，然后男孩被引到圣火坛旁。古儒用表示三吠陀的三根带子编成的腰带将之紧紧系住，并向诸神祷告。完毕之后，古儒对男孩说："从今天开始，你就是一个梵志生了。"他把男孩带到一块象征心坚如磐的巨石之上，要求他宣誓。古儒问："你是谁的弟子？"男孩需要回答"我是您的弟子"。这样仪式之后，古儒就可以承认男孩为本门弟子，并为男孩送上祝福，使其明确职责和学规，以保证学业顺利完成。从此，学生就离开家庭，在古儒库拉吃住，与古儒和同学一起研修，直到学业完毕。古儒库拉的研修时间一般为12年左右，有长有短，视学生学习状况而定，或提前，或延迟，古儒有绝对权力。有的学生如果天资不够且不努力，就可劝说其退学。

---

① Upanayan 一词，原为"带进"之意。按照马骐雄的解释："入教礼"是再生族为进入婆罗门教人生四期之第一期而举行的仪式。举行仪式标志着一个人正式成为婆罗门教徒。

三、古儒库拉的教育教学活动

（一）教育目的和培养目标

从本质上说，吠陀教育是一种宗教教育，其教育目的是根据《吠陀经》确立的，首要任务是在新一代年轻人的头脑中灌输一种虔诚的宗教精神，教会他们用宗教术语表达宗教、仪式和哲学等问题。根据《吠陀经》教义，教育的意义在于人的解放。知识成为人获得解脱的工具。印度教育历史学者阿-阿特卡尔认为，古代印度教育的价值在于教师引导学生学习吠陀知识和思维，践行宗教精神，形成高尚人格，养成宗教祭祀能力等。学生通过学习知识和自我实现，形成印度语中所谓"本能"（Chit Vrith Nirodh）的行为、宗教虔诚的精神和情感等（Bhatnagar, S.：451）。

因此，吠陀教育必须承担相应的任务。第一，学习和掌握宗教知识和宗教技能。梵文"Vedic"（吠陀）一词的词根是"Vid"，意思是"去认识"，引申为"知识"，是来自梵天的启示。古印度人笃信"知识是人的第三只眼"这句格言，认为知识可以开启人的"内眼"（Inner Eye），它们不仅可以帮助人看到客观的物质世界，同时可以帮助人认识主观的精神世界（ibid.：5）。若能循吠陀知识而行祭祀，人将无所不能。第二，训练学徒僧思维，提高其与自然抗争的生存本能。在生活中，思维和思想最重要，是创造文化和文明的必要条件。吠陀教育作为一种获得知识和训练心智的方法，不是让头脑成为充满客观知识的储存仓，而是成为改造精神有机体，提高精神生活水平的器官（Mookerji, R. K.：63-81）。第三，精神升华和人格养成，进而达到自我实现。吠陀教育要求学徒僧在古儒的引导下研读经书，学习文学和宗教知识，同时参加敬神祭祀活动，学习掌握祭祀技能。第四，促进人精神世界的升华，培养人的高尚道德和正直品格。吠陀教育试图通过控制个人心理和感官欲望，实现人宗教意义上的自我救赎。《嘉言集》（Hitopadesa）曰："没有信仰的人等同于没有灵魂的野兽（Sgharfe, G. H.：41）。"灵魂拯救被视为人类生活的终极目标。在吠陀教育中，学徒僧不仅需要获得更多的专业知识，而且还要掌握自我实现的辅助手段。吠陀教育关注个体内在主体性，而非外部事物的客体性（Mookerji, R. K.：63-81）。第五，培养学生承担维护社会和国家的责任，增强保护和发展民族文化的意识。教育的理想形式就是培养学生对神敬畏的宗教意识、精神和人格特质。所有这些优秀品质的养成都必须依靠教育加以实现（Lal, R. B. & Sinha, G. N.：4）。

（二）课程内容和口头"教材"

在吠陀时期，教育内容主要是吠陀圣典、祭祀礼仪和种姓法则。古儒库拉为学生开设两种不同种类和性质的高级课程。按照种类划分：一是理论类通识课程，包括梵语、语法、吠陀教和伦理学等；二是实践类专门课程，包括各种训练活动，如安排学生对学舍进行日常管理和清扫，侍奉教师和从事化缘活动等。按照性质划分：一类叫"实用课程"（Apara），包括学习梵语、文法、算术、农业、牲畜喂养、艺术（音乐和舞蹈）、技能（缝纫、临终祷告、木工、炼金术和手工工艺）、经济、政治、地质学、心理学、蛇科学、逻辑学、占星术、军事学、运动、学舍服务等；另一类叫"形而上课程"（Para），包括学习《吠陀本集》、神学、伦理学，以及各种宗教和祭祀活动礼仪，如祈祷等。

吠陀时期，印度教育和文化活动，尤其是公元前几个世纪的印度教育和文化活动的突出特点是口耳相传，几乎不使用任何文字材料。虽然此时已经有了梵文文字和《吠陀本集》等经书，但吠陀研究文献中没有提到过文字，也没有可靠迹象表明印度人知道文字。除了北方少数省可能有文字记载的教育外，迄今为止，没有任何史料可以证明，像吠陀经这样的文字读本曾经被用作学生学习资料或教材。究其原因，有学者给出几个理由。第一，古印度人认为文字形式的吠陀教育是无用的。《摩诃婆罗多》警告道："那些写下吠陀经的人一定会去地狱。""如果没有正确理解吠陀经，只是从写作中学习它们，那样获得的真理知识是毫无价值的（Sgharfe, G. H.：9）。"第二，吠陀经是印度雅利安人的"圣经"，只有高种姓人才有资格学习。婆罗门阶层担心神圣的吠陀经读本流落民间，流落到低种姓人群手中，或某些可能不适合学习神圣和强大知识的学徒僧手中，为了避免发生灾难，需要用正确的口音和语调背诵吠陀经文，这就强化了口头教学的必要性。第三，吠陀经学习需要听讲、记忆、背诵和吟诵。只有通过口头学习的方式，学习者才能保证发音和语调的正确性。正如《梨俱吠陀》的引言中所写："学习吠陀经文是通过模仿老师嘴唇发音，而不是通过看手稿完成学习任务的。"（Ibid.：10）更重要的是，古印度人坚信教授吠陀知识是在印度还没有出现文字之前就已经发生的事情。

（三）教育方式与教学方法

在古儒库拉，教育方式极其严格。学徒僧们每日清晨早起，沐浴更衣，服侍导师，礼拜祷告，然后按照分工，或劈柴担水，或照料圣火，甚至还需外出行乞①。完成这些日常工作后，他们正式开始上课学习，一直持续到中午，午休之后，继续上课。在古儒库拉，没有专门的教室，任何一个空地、树荫下都会成为师生教与学的场所。师生一起席地而坐，谈经论道，直到日落前晚饭时分。晚饭之后，学徒僧们继续安排第二天的生活，然后给导师按摩，最后自己上床入寝。这些工作既是学徒僧应该承担的义务，也是课程学习的一部分，目的在于培养学徒僧的良好品格和基本的生活技能。

在理论教学过程中，教学语言是古典梵文，而不是普通人日常使用的梵语。吟诵、讲授、讨论、辩论、示范、模仿和故事叙述等都是一些基本的教学方法。教学一般从上午开始，先由古儒教学徒僧背诵吠陀经，通常是导师背诵一句，弟子跟读一句，完全凭借师生记忆，通过口耳相传的方式古儒向学徒僧讲解其中要义。教学后期（午休之后），学徒僧变成学习主角，开始复习讨论、辩论、提问、答疑，并在助教（由一些学习好的学徒僧担任）的帮助下完成"理解""冥想""记忆""入定"四个环节的学习过程。在吠陀知识教学过程中，古儒需要有较强的记忆、讲解、模仿和示范等能力。尤其是经文学习和音乐表演时，古儒需要表现出高超的技艺。在吠陀经教学中，古儒不仅需要对经文信手拈来，熟练吟诵，而且还要深谙其中要义，予以精辟解读。"讲故事"的方法经常被使用。古儒先给学徒僧讲授《五卷书》（*Panchatantra*）典籍中的故事，然后根据故事情节向他们提问。另外，有学者研究发现，在印度古典音乐的传承过程中，文本中记录的只是演奏（唱）的基本框架，至于其蕴含的神韵只能靠古儒和学徒僧之间面对面地传授。师徒之间的知识和技能传承以口传心授的方式完成，通过保留正宗的古典音乐精髓，从而产生"心"与"情"相互作用的效果（庄静：68-75）。

（四）毕业、考试与"学位"授予

在古儒库拉学习，学徒僧们没有任何考试，毕业时也得不到任何学位。古儒只是通过口头问答，判定学徒僧的学习表现。古儒也会带领学徒僧们一起参加讲经论道的论坛，鼓励他们在论坛上交流学习心得，发表个人见解。这也是古儒考查学徒僧学习成果的一种手段。虽然不授予学位，但学徒僧在古儒库拉要度过 12 年，在完成一个吠陀经的研习之后，即可允许结业，赋予其"司纳塔

---

① 行乞对所有学徒僧而言都是义务性和强制性的，但与古儒和学徒僧的经济状况无关，仅以养成平淡的生活方式、谦恭怜悯的道德品质以及高尚的思考方式等为目的。在古代印度，学徒僧外出乞讨不会被看作一件不好的行为，反而是吠陀教育的重要内容之一。

克"（Snatak）毕业生称号。在完成了 12 年古儒库拉的学习之后，古儒将会为学徒僧举行"结业仪式"（Samavartam）。"Samavartam"是"回家"的意思，也称还俗。学徒僧脱去僧衣，穿上家装，在圣火旁聆听导师最后的教诲。这一仪式已经演变成现代大学的毕业典礼。如果继续留在古儒库拉学习和生活达到 24 年，完成两个吠陀经研修，他可得到"瓦苏"（Vasu）称号；达到 36 年和完成三个吠陀经研修后，他可得到"儒德拉"（Rudra）的称号；达到 48 年和完成四个吠陀经研修后，他可得到"阿提雅"（Aditya）称号。

第三节　佛陀时期高等教育

佛陀教育体系是古代印度建立的第二个教育体系，其产生、发展以至消失都与佛教的兴衰紧密联系在一起。它与吠陀教育体系最大的不同之处在于，它是在寺庙中开展的一种有组织的正规学校教育活动。佛陀教育体系本质上也是一种宗教教育，旨在传播佛陀教，培养佛陀教人才和僧侣。佛陀教育学制大约为 22 年，其中前 12 年为初等教育，称为"见习阶段"；后 10 年为高级教育，称为"修行阶段"，是古代印度高等教育的早期形态。

一、最古老的佛陀教育机构

佛陀高等教育源于佛陀教寺院中僧侣们的自我教育，因此又可称为"寺院教育"。公元前 6 世纪，印度北部各地出现了很多"佛陀教团"，称为"僧伽"（Samgha），又称为"和合僧"（Samaggasamgha）①。在佛陀教初创时期，僧伽们经常云游各地，宣讲佛法，所到之处常吸引大批佛陀教徒聚集聆听。譬如佛祖释迦牟尼在觉悟之后，就开始了长达 40 年的教育生涯。他招生办学，广纳门徒，与我国孔子并称为古代世界最有成就的教育家（吴式颖，任钟印：183）。据说，释迦牟尼讲佛陀教时经常采用方言俗语——摩羯陀语，而不是高雅的古典梵语，以便为普罗大众所接受。

到了佛陀后期，一些僧伽选择某些寺庙作为永久讲学地，久而久之，这些寺庙便发展成为早期的佛陀教育中心。根据历史学家研究，"阿育王时期"

---

① "SaMgha"是梵语的译音，意为普罗大众，是原始佛陀教时期对出家人的一种习惯称呼。"和合僧"是指由出家佛陀教徒 4 人以上组成的团体，而单个和尚则称"僧伽"，简称"僧"。

（period of Asoka），山齐、鹿野苑、侨赏弥等寺庙居住诸多著名的僧伽，招收很多弟子，成为当时重要的佛陀教育中心。从公元前10世纪到公元12世纪，佛陀教在印度存在大约2000年。其间，在塔克什拉、瓦拉比、瓦克拉玛希拉、奥丹普里、米提拉、那度和迦达拉等地建立起来的大大小小的寺庙教育中心不计其数，其中规模比较大的寺庙教育中心，被后人称为古印度"佛陀大学"。经考古发现，这些古代大学的遗址迄今遍布南亚次大陆各地。

按照今天的标准，这种"大学"仍然算不上真正意义上的现代大学。正如印度教育史学家迪-阿皮特指出："这里所指大学只不过是一些传授知识，启迪学生的高等教育中心，不包含今天东西方大学所具有的全部多样化的特征（Apte，D. G.：5）。"然而，在古印度，佛陀教是一门"学问高深"的学问；僧伽们都是大名鼎鼎的学问家；寺庙教育中心名副其实，是培养高级人才，生产佛陀教知识的地方。因此，这些"教育中心"被称为"佛陀大学"也不为过（Apte，D. G.：8-23）。其中有几所佛陀大学颇具盛名。

（一）塔克什拉：第一所佛陀大学

塔克什拉大学（Takshera University）被誉为印度最古老的大学，迄今仍是印度民族的骄傲（Mookerji，R. K.：478）。美国学者麦农这样评价道："与古代西方大学相比，古印度大学拥有更令人自豪的历史。至少塔克什拉大学比亚历山大大学、雅典大学和君士坦丁堡大学要早繁荣好几个世纪（Apte，D. G.：4）。"

塔克什拉大学建于公元前1000年，毁于500年，位于印度北部坎大哈邦首府塔克什拉城，又称"塔卡沙城"①。王子塔卡沙（Takasha）信奉佛陀教，热衷于教育建设。公元前1000年即位之后，他就把塔克什拉寺庙扩建为一所专门传播和研究佛陀教的教育机构。在他的支持下，教育机构招贤纳士，广收门徒，很快汇聚了一批著名鸿儒和成千上万的男女学佛僧，成为远近闻名的佛陀教育中心。不论普通人，还是贵族，不论印度人，还是外国人都可以在此接受教育。很多来自中国、韩国、日本、印度尼西亚以及西亚的留学生来到印度学习，中国唐朝义净和玄奘就是其中最著名的两位（Singh，S.：1）。迪-阿皮特在《古印度大学》一书中这样描述道：

> 塔克什拉大学是享有盛誉的国际性高等教育机构。那里的教师非常有名，吸引成百的信徒离开舒适安全的家庭环境，克服艰难险阻，从四面八

---

① 塔克什拉城是公元前700年由巴拉塔皇帝以自己儿子塔卡沙命名的一座城市。

方赶来求学。当时，塔克什拉大学成为学术的中心，控制着整个知识界和教育机构。几个世纪之后，很多教育机构都不能摆脱它的影响（Apte，D.G.：4）。

公元前 1 世纪—公元 5 世纪，库萨人和匈奴人先后统治印度。因为这两个民族都是游牧民族，缺乏文化修养，不重视佛陀教育，所以，塔克什舍拉大学开始走向衰微直至最后消亡。

（二）那烂陀：最著名的佛陀大学

那烂陀大学①是迄今被发现的文献描述最为详细的古印度大学。② 因此，它也成为迄今最著名的古印度佛陀大学，被誉为"学问的灯塔"。它建于 450 年，毁于 1205 年（也有毁于 1193 年之说），前身是一所著名寺庙——鹿野苑。③ 450 年，那烂陀在萨迦迪提亚（Sakraditya）皇帝的提议下被改造成一所佛陀教育中心。之后，由于萨迦迪提亚王的儿子古帕塔拉加（Gaptaraja），孙子塔塔加塔古帕塔拉加（Tathagatagu plaraja），以及笈多帝国几代皇帝都非常崇拜信奉佛陀教，不断支持那烂陀扩建，修缮那烂陀寺庙建筑群，很快，那烂陀发展成为一个拥有庞大寺庙群落的高等教育机构，包括宿舍、教室、图书馆、天文台等众多建筑。④ 当时，那烂陀最著名的建筑是图书馆，里面设备齐全，保存着许多珍贵手稿。我国唐朝高僧义净大师曾经如此描述这所图书馆：

> 这是一个巨大的建筑群，拥有三座分馆，分别称为"纳特纳萨格拉"（Ratnasagara）、"拉拉特纳达迪"（Ratnadadhi）和"拉特纳拉纳卡"（Ratnaranjaka）。其中纳特纳萨格拉是一座有九层楼高的建筑，里面收藏着珍贵的神圣作品，比如《般若波罗蜜多经》（Singh，S.：8）。

11 世纪之前，佛陀教徒们一直不断地给那烂陀捐钱，修建新建筑物。其中

---

① 关于其名字由来有很多解释，权威的解释是：从词源学角度出发，"那烂陀"（Nalanda）是"捐赠流向的机构"之意。

② 7 世纪中国旅行家玄奘和义净著作里的描述。玄奘在印度学习五年，对自己在那烂陀大学的学习情况做了详细记录。这些记录也是如今中外学者研究那烂陀大学的重要参考资料。

③ 鹿野苑是释迦牟尼在摩羯陀国第一次传法的地方，取名"精舍"，又叫"菩提伽耶"，即佛陀悟道的地方，成为令佛陀教徒们向往的宗教圣地。

④ 500 年，那烂陀的建筑曾遭受一次战火的破坏，但很快得到恢复，并且变得更加繁荣兴旺。

一些建筑规模宏大，装饰华丽。塔楼和角楼看上去就像山顶，还有清晨薄雾笼罩的天文台。629—845 年，我国唐朝高僧玄奘和义净先后去印度取经时就是在这里学习。那烂陀的建筑和环境令他们难忘。玄奘曾在《大唐西域记》里描述道：

> 又以砖垒其外合为一寺。都建一门。庭序别开。中分八院。宝台星列琼楼岳峙。观竦烟中。殿飞霞上。生风云于户牖。交日月于轩簷。加以渌水逶迤青莲菡萏。羯尼花树晖焕其间。菴没罗林森疏其外。诸院僧室皆四重。重阁虬栋虹梁绣栌。朱柱周楹镂槛玉础文。覆接瑶晖栊连绳彩。印度伽蓝数乃千万。壮丽崇高此为其极（慧立：卷 3）。

伴随规模的扩大，那烂陀大学吸引了来自世界各地的学者。譬如，佛祖释迦牟尼曾经和他的弟子们在寺中住过，一起讲学和研修，讨论有关佛陀教教义的问题。此外，大乘佛陀教法师龙树（Nagarjuna）、翻译家阿雅德瓦（Aryadeva）、瑜伽法师阿山噶（Asanga）、佛学法师撒西拉玛提（Sthiramati）、耆那教创始人大雄（Mahavira）等也都曾经讲学于此。那烂陀大学成为饮誉四海的佛陀教学术中心，一个古代著名的"佛陀大学"。5 世纪后，那烂陀大学的名气和办学规模越来越大。义净描述："学佛僧们从四面八方蜂拥而来，向该校著名的僧伽们学习，还有一些学生从中国、朝鲜和中亚远道而来。一天里，那烂陀大学的讲座多达 100 场，学佛僧们一分钟都不想错过（Singh, S.：6）。"

那烂陀大学选拔学佛僧是非常严格的。有外国学者这样转述玄奘所描述的情况：

> 那烂陀大学入学考试非常难，只有 20% 的申请人通过了考试。异国学佛僧要想通过入学考试就更加困难，除非他们精通古今知识。这所大学有多达 8500 名学佛僧和 1500 名僧伽。学佛僧入学时的年龄在 20 岁左右。那里甚至有一个学校网络，服务于那些为进入那烂陀大学学习而做准备的学佛僧。那烂陀大学的学佛僧在全印度被尊为楷模，非常受尊敬。一个人只需提及他的那烂陀大学学习经历，就能得到赞美。有些人甚至利用这一点，伪造学历。那烂陀大学为学佛僧提供了最全面的教育。教授的课程既有宗教类，也有世俗类，既包括理论哲学类，也包括实践技能类，既教授科学类，也传授艺术类。此外，玄奘还跟随当时最权威的戒贤法师学习瑜伽，他还研究了《正理》（Nyaya）、《赫图维德》（Hetuvidya）、《沙波大卫》

（*Habdavidya*）以及《帕尼尼的梵语语法》（*Ibid.*：8）。

外国学者还描述了一个玄奘求经时有趣的故事。在玄奘访问堪契时，遇到了许多锡兰僧人。当得知玄奘准备去访问锡兰拜师求学后，锡兰僧人说这是徒劳的行为，因为到那里玄奘不会再遇到比他们知识更加渊博的人。玄奘很感兴趣，开始和他们讨论瑜伽课本。但令他失望的是，他发现这些锡兰僧人的解读远不如那烂陀大学戒贤法师解释的精辟（Ibid.：8）。

1100 年，那烂陀大学的辉煌逐渐被瓦克拉玛希拉大学（Vakramaslia University）所取代。因为后者开始得到更多的皇室资助。12 世纪末，卡尔基统治下的穆斯林对这所大学进行了最后毁灭性的打击，没有一个僧侣幸存，价值连城的图书馆也被肆意放火烧毁（Apte. D. G.：7—11）。

（三）维克拉姆希拉：著名大乘佛陀大学

瓦克拉玛希拉大学（大约建于 775—800 年，毁于 1203 年）最初是一个佛陀教寺院，坐落在印度北部比哈尔邦摩羯陀恒河岸边的一个小山丘上，与那烂陀大学为邻，被视为那烂陀大学有力的竞争者，两校之间既有竞争也有合作。瓦克拉玛希拉大学以传授大乘佛陀教而闻名，开设除坦陀罗教外的所有的印度古代学科课程。

8 世纪，皇帝达玛帕拉（Dharmapala）在比哈尔建国后，慷慨捐赠资助寺庙，为那里的住家和非住家学徒僧提供免费食宿和良好的学习环境。很快，该寺庙成为一个著名的学习圣地。建立佛陀大学之后，为了保障其日常运行，达玛帕拉皇帝的历代继任者始终没有间断地向这所大学慷慨捐赠。瓦克拉玛希拉大学的建筑面积不断扩大，形成了由 6 所寺庙组成的建筑群。有文献这样描述这所大学："……八座寺庙和六座学院建筑群像莲花花瓣一样依次展开。中心是一座美丽的主寺庙——摩诃菩提寺。寺庙六扇门，直通六所学院。六座学院建筑都有宽敞的讲学大厅，整个学院建筑群被雄伟的寺庙院墙包围着（Singh, S.：8）。"

瓦克拉玛希拉大学招收条件严格，只招收那些渴望成为佛陀教僧侣，愿意在遥远的土地上传播佛陀教福音的人。据说，这所大学的毕业生为我国藏传佛陀教和西藏文化发展做出了切实的贡献。其中最重要的学者有：燃灯活佛、斯-里卡智法师和密提拉法师。另外，佛陀大学最好的法师也被请到西藏寺庙讲学，帮助解决宗教哲学上有争议的问题，据藏文献记载：

西藏王就曾经邀请了两位著名的印度法师莎-帕玛和善-拉克丝塔到西藏讲学。在逗留期间，他们还曾经与中国法师之间发生一场斗法，但无法击败中国法师。750 年，西藏王请求那烂陀大学派更好的法师来西藏。新法师到达西藏后在众僧人面前击败那位中国法师。那位中国法师只好离开西藏寺庙（Ibid.：9-10）。

1203 年，这所大学遭遇了"穆萨曼人"（Musalman）的清洗，寺庙里的佛陀教僧侣们都被杀害了。据说入侵者误将这些寺庙和学院建筑视为堡垒，把穿着僧袍、剃光头的僧侣当成了战士。直到最后，入侵者才意识到那不过是一些寺院和僧侣而已。

（四）瓦拉比：著名小乘佛陀大学

瓦拉比大学（Valabh University）是一所位于印度西部绍拉斯特拉邦的佛陀大学①。它原是瓦拉比城里的一座寺庙。7 世纪中叶，皇帝重视佛陀教，对寺庙进行大量捐赠。当地许多富人和居民也慷慨解囊，不断为这所寺庙捐赠资金。很快，瓦拉比寺庙发展成为一所著名的教育机构。大约 7 世纪中叶，唐玄奘取经时曾到过这里，据他描述，当时瓦拉比大学拥有 100 座寺庙，有 6000 名僧人（Ibia.：10-11）。

瓦拉比大学是以宣扬小乘佛陀教而闻名，并成为以弘扬大乘佛陀教为己任的那烂陀大学和瓦克拉玛希拉大学在教育上的竞争对手。在印度北部，瓦拉比大学有很高的知名度，堪称当时北方最著名的佛陀大学之一。当时流传着这样一个婆罗门信徒的故事：一位婆罗门教徒宁愿把儿子送到瓦拉比大学，也不愿送到那烂陀大学。然而，客观地说，瓦拉比大学在学术上仍然无法与那烂陀大学相抗衡，除了古纳玛蒂（Gunamati）和撒西拉玛（Sthiramati）提两位法师比较有名气外，其他教师的影响力都十分有限。

775 年，印度皇帝屈服于阿拉伯人施加的压力，一度暂停了大学运行。因为弥勒卡皇帝及其继承者们仍然继续慷慨资助，该大学又很快得以恢复。12 世纪后，伴随着人们对这所大学的捐赠越来越少，瓦拉比大学也慢慢消失（Apte. D. G.：44-47）。

二、佛陀大学中的教师与学生

（一）僧伽/佛学师

佛陀团的僧伽，又称"佛学师"，是佛陀教育中教师的称谓。僧伽们各个精

---

① 瓦拉比大学（建于 600 年，毁于 1200 年），是以瓦拉比城（Valabhi）命名的。该城当时是重要的国际贸易港口。480—775 年，弥勒卡历代皇帝都把瓦拉比作为都城。

通佛陀经，学识渊博、品德高尚，是社会上具有较大号召力和影响力的智者哲人。如哲学家龙树、阵那（Dignaga）、达玛帕拉、寂护（Santakakçhita）以及阿提沙（Atisa）等都是非常有名的佛学大师。他们广收门徒，弘扬佛经。《龙树菩萨传》一书中这样描述龙树哲人：

> 出身南印度婆罗门，自幼年时代起就很聪明，年少时已通达当时一切学问，名声广传于四方。青年时……入山诣一佛塔而出家受戒，并于三个月间精通小乘的三藏，更为求经典入雪山，于山中之塔一老比丘授其以大乘经典；学此而知实义，但是尚未得通利，所以周游天下以求余经。然后由于大龙菩萨的引导，自海中的宫殿得受方等深奥经典。研究之后达诸深义，得无生之二忍（平川彰：23）。

在佛陀教育体系中，每个僧伽在其所教学科和专业领域都是绝对权威，可以决定学程、课程、招生和制定教学规则等，权力很大。他们的教学建立在佛陀教研究的基础上。在瓦克拉玛希拉大学，除了进行日常教学之外，僧伽们还努力用梵文写各种科学书籍，翻译了不少藏文。据说，仅著名僧伽阿提萨一人就写了 200 本书，有些是原创，有些是译本。在每所大学中，僧伽们来自四面八方。该大学成立时，第一个赞助人皇帝达玛帕拉任命了 108 名僧伽和其他学者，共计有 114 人。大批学者从西藏涌来，一些佛陀教大学专门为他们安排了食宿。来自印度其他地区的学者也不少，据说，12 世纪，有 3000 名学佛僧和僧伽曾经在这所大学学习和工作（Apte. D. G.：8-23）。

（二）剃度僧/学佛僧

在佛陀教育体系中，学生被称为"剃度僧"（Pababja），即学佛僧。不同学习阶段，佛陀大学对其称呼不一样。前 12 年为见习阶段，剃度僧们被称为撒拉米（Shramana）或撒尼（Samner）。"剃光头、穿黄袍、练打坐、口诵经"是剃度僧们生活的一种常态。20 岁之后，剃度僧通过举行仪式，宣布正式进入修行阶段。在这个阶段，他们成为"苦行僧"（Upsampadaa），其中男性被称为比丘（Bhiksu：意为和尚），女性被称为"比丘尼"（Bhiksuni：意为尼姑）（Bhatnagar, S.：451-452）。教师和学生之间仍然是一种师徒关系，甚至如同父子，但导师之间已经开始有了合作和分工。佛陀教育教师的教学似乎更加专业化。

三、佛陀大学的教育教学活动

（一）教育目的和教学内容

佛陀教徒修炼的主要目的和共同追求就是达到完美的功德人格，即所谓的"阿努多罗三弥三菩提"①。按照佛陀教的观点，道德、智力和精神的完美是人生的三种功德能力，可以引导一个人从世俗幸福升至超世俗幸福，从而形成全面发展之人格，其中包括身体、道德和智力的发展。佛陀教育对各行各业的人开放。回归本真的佛陀教育体系，旨在将人培养成为一个世俗的、自由的、智慧的、道德的、非暴力的人。在受教育方面，佛陀教徒享受绝对平等，因为所有众生都拥有天生的智慧和本性，有了智慧，人类就可以解决所有的问题，把痛苦变成快乐。

与吠陀高等教育不同，佛陀高等教育是一种在古印度大学中实施的专业教育。其主要目的是：第一，保存、发展和传播文化和知识。通过开展语言、文学、语法、吠陀四经、宗教和哲学等教学活动，强化佛陀教育的社会责任，保存国家文化遗产。第二，在教学过程中培养剃度僧正直、虔诚的精神品质，以及良好的人格，具体要培养那些遵守佛陀教中的"八道"与"十诫"全面发展的僧侣，以及建立在佛陀教基础之上完美世俗社会中的个体，使之拥有职业发展所需要的科学技术和工匠能力。第三，传授剃度僧生活和劳动的知识和技能，帮助他们形成正确的生活方式、饮食习惯和传统价值观（Bhatnagar, S.：453）。

在课程内容方面，佛陀大学为剃度僧设置了丰富的教学科目，主要分文科（《吠陀经》）、理科/技术（《十八般技艺》②）两大类。文科类课程指对除《阿达婆吠陀》之外的三部佛陀教经书的研读（因为《阿达婆吠陀》的内容主要是世俗性的）。具体科目包括佛陀教课程如大乘佛陀教和小乘佛陀教；非佛陀教课程如逻辑、辩证法、哲学、诗歌、天文学等。理科/技术课程是指基于实用原则，与某种职业相关的知识或手艺学习，如学习神圣传统和世俗法律（土地转让）、逻辑、原子创世论、算术、艺术（音乐，舞蹈和绘画）、医学（外科）、四吠陀、古生物、军事技艺（包括射箭、狩猎、驯象等技术）、诗歌和布道技巧（占星术）等，各种技能累加在一起约有 18 种技术。佛陀大学的教学科目很长时间几乎保持不变，只是根据宗教知识和社会发展变化，在具体内容上有所增减。譬如公元前 6 世纪后，印度被波斯人攻占，Brahmi 文字被 Kharoshtri 文字所

---

① 梵语，意为无上正等正觉，即最高的智慧觉悟。
② 《十八般技艺》也开设了法律、医学、军事专业教育课程。

取代，课程中就增加了波斯语及其相关知识内容。在公元前 2 世纪，作为希腊文化继承者的印度大夏教徒（Indo-Bactrians）成为新的统治者，课程里又增加了一些古希腊语言和知识方面的内容。

（二）教育过程和学习方式

在招生方面，佛陀大学对剃度僧的录取是有严格要求的。剃度僧候选人不仅需要身体健康，无残疾，而且还要求品行端正，没有任何犯罪记录。招生过程中基本遵循公平免费原则，除第五种姓"羌达拉斯人"（Chandalas）外，剃度僧入学不会遇到任何限制，另外所有课程都免费。进入某一些专业领域之后，剃度僧要跟随僧伽学习 8 年。其间，僧伽可以根据剃度僧的学习能力，决定他们提前或延期毕业，甚至建议那些无法适应学校环境和生活的剃度僧退学。如果僧伽发现有剃度僧不适合继续学习，也会劝退他们。他们判断剃度僧是否适合继续留校学习并不完全依据考试成绩，而是通过综合考察结果做出最后的决定。佛陀大学只教授高级课程，获得学科知识是其唯一目的，招生考试时，剃度僧候选人需要经过入寺仪式、拜师仪式等环节，最后才能正式成为佛陀大学的剃度僧。

从培养环节上看，佛陀大学的僧伽们以个体教学为主，彼此之间很少合作。教学语言不再使用古典梵文，而是使用巴利语和其他大众语言。公元前 3 世纪后，由于印度有了书写文字，政府允许笔录所学吠陀知识，有些经文通过巴利文和梵文记录下来，逐渐写成书面佛经。但这些书写经文仍然被作为僧伽们教学的辅助手段，帮助记录口头教学知识。① 在很长一段时间，读书识字仍然难以普及。通常情况下，教学没有任何教材，即使有，也只能算"口头教材"。大学对知识保护非常严格，剃度僧们不允许抄录任何文字的东西，也不允许带讲义出去，整个学习过程完全凭借僧伽和剃度僧的记忆，口耳相传。这里有一个故事：

　　15 世纪，剃度僧萨尔瓦巴豪玛（Sarvabhauma）在密提拉大学学习，当被禁止抄写经文时，他就把整个《塔-钦塔玛尼》（T-Chintamani）和《库苏曼加利》（Kusumanjali）的韵律部分完全凭借大脑记忆下来，然后，回到一个叫"纳迪亚"（Nadia）的隐蔽之处复写下来，以此建立了一个新的纳迪亚逻辑学院（Singh, S.：7-8）。

在佛陀大学，每个僧伽在自身专业领域都是绝对权威。招收谁作剃度僧，

---

① 考古挖掘资料证明，早在印度河谷文明时期，印度就已经出现了文字。

教授什么内容，什么时候让他们毕业，一切都由僧伽个人决定。上课一般是在个人私舍中进行的，没有考试，也没有任何学位的授予。因为教学的目的是掌握知识，考试和学位授予等环节在僧伽看来都是多余的。尽管如此，整个教学过程仍极其严格。在剃度僧们没有掌握某一个单元的知识之前，僧伽绝不允许他们进入下一阶段学习。逻辑推导法和辩论术是佛陀大学主要的教学方法，这种逻辑推导和辩论式训练的传统一直延续到今天。根据玄奘的说法，那烂陀大学的剃度僧经常聚在一起讨论问题。例如，哪些人能够提出更好的哲学观点？哪些人能够用微妙的方式给予恰当的回答？哪些人能够使用华丽词汇而得到奖励？那烂陀大学等大学在滋养古印度公开辩论精神方面发挥了重要作用。

（三）学校管理和经费来源

在管理方面，佛陀大学具有高度的自治性和自主性，不受外界干扰。在很多教育中心，僧伽个人招生授业。佛陀大学校长被称为"比丘长"（Head of Bhikkhu），是品格、学识和资历都好，德高望重、令人尊敬的佛陀教鸿儒。比丘长人选经由寺院联盟僧伽团推举产生，当选后任命两个委员会控制、指导和管理大学工作。一个是学术委员会，负责招生、各学科课程管理、学术事务分配等工作；另一个是后勤保障工作委员会，负责财政、建筑、维修、食品、衣服和药品，以及分配安排房间等工作。

在印度，教育被视为一项神圣的事业，公认知识不能用金钱来衡量，因此，古印度佛陀大学经费主要依靠皇帝和社会捐赠。在佛陀时期，佛陀大学发展与皇帝和社会捐赠有着直接关系。4世纪至7世纪的300多年里，皇帝向印度教神庙和佛陀教寺院进行了大量赐赠。在笈多王朝之前，佛陀大学是获得皇帝捐赠最多的宗教机构。玄奘曾经回忆说，皇帝把大约100个村庄的土地收入捐赠给佛陀大学。100年后，义净和尚也回忆说，那烂陀寺庙已经拥有包括200多个村庄在内的土地（Sgharfe, G. H.：8-38）。这些土地捐赠为扩大寺庙建筑规模创造了条件，也为佛陀大学发展提供了物质上的保障。

佛陀教育时期，大部分佛陀大学不但不要求剃度僧支付任何学习费用，相反还会为所有学生提供免费食宿。按照佛陀教经文规定："教育机构禁止向剃度僧收费。任何收费行为都应受到谴责（Ibid. H.：8-38）。"有一些教育机构可能会收取一部分费用，或者以其他方式收取学费，但都是象征性的。不收取学费的佛陀大学不会遇到太多的财政困难，因为一些富裕的父母感激僧伽们对自己孩子的教导，他们被僧伽高尚的人格魅力、精神追求，以及渊博的知识所感动，在孩子学习开始或结束后，往往会出于感激而对大学慷慨解囊，予以经济援助。另外，还有一些寺院本身不缺少经费，可以为剃度僧提供各种设施。尽管如此，僧伽还是经常安排剃度僧外出化缘。分配他们外出化缘是一种教育手段，目的是培养剃度僧拥有良好的道德品质和宗教精神。

第四节　中世纪时期高等教育

印度中世纪时期，伊斯兰教占据统治地位。虽然印度教开始复苏，基督教也正在印度传播，但从总体上看，除印度教外，非伊斯兰宗教的影响力十分有限，整个社会都处于伊斯兰教的统治之下。故此，印度教育史学家们将这一时期称为"中世纪伊斯兰教育时期"（Lal, R. B. &Sinha, G. N.：61）。古印度时期，婆罗门和佛陀高等教育先后在历史上占据统治地位。进入中世纪后，虽然婆罗门高等教育体系受到一定程度上的打击，但是阿-阿克巴统治时期，由于文教政策较为宽容，印度教、基督教等非伊斯兰教的高等教育在这一时期得到一定程度的发展。

一、伊斯兰高等教育

伊斯兰教育体系是继婆罗门教育和佛陀教育之后出现的一种教育体系，包括初等教育和高等教育。从低级到高级，教育年限一般为 10—12 年。初等教育机构称为"麦克塔卜"（Maktabs），实际是一种阿拉伯学校，职能是教授印度人用阿拉伯文阅读和书写，同时也教授基本的算术知识。高等教育机构称为"马德拉沙"（Madrasas）[①]，是指在伊斯兰教清真寺里开设的伊斯兰教育和研究的中心。这些中心通常建在帝国首都或大都市里，被后人称为印度最早的"伊斯兰大学"。然而，有学者指出："古印度的马德拉沙与 18 世纪之后发展起来的现代印度高等教育机构之间没有太多的联系（Haggerty, W. J：3）。"

（一）最早的伊斯兰高等教育机构：马德拉沙[②]

1206 年，德里苏丹帝国建立后，皇帝艾巴克在德里大兴土木建立清真寺，以满足穆斯林做礼拜之需。与此同时，他要求所有清真寺开设麦克塔卜和马德拉沙，以满足穆斯林研习伊斯兰教所需。自此以后，清真寺举办伊斯兰教育成为一种传统，受到德里苏丹和莫卧儿帝国历代君主们的重视。在伊斯兰教统治

---

① "Madrasas"一词源于阿拉伯语"Daras"，含有发表演说之意，引申为知识和学习之地。这里是指伊斯兰学院（Reifeld , J. H. H.：40）。

② 在中国语境下可译成伊斯兰学院。

时期，德里和阿格拉地区，以及其他大城市和地区，如勒克瑙、阿拉哈巴、拉合尔、阿迈尔、比达尔、比贾布尔、古吉拉特、伯德万、加尔各答、木尔坦、穆尔西达巴等地先后建立大批麦克塔卜和马德拉沙，其中马德拉沙有 30 多所。马德拉沙作为一种高等教育机构，功能与中国宋代书院十分相似。第一，培养历代王朝（帝国）所需官员。马德拉沙被比喻为印度封建王朝"公务人员"（the civil servants）的养育所。据说，每一所马德拉沙不仅有图书馆、教师公寓、学生宿舍、食堂和教学场所，而且还有公园绿地、池塘和运动场。那里的毕业生有资格担任两个职位："穆夫提"（muftî，古时的行政顾问）和"恰迪普"（qadi /pl，古时的法官）。这两个职务被认为是高级文职官员（Reifeld，J. H. H.：40）。第二，藏书功能。马德拉沙的图书馆中收藏了大量涉及各类宗教、阿拉伯和波斯文学等方面的书籍。据记载，1641 年，阿格拉地区马德拉沙的图书馆的藏书已经多达 24000 册，包括《罗摩那》《摩诃婆罗多》《阿塔婆罗多》和《阿塔婆罗多》等梵文书籍，装帧精致，插图优美。皇帝喜欢阅读各种各样的书籍，也希望子民们能够看到这些宗教哲学和古典文学书籍，更希望每个子民都多读书，学习道德、算术、农业、测量、几何、天文、地貌、家政、政府管理、医学、逻辑、自然科学（Tabiyi）、高等数学（Riyazi）、形而上学、神学（Ilahi），以及历史等领域的文化知识（Singh，S.：28）。第三，传播伊斯兰教文化和教育的重要场所。作为帝国大型藏书阁和伊斯兰教研究中心，马德拉沙经常会举行一些会议，也邀请学者，甚至外国学者来此传教和讲演。如德里苏丹帝国的卡尔基王朝时期，二世皇帝为卡尔基皇家图书馆聘请了很多著名的伊斯兰教文化方面的专家学者。第四，语言学习中心和音乐艺术中心，实施专门化教育。如阿拉伯语学院和波斯语学院就分别成为重要的阿拉伯语言和波斯语言的教学中心。此外，莫卧儿帝国沙贾汗统治时期，德里附近还建立了一所专门教授音乐和文学的马德拉沙，十分有名，吸引了世界众多学者前来学习和访问。

在德里苏丹和莫卧儿帝国时期，历代君主都十分重视马德拉沙建设，由此形成了一批伊斯兰教研究和教育中心。当时最著名的马德拉沙有：

德里马德拉沙，是对德里地区伊斯兰教学院的总称，其中包括 13 世纪伊勒图特米什（Ictulmish）创建的艾-穆阿契寺马德拉沙，主要教授伊斯兰教与法律知识；13 世纪贾拉曾丁（Jalalndin）创建的卡尔基皇家图书馆是当时最大的宗教、文学、法律的教学和研究中心；16 世纪胡马雍（Huma yun）创立的德里图书馆是地理与天文学的教学和研究中心；17 世纪沙贾汗（S-Jahan）创建的贾玛寺马德拉沙是音乐和文学的教学和研究中心，等等。

费罗扎巴马德拉沙（Firozbad Madrasa），是对 14 世纪德里苏丹帝国图格鲁克王朝在费罗扎巴地区创立的 30 多个伊斯兰教学院的总称。费罗扎巴马德拉沙号称是当时最大的伊斯兰学院之一，也是目前印度著名的伊斯兰高等学府——费罗扎巴大学（Firoibad Univeristy）的前身。

阿格拉马德拉沙（Agra Madrasa），是对 15 世纪德里苏丹帝国洛蒂王朝在首都阿格拉地区创办的伊斯兰教学院的总称。1451 年，德里苏丹帝国洛蒂王朝莎坎德尔（Shakandar）皇帝迁都阿格里之后，开始大规模建立学校，聘请学者办学，试图将阿格里建成规模和影响力仅次于德里马德拉沙的伊斯兰教育中心。1556 年，莫卧儿帝国进入鼎盛时期后，皇帝阿-阿克巴大兴土木，在首都阿格拉建立了大批马德拉沙。其中有一所马德拉沙专门开设"优那尼医学"（Unani Medical science）课程，成为当时印度阿格拉地区最大的医学教育中心。另外，阿-阿克巴是一个偏向自由派的君主，对印度教等其他宗教采取比较宽容的文教政策，允许阿格拉等地的马德拉沙开设梵文、吠陀哲学和其他本土宗教等课程。在他统治时期，阿格拉马德拉沙的影响力不断扩大，成为印度最著名的高等教育中心之一。

江布尔马德拉沙（Jaunpur Madrasa），是 15 世纪德里苏丹帝国洛蒂王朝皇帝易卜拉欣（Ibrahim）在江布尔地区建立的一所伊斯兰大学，以开展阿拉伯语、波斯语、艺术、历史、哲学、政治学、工艺和军事教育而闻名。据说，苏瑞帝国始皇帝希-苏瑞（S-suri）曾在一所江布尔马德拉沙就读。图格鲁克皇帝沙贾汗将江布尔马德拉沙称之为"藏书"（shiraje hind）之城，这里迄今仍然是著名的伊斯兰教育中心。

比达尔马德拉沙（Bidar Madrasa），是对南印度"巴玛尼国"（Bahmani State）比哈尔地区伊斯兰学院的总称。很多建筑兴建于玛-伽瓦皇帝时期，构成了马德拉沙和巨大图书馆的混合体，又称比达尔伊斯兰学院。其中图书馆藏书 3 万余册，涉及伊斯兰教和伊斯兰文化、天文、历史、农业、优那尼医学等方面。然而，伴随着巴玛尼国的衰亡，这所伊斯兰教大学也随之逐渐衰落。

玛尔瓦马德拉沙（Malwa Madrasa），是"玛尔瓦国"（Malwa state）皇帝玛姆建立的一所伊斯兰教大学，是伊斯兰教主要的传播和教育场所之一。玛尔瓦马德拉沙以美术和音乐教育为主要科目。伴随着国家消亡，玛尔瓦马德拉沙也逐渐衰败（Lal，R. B. &Sinha，G. N：69-71）。

（二）伊斯兰高等教育目的和任务

在伊斯兰教统治时期，不论政府还是民间，人们普遍认为，如果没有知识，人就无法自我拯救。按照伊斯兰教先知穆罕默德教导，知识可分为两类："物质知识"（material knowledge），又称"世俗知识"（worldly knowledge）；"精神知识"（spiritual knowledge），又称"宗教知识"（religious knowledge），其中精神知识就等同于伊斯兰教（Bhatbagar, S.：30）。因此，伊斯兰教育的主要目的和任务就是传播伊斯兰教和伊斯兰文化。具体内容包括：

第一，推广以《古兰经》为主要内容的伊斯兰教知识，以及其他专门领域的知识和技能。德里苏丹和莫卧儿帝国时期，伊斯兰教、伊斯兰文化、阿拉伯语和波斯语成为印度穆斯林的主要生活方式。他们希望通过实施伊斯兰教育，传播伊斯兰教和伊斯兰文化。第二，培养学生优秀品格和道德水平。穆斯林认为，伊斯兰教和本土其他宗教不同，更具优越性。穆斯林甚至强制佛陀教徒和印度教徒放弃佛陀教和印度教，改为接受伊斯兰教。帝国统治者们还要求麦克塔卜和马德拉沙里的教学语言使用波斯语，教学方法使用伊斯兰教的礼仪和方式。伊斯兰教注重传授穆斯林道德知识，培训个性品格，如教徒有了错误行为，就必须按照伊斯兰教教规反省和悔过。第三，培养效忠国家和政府的精神。穆斯林是外来异族统治者，他们希望通过实施伊斯兰教育，培养印度雅利安人顺服和服从的品格。在德里苏丹和莫卧儿帝国时期，印度雅利安人如果想在帝国政府或清真寺里获得较高职位，必须接受伊斯兰高等教育，学习阿拉伯语和波斯语，掌握伊斯兰教义和礼仪，甚至要放弃原来的宗教信仰。第四，重视艺术和职业技能教育。13世纪，南亚次大陆文明已经达到相当高的程度。马德拉沙的导师们认为技术技能对穆斯林个人和社会的发展十分有益，学习这些相关领域的专业知识和技能应该被视为伊斯兰教育的应有之义。第五，追求个人财富和美好世俗生活是伊斯兰教育的另一个重要目的。穆斯林认为，这是穆斯林所要达到的最高理想境界和人生目标（Lal, R. B. &Sinha, G. N：62-83）。

在德里苏丹和莫卧儿帝国时期，统治者生活极度奢华和铺张浪费。他们希望马德拉沙能够教会穆斯林一些生财之道。换言之，伊斯兰教育既培养穆斯林追求志存高远的宗教生活，又毫不抵触现世的物质享乐。

（三）马德拉沙的课程与教学内容

马德拉沙的课程内容十分广泛，大体分为宗教和世俗两大类。宗教类包括伊斯兰教经典、伊斯兰教史、伊斯兰文学、苏菲派文学和伊斯兰教义等。在阿-阿克巴统治时期，文教政策比较宽松和包容。一些马德拉沙也被允许开设梵文、吠陀宗教哲学、印度文学等课程。除了宗教知识外，马德拉沙还开设一些伊斯兰教礼仪课程，如祷告等。世俗课程包括阿拉伯语、波斯语、文学、数学、几何、历史、地理、经济、政治、科学、天文、法律、古代医学、各种艺术、职业技能等。其中阿拉伯语和波斯语是马德拉沙的必修课程，也是教学语言。在莫卧儿帝国时期，阿拉伯语和波斯语杂交产生"乌尔都"（Urdu）语之后，一些马德拉沙也开始使用这种新语言进行教学。《古兰经》是必修科目，所以来此求学的穆斯林必须学会背诵《古兰经》的部分内容。在莫卧儿帝国时期，马德拉沙的师生们在解释伊斯兰文学、法律知识和传播宗教知识方面做出了重要的贡献（Reifeld，J. H. H.：51）。此外，历史和技术也是重要的教学内容，目的是教会学生如何记录伊斯兰历史。到了莫卧儿帝国晚期，伴随着欧洲传教士和旅行者的到来，一些马德拉沙增加了一些欧洲科技知识和课程，但总体上这类课程不太受重视，因为它们与伊斯兰教育的办学宗旨相悖。有资料记载，在莫卧儿帝国时期，阿-阿克巴和贾汗吉尔（Jehangir）皇帝对外国传教士从欧洲带来的新技术和产品，如机械钟表之类的东西毫无兴趣。显而易见，马德拉沙的势力和影响力何其大。君王和马德拉沙资助者的个人偏好直接影响了伊斯兰高等教育的课程体系和教学内容（Lal，R. B. &Sinha，G. N：64-66）。

（三）马德拉沙的教育过程与方法

马德拉沙与佛陀大学十分相似，教学方法主要采用口耳相传的方式：教师口头传授，学生背诵记忆，教与学相结合。除了阅读和背诵《古兰经》外，导师的主要任务是口头讲解经文和伊斯兰教的知识。学生的主要任务是被动听讲和背诵经文，记忆伊斯兰教知识。麦克塔卜和马德拉沙是两种不同等级的教育，教学方法区别较大。麦克塔卜的教学方法主要依靠模仿、练习和记忆。小学生需要学会背诵、默写和朗读古兰经文。马德拉沙的教学方法相对较多。第一，讲解、演说和解释是最主要的教学方法。每日祈祷之后，学生要把《古兰经》部分内容背下来，然后聆听导师逐字逐句讲解。第二，逻辑推理法也经常被用于一些特殊学科的教学，如哲学和逻辑学。与婆罗门大学和佛陀大学不同，马德拉沙采用的是逻辑推理教学法，非常强调理论联系实际。通常，导师会先给出例子，然后再用相关伊斯兰教义和知识进行解释。第三，自学法是学生自学伊斯兰教知识的方法，是每个学生必须具备的一种能力。每所马德拉沙都设立了较大的图书馆，储藏了大量的伊斯兰文学、哲学、历史等和伊斯兰教领域的书籍和文本，学生除了跟随导师上课学习之外，更多时间是在图书馆中自学和领悟。第四，演示、实验和实践等方法是艺术、科学等教学中经常使用的方法。演示和实验方法是在模仿的基础上发展起来的，主要用于伊斯兰教仪式——"比斯米勒"（Upanayana）开展教学活动。实践方法旨在培养学生医学、音乐、手工艺方面的实践能力。第五，辅导法是指学生主课之后在导师助手帮助下学习活动的一种方法。伊斯兰教育同佛陀教育一样，导师会积极寻求学生与之合作，如一些教师经常会指定一些高年级学生做助手，以指导和管理低年级学生。

教师不在时，高年级学生也可教低年级学生相关知识（Ibid，G. N：65）。

（四）师生关系与马德拉沙的管理

在马德拉沙里，教师被称为"尤斯塔"（Ustad）。他们是波斯语言和伊斯兰文学，以及音乐等学科领域著名的学者和专家。莫卧儿帝国时期，在北印度地区，很多研究伊斯兰文学的学者被皇帝任命为马德拉沙的"尤斯塔"，开始承担培养学生的任务。他们属于公职人员，可以被纳入国家官员管理体系之中（Reifeld，J. H. H.：40）。尤斯塔进入马德拉沙之后，享受丰厚的俸禄，过着奢华的生活。据史书记载：11—15世纪是印度伊斯兰教最活跃的时期。大批从事伊斯兰教研究和各种专业知识领域的学者来到印度马德拉沙。1005年，伊斯兰教长老谢-伊斯玛仪最先来到拉合尔的马德拉沙进行讲学传教。之后，另外两名伊斯兰教长老谢-阿里（S-Ali）和萨-萨尔瓦（S-Sarva）也来此讲学和传教。他们的到来和讲学扩大了拉合尔马德拉沙的学术影响力，促进了伊斯兰教在印度北部地区的传播，导致大批印度人宗教信仰发生改变，从佛教转为信奉伊斯兰教。

在马德拉沙里，学生被称为"沙基尔"（shagird）。在教育中，沙基尔跟随"尤斯塔"学习，并接受后者的严格控制和约束。然而，不像吠陀和佛陀教育体系中的学生那样过着苦行僧般的学习生活，沙基尔们有专门的宿舍和食堂，每天不用外出乞讨，可吃着美食，过着舒适的学习生活。在师生关系方面，伊斯兰教育像吠陀和佛陀教育一样，师生双方关系融洽。尤斯塔爱沙基尔，沙基尔尊尤斯塔。沙基尔虔诚地聆听尤斯塔的引导和教诲，尤斯塔热心地指导沙基尔。但到中世纪后期，沙基尔对尤斯塔的尊重和虔诚更多是源于惧怕。

（五）马德拉沙的教育经费管理

中世纪伊斯兰教育的最大特点之一是国家主导办学，教育经费几乎都来自官方。德里苏丹和莫卧儿帝国时期，历代统治者都十分重视教育，将伊斯兰教育和伊斯兰教视为"官学"和"国教"，将麦克塔卜和马德拉沙视为"国立小学和学院"。统治者将教育视为统治需要，把资助学校视为国家责任。他们把从佛陀教大学没收的资产和土地转赠给马德拉沙，并用高薪聘请伊斯兰文学、哲学和伊斯兰教大师到马德拉沙讲学和任教。马德拉沙经费非常充足，不需要学生支付任何教育费用，还为学生提供食宿和服装。另外一些马德拉沙还设立奖学金，专门资助一些在伊斯兰教、哲学、文学、艺术等领域学业优秀、有天赋的学生。伴随着马德拉沙规模的扩大，当政府经费支持不足时，很多有钱的贵族穆斯林开始向马德拉沙捐赠大量钱物，支持马德拉沙办学，资助其教育经费。

（六）伊斯兰高等教育主要特征

伊斯兰高等教育是中世纪历代封建统治者们建立的官方教育体系，占据社会主导地位。伊斯兰高等教育的性质跟婆罗门高等教育和佛陀高等教育一样，仍然属于专业教育，主要传授和研究伊斯兰教和伊斯兰文化等内容，特点鲜明。第一，伊斯兰高等教育属于"官学"性质。政府是伊斯兰高等教育的主要投资者和控制者。换言之，统治者一方面对伊斯兰教育和马德拉沙予以大量人力和财力上的支持，投入大量办学经费；但另一方面，他们也对马德拉沙的教学活动进行严格控制，不断干预学校办学，其控制程度较古代印度古儒库拉和佛陀大学有过之而无不及。第二，伊斯兰高等教育具有开放性的特点。它打破了婆罗门高等教育的等级观念，为低种姓阶级受高等教育提供机会，不剥夺首陀罗阶层接受高等教育的权利。马德拉沙的开放性还体现在伊斯兰教课程和其他专业领域知识面向所有印度人开放。马德拉沙图书馆中珍藏大量婆罗门教、佛陀教，以及其他宗教派别的经书典籍。第三，伊斯兰高等教育也有一定的排他性。换言之，在中世纪，穆斯林是统治者，除了少数开明的皇帝采取比较宽容的文教政策外，大多数时间，为了传播伊斯兰教，扩大伊斯兰文化的影响，穆斯林会对印度本土宗教和教育体系无情地予以打击和摧毁。至此，佛陀教和佛陀大学就在伊斯兰教及其统治者的限制和打击下逐渐消失和毁灭。婆罗门高等教育的境遇比佛陀高等教育的境遇要好一些，但也无法逃避被打击和迫害的命运。在莫卧儿帝国之前，伊斯兰教统治者曾经采取各种手段，迫使印度人改信奉伊斯兰教，接受伊斯兰的文化和教育。帝国官员们基本上对古印度的语言、文学、宗教和哲学等教育抱有不闻不问的态度。印度教及其教育只流行于民间。直到阿-阿克巴皇帝统治时期，伊斯兰教统治者对印度教采取相对宽容的文教政策，印度教及其高等教育才得到一定程度上的发展。第四，高等教育等级性。马德拉沙的教学语言是阿拉伯语和波斯语，但是印度人日常交流使用的语言是印度语，阿拉伯语和波斯语对印度人来说是外来（国）语。学习外国语增加了印度家庭的学习负担，进而限制了人口众多的低种姓阶层子弟进入马德拉沙学习，只有少数印度贵族子弟才能有学习这种外国语的动力和条件。正如印度学者比-阿瓦利（B-Avari）在《南亚伊斯兰文明》一书中总结写道：

　　　　这一时期伊斯兰著作向我们展示了每位作者的高智商，这些人的教育是在私立学校、宗教学校和伊斯兰学院中完成的。这些院校实施精英教育，只对少数人开放。尽管莫卧儿帝国拥有惊人的财富，但统治者从未想过把一部分财富用于普及初等教育。大多数人没有上学的机会，一些人所接受的教育都是非常基础和宗派主义的（Avari, B.：123）。

总之，中世纪伊斯兰高等教育是印度中世纪高等教育重要的组成部分，对近现代伊斯兰高等教育发展具有重要的影响，其创立的制度和传统成为今天印度伊斯兰高等教育的宝贵遗产。但是中世纪伊斯兰高等教育毕竟是舶来品，它无法阻碍具有广泛民间语言基础的印度教的高等教育发展。

二、其他宗教高等教育发展

进入中世纪后，虽然婆罗门高等教育体系受到一定程度上的打击，但是在阿-阿克巴统治时期，由于文教政策较为宽容，印度教、基督教等非伊斯兰高等教育在这一时期得到了一定程度的发展。

（一）婆罗门高等教育进一步发展

13世纪—14世纪，克什米尔、巴拿勒斯、米提拉、纳迪亚、普拉亚、喀什、亚尧迪雅、尤金、纳西克和坎纳塔卡等地仍然保留着大量的婆罗门教育中心，如"托拉"和"沙洛基"（Salotgi）。这些婆罗门大学以教授高级梵文和印度文学为主，为婆罗门阶层所操控和设计。在莫卧儿帝国时期，一些著名的"托拉"注重培植新逻辑学派，教授梵文、古印度语、巴利语和孟加拉语等课程。但是婆罗门教育中心毕竟不能像马德拉沙那样的"官学"一样，从皇帝那里得到土地和资金支持。虽然伊斯兰教统治者容婆罗门教育体系存在，与伊斯兰教育体系"和平相处"，但整个伊斯兰社会对印度教，以及婆罗门大学都持有歧视态度。政府不给予它们任何经费支持。这时期，婆罗门大学的规模和影响力远不及吠陀晚期的鼎盛时代。有的婆罗门大学只有16名（尤斯塔）教师和340名（沙基尔）学生（马骥雄：20-28），严格地讲，它们根本不能算得上婆罗门大学，只是一些教育和学术中心而已。有时，一个尤斯塔可能就是一所"托拉"和"沙洛基"，内部不设管理和行政中心，所有教学活动，如课程设计、毕业仪式、"文凭"颁发等均由尤斯塔本人负责安排。一般情况下，每个尤斯塔只招收20—25名沙基尔，一些"托拉"和"沙洛基"不得不吸引印度以外的沙基尔前来求学。这些沙基尔在尤斯塔名下研习医学、外科学、箭术、佛陀学、哲学、语法、天文学、几何学、会计学、商学、农学、音乐、舞蹈、绘画等学科的专业知识和学问。沙基尔选择学科专业不受任何限制，但高级课程的学习年龄需要到16岁以后。他们跟随尤斯塔研习8年左右时间，同吃同住，耳濡目染，教学相长。马骥雄在《外国教育史略》一书中如此描述中世纪时期印度高等教育机构：它们办学经费十分有限，校舍简陋，多半是些茅草顶泥土墙的房舍；学生（沙基尔）住在小茅棚里，人数约 25 人左右；修习的学科有逻辑、法律、诗学、天文学、文法等（马骥雄：50）。

（二）基督教高等教育萌生

15 世纪末—16 世纪初，欧洲传教士纷纷来到印度，一边传播基督教和欧洲文化，一边推行西方教育制度，建立新式学校（Suri, S. M.：15）。葡萄牙传教士艾克瓦和迪-诺维利（D-Novili）是两位最早在印度创办新式学校的开拓者。1510 年，他们徒步深入印度腹地进行传教活动，在当地办了小学。他们采用葡萄牙语和本地语两种语言进行教学，借此宣传基督教和西方文化。这可谓是印度次大陆上出现最早的西式教育机构。

1541 年，葡萄牙罗马天主教会传教士在果阿成立耶稣会，之后派遣三个布道团进驻莫卧儿帝国阿-阿克巴王朝开展传教活动。一些传教士心地善良、学识渊博、思维活跃，受到当地印度人的欢迎。如阿奎维耶、蒙赛拉特、哈维尔、平西哈等传教士在印度推广基督教文化和教义方面都做出过贡献（胡光利：105-107）。1575 年，葡萄牙传教士在果阿地区创办了一所具有高等院校性质的耶稣学院。两年后，孟买附近的班德拉地区又出现了另外一所基督教学院。这些基督教学院既讲授基督文化和教义，同时也开设拉丁语、文法、逻辑和音乐等课程。在此期间，西方传教士成功地说服了阿-阿克巴皇帝接受基督教，并在阿格拉地区创建了一所基督教学院。1662 年，传教士试图在德里创办另外一所基督教学院时，遭到沙贾汗皇帝的驱逐，西方文化教育和基督教传播、发展因此受到阻碍（Lal, R. B. &Sinha, G. N：85）。

17 世纪以后，荷兰人、英国人、法国人、美国人和丹麦人先后到达印度各地，创办基督教学校。尤其是在马德拉斯、维沙卡帕特南、加尔各答、达卡和孟买等地，很多基督教学机构纷纷创立。1716 年，丹麦传教士在特拉万科尔创办了印度第一所教师教育学院，采用英语和印度双语教学，开展教师教育和培训工作。第二年马德拉斯地区也建立起两所慈善学校。传教士说服当地统治者在坦若尔、拉姆纳德和西瓦甘加开办英语学校，但由于经营不善，丹麦商人只好在撤离印度时将学校卖给了英国人。这一时期，基督教学院并非真正意义上的高等教育机构，很多机构都设置在教堂之中。低年级学生学习语言和文字，高年级学生主要研读圣经和西方宗教经典（Chowshury, S. R.：9）。

第二章

东印度公司时期（1765—1858）

> 只有把目光从资产阶级的故乡转向殖民地，资产阶级文明深深的伪善和它所固有的野蛮就会毫无掩饰地摆在我们面前，因为在故乡它还装出一副假装体面的样子，而一到殖民地就丝毫不加掩饰了。

> ——卡尔·马克思（马克思，恩格斯（全）：261）

17世纪，南亚次大陆出现新变化。莫卧儿帝国日益衰落，逐渐失去对印度的控制。在迈索尔、孟加拉国、奥德、海德拉巴和卡尔纳提克等地，一些城邦国家纷纷建立。印度重新陷入四分五裂的状态之中（林承节：10）。南亚次大陆政治上的分裂给异族入侵提供了极大的可乘之机，先是伊朗人、阿富汗人，然后是葡萄牙人、荷兰人，先后以不同的形式入侵印度。正如马克思指出："大莫卧儿的无限权力被他的总督们打倒，总督们的权力被马拉特人打倒，马拉特人的权力被阿富汗人打倒，而在大家这样混战的时候，不列颠人闯进来，把所有的人都征服了（马克思，恩格斯：69）。"1757年，英国军队赢得普拉西战役①的胜利，取得了在印度的绝对控制权，迫使其他国家的殖民势力退出印度。历史进入了所谓的东印度公司时期"。

第一节　东印度公司时期社会状况

16世纪中后期，英国社会在都铎王朝最后一个女王伊丽莎白的统治下，经济得到了较快的发展，尤其是对外贸易和海运部门发展迅速。1588年，英国已经拥有183艘100万吨排水量的船只。16世纪末，地理大发现和新航路的开辟，特别是几个先行国家通过航海贸易获得惊人财富的消息极大地刺激了英国商人。

---

① 普拉西战役发生于1757年6月23日，是英国东印度公司与印度孟加拉王公之间的战争。

伊丽莎白女王声称:"与西班牙人相同,吾亦有从事海外贸易之自由,大海及空气对天下众生皆平等(赵伯乐:15-21)。"英国商人更是急不可待,T.孟(Meng, T)的这段话反映出英国商人急于发展对外贸易的心理。他指出:

> 请仔细看看对外贸易的真正面目和价值吧?那就是国王的大量收入,国家的荣誉,商人的高尚职业,我们的技艺的学校,我们的需要的供应,我们的贫民的就业机会,我们的土地的改进,我们的海员的培养,我们的王国的城墙,我们的财富的来源,我们的战争的命脉,我们的敌人所怕的对象(同上)。

一、东印度公司成立及其早期活动

(一) 从商业贸易公司到英国殖民地统治机构

1599年9月一伙伦敦商人集资3万多英镑组建了一个对外贸易公司,起名为东印度公司。1600年12月,英国女王伊丽莎白一世颁布特许状,正式批准该公司成为一家从事亚洲、东南亚和印度的贸易活动的英国公司。特许状上写道:"为了我们国家的荣誉,我们民族的财富,为我们运输的增长,为促进增长国民财富的贸易,授予公司与东印度贸易的特权。"最重要的包括三条:(1)禁止公司以外的一般商人从事公司专营的贸易,但在他们乐意之时,可被授权进行贸易;(2)有权在每次航行中输出价值三万英镑的金银,对前四次航行所载运的英国货予以免税,而且在特许状有效期内,英国船只转运印度货物出口也享有同等特权;(3)特许状有效期为十五年,如果发现它对国家不利可在任何时候废除,但须提前两年通报,同样,如果发现它对国家有利,经公司申请,也可再延期十五年(同上)。

东印度公司成立后,开始从事对亚洲的贸易活动。18世纪之前,东印度公司一直在印度海岸地区从事商业贸易活动,例如,他们在西海岸的苏拉特与东海岸的马德拉斯都建立了公司的据点。1640年在印度东海岸圣乔治堡建立第一个殖民据点,从此以后其势力逐渐渗透到印度各地。到1647年,东印度公司共建立了23个殖民据点。在建立商馆的过程中,部分英国殖民主义者采用了一些特殊方式获得地方的贸易权,如拉拢或贿赂当地统治者或行政长官,但这并不是常态,在这一时期,贸易权基本都是以合法与和平的方式获取的(林承节:34-35)。进入18世纪,东印度公司越来越不满足于采用正常的手段进行贸易活动。英国国会为了帮助东印度公司扩大在印度的势力范围,保护东印度公司在印度殖民地据点的利益，逐渐授予其某些特殊的国家权力，如独立司法权、招募军队权，甚至对非基督教国家的宣战权等。在获取这些权力之后，英国东印度公司并未立刻进行军事扩张。18 世纪之前，公司在印度的实力相对薄弱，军事上不具备殖民战争的可能性，也不能很好地保护英国商人的利益，一些商船也经常遭到海盗的骚扰。这一时期，莫卧儿帝国势力仍然很强大，对东印度公司的贸易活动也时常予以限制。例如，1680 年，奥朗则布（Aurangzeb）皇帝颁布诏令，撤销了东印度公司在孟加拉纳瓦布地区的商品免税权，这一诏令加深了东印度公司和莫卧儿帝国两方的矛盾。随着 18 世纪上半叶英国产业革命的兴起，国家对于财富、原料的需求增加，英国政府希望海外公司加速从殖民地掠夺资源，这为东印度公司武力扩张创造了机会，使之充当了英国殖民主义在南亚地区的先锋和执行者（张智迅：13-14）。

（二）普拉西战役之后：东印度公司殖民统治的开启

17 世纪末 18 世纪初的印度是各国殖民主义者的角逐场。葡萄牙、荷兰、英国、法国等国都先后在南亚次大陆建立了殖民据点。1742 年，法国殖民地总督 F. 杜普莱克斯招募土著建立雇佣兵军队，妄图在印度东海岸争取殖民地霸权。1746 年，受法国影响，英国东印度公司也开始招募军队，卷入一系列武力扩大殖民地的战争之中。从 1756 年到 1763 年，英法之间爆发了 7 年之久的战争，这场战争还将孟加拉地区也卷入其中。1757 年普拉西战役是东印度公司开启大规模侵略印度的标志性事件。由东印度公司的 R. 克莱武①指挥的东印度公司军队以 3000 人的兵力和微弱伤亡的代价击溃了 5 万人的孟加拉军队，随后便控制了该地区。对孟加拉地区的征服使得东印度公司在印度获得了一块稳固的根据地，并为进一步征服印度奠定了基础。1774 年东印度公司又发动了洛西拉战争，除此之外，东印度公司还与印度南部长期亲法的迈索尔土邦展开了频繁的战争。经过多年征战，到了 1830 年，东印度公司直接或间接地几乎控制了印度全境。正如马克思评论："不列颠政府用公司的名义进行了两个世纪的战争，直到最后达到印度的天然边界（马克思，恩格斯：40-41）。"显而易见，此时的英国东印度公司不再只是英国执行重商主义政策的一个工具，而成为一个集商业、政治、军事、司法四位一体的政商统治集团，是拥有军事和行政权力的印度南亚次大

---

① 克莱武（1725—1774 年）在英国人眼中是大英帝国最伟大的缔造者之一，而在印度殖民地人民眼中却是罪恶的强盗。他是集冒险家、军事家、外交家、政治家于一身的人物。早年参加东印度公司与迈索尔在印度的争霸斗争，领导 1757 年"普拉西战役"取得胜利，建立东印度公司对孟加拉的统治。总督任内建立所谓的"双重管理制度"，后因统治集团内部矛盾而自杀。

陆的真正统治者，是英国帝国主义在印度殖民地的代理机构，并开始了对印度长达近百年的统治。东印度公司的统治大体可以分成三个历史时期，统治早期（1765—1793 年）、统治中期（1813—1835 年）和统治晚期（1835—1958 年）。

二、从商业公司商贸活动到国家统治机构职能的转变

（一）双重政府管理体制的建立与废除

成为统治者之后，东印度公司面临的主要任务就是尽快从一个商业机构转型为统治机构。然而，这在当时并不是一件容易的事情。莫卧儿帝国还在运行，印度国内政治形势错综复杂，各地王公势力也很强大。为此，东印度公司最初的办法是借风使船，即利用现存的莫卧儿行政体制为自己的统治服务。1765—1772 年，东印度公司在控制的孟加拉殖民地实行双重政府管理体制。在这种体制中，英国人承认莫卧儿皇帝和孟加拉、比哈尔、奥里萨等几个地方纳瓦卜的行政权，只要求后面这几个地方的财政税收权。其中一个重要的原因是在这一时期，东印度公司只关注贸易和经济利益，不想太多地卷入莫卧儿帝国和各土邦之间复杂的政治斗争。一方面，可以保护好英国殖民主义者在孟加拉地区的利益，另一方面，也不会给自己带来太多麻烦。另外，有印度学者在评论"双重政府管理"体系时指出："（最初）公司职员还没有足够的知识和经验处理印度行政问题。他们还不了解印度的习俗和语言，保持着地道的商人特性，不可能一下子变成胜任的行政官员。显然，在这种环境下，公司不承担全部行政责任是明智的（庄万友：58-64）。"

经过一段时间双重政府管理体制运行之后，1772 年，英国人决定废除双重政府体制，开始独立行使治理权。一些印度史学者将 1773 年到 1793 年的二十年视为英国人自行摸索在印度建立殖民统治体系道路的第一个时期。首先，东印度公司把英国的一套制度照搬到印度，在加尔各答设立最高法院，并试图用英国法律处理印度社会的各种案件，但效果并不理想。因为在一个有着千年文化历史和官僚体制盛行的社会，采用英国法律在这个东方大国根本行不通。其次，建立一个高效的行政机构扮演政府的角色，并开始重视教育，提高政府公务人员的素质。慢慢地，东印度公司的统治才算稳定下来。

（二）从奉行教育的"中立政策"到逐渐承担教育责任

在统治早期，东印度公司几乎把全部精力放到贸易和商业上，尽可能多地为英国攫取财富。殖民统治者对贸易和财富掠夺的关心远远超过对殖民地的统治和治理的关心。正如 1689 年东印度公司《决议》所说："增加税收才是公司

关心的主题，如同公司对贸易的关注（Pinto，M.：19-20）。"显而易见，公司高层认为发展印度教育是完全没有必要的，这与公司业务发展毫不相关，因此也对殖民地的教育漠不关心，几乎没有什么作为，更不愿意在教育上投入任何金钱。他们不重视教育有两方面的原因。第一，受宗主国自由市场经济模式的影响。17世纪，自由主义市场经济思想在英国十分盛行，导致政府对本国教育既不干涉，也不负责任。由于国家没有统一的教育制度，政府对文化教育的控制能力较差。东印度公司试图与宗主国政策保持一致，也不想负责教育事务。于是，东印度公司内部达成一项政策共识，即对印度现存文教政策和教育制度既不干涉也不支持，保持一种教育政策上的中立态度。当时，英国社会的主流观点是"除印度人传统之外，再考虑其他教育治理模式都是不明智的（Chowshury，S.R.：10）"。受这种"既不干预也不支持"的中立政策影响，在相当长的一段时间，印度教育一直保持中世纪时期的样态。除了控制经济命脉之外，东印度公司对殖民地的管理大体上仍然按照莫卧儿帝国的模式运行，很少干涉印度宗教和社会习俗。第二，担心教育唤起印度人的文化自觉和民族意识。18世纪中叶，北美殖民地13个州爆发了反对英国人统治的独立战争。在马萨诸塞州，几乎所有著名的革命者都是哈佛学院的毕业生，其中包括美国《独立宣言》的起草人之一、美国第二任总统 J. 亚当斯（Adams，J）。因此，英国人很担心这样的事情会在印度殖民地重演。在英国议会辩论中，L. 杰克逊（Jaclcson，L）议员警告说："由于我们向美国输出了教育，我们失去了在那里的殖民地。我们不能再在印度这样做了（Kochar，S. K.：5）。"东印度公司的董事也附和道：我们刚失掉美洲，因为我们太愚蠢，竟允许在那里建立学校和学院。我们在印度不能再做这样的蠢事了（Haggerty，W.J.：40）。时任国会监督局主席 C. 伍德（Wood，C）马上赞同说："我们不能再在印度这样做了。"对于在殖民地创办大学，他认为不仅没必要，而且很危险。理由是：一则不想见到大批受过高等教育的印度人担任高级职务；二则担心那些接受过高等教育而又不能被安排工作的印度人有可能会成为政府反对者，成为社会不安定因素。在他看来，培养少数印度精英人才，使之成为"殖民地政府与数百万被统治者之间桥梁的阶层"，达到满足管理政府事务的需要即为教育的全部意义（赵芹：20-21）。有议员激动地质问道：

　　　　我们想让这些（印度）人顺从吗？我们可以认为用知识唤醒他们之时，不让他们有野心吗？或者我们唤醒他们的野心，却不给他们某个合法的出口吗？谁能对这些问题给出肯定的回答？诸位如果坚持认为我们可以永远把印度人排除在高级职位之外，请对上述问题中的一个问题给出肯定的回答（Griffiths, P.：247）。

基于上述考虑，1772 年之前，东印度公司不仅自己不在教育上有任何作为，同时还反对欧洲传教士在印度进行基督教传教活动。正如一位东印度公司董事（官员）所给出的理由一样："我担心这样的政策（允许传教士传播基督教）可能会引起印度人反感。更重要的是，西方古典教育的影响必然会导致印度人产生独立的想法。对于英国统治来说，任何这些结果都是不可想象的（Kochhar, S. K.：5-6）。"因此，在英国人统治初期，印度高等教育基本依赖从中世纪伊斯兰教育时期沿用下来的马德拉沙和维德亚拉亚（Vidyalaya）①。

18 世纪中后叶，伴随着对殖民地统治的逐步深入，东印度公司董事会开始意识到教育的重要性。他们认为，如果不对印度人实施教育，培养能够为东印度公司服务的本地人，英国人的统治可能不会持续太久。1772 年，东印度公司殖民地政府成立，W. 黑斯廷斯（Hastings, W）伯爵出任殖民地首任总督（行政首长）。他深知，英国要想成为统治恒河平原的主人，仅仅依靠少数英国军官控制是不够的，必须依靠印度人来管理这片广阔的地区，进而实现在各种知识（科学、法律和语言）和文化（本土宗教）意义上对印度殖民地的统治。于是，他一到任就提出发展教育的方案。在总督生涯的 13 年里，他应一些穆斯林的请求，支持创办了殖民地第一所高等教育机构——加尔各答伊斯兰学院（Calcutta Madrasa），同时还支持创办了殖民地政府所属研究机构——皇家亚洲研究学会（Royal Asiatic Sociey）。1784 年，他在向董事会主席N. 斯密斯（Smith, N）提出以知识和权力相结合的方式促进印度殖民地发展的方案时，陈述了如下理由：

当我们基于征服权，使用知识与那些被我们管辖的人进行沟通时，每一种知识对我们国家都是非常有用的。它们可以吸引和调和（我们与）遥远地方的感情，减少被征服的本地人的沉重枷锁。我们应将义务感和仁慈铭记在英国人心里。……每个对印度人性格产生变化的实例都会记录下英国人很慷慨地赋予他们自然权力的印记，并教会我们学会以量己方式判别他人，……但是这些实例只能从印度文字中去寻找。即使英国结束在印度

---

① 维德亚拉亚是印度教学院的别名，如伊斯兰学院别名为马德拉沙。维德亚拉亚的教学语言是梵文。当时这类学院规模很小，有的只有几名学生。190 所维德亚拉亚中只有 1358 名学生，平均每所学校学生不到 8 名。在南比哈尔地区 291 所马德拉沙中只有 1486 名学生，平均每所学校的学生不到 5 名（赵中建：3）。

的统治，即使曾经带来财富和权力的源泉被遗忘，这些实例仍将会继续存在（Cohn, S. B.：45）。

到了 18 世纪中后期，越来越多英国人意识到对印度人进行教育，包括基督教宣传的重要性，只是在采用怎样的内容和方式的问题上，西方传教士与东印度公司的决策层之间存在分歧。前者热衷于普及初等教育，而后者只对高等教育感兴趣。尽管如此，他们的出发点都是一致的，一切为了维护和巩固英国的殖民地统治（赵中建：5）。

第二节　印度现代高等教育制度形成

印度现代高等教育制度发轫于 18 世纪中后期。在东印度公司结束统治之前，殖民地统治者在教育方面有了若干方面的进展：第一，从 1792 年开始，东印度公司终于承担起教育的责任，开始举办学校教育，同时默许欧洲传教士到印度传教。第二，《1813 年宪章法》首次明确政府责任，给东印度公司制度教育政策提供了法律依据。第三，爆发东西方学之争，西方学凯旋，东方学衰败。1835 年后，印度进入教育西方化时代，英语成为所有由政府资助学校的教学语言。第四，1854 年，《伍德文告》颁布，在政府公共经费和私人资金的资助下，殖民地管辖区建立了从小学、中学到学院完整的教育系统。第五，1857 年，在加尔各答、马德拉斯和孟买地区建立了 3 所大学。这些成绩表明，到 1860 年，印度现代高等教育体系的雏形初步形成，尤其是早期殖民地学院的出现标志着印度现代高等教育体系的建立（Avari, B.：178）。

一、早期高等教育政策的初步形成

（一）从《格兰特备忘录》到《威尔伯福斯提案》

伴随着殖民地政府教育责任意识的加强，18 世纪末，在孟加拉邦地区先后建立了一批早期殖民地学院。许多欧洲传教士在东印度公司的默许下在印度四处开展传教活动。基督教和西方文化逐渐进入印度社会，并不时地与本土宗教和东方文化发生冲突（Lal, R. B. &Sinha, G. N.：83-84）。

1792 年，东印度公司董事会总裁 C. 格兰特（Grant，C）[1] 根据在印度生活的经历和观察写成《英国亚洲人社会状况观察》一书（1813 年由下议院出版）。在书中，他极力贬低印度人，为传教士传播基督教辩解，主张融合教育和基督教。他在书中写道：

> 东印度公司需要采取措施改善印度的社会现状，向印度人介绍西方的教育、科学和知识，从而打开他们新视野和新知识的天窗。……非常有必要在印度殖民地开办更多学校。这些学校将为印度人打开一个充满新思想的世界，让他们最终能够在公共事务中使用英语进行工作和生活。经过一两代人接受英语教育，英语将会成为英属印度殖民地最广泛且普遍使用的语言（Bhatnagar，S.：41；Chowwdhury，S. R.：11）。

随后不久，C. 格兰特起草了《东印度公司宪章》，又称《格兰特备忘录》（*Grant's Minute*），呼吁英国政府加大对殖民地教育的投入。他建议：（1）支持在印度殖民地建立新式学校；（2）实施以英语为媒介的西式教育；（3）传授大量西方科学知识；（4）免费提供英语语言和文学教育；（5）扩大基督教传播和影响等（Lal，R. B. &Sinha，G. N.：41）。

1793 年，英国国会讨论制定《1793 年宪章法》（*Charter Act of* 1793），同时也讨论审批 C. 格兰特起草的《东印度公司宪章》。时任国会议员，福音派领袖 W. 威尔伯福斯（Wilberforce，W）对 C. 格兰特的建议非常感兴趣，表示坚决支持。他指出：

> 英国国会不可让渡的特别责任就是采用一切合适而理性的方式，保证英属印度殖民主义者的利益和安全，促进殖民地经济和社会的繁荣与发展。为达到这个目的，殖民地政府必须采用一切手段发展那些能够提高印度人知识、宗教和道德水平的教育。这种教育既可以是印度本土式的，也可以是西方式的（Bharnagar，S.：41）。

W. 威尔伯福斯随即提交了一份建议草案，即《威尔伯福斯议案》，提出将

---

[1] C. 格兰特（1746—1823）是英国福音派信徒、英国国会议员、商人、慈善家和传教士，后任东印度公司董事会总裁。他主张在印度进行基督教改造，传播西方知识和科学，被印度学者恰-努鲁拉称为"印度现代教育之父"。

东印度公司的教育责任写进《1793 年宪章法》中。该议案的内容还包括"赋予欧洲传教士、学校教师到印度访问、布道，宣传基督教和安排教育活动完全的自由权利"（Ashby，E. & Anderson，M.：48）。然而，他的议案遭到议员 A. 杰克逊等人的坚决反对。后者认为，印度人的宗教倾向和道德与别人相比并不低级，因此，任何想改变他们宗教信仰或给他们更多知识的企图都是不理智的（Bharnagar，S.：41）。经过长时间辩论，国会否定了 W. 威尔伯福斯的提议。

尽管《1793 年宪章法》没有明确东印度公司的教育责任，但鉴于殖民地形势发展的需要，1794 年，C. 格兰特领导的东印度公司出台了一条法律规定，从此以后，公司所有雇员都必须能讲流利的印度语和英语。这条法律的出台意味着不论是英国人还是印度人，如果想要在东印度公司工作，都必须接受一定程度的教育，尤其是高等教育。

（二）从《1813 年宪章法》到《1833 年宪章法》

从 1793 年到 1813 年的 20 年里，印度殖民地发生很多变化。第一，尽管 W. 威尔伯福斯的提议被否定，但在 C. 格兰特领导东印度公司时期，英国传教士在印度的传教和举办教育活动并没有受到太多的限制。第二，在这一时期，殖民地社会不断出现不法英国商人与印度本土官员相互勾结、发生腐败的问题。一些人将其归罪于印度社会文化和宗教教育。他们认为，印度宗教和文化是一种腐败文明，是最具破坏性的道德堕落形式。尤其是 C. 格兰特等人认为，英式教育将系统地改变印度人的道德、习俗和社会风气，使之朝着进步的方向发展。西式学校是影响这一转变的重要场所之一（Srinivasan，S.：64）。第三，18 世纪末 19 世纪初，G. 边沁（Bentham，G）功利主义和 A. 斯密（Smith，A）自由主义经济学思潮成为主流社会理论。J. 密尔的《论政府》和《英属印度史》等著作让英国国会议员们对印度殖民地及其教育问题有了新的认识。因此，在修订《1813 年宪章法》① 时，英国议会吸纳了原来 C. 格兰特和 W. 威尔伯福斯等人的上书意见，增加了三项有关教育的新内容：一是欧洲各国传教士享有到访印度宣传基督教或开展教育活动充分的自由权；二是东印度公司应担负教育责任，在管辖区内举办学校教育；三是东印度公司每年应拨出不少于 10 万卢比的经费，用于恢复本土教育传统，传播本土宗教和文化，支持印度本地学者向在英属印度领土上的大众介绍和提倡科学知识（Lal，R. B. &Sinha，G. N.：93）。

《1813 年宪章法》颁布后，英国人越来越清楚自己可预见的未来，意识到自己在殖民地的责任。1819 年，W. 黑斯廷斯在一份文件中写道："在不久的将

---

① 英国宪章法每隔 20 年修订一次。

来，英国可能会希望放弃对这个无意中逐渐掌握的国家的统治，但目前还无法摆脱其统治的责任（Griffiths，P. ：245）。"这一时期，很多东印度公司高官都和 W. 黑斯廷斯有一样的想法。在表面上，他们似乎一切都在为印度人考虑，希望看到印度人通过接受教育，提高民族智力和道德水平，最终实现国家自治。他们变得越来越虚伪，虽然嘴上说最终会放弃对印度的殖民统治，但内心却想赖在那里维护统治，想让印度殖民地成为大英帝国永远的附属国。正如一位公司董事所表示的一样："在印度本地人还没有放弃大部分迷信和偏见，还不能组建一个常规政府，不能进行自我保护之前（尽管不知未来什么时候，但这一天总会来临），我们都应该把印度看作一个长期维持，而不是临时占有的地方（CRE：33）。"美国学者 T. 里德彼特（Leadbeater，T）一针见血地指出："他们（英国人）越来越表现出一种家长式的关注，希望传播英国文化和基督教文明的好处。在帝国鼎盛时期，这种态度被认为是'白人的负担'①，是既困难又没有回报的工作，但总得有人去做（Leadbeater，T.：9）。"

虽然《1813 年宪章法》明确了殖民地政府的教育责任，并规定了东印度公司每年拿出 10 万卢比来发展教育，但是该法对如何开展殖民地教育活动以及如何使用这笔钱却未详细说明。因此，从《1813 年宪章法》颁布后到 1835 年，东印度公司政府在三个问题上迟迟无法达成统一意见，无法形成明确的教育政策。在这一时期，印度殖民地社会引发了一场思想论战，即著名的"东西方学派之争"②。1833 年，英国再次修订宪章法，对印度殖民地与宗主国关系及其相关事务做出如下新规定：（1）东印度公司受英国国王之委托统治英属印度殖民地；（2）将孟加拉邦总督改为印度总督，其参事会改为印度总督参事会；（3）仿照英国国内治理结构，成立殖民地立法会议，设立专司立法的总督参事会成员，将立法与行政部门分开；（4）要求殖民地政府设立总督咨询委员法律顾问职位，以及负责教育事务的官员，在殖民地强制推行英式教育，举办西式学校，进而达到传播欧洲文化和科学知识的目的；（5）推行文官考试选拔制度，允许印度人或印度出生的英国人参加考试，不论其宗教、出身、肤色如何，所有合格者都可出任英属印度政府高级职位，但是文官选拔考试在英国伦敦举行，考试语言只能用英语；（6）发行新版货币，将印度货币上人头像由莫卧儿君主换成英国国王；（7）采取了一系列社会改革措施，如放宽新闻限制，传播基督教，实

---

① 指白人统治者对所谓劣等种族和国家的责任。
② 这次争论主要围绕三个问题展开：第一，用英语还是印度语作为教学用语？第二，重点发展东学还是西学？第三，教育是面向大多数人还是服务少数阶层？关于这次争论的详细内容将在下节专门讨论。

行社会落后制度改革（林承节：53-54，Bhatnagar，S.：91）；等等。新规定意味着在法律意义上东印度公司成为英国政府所属部门，对印度殖民地实施管理和统治，从而保障英国能够更好更多地掠夺印度资源和财富，将印度殖民地变成英国国内生产和生活源源不断的原材料供应地。与此同时，新法案旨在解决《1813 年宪章法》中规定的有关在殖民地推行西式教育和文化教育政策始终得不到落实的问题。

二、东印度公司早期学院的创立

1772 年后，伴随着东印度公司殖民地政府对教育的重要性认识的提高，殖民地早期学院先后诞生。其中，最主要的有加尔各答伊斯兰学院、巴拿勒斯梵文学院（Banara Sansknit College）和威廉堡学院（Tort William College）。

（一）加尔各答伊斯兰学院

该学院始建于 1781 年，是殖民地总督 W. 黑斯廷斯支持穆斯林创办的一种东方式学院，也是英国人在印度殖民地创办的第一所高等教育机构。1772 年，W. 黑斯廷斯接到一份由若干穆斯林签名的请愿书，要求殖民地政府支持发展伊斯兰高等教育，希望新任总督资助创建一所马德拉沙，即伊斯兰学院，以供印度穆斯林学习印度传统科目之用。与此同时，英国牧师 J. 欧文（Owen，J）也建议建立一所既能让印度本地人学习英语，又能让英国人学习阿拉伯语、梵语和波斯语的新型学院。W. 黑斯廷斯本人十分欣赏印度本土的文化和哲学，也意识到举办本土教育的重要性。尽管东印度公司没有马上批准建设计划，但他决定以私人资助的形式在加尔各答建立一所伊斯兰学院。此类是基于两方面的考虑：一方面，他认为，英国人要想在印度获得稳固的统治，作为殖民地统治者必须清楚如何满足印度社会及本地人的宗教偏好；另一方面，学院所招收的学生基本上是印度本土贵族子弟，他们日后可能会在政府中担任一些重要的职务。新学院设置课程遵循传统模式，包括神学、逻辑学、修辞学、语法、法律、自然哲学、天文学、几何学和算术。此外，W. 黑斯廷斯还说服英国政府在牛津大学设立波斯语言学教授职位，专门招收和培养对伊斯兰文化和教育感兴趣的大学生，希望他们毕业后能成为这所伊斯兰学院的教师（Chowshury，S. R.：10）。

（二）巴拿勒斯梵文学院

该学院始建于 1792 年，是孟买地区总督 J. 邓肯在巴拿勒斯创办的东方学院，旨在保存和培育印度宗教、法律和文学（Duncan，J）。J. 邓肯本人非常热爱印度本土文化，除此之外，他更多考虑的还是想赢得印度人的支持，培养他们对英国殖民地政府的好感。他希望利用本土教育和文化为东印度公司培养更多本地人才，从而保障东印度公司经贸活动顺利开展。该学院开设的课程包括印度语言、印度宗教、哲学、法律、英语、英国文学、数学、几何、逻辑、天文学和欧洲史等，其中印度传统文化内容占据的比例较大，教学媒介为本地语言和英语等多种语言并用。从一定意义上说，它已经不是纯粹意义上的东方学院，而是东西方教育的混合式机构。与加尔各答伊斯兰学院一样，巴拿勒斯梵文学院不久就饮誉印度，学生来自五湖四海（Lal, R. B. &Sinha, G. N. : 89 - 90）。

（三）威廉堡学院

该学院始建于 1800 年，是一所具有现代特征的西式高等教育机构，名气大，有影响力，在新任总督 M. 韦尔斯利的支持下创建于加尔各答。M. 韦尔斯利（Wellesley, M）创办这所学院的起因是他预计公司业务扩大，对公务人员需求量会增加。1798 年，M. 韦尔斯利成为殖民地政府新任总督，虽然在位时间很短暂，但他非常支持发展教育。当时，东印度公司在殖民地的业务正在快速扩张，他马上意识到培养合格公务员对殖民地统治的重要性。在他看来，如果仅仅依靠欧洲籍公务人员，可能无法满足公司发展的需要。因此，加速培养本地公务人员成为当务之急（Chowshury, S. R. : 10）。他指出：

英国在其印度属地上建立了一个世界上幅员辽阔、人口众多的帝国。这个帝国及其所属的各省（邦）政府的管理基本上依靠东印度公司进行，委托给全体欧洲籍公务人员。为了稳固英国自身的利益，保障生活在殖民地的英国公民的幸福和福利，英国殖民地政府有责任制定教育政策，要求中央和地方尽可能地扩充各分支机构和部门中印度籍公务员的数量，（但）他们需要接受过良好教育，甘愿接受公司领导（Datta, S. A. : 20-21）。

正是出于这种考虑，他一到任就创建了这所东西合璧的新型学院。该学院秉承实用主义的办学宗旨，为殖民地政府培养和培训行政和管理人才，促进民族融合，满足殖民地统治的需要。该学院既招收印度教徒、穆斯林，也招收基督教徒。对于教师来源，他提出首先要吸引来自欧洲的教授、学者任教，由他们传授西方文明和科学知识，然后还要聘请本土学者教授印度语言和本土文化。他指出："与语言有关的教授职位最好由印度人担任……但其他教学岗位必须在欧洲寻找有资格的人担任（Ibid. : 20-21）。"

M. 韦尔斯利希望学院开设的课程范围尽可能广泛，既包括阿拉伯语、波斯语、山斯克兰特语、印度语、孟加拉语、泰林加语、马哈拉语、塔木尔语、卡纳拉语等语言类课程，又包括穆罕默德法、印度法、民法、国际法、英国法、总督府颁布的条例和法律等法律类课程。考虑到东印度公司商业条件和利益的需要，学院还应该开设地理、数学、欧洲现代语言、古希腊、拉丁语、（英语）名著选读、欧洲哲学、伦理学、西方通史、印度史、德干地区史、自然历史、考古学、植物学、化学和天文学等课程。这样的课程安排确实可以与当时英国顶尖大学提供的课程相媲美。与当时那些重视当地语言教学的机构相比，设置这些课程的确有一定的创新性和冒险性。因此，M. 韦尔斯利的宏伟设想并未实现。威廉堡学院成立后，受一系列政治和经济因素影响，学院发展与其大学理想和愿景背道而驰，开设的课程门类比最初设想的要窄得多。最终，学院成为一所以教授英语为主的语言学院，并没有培养出有抱负的高级管理人员，这种情况直到 1854 年才得到扭转（Chowshury, S. R.：10）。

（四）马德拉斯测量学校（Madras Survey College）

该教育机构史称"印度第一所现代测绘技术学院"，是印度殖民地政府在印度建立的第一所职业技术类教育机构。其创办人 M. 托平是金奈地区圣乔治堡首席验船师，被誉为"创办工程技术学院第一人""印度职业教育技术鼻祖"。1794 年，东印度公司委派 M. 托平去创办一所机械工程类的教育机构。当 M. 托平（Topping, N.）听到殖民地军队急需测量勘测方面的人才信息时，他马上决定在马德拉斯建立一所测量学校。当时这所学院是与军方合作建成的，规模很小，办学条件和水平都比较差，课程内容也比较简单，只能教授一些简单的测量技术课程，根本算不上高等教育水平，其主要的任务是为殖民地军队培养战地测量方面的人才。

这四所早期殖民地学院与印度本土的马德拉沙和婆罗门大学都不同，它们是现代高等院校雏形，其诞生标志着东印度公司高等院校史的滥觞，为日后殖民地高等教育发展奠定了基础。

第三节　19 世纪上半叶东西方学派之争

自 18 世纪末到 19 世纪上半叶，印度殖民地社会先后出现两种不同的文化教育思潮：一种观点强调开展以代表东方主义的印度语言和文化为基础的本土教育；另一种观点主张开展以代表西方主义的欧洲科学文化和英语语言为基础的西式教育。前者被称为"东方学派"（Orientalists），后者被称为"西方学派"

（Anglicists）。从 1813 年到 1853 年，东方学派和西方学派之间围绕殖民地政府教育政策的走向问题展开了近半个世纪的文化思想论辩，即历史上著名的"西方学派和东方学派之争"。这一历史事件对印度高等教育产生了深刻的影响，奠定了印度现代高等教育制度的基础，使之实现了从传统学院模式向现代大学模式的转型。

一、东方学派的主张与早期活动

（一）东方学派

18 世纪中叶，伴随着对印度殖民地统治的深入，东印度公司开始对殖民地实行全面统治。在教育问题上，东印度公司殖民地政府一改最初的"中立政策"原则，准备实施本土教育政策。尽管东印度公司上下意见不统一，但 W. 黑斯廷斯提出的本土教育政策仍然得到一些东方学派学者的支持，其中包括东印度公司高级官员孟买总督 M. 埃尔芬斯通（Elphinston，M）、马德拉斯总督 J. 门罗（Monroe，J）、教育部长 H. 普里恩塞珀（Princep，H）、威廉堡法院法官 W. 琼斯（Jones，W），以及著名学者 H. 科勒布鲁克（Colebroolce，H）①、N. 哈尔德（Halhed，N）、J. 威尔逊、霍-麦肯齐（H-Mackenzie）等人。这些东方学派官员和学者对印度哲学、宗教和语言都十分热爱，兴趣浓厚，支持发展印度传统学术和古典文化，故被历史学家们称为"古典主义者"（Classicists）或称东方学派②。

---

① H. 科尔布鲁克（1765—1837 年），欧洲历史上第一个梵文大师级学者。生于伦敦，1782年进入英国东印度公司工作，主要负责研究孟加拉邦农业，以及印度的法律和翻译梵文工作，曾从梵语译出《关于章程和演变的印度法律文摘》。著作有《印度契约与继承法文摘》（1798 年）、《梵语语法》（1805 年）、《印度继承法二论》（1810 年）等。

② 东方学派或东方学研究最初是一个有争议的概念。在印度独立后，"东方学"一词陆续被一些印度历史学家、作家、小说家、官员和知识分子所采用。印度历史学者赛-爱德华在《东方学》一书中将之定义为"一门系统地研究东方的学科"（Singh，A.：1-11）。他认为，东方学这个概念隐藏着某种邪恶的内涵，是殖民地统治者在他们与被统治的绝大多数印度人口之间制造差异的一种方式。然而，另外一名印度学者 D. 科普夫则不赞同对东方学这个抽象概念进行简单化的解释。他认为，在印度文化背景下，东方学是一种根植于经营帝国实际业务对获得当地知识的需要。东方学研究会使人们对印度所享有的丰富的文化和文学遗产产生欣赏，并最终导致了民族意识和民族认同的形成（Datta，S.：15）。这两种不同的对东方学的解释反映了殖民地时期东方学派的真实情况。一方面，他们的研究说明东方学的产生不排除是少数喜欢印度文化和宗教哲学统治者积极推动和支持的结果。另一方面，他们的研究则从更深层次揭露了早期殖民地主义者狭隘的心理：害怕"一旦印度人获得了西方科学和知识，就会站出来反抗他们的统治"（Lal，R. B. &Sinha，G. N.：105）。其发展东方学概念的目的是把这种概念演变成创造统治者和被统治者之间形成永久性差别的基础（Datta，S.：15）。

（二）W. 黑斯廷斯及其发展东方学计划

自 18 世纪末到 19 世纪初是东方学派的鼎盛时期。1792 年，双重政府管理体制结束后，英国殖民统治者开始探索英式殖民地治理方法。东印度公司政府成立后，殖民地官员亟须学习本土语言和文化。这一时期，殖民地政府出台的很多政策都有利于东方学的传播和发展。如 1791 年，殖民地社会逐渐形成了一种惯例：作家们雇佣秘书教授波斯语或印度方言，每月会得到一笔津贴。1794年，东印度公司又出台一项政策：从 1796 年起，如果公司职员不精通一门印度语言，就会失去担任收税员的岗位资格（Chowdhury，S.R.：10）。这些政策的出台与 W. 黑斯廷斯这位殖民地最高行政长官的支持和贡献密不可分。

W. 黑斯廷斯是一个不折不扣的东方学爱好者。他毫不掩饰地表示"喜欢所有印度的东西"，甚至宣称"爱印度比爱自己的国家多一点"（Daltympl，W. & Mughals，W.：32）。他多次说，印度文明是一个古老且高度受人尊敬的文明。据说，他几乎将所有业余时间都用于研究古老的印度教经文和薄伽梵歌，如痴如醉，废寝忘食。1785 年，当他把一些梵文歌赋第一次翻译成了英文发表时，喜悦之情难以言表。18 世纪 80 年代，当面对英国法庭指控"其政府按照古老宪法、传统和习俗进行治理（殖民地）"这一罪行时，他并未否认这一事实，反引以为豪（Srinivasan，S.：64）。

W. 黑斯廷斯是一个不折不扣的东方学派重要人物，同时也是代表英国利益的殖民主义者。他推行东方主义教育政策并非完全出自对古代印度文化的喜爱，更多的是考虑如何维护对英国殖民地的统治。他信奉一种所谓"理解印度人及其文化"的统治者理论，强调成功治理印度领土的关键在于调和与当地人的情感。1773 年，当被任命为殖民地政府首任总督时，他深知英国人的统治并不稳固，其中最棘手的问题就是如何管理庞大的印度人口及其所拥有的上千年的文明历史和独特的宗教文化。他坚持认为，对殖民地的统治需要建立在坚实的南亚传统和制度基础之上，延续之前的传统，鼓励复兴传统文学与语言。在他看来，波斯语、阿拉伯语和梵语及其知识对于东印度公司的统治是极其重要的。一方面，他希望掌握这些语言文化的印度本地精英能够死心塌地地为殖民地政府服务。另一方面，也希望作为殖民地统治者的英国人能够熟悉印度的社会经济和宗教文化。他曾经指出："如果印度人利用母语或方言接受高等教育，而在东印度公司的英国员工也愿意学习波斯语或者至少一种印度方言，那么，东印度公司就很容易在印度殖民地进行有效的统治（Chowdhury，S.R.：9）。"事实上，在政府内部，他一直鼓励年轻人认真学习印度古典语言——梵语、阿拉伯语和波斯语。

为了达到这个目的，W. 黑斯廷斯提出了一个"旨在学习本土语言和文化，有效控制印度知识体系管理"的计划。主要内容：第一，在考虑印度社会规范和价值观的基础上制定东印度公司的法律框架。他指出，应该用印度原则，尤其是法律原则管理印度，因为这些法律原则出自婆罗门或教授们之手，从遥远的古代就出现，直到现在也从未改变。第二，开展学习本地语言教育运动，支持建立加尔各答伊斯兰学院，主张用印度本土语言开展传统教育教学活动（Cohn, S. B.：26-61）。

W. 黑斯廷斯的计划内容简单，但在印度殖民地社会产生了重要的影响。

第一，政府要求东印度公司在治理印度殖民地时尽量使用本土文化和知识，导致东方学知识及其出版物大幅增加。在殖民地统治期间，W. 黑斯廷斯不仅批准用政府公共经费赞助东方学研究成果发表，还经常直接资助东方学学者从事特定研究或翻译项目。如他曾委托纳-哈尔德将梵文版古代法典翻译成英文。1775 年，他向东印度公司董事法庭提交《金图法典》翻译文本时，曾经自豪地夸赞：

> 我没有时间对这些作品做任何评论，事实上，它们自己会说话。我本希望删去或修改一些段落，以免它们误导公众视听。然而，当专家们要修改时，却无法说服自己做出任何修改。因为在其原则基础上形成的许多法律条文都带有远古印记（Walton, G.：Webpage）。

第二，支持创办以培养本土文化、宗教和语言人才为目的的东方教育机构，如殖民地第一所高等学校——加尔各答伊斯兰学院、第一所真正意义上的基督教学院——塞兰布尔学院以及第一所东方学研究机构——皇家亚洲学会。

（三）W. 琼斯及其对东方学派的贡献

W. 琼斯①无疑是早期东方学派的核心、典范人物，其研究几乎触及了早期东方学研究的所有主题。东方学概念的发展与皇家亚洲学会有着直接紧密的关系。1783 年，W. 琼斯来到加尔各答，出任威廉堡最高法院法官。他很快发现，印度古代"法条"（Centoo Code）像罗马法摘要一样组成了"简明扼要，具有权威性的真实文本"（Cohn, S. B.：28）。出于对古代文本进行法律解释的需

---

① W. 琼斯（1746—1794 年）古典学者和语言学家。早年在牛津大学学习希腊语和拉丁语，懂法语、英语、阿拉伯语和波斯语。1883 年，他被任命为殖民地法院大法官，1884 年任皇家亚洲学会首任会长。

要，他开始学习梵文。他认为，有必要探究这些古代产生的神圣法律文本。因为只有这些文本才能揭示印度教和伊斯兰教的真正思想和法律，也只有对这些文本进行新的研究才能形成印度未来发展的基础（BYJU's Class：81-93）。他在给梵文专家 C. 威尔金斯（Wilkins，C）书信解释学习梵文动机时写道："我正在缓慢而坚定地学习梵文，因为我再也不能忍受我们那些权威人士的摆布，他们随心所欲地制定印度法，而且在他们找不到现成的印度法时，还能理所当然地制定印度法（Datta，S. A.：18）。"

他还向 C. 威尔金斯吐槽说："生命如此短暂，但为了工作，我不得不学习一门新的语言（Cohn，S. B.：28）。"在加尔各答，他开始每天花很多时间和 C. 威尔金斯等梵学家在一起，请他们教梵语、语法和诗歌。不久，他开始研习法律、哲学、宗教、政治、道德、算术、医学和其他学科等方面的古印度文献。这时，他发现，住在加尔各答的许多英国官员都有共同的兴趣和爱好。如 H. 科勒布鲁克和 N. 哈尔德等英国人也正在从事挖掘古印度文化遗产的工作，试图把梵文和波斯文文献翻译成英文。这些英国人对印度古代文化都有着崇高的敬意。他们认为，印度文明在古代获得了辉煌，但随后衰落了。于是，W. 琼斯和 H. 科勒布鲁克很高兴能在一起工作，希望能够共同研读古代文本，理解其含义，将之翻译成英文，让英国人知道他们的发现。他们相信，从事这项事业不仅可以帮助英国人学习印度文化，也可以帮助印度人重新发现自己的遗产，了解自己过去失去的荣耀。在这个过程中，英国人将成为印度文化的守护者和主人。他们相信，只有这样，英国人才有希望在当地人心中赢得一席之地，只有这样，外国统治者才能得到所期望的被统治者的尊重（BYJU 's Class：81-93）。

1884 年，W. 琼斯等人提出建议，希望殖民地政府成立一个能直接服务于殖民地统治的研究机构。他们得到 W. 黑斯廷斯总督的支持，皇家亚洲学会应运而生。事实上，该机构是东印度公司的一个战略研究部门，其宗旨是提倡和鼓励开展有关印度和亚洲其他国家历史、文化、考古、文学、艺术和科学等研究，翻译、整理、出版东方古典名著。学会还拥有藏书丰富的图书馆。1789 年，学会期刊《亚洲研究》首次出版，发表翻译作品和研究成果。W. 黑斯廷斯曾经对亚洲学会的作用予以高度评价。他认为，在殖民地管辖可行的范围内，印度人需要被印度（古老的法律）原则所统治，建立这样的研究机构有助于帝国的稳定和管理（Datta，S. A.：16）。因此，印度学者评价道：

　　皇家亚洲学会建立产生的直接后果是形成了东方学派，发展了东方学概念。在这样的概念中，一方面，东方主义的确变成了一个创造统治者和被统治者之间持久差异的学说；另一方面，它使人们对印度所享有的丰富文化和文学遗产产生了欣赏，并最终导致民族意识和民族认同的形成（Ibid，S.：15）。

二、西方学派及其对东方学派的批判

（一）西方学派

到了 19 世纪，许多东印度公司官员、功利主义学者和基督教教徒越来越不满意 W. 黑斯廷斯推行的东方学教育政策，开始接受 C. 格兰特等人的主张，公开对殖民地政府实施的本土教育政策提出挑战。《1813 年宪章法》颁布后，欧洲教士们被允许进入印度，以私人方式名正言顺地推广西式教育和宗教。一些传教士的工作很成功，从而导致越来越多的人开始质疑或批判东方学派的主张和做法，这些人逐渐组成一个反对东方学派的阵营。由于这些人都公开反对东方学派的教育，支持推行西方教育，故被称为西方学派或"西方主义者"（Occidentalists）（Lal，R. B. &Sinha，G. N.：105）。西方学派的成员构成比东方学派人员更为复杂，既包括 J. 密尔等功利主义学者，C. 特里维廉等基督教传教士，C. 格兰特、T. 麦考利（Macaualy，T）、W. 本缇克（Bentick，W）、G. 奥克兰德（Auckland，G）等东印度公司官员，又包括拉-罗伊（R-Roy）、萨-高沙尔（S-Ghosal）、拉-夏斯特里（L-Sastvi）等印度本土学者。前三种人都属于殖民主义者，对印度文化和东方语言了解很少，后一种人是典型的民族主义者，深谙印度本土的宗教文化和教育。作为西学阵营的主要成员，他们都支持在殖民地推行西式教育，但其出发点截然有别，前者通过西学教育培养服务于英国殖民地统治的印度人，而后者则更希望通过实行西式教育，启蒙印度人心智（Ibid.：95）。

（二）J. 密尔对东方学的早期批判

在西方学派中，J. 密尔①是最具代表性的人物之一，是较早对东方学派提出批评的英国学者。19 世纪初，他主要从事各种文学作品评论、编辑期刊和翻译作品等工作，经常为《反雅各宾评论》《爱丁堡评论》《英国评论》等杂志撰

---

① J. 密尔（1773—1836）是一位出生于苏格兰的著名学者和评论家。主要作品包括《英属印度史》（1806 年）、《政治经济学要素》（1821 年）等。自 1808 年起，他一直为功利主义哲学家 G. 边沁工作，在整体上坚定地宣扬 G. 边沁的原则，成为 G. 边沁得力的助手和首席同盟。

稿。他的很多文章都被收入《大英百科全书》，其中政治学的《论政府》一文对 19 世纪 20 年代形成公众舆论产生了相当大的影响（Britannica, E. E.：Webpage）。在哲学方面，深受 G. 边沁功利主义思想的影响，其思想变得很激进。1817 年，他在《英属印度史》一书中对在殖民地政府奉行的东学主义教育政策予以批判，首次把东方学派代表人物 W. 琼斯的观点定义为"保守主义的"。他劝告道："英国人不应该为取悦印度本地人而努力，也不应为赢得他们心中的一席之地而传授他们想要或看重的东西。教育的目的应该是传授一些有用且实际的东西。印度人应该熟悉的是西方科技知识，而不是东方诗歌和宗教文学（Singh, S.：28）。"

他尖刻地指出了印度社会和文化的缺陷，提出"进行一场行政制度改革，彻底清除过去累积的错误"（Ashby, E. & Anderson, M.：48）。J. 密尔的观点在英国社会和学术界产生了极大的影响，他本人也被东方学派列入激进功利主义者名单。如 J. 威尔逊（Wilson, J）评论道："密尔的印度史观与 W. 琼斯对印度教文明所表现出的和蔼和热情相互抵触（Majeed, J.：53—68）。"

J. 密尔不仅是一个政治哲学家、历史学家，而且还是联想主义心理学家和教育理论家。他的教育学和心理学观点是他反对东方学派观点的集中体现。他认为，既然人的大脑在出生时如同一块白板，那么教育就能够通过灌输的方式促进个人的发展，塑造普遍幸福的思想。在他看来，印度殖民地本身就像一块白板，可以根据功利主义的规定加以塑造。1819 年，J. 密尔被东印度公司任命为助理考试官。他带着自己的理论和学说，开始了印度殖民地的实践之旅，不断对殖民地政府施加影响。这时，他不仅是西方学研究的重要人物，也是东西方学派论战中西方学派的主将之一（Ashby, E. & Anderson, M.：48）。

（三）拉-罗伊的西方教育情结与民族主义本土情怀

在西方学派中，拉-罗伊①的思想开放，视野开阔，学识渊博，精通东西方文化，一直主张兴西学，启民智，热衷创办新式学校。他是最早接触西方文化的印度思想家之一，是印度学者拉-古哈笔下的"现代印度创造者""印度次大陆上第一个认真对待现代化，对传统社会结构和存在方式带来挑战的人（Guha,

---

① 拉-罗伊（1772—1883）是印度现代宗教哲学运动的创始人。他在政治、公共管理、教育和宗教领域具有广泛的影响力。1816 年，他第一次将"印度教"（Hinduism）一词介绍到英语世界，被后人誉为孟加拉邦文艺复兴运动中最重要的人物，获得现代印度的奠基人，印度的 M. 路德，"现代教育之父"，印度第一位自由知识分子等荣誉称号。英国政府也给其很高的评价，他的塑像迄今仍立于英国，其墓地墓志铭上清楚地写着，"拉-罗伊：印度学者和改革家长眠于此"。

R.：26）"。然而，拉-罗伊却是一个"受印度教精英教育和殖民体系约束的"民族主义者。一方面，他的思想和工作表明了对传统的继承与突破，但另一方面，这种继承和突破是有限的，这使他深深陷入矛盾之中（Srinivasan，S.：97）。作为一个民族主义者，拉-罗伊热爱印度及其语言和文化，是使用"印度教"（Hinduism）术语第一人，也是较早提出重视母语发展的印度人。由于早期接受过梵语和波斯语等传统语言的教育，所以他擅长用本国语言写作。他的散文"*Gaudiya Byakaran*"曾经被认为是其最好的母语作品。他生前把很多印度宗教和文学经典翻译成英文，介绍给西方世界。作为西学派代表人物之一，拉-罗伊也是西方文化的欣赏者和积极传播者。尽管他很晚才接触到英语，但为了学好英语，他如饥似渴地阅读英国文学作品和期刊，尽可能地汲取西方科学和文化知识。在这个过程中，他越来越意识到欧洲文明和文化，尤其是科学技术的先进性远超出印度本土文化和古代技术。在他看来，如果印度人不学习像数学、地理和化学这样的现代科学，思维就会落后。因此，他希望创办一所能够教授数学、物理、化学、植物学等科学课程的学院。他指出："虽然传统印度教育非常重要，阅读《吠陀经》《奥义书》《古兰经》等传统经典可以让人产生对哲学的崇敬，但是传统东方学缺少科学知识和理性教育，存在严重不足，不适应印度国家现代化发展之需要，需要不断加以改进（Ibid.）。"

1815 年，拉-罗伊从家乡来到加尔各答。当看到殖民地政府为发展东方学正在支持建立现代的伊斯兰学院、梵语学院时，他对这样的做法表示十分不赞同，认为这种学院不是他理想中的新式学院。这时，他遇到了英国人 D. 黑尔（Hare，D）①，有了志同道合者。他们拥有共同的理想，希望创建一所现代西式学院。很快，印度本土第一所欧式高等教育机构——印度教学院应运而生。1823 年，他还给即将到任的殖民地总督安赫斯特（Amherst）伯爵写了一封信，希望他不要一味地满足东方主义者建立梵文学院的要求，而应该优先考虑发展现代的西式学院，特别希望殖民地政府对他所创办的印度教学院予以支持。他还首次建议按照欧洲大学的方式聘用通晓东西方学的印度学者。此外，1831 年，他首次向殖民地政府建议，不要聘用不懂英语的印度人在政府部门工作（Ibid.）。

---

① D. 黑尔当时是加尔各答一个普通的钟表匠，热衷于支持教育事业，理想是在印度殖民地建一所学校或学院，帮助本土青年接受西方教育（Collet，D. S. &Sarkar，H. C. xi）。

（四）T. 麦考利对东方学的诋毁与终结

T. 麦考利①是英国著名学者，也是坚定的"西学优越论"鼓吹者。他坚信"西学高雅和东学低俗"，被视为"极力贬低东方教育体制与文化的第一人（陈群：9-10）"。T. 麦考利认为，印度是一个尚未开化的民族，需要教育使之开化，但是东方学对开启民智毫无用处，西方学才是合适和有效的（BYJU's Class：81-93）。由于早年接受过良好的西方教育，T. 麦考利本人对西方文化和西方文明推崇备至。他甚至武断地说："好的欧洲图书馆中一个书架上的书足以抵得上印度和阿拉伯国家所有本土文学书籍（Bhatnagar, S.：51）。"T. 麦考利对东方学派进行了严厉抨击，认为东方学派假借"宗教中立"之名，混淆"真"（True）宗教和"假"（False）宗教的区别，实际上，这是在鼓励假科学，会对印度人民的智力和道德水平造成极大的伤害。T. 麦考利试图重新定义"宗教中立"的内涵。在他看来，宗教中立并不是按照本土习俗统治人民，也不能像政府早期采取的那种"不干预教育"的消极政策（Srinivasan, S.：81）。他站在殖民主义者的角度，反对政府用公共经费去保护和传播阿拉伯语和梵语。他认为"流行民间的本土语言词汇贫乏，简单粗糙，不适合用于讲授西方科学和知识"（Lal, R. B. & Sinha, G. N.：105）。相反，他鼓励各类学校采用英语教学，认为掌握英语可以让印度人阅读世界上最优秀的文学作品，使他们了解西方科学和文化。他指出："推行英语教育不仅有利于英国，也有利于印度人民，因此，整个殖民地区都应该实施英语教育，限制印度传统教育的发展（Haggerty, W.：4）。"在思想方面，他积极鼓吹"下移渗透理论"（Downward Infiltration Theory）②。1834 年，T. 麦考利被任命为公共教学委员会主席和总督执行委员会法律顾问，负责管理殖民地的教育事务，直接参与殖民地教育政策的制定。在他的干预下，印度殖民地政府采取了推崇西方文化和英式教育的政策，从而使东方学研究和本土教育遭到冷落。在一定程度上，T. 麦考利成为东学派与西学派争论的终结者。

---

① T. 麦考利（1800—1859）出生于在英格兰莱斯特郡一个前非洲殖民地总督的家庭。1830 年，他加入主张改革的辉格党，当选为英国下议院议员。1834 年，T. 麦考利被任命为印度最高管理委员会委员，出使印度四年，负责殖民地政府犯罪法典编撰和教育改革工作。

② 该理论是一种错误的教育社会理论，后遭到主张教育公平的英国学者和印度进步知识分子的批判。

三、东西方学派论战始末及其影响

（一）东西方学派之争的缘起

在 18 世纪的大部分时间里，印度被认为是一个古老国家，拥有高度受人尊敬的文明。在 W. 黑斯廷斯统治时期，殖民地政府奉行的是东方主义教育政策，建立了以开展本土教育，培养掌握印度宗教和文化人才为目的的东方学教育和研究机构，如加尔各答伊斯兰学院、巴拿勒斯梵文学院和皇家亚洲学会等。与此同时，尽管殖民地政府不赞同让传教士到印度传教和举办教育，但在 C. 格兰特和 W. 威尔伯福斯等西方学派人士的支持下，基督教、西方科学和文化知识在印度还是得到一定程度的传播。由此可见，在 19 世纪之前，东方学派和西方学派都已经形成。虽然他们在教育观点和主张方面存在分歧和矛盾，也互有抨击，但并未发生正面的思想冲突。

《1813 年宪章法》通过之后，殖民地统治者越来越坚信：必须掌握印度教育的主导权和控制权，进而达到巩固殖民地统治的目的。1814 年，M. 哈斯廷（Hastings，M）斯政府颁布《教育文告》，其中第 11 条明文规定：

> 根据《1813 年宪章法》，东印度公司与印度殖民地的政治联系形成了一种特殊环境。在这种环境中，所有权力与成就都有必要从本土管辖转移到英国机构中。这种环境使东印度公司负有一种义务，即从政策动机、司法原则，到对本地人情感的顾及，对偏见的消除，一切都要为了保证殖民地领土的安全（Biswas，A. & Agrawal，S. P. ：20-22）。

《1813 年宪章法》是印度教育历史独特的连接点。恰-努鲁拉（Q-Nurullah）评价道："（它）奠定了印度殖民地教育政策的基石，标志着印度旧时代的结束和新时期的开始，是历史上的转折点（Bharnagar，S. ：41）。"然而，正是在这历史转折点上，围绕东印度公司未来的教育政策走向问题，东方原教旨主义者和西方功利主义者、教会福音派之间矛盾暴露，分歧凸显。最开始争论的焦点在于如何理解《1813 年宪章法》第 43 条款中几个关键术语的解释，诸如"文学""有教养的本土印度人"和"教学语言"的问题。东方学派希望殖民地政府继续支持和资助本土文学和教育的发展，但西方学派认为，新宪章法已为殖民地教育的发展指出新方向，希望政府"废东学，兴西学"。双方各执一词，对立冲突。争论先发生在东印度公司内部，但很快传播到英国社会、印度人社群和学术界，很多学者卷入争论之中，从而引发了一场旷日持久的有关教育思想和办学方向的大讨论（Ashby，E. & Anderson，M.：49）。

（二）争论的焦点问题

18世纪末19世纪初，在欧洲社会，东西方学派的争论主要发生在学术界的哲学家和神学家之间，但在印度，辩论则在东印度公司官员之间展开。此时的东印度公司已经开始着手进行本土印度职员的教育和培训工作，当务之急就是尽快制定出适合殖民地的教育政策。因此，官员们辩论与反思的问题多与殖民地生活的环境密切相关（Srinivasan，S.：63）。

第一，关于东学与西学优劣之争。东方学派认为，基于其古代文献中体现的健全原则，人们必须承认，印度是东方文明的摇篮，曾拥有一个纯粹自然主义的"一神论"宗教。在道德上和智力上，印度的宗教和文化是优秀的。然而，由于缺少教育，印度人对其印度教和伊斯兰教中所体现的法律原则变得无知，形成了许多落后的文化形式，如偶像崇拜、多神论、仪式、迷信和对古兰经教义的绝对崇拜等，这是导致当地人道德堕落和方向迷失的原因。因此，现在的任务是清理在祭司手中不断被腐蚀的当地传统典籍读本，寻找印度古代法典中的法律精神。通过更新梵文、阿拉伯文和波斯文的古老文本和教育遗产，提高民众文化水平，推动社会变革（Ibid.：65）。从这个意义上说，古印度文化是世界文化的组成部分，是需要保护的宝贵的文化遗产。英国人是印度殖民地统治者，不仅需要了解印度文化，还要成为印度文化的守护者和贡献者。只有这样，英国人才有希望在印度殖民地站稳脚跟，赢得民心，巩固统治（BYJU's Class：81-93）。东方学派还假定，印度人骨子里厌恶西方科学知识，但是如果用印度人自己的语言，如阿拉伯语、波斯语，或本地语言来讲解它们，印度人或许能够接受（Bhatnagar，S：45）。印度人之所以不愿意接受西方文化、英语知识和科学教育，是因为他们有自己的文化和教育（Lal，R. B. & Sinha，G. N.：95）。英国学者 E. 乔斯顿①告诫英国国会说："当地人已经统治印度两千年，像欧洲人一样能干。在公元前1500年，他们在逻辑学和哲学方面取得了同样的进步，拥有优于希腊人的法律，掌握了数学知识，还在公元前3000年发明了具有巨大价值的天文表（Varnam：Webpage）。"

然而，上述观点对西方学派的人来说是不可接受的。如西方学派论战的主将之一 C. 特里维廉认为，印度教是一种虚假宗教，有一个腐败的祭司阶层，是

---

① E. 乔斯顿（1885—1942），英国东方学研究者，牛津大学梵文博登讲习教授，自1909年起在印度担任各种职务，1924年加入了印度公务员系统，长期致力于梵文研究。

印度社会道德缺失的根源。他还武断地认为，这片土地上的古代文献充满了错误和伪科学的思想，如果让印度人学习这些所谓的经典文本，那就是对真理漠不关心，是在助长谬误；如果这些传统和经文不能被净化，那么就必须将其当作虚假的东西予以摒弃。T. 麦考利也认为，印度教一直在鼓吹虚假的东西，培养对真理冷漠的态度，教师们讲授的是虚假的历史、错误的天文学和医学知识。在反驳本土宗教的问题上，传教士们做出了积极的反应。他们认为，基督教的精神在于灵活性。当学生们阅读 J. 弥尔顿或 H. 斯宾塞的作品时，可以用《圣经》作为参考评论欧洲文学。如果这样的话，东方旧的宗教体系就会被摧毁，印度教就会被扫荡（Bellenoit，H. J. A.：25）。英国传教士 H. 埃利奥特和 H. 塔克尔厚颜无耻地鼓吹：

> 他（学生）进入学校，开始熟悉了数学、天文学和几何学。这时，他就会发现本国学校知识中存在如此多荒谬的不能解释的东西，很自然他也就对它们失去了信心。欧几里得和 I. 牛顿爵士的命题与《吠陀经》和《古兰经》中的寓言相矛盾，……因此……在应对印度虚假的宗教时，即使我们希望如此也不可能做到保持绝对的"中立"。由于印度宗教与伪科学知识紧密结合在一起，因此，如果我们不对印度宗教书籍中的伪科学进行"抵制"的话，我们就不可能教授他们最简单的真科学（True science）知识（Bellenoit，H. J. A.：25-26）。

第二，关于教育内容和模式选择之争。东方学派认为，殖民地政府必须依靠印度本土人才管理这片广阔的地区。当地青年人必须接受自己古老的传统教育，接受梵语、阿拉伯语和波斯语训练，欧洲学问只能慢慢地嫁接到他们身上。梵语和阿拉伯语是数百万东方人书写自己圣书的两种语言，因此，殖民地政府应该很好地保护和推广这两种语言及其所承载的宗教和文化。1824 年 2 月，在讨论教育政策问题时，J. 威尔逊等人指出，殖民地政府应该用一种发展的眼光重新审视 W. 黑斯廷斯统治时期的教育政策，充分肯定东方学院的作用，消除对采用本土语言开展教学活动的偏见，坚持用本土语言和教育模式培养印度人才。然而，西学派反驳说，50 年前殖民地政府支持发展传统东方学院的方案本身就是错误的，学院教育不应该只培养懂得印度宗教和文化知识的人，而是要培养掌握和使用西方科学和文化知识的人。现在教育改革的目的是努力剔除课程内容中那些"没用的"（Useless）和"糟糕的"（Worse）东西，体现出"有用性"（Utility）原则（Ashby, E. & Anderson, M.：47）。对印度传统教育，西方学派表现出不以为然的态度。在他们的观念中，只有世俗英语教育才能引导印度人走向世俗真理，才是获取真正知识的途径；只有用这种教育方式培养印度的青年人，英国殖民地统治才能得到巩固。换言之，殖民地政府所需要的是具有英式幽默和绅士风度的公务人员，不论他们是英国人还是印度人。西方学派坚信，只有那些接受过良好西方教育的公司员工，才能做好公司贸易和日常行政工作（Singh, S.：28）。对于这些人，不是教授他们本土宗教和法律知识，而是让他们学习英国文学和科学知识，从而使之能够熟悉和欣赏西方文化。如果本土出生的印度人接受了英国式教育，就会养成英国式的情趣和理智（Srinivasan, S.：67）。C. 特里维廉等人指出，印度和伊斯兰文学中只包含了很小部分对殖民地社会发展有用的东西（Varnam：Webpage）。拉-罗伊意识到本土宗教和文化的缺陷，认为"只有依靠西式教育，印度同胞们才能懂得什么是现代知识和科学技术，才能更好地发展自己"（Lal, R. B. & Sinha, G. N.：152）。"重视西方学术以此证明基督教的优越性"是英国新教传教士与早期东方主义者之间的显著区别，前者千方百计想证明一个观点，即基督教文明最终会取得胜利（Bellenoit，H. J. A.：25）。

第三，关于教学语言使用问题之争。东方学派认为，梵语、波斯语和阿拉伯语是印度人的母语，它们所承载的文化知识是高质量的，不比其他文化知识质量差，用阿拉伯语、梵语和波斯语进行教学可以让英国人理解印度文化。西方学派非常反对用本土语言教学。他们认为，印度流行的梵语、阿拉伯语、印度语等本土语言，其语法简陋、词汇有限，……无法完成对西方知识和科学教育的学习（Lal, R. B. & Sinha, G. N.：105）。相比之下，英语才是最有用和最合适的教学语言，是打开世界最好的知识储备库的工具。任何通晓英语的人都可以轻而易举地接触到世界上最聪明的种族创造出的丰富智力宝藏。在解释为何要使用英语教学时，西方学派中出现两种不同的观点，一种是基督教福音派的主张，认为英语教学是传播《圣经》和其他基督教知识的重要语言工具。如果将英语引入宗教教育之中，那么，印度教徒就可以在没有牧师引导的情况下自我认识到基督教的真理。另一种是功利主义者的观点，认为英语是欧洲现代科学的载体，引进英语教育将有助于向印度人传播有用的知识，从而可以帮助印度殖民地培养出更多更好的公职人员（Chowshury, S. R.：10）。C. 特里维廉坚信，当他们（印度人）掌握英语之后，在明智和开明的老师指导下，他们的思想可以变成欧洲青年的"摹本"（Text）或"投射"（Cast）。他们会情不自禁地表达对印度教迷信和偏见的轻蔑（Bellenoit，H. J. A.：25）。为反驳东方学派的观点，他甚至主观臆想道："用阿拉伯语教学会不断提醒穆斯林说'英国人是异教徒和篡位者',而用梵文教学则等于告诉印度人说外国统治者是一群不纯洁的野兽（Singh，S.：Webpage）。"

第四，在几个关键概念理解和解释上的分歧。东方学派认为，《1813年宪章法》第43条中的"文学"是指印度文学，而不是欧洲文学或英国文学，"有教养的印度人"是指接受过本土高等教育，懂得东方学的印度人。相反，西方学派认为，"文学"也包括欧洲和英国文学，"有教养的印度人"是指接受过英式教育，具有良好西方文化修养，会说英语的印度人（Singh，S.：28）。

19世纪20年代中期，在西方学派和东方学派之争达到顶峰时，东印度公司殖民地政府的态度总体上是偏袒东方学派的。在制定《1924年教育文告》时，他们为原来支持东方学发展的文教政策极力辩解道："在创建传统院校时，印度人的偏执导致提供东方学教育是唯一有利于政府的方式。除此之外，不存在其他任何可能性。……这些做法现在仍然需要加以考虑（Ashby，E. & Anderson，M.：50）。"虽然殖民地政府没有完全否定"学习有用的知识是教育的最终目标"，但他们强调"任何企图强行推进教育西方化的观点都难以保证这样的目标的实现"，只有建立在合适的传统教育的基础上，教育活动才能产生新的东西。一些偏袒东方学派的官员们还辩解说："为东方学重要性进行辩护不仅出于实用主义的需要，而且对东方学本身的发展有积极价值（Ibid.）。"

（三）西方学派凯旋与东方学派失势

由于争论双方意见难以统一，殖民地政府始终无法出台相应的教育政策，这种局面一直延续到19世纪30年代中期。1834年，殖民地总督 W. 本缇克根据《1933年宪章法》规定，设立政府法律顾问兼任公共教学委员会主席一职，并任命著名学者 T. 麦考利出任该职位，希望他能对东西方之争做出客观判断，协助殖民地政府尽快制定出合适的教育政策（Ibid.）。

如前文所述，T. 麦考利是一名坚定的"西学优越论"的鼓吹者，把自己的使命确立为落实《1833年宪章法》的精神，帮助殖民地政府制定出一套推行西学教育的政策。他很快就完成了一份有关印度殖民地高等教育发展的报告——著名的《麦考利备忘录》。该报告的核心思想有两个：一是坚决支持西方学派对第43条款的理解和解释；二是阐释理由和提出建议。

《麦考利备忘录》中写道："鉴于政府没有足够的资金在印度本土实施大众式教育，（殖民地政府）应该建立只能面向少数精英阶层的高等教育机构（Aggarwa，J. G.：2）。"显而易见，《麦考利备忘录》是在迎合部分西方学派人的观点。例如，1823年孟买议会委员 G. 瓦尔登（Wander，G）就认为，先让少部分人接受高等教育，再从他们那里把思想和知识向大众扩散，这样的做法对于殖民地统治更加稳妥和安全。1830 年东印度公司董事会也给马德拉斯地区总督写信道："只有让那些拥有闲暇时间的高等阶层人先获得教育，然后通过他们对其同胞施加影响，教育才可能取得进步（Ibid.）。"

《麦考利备忘录》一经发表，产生了极大的轰动效应，也使 T. 麦考利本人成为备受争议的人物。英国学者 Z. 马萨尼（Masani，Z）在《T. 麦考利：英国自由帝国主义者》一书中开宗明义地设问："T. 麦考利是一个文化帝国主义者，还是一个预言式的现代主义者？""为何他总是引起人们的钦佩或敌意（Masani，Z.：3）？"的确，T. 麦考利成为东方学派的"眼中钉"（the Bête Noire），被指责"是把英语教育引入印度，创造了一个被人辱骂为'T. 麦考利的子弟'① 的西方化印度阶层"的幕后推手。"其名字已经成为殖民主义顽疾的象征，……其倡导的英式教育制度已经因培养一代不以自身独特文化遗产而感到荣耀的印度人而受到批判（Lal，R. B. & Sinha，G. N.：105）。"许多 T. 麦考利主义的残余思想也被印度民族主义者称为"英国在印度进行新殖民地控制的机制"（Leonard，M. T.：1110）。然而，在西学派眼中，T. 麦考利被视为中止东西方学之争了不起的功臣。《麦考利备忘录》在印度殖民地高等教育中占据重要的历史地位。② T. 麦考利本人在预测新政策的影响时指出：

> 可能的结果是，印度民众的思想将会在英国教育体制影响下得到发展，直到最终超越我们的思想。……印度人一旦接受欧洲式教育和知识，在未来就会产生欧洲院校的教育效果。我不知道这一天是否能够到来。不论什么时候，只要它到来，那一天都将成为英国历史上最值得骄傲的日子（Haggerty，W. J.：49）。

　　T. 麦考利的自我表白将其殖民主义者的心态暴露得淋漓尽致。他所做的工作让殖民地政府官员们感到非常满意。W. 本缇克总督非常赞同《麦考利备忘录》中所表达的观点，表示会抓紧落实其中的建议（Aggarwal，J. C.：13）。很快，殖民地政府就根据《麦考利备忘录》中提出的建议制定出新的教育政策——《1835 年教育决议》。决议明确规定：第一，英国政府的伟大目标是在印度促进欧洲文学和科学的发展，所有教育经费拨款最好用于西式教育和英语教

---

① "T. 麦考利的子弟"一词一度成为讽刺英国化印度人的标签。
② 很多研究者认为，T. 麦考利主义对于推广西式教育，倡导普及英语有其积极一面，即 T. 麦考利主义加速了印度高等教育的现代化进程。

学；第二，鉴于印度人明显愿意从本土教育中获得好处，东印度公司无意关闭东方学院和学校，所有现职教授和学生在东印度公司的监管下照常领取工资和奖学金，但今后进入这类院校学习的学生将不再可能获得任何资助，某一教授离岗后，这类学院必须告知政府，然后由政府决定是否再聘请新的接任者；第三，不再用任何经费资助东方学书籍的出版等；第四，所有教育改革的经费都作为委员会储备金，用于资助那些通过西式教育学习英国文学和科学知识的本土印度人（Aggarwal，J.C.：13-14）。

　　殖民地政府做出这样的规定也有经济方面的原因。当时东印度公司正面临财政危机，经费紧张。W. 本缇克总督试图采用减少英国军官高薪的办法达到录取更多低工资印度人的目的，以此补充政府岗位的不足。他认为，推行新的西式教育的目的是让更多的印度青年人接受必要的近代科学和文化，提高英语能力。他希望英语成为印度社会中婆罗门新贵们的通用语言，从而创造新的权力精英阶层。在西方文化和教育的影响下，这个印度社会权力精英阶层心甘情愿地沦落为服务殖民地政府的统治工具。殖民地政府正是利用这种雇佣政策迫使印度人懂得，"接受西方教育，熟练掌握英语"是他们谋求殖民地政府公职的唯一手段。其结果，一方面，维护了英语作为殖民地官方语言的优势地位，另一方面，也使整个印度社会权力结构和政治生态得以改变。学者阿·马霍塔拉（Malhotra，A）感叹道："印度教育政策的演变始于 150 年前的 T. 麦考利（的《麦考利备忘录》）。从那时候起，这个国家的高深学问场所就开始将印度文学置于了事实上的放逐地位，并涌现出大量作家们所宣称的独特的印度欧洲中心主义的繁殖品（Malhotra，A.：36-67）。"

　　新教育政策有利于西方学派的裁决。从一定意义上来讲，《1835 年教育决议》的颁布等于宣示西方学派的胜利和东方学派的失败，导致了英语教育和西方文化在印度各地普及，大批西方学院和学校在印度富人的直接参与和赞助下纷纷建立起来。从此以后，印度高等教育步入"西方化时期"（Ages of Western-ization）。

第四节　高等教育西方化政策的形成

　　如前文所述，在东印度公司统治之前，印度历朝历代的政策文本都是用梵语写成的。梵语一直被视为"权力/知识的语言"（Powerful/Knowledge Language），是印度最高种姓婆罗门的语言专利。只有婆罗门才懂得梵语，因此，这种语言及其承载的知识确保了婆罗门成为精英团体和统治阶层。在德里苏丹和莫卧儿帝国统治期间，波斯语一直是权力精英语言，直到《麦考利备忘录》和《1835年教育决议》出台后，英语才成为印度社会新的权力语言，并创造了一个新的权力精英阶层。西方学者 D. 贝瑞（Bary，D）曾评价说："1835年，殖民地政府利用公共经费支持英语语言教育，在印度学校中采用类似英国学校中的课程。历史上还没有出现过哪个单独的殖民地政策会像这个政策一样产生如此持久的影响力（Feith，D.：1-17）。"在此之后，伴随着英语作为语言权力的地位不断被强化，殖民地教育也出现了新变化，完成了从重视东方教育模式向重视西方教育模式的转变。

一、"后麦考利主义时期"教育政策

《1835年教育决议》颁布之后，印度殖民地在相当长的一段时间里进入"后麦考利主义时期"（The Times of Post-Macaulayism）。T. 麦考利主义的胜利在一定程度上暂时中止了东西方两派之间的争论，使东方学派力量受到压制。然而，传统本土教育势力并没有因为殖民地政府强力推行西学教育而消失。事实上，自1835年到1919年的80多年里，印度殖民地社会围绕本土教育和英式教育之间的斗争始终也没有停止过。英国社会、殖民地政府和印度民间，仍然有很多人坚持认为，接受教育是每个人的权利。他们认为，殖民地政府主张的"渗透教育理论"和独尊西学的政策是错误的，殖民地政府应该允许每个人直接接受高等教育。在反对"渗透教育理论"和"西学优先政策"的人中，英国牧师 W. 亚当（Adam，W）①是最具有代表性的一位。

（一）《亚当教育计划书》及其作用

1818年，W. 亚当受英国浸会使命学会的指派来到印度，在那里生活了27年。1935年，他放弃了基督教牧师的身份，接受了殖民地政府的任命。W. 亚当热衷于开展殖民地的大众教育，比较同情下层印度人。他认为，有必要使用当地语言和文字开展大众教育，因为本土语言和文字，如孟加拉文、梵文等都有自身的特点和优势，对于提高印度社会教育水平和大众文化素质大有益处。他反对"渗透教育理论"的主张，认为印度子弟没有必要去英语学院学习，学

---

① W. 亚当（1789—1868），英格兰人，英国浸会使命学会（BMS）的牧师，也是著名的东方学研究者。他热衷于在印度传播基督教和举办教育。其间，他认识了民族主义者拉-罗伊，成为 W. 本缇克政府官员，负责调查印度教育现状。他分别在1835年、1838年和1839年向政府提交三份重要的调查报告，史称《亚当教育计划书》。

英文字母表也不一定就可以形成所谓高贵而坚定的品格。事实上，印度子弟的文化基础与博学深厚的东方文化和历史悠久的教育有着直接关系（Bhatnagar, S.：59）。他指出："西方文明对广大印度贫民的吸引力是有限的，即使在高层管理人群中，西方文明和英语教育也没有得到真正意义上的普及和被接受。对广大印度民众而言，最合适的教育应该是印度传统的本土教育（Chowdhury, S. R.：13）。"他把担任政府官员看作推广大众教育的好机会。

1835 年，W. 亚当奉命负责调查孟加拉邦首府地区（Presidency of Bengal）①本土教育的发展情况。很快，他就向殖民地政府提交了一份题为《亚当教育计划书》的报告。第一份报告主要调查初等教育，没有涉及高等教育部分，但报告批驳了《麦考利备忘录》中的一些观点，他希望殖民地政府认识到本土教育和东方学院是印度社会长久发展的需要，在兴旺西学教育之时应该给予东学教育合适的支持和保护。他在报告中这样写道：

> 该计划一切为改进教育而制订，因此，其有效性和持久性是建立在国家现有的院校基础上的。这些院校来自久远的，被人们所熟悉的概念。人们满怀尊敬和崇拜，由此获得启迪。……这些现存的本土院校，从最高级到最初级的，各级各类都是用来完善人的性格最合适的手段。为此目的而利用这些院校将是最简单、最安全、最流行、最经济和最有效的计划，对建立在教育基础上的印度人思维产生刺激，激发印度人自身需求和努力改进。没有这些院校，所有其他形式都将是无用的（Bhatnagar, S.：59）。

为了进一步完善自己的调查报告，1838 年，他又调查了拉杰沙希邦的 1 个地区、孟加拉邦和比哈尔邦的 5 个地区的教育体系，收集到更多的数据和案例来补充计划书，使之不断丰富和完善。《亚当教育计划书》核心思想就是希望殖民地政府充分考虑印度社会和印度人的需要，肯定本土教育的价值，发挥本土教育的功能和作用。内容主要包括：（1）批判"向下渗透理论"，称之有悖于大众教育精神，不应该被接受；（2）称赞本土学院是印度教育的脊梁，发挥着很好的功能，只有提高这些本土学院的办学水平，国家教育计划才能取得成功；（3）建议将印度教育植根于传统文化之中，讲授印度语言、文学知识和科学技术；（4）强调印度是一个农业国家，倡议开展农业教育；（5）建议允

---

① 孟加拉邦首府地区（1757—1912），后来重组为孟加拉邦（1912—1947），曾经是英属殖民地最大的管辖区，首府设在加尔各答。

许农村学校无偿使用农业用地；（6）认为本土学校应该获得政府资助，其办学条件、教师工资和学生奖学金等都应该得到改善；（7）建议依靠本土和英国教育家的力量用本土语言编写教科书；（8）建议有序组织学生考试；（9）建议建立师范学校，培养教师，对于在职教师要连续 4 年实施 3 个月的培训项目；（10）建议提高教师工资，改善工作条件；（11）建议每个学区应该任命督学，监督和指导学校管理和教学活动；（12）建议在几个学区率先实验这个计划，然后再有目的地有序推广至全国各地；等等（Lal，R. B. & Sinha，G. N.：112-113）。

《亚当教育计划书》发表之后立刻遭到西学派人士的反对。T. 麦考利认为这项计划书根本不现实和不适用，因为当时殖民地政府已经确立优先发展西学的教育政策。新的教学语言和课程内容，以及教育目的都已经发生改变，英语教育体系取代了本土教育体系的局面不可逆转。的确，殖民地教育西方化大势所趋，西方学院建设处于鼎盛时期，此时《亚当教育计划书》的提出在殖民地社会显得很"不合时宜"，被认为"这是一个不完整的计划，实施起来比较困难"。第一，计划反对"渗透教育理论"，主张开展大众教育，想法是好的，但在强大的印度社会传统教育面前难以实施，很不现实。第二，计划书中的一些调查数据并不准确，与实际情况有所差别。W. 亚当本人也承认调查情况不全面，有以偏概全之嫌。第三，计划书提出了一些很好的建议，但是并没有给出具体的实施办法，如强调为农村学校提供土地，但如何提供，从哪里获得土地并不清楚（Lal，R. B. & Sinha，G. N.：114）。

正因为如此，W. 亚当煞费苦心搞出的教育计划书并没有受到 W. 本缇克政府的重视。他提出的"公平对待本土教育"等一系列合理化建议也只能被束之高阁。

（二）G. 奥克兰德教育新政及其影响

1836 年，G. 奥克兰德伯爵接任 W. 本缇克成为印度殖民地的新总督。新政府遇到的最紧迫的问题主要有两个：一是重新审视"东方学派和西方学派之争"的遗留问题，给印度传统教育合理的定位；二是制定新教育政策，纠正过分强调西式教育，忽视本土传统教育的倾向。因此，到任之后，G. 奥克兰德马上着手调查引起东西学派之争的主要原因，试图找出缓解西式现代教育和东方传统教育之间矛盾的有效措施。然而，初来乍到，他一时拿不定主意如何颁布教育新政。他比较研究了《麦考利备忘录》和《亚当教育计划书》后，决定继续沿用西学优先的政策。1837 年，他把英语列为政府官方语言和高级法院用语（Bhatnagar，S.：57）。然而，他的做法遭到印度民众与东方学派的强烈反对。

1838 年和 1839 年，W. 亚当借此机会又两次正式向殖民地政府提交了《亚当教育计划书》。从效果上看，他的两次新上书在社会上引起了反响，也受到了 G. 奥克兰德政府的关注。迫于压力，G. 奥克兰德采取了一种折中主义的对策。他承认两份政策报告都有一定的合理之处，不应受到厚此薄彼的待遇，新政府一定会对西式教育和本土教育采取一视同仁的政策。1839 年 11 月，G. 奥克兰德颁布新教育政策，即著名的《奥克兰德备忘录》。

在新政策中，G. 奥克兰德一方面继续沿用前任政府的教育政策，另一方面也对东方学派做出承诺：第一，不关闭东方学派举办的教育机构，并且准备将对其资助经费数额恢复到之前 W. 本缇克政府的水平；第二，每年对东方学院教育额外投入 3.1 万卢比（这个金额也是过去对东学教育机构的罚金数额）；第三，东方学院的教师应该得到充足的让人羡慕的工资，25% 的学生可以获得奖学金；第四，东方学院应该开设西学教育课程，这样才能实现东西方教育的融合（Lal, R. B. & Sinha, G. N.：105-106，115）。此外，殖民地政府还同意每年拨出一部分资金用于出版东方学方面的书籍。他还表示："政府有意限制发展那种只服务于上流社会的有闲阶层，并希望通过他们向下渗透到大众的高等教育办学模式（陈群：9-10）。"

《奥克兰德备忘录》的妥协方案大大缓解了东方学派和西方学派之间的矛盾，有利于东西方教育在印度社会的共同发展。虽然 G. 奥克兰德接受了《亚当教育计划书》中的部分建议，但作为一个殖民地统治者，他骨子里仍然比较倾向于西学文化和教育。在这一点上，G. 奥克兰德与其他殖民地统治者的立场没有本质上的差别。该新政策实施后，殖民地政府优先发展西方教育的总体指导性原则没有改变。后续几届殖民地政府仍然试图用英国教育制度去改造印度教育体系和社会政治生态。如 1844 年，H. 哈丁（Hardinge, H）总督统治时期，殖民地政府进一步规定："所有应聘公务人员必须通过教育委员会所举办的考试，受过西式教育的印度人可以得到优先被录用的机会（Sharma, A. K.：4）。"该政策改变了传统权力精英的语言体系，让英语最终取代波斯语成为官方和法庭语言，还催生了更多英式学院相继诞生，其中最有名的新英式学院有埃尔芬斯通学院（Elphinston College）、胡里学院（Hooghly Coolege）、达卡（Dacca College）学院等。这些学院主要招收当地印度人，实施英式高等院校学历文凭教育。接受过西式高等教育的印度人获得了相应的文凭和证书之后，可以有机会进入政府部门工作。新式教育在代替和改造殖民地之前的本土教育方面取得了较大的成功。新的西式学院的建立标志着现代（西方化）高等教育体系在印度正式确立。

二、《伍德教育文告》：一份承上启下的政策报告

在东印度公司统治时期，殖民地政府主要通过两种形式宣布教育政策：一种是发布政府"决议"（Resolution）；另一种是发布政府"文告"（Despatches）。①1854 年颁布的《伍德教育文告》是东印度公司统治后期颁布的最重要的教育政策，也是一份总结过去、面向未来、承上启下的政策文件，在印度高等教育史上居于重要的地位。它基本上确定了 1854 年之后英属印度殖民地教育的发展方向，成为印度高等教育发展史上的里程碑（Lal，R. B. & Sinha，G. N.：117）。

（一）颁布《伍德教育文告》的背景

19 世纪中叶，伴随着东西方学之争的结束，英属印度殖民地教育出现了一些新的变化：西学优先发展的政策得到普遍认可，英语成为学校教学的通用语言，殖民地政府开始大力兴建大学和学院，私人和企业家开始参与教育投资，等等。这时，印度本土教育也完全被西方教育理念所左右。一些本土院校开始尝试改革，在本土教育系统中引进西式教育模式。例如，在巴拿勒斯梵文学院，巴-伦泰珀（B-luntepa）博士就在没有获得任何资助的情况下进行科学教育实验教学，开启在本土教育系统中推行西式教育教学方法的尝试。在阿格拉学院（Agra College）和加尔各答伊斯兰学院，一些教授也开始采用英语教学，传授欧洲文化和语言。然而，这时期，各邦教育仍然各自为政，强调地方的特殊性。面对这种新变化，殖民地政府意识到，必须制订明确的教育方针和政策，有针对性地解决殖民地教育存在的问题（Bhatnagar，S.：63）。

1853 年，英国国会修订新的《宪章法》，对殖民地教育做出新规定。其中最重要的条款是，殖民地政府需要把教育经费从每年 10 万卢比提高到 100 万卢比。为了落实新《宪章法》精神，促进殖民地高等教育发展，英国国会成立了一个由议员 C. 伍德②领导的专门委员会，负责制订殖民地教育的未来发展规划。经过为期一年的调查和研究，广泛征求了包括东方学派议员 J. 威尔逊、A. 达夫等教育专家的意见③，写出了一份长达 100 个要点，几乎涉及教育领域各个

---

① 在每次颁布教育决议之前，殖民地政府一般都先成立一个专家委员会，开展调查，起草教育决策草案，最后以"文告"的形式对外发布。

② C. 伍德（1800—1885），19 世纪英国政治家、国会议员、财政部部长。自 1852 年到 1855 年，他出任东印度公司董事会主席，1854 年领导完成著名的《伍德教育文告》，1859 年担任印度国务大臣。

③ C. 伍德从来没有到访过印度殖民地。他的调研、撰写报告等工作都是在英国完成的。

重要方面的政策报告，即著名的《伍德教育文告》①，并于 1854 年 7 月 19 日正式提交给英国国会。《伍德教育文告》的核心思想是，既不能忽视印度教育中存在的问题，同时也不能让印度的教育发展有损英国的利益。它在全面肯定 1835 年之后各届殖民地政府教育政策的基础上，针对殖民地教育的未来发展提出各项具体设想，包括创建现代大学的提议。《伍德教育文告》被认为是印度殖民地时期最重要的教育文献之一，在印度教育史上占有独特的地位，素有印度英属殖民地教育大宪章的美称（Lal，R. B. & Sinha，G. N.：118）。

（二）《伍德教育文告》的主要内容

《伍德教育文告》由两部分内容构成。在第一部分，文告全面阐述了殖民地政府的教育责任、体系构想、教育目的和任务、未来发展方向等。第一，《伍德教育文告》开宗明义地指出："对本土印度人实施教育是殖民地政府最神圣的责任。在众多议题中，任何东西都不能比教育事务更重要，像教育一样吸引殖民地政府的关注。任何人都不可能反对殖民地政府把注意力放在教育发展上（Haggerty，W.：15）。"印度统治依赖教育发展，而教育发展取决于殖民地政府承担怎样的责任，其中主要的责任就是要履行创建一个从小学到大学相互连接的教育体系的义务。第二，提出了殖民地教育体系的构想，新的教育体系应该包括行政管理、各级学校和拨款资助三个系统：（1）在行政管理系统方面，各邦需要成立公共教育局（DPI），负责管理殖民地管辖内的所有学校及其教育事务。公共教育局设立局长、副局长、学校督导和代理督导等职位，其主要职责是每年向殖民地政府报告各地教育发展情况。（2）在学校系统方面，建立小学、中学、高中、学院和大学四级教育机构，服务于殖民地初等、中等、高中和高等教育。这些教育机构纳入全国统一网络系统。在这个网络系统中，既有本土教学模式，也有本土和西式混合教学模式。所有学校都归属于殖民地政府统一管理。（3）在拨款资助系统方面，明确公共教育经费分配原则，不分宗教派别，一律平等，每一所教育机构都可以通过拨款资助系统获得教育经费，并将之用于工程建设、学术发展、教师工资、学生奖学金等各个领域（Lal，R. B. & Sinha，G. N.：118-119）。第三，详细阐述了殖民地学校教育的目的和任务，进一步明确要向印度人传授西方文化和科学知识。殖民地学校教育的目的在于促进青年一代的智力和道德个性发展。教学目标是让印度学生熟悉英国作家的作

---

① "文告"（Despatches）是殖民地政府颁布的一种文件。"文告"一词，在印度语中有"大宪章"（Magna Charta）之意。在 1854 年、1859 年、1884 年、1900 年、1904 年和 1913 年，印度政府分别针对重要的教育问题颁布过一些决议和文告。

品，养成英国文化品位。主要任务是推行西方教育模式，开设欧洲艺术、科学、哲学和文学等课程，传播一切欧洲文化和科学知识，为殖民地政府培养出更多能讲英语的本土公职人员（BYJU's Class：Webpage）。第四，明确了印度学校的未来发展方向，进一步肯定了《奥克兰德备忘录》教育政策的合理性，其最大的贡献在于基本上解决了东方学派与西方学派之争的问题，使英式教育和本土教育同时得到鼓励和发展。但是《伍德教育文告》殖民地学校教育的发展依然存在问题，是英式教育在印度的发展仍然没有达到令人满意的程度，必须要加快推进西方教育模式和理念的传播和确立。《伍德教育文告》的目的是制定一个比《奥克兰德备忘录》更加兼容东西方学派的教育政策，从而指导殖民地政府建立一个从小学到大学相互衔接的教育体系。

　　《伍德教育文告》第二部分主要阐述了具体的教育建设目标。第一，率先在孟加拉邦、孟买、金奈（现在的马德拉斯）地区、旁遮普邦和西北各邦殖民地政府内部分别设立伍德公共教育局（WDDPI），设置局长和督察员岗位，负责每年向殖民地政府提交一份关于本省落实《伍德教育文告》政策进展的年度报告，重点汇报有关大学附属学院所有考试的详细规定、教学进行情况等（Bhatnagar，S.：444）。在公共教育部下设各学科教授负责人岗位，大学校务委员会（Senate House）委员岗位，其中大学校务委员会委员由殖民地政府直接任命。第二，大力发展大众教育。现存教育体系忽视大众教育，不能很好地向大众传授有用的实践知识，为此，需要增加高中、初中和小学的数量。本土中小学教育是发展高等教育的基础，应该予以优先考虑。为了能够使多数印度人得到良好的教育，殖民地政府提出资助计划，重点支持开展大众教育较好的教育机构。第三，加快建立现代大学。殖民政府所管辖的五个邦都应该至少设立一所大学，任命各自的校长。先在加尔各答、孟买和金奈三个中央直接管辖地区建立三所现代大学，然后再在各邦建立其他大学。这些大学须按照伦敦大学的模式建立，设立大学校监、校长等职位，所有教职人员都必须由政府任命。大学实施正规的自由教育，鼓励多语言教学，既要设置英语系、梵语系、阿拉伯语系和波斯语系，也要设立法律系和民用工程系（Ibid.：66）。新建的印度大学必须与英国伦敦大学一样，只作为负责考试的权威机构，并负责对成功通过考试的候选人授予学位。在各大学设立教授职位，以便在包括白话文和古典语言在内的各学科开展讲座（UoM：Webpage）。《伍德教育文告》写道：

　　　　鉴于在争取政府奖学金中本土申请人的出色表现，鉴于本土学生在医学院校中取得的成功，鉴于欧洲和英籍印度人口日益增长的需求，鉴于自由教育在印度本土迅速发展，此时，我们也可以得出这样一个结论：建立大学的时刻已经来临（Lal, R. B. & Sinha, G. N.：69）。

第四，鼓励发展专业和职业教育，解决和控制失业问题。建立医学、工程、法律、教育以及其他专业学院，开展不同职业领域的教学，培养学生职业素养，为学生的未来生活做准备。政府在聘用职员时优先考虑学术和职业教育素养优秀者。每个邦都应该建立教师培训学校，培养工程、医疗和法律方面的教师。政府应该对优秀教师予以高工资，在他们学习期间给予奖学金。第五，要解决教学语言问题。针对不同年龄阶段的学生采用不同的教学语言，小学和初中阶段可以用本土语言，高中和附属学院阶段最好采取英语和本土语言并行政策，到大学阶段，英语应该成为最主要的，甚至是完全的教学语言。大学和学院应将梵语、阿拉伯语和波斯语列为必修科目，并不断加强对英语的教学。第六，重视妇女教育，鼓励私营企业参与女性教育。女子学校将被列入被资助的对象。没有女性教育的教育体系是不完善的，政府应该高度重视和支持女性教育的发展。《伍德教育文告》中写道：

> 无论怎样评价印度女性教育的重要性都不为过。重视女性教育，而不单纯重视男性教育，将会在更大程度上刺激人们接受教育和道德训练。女性教育有利于提高印度人的整体教育素质和社会道德风气，其中影响效果要比对一般的教育效果大得多。我们很高兴看到这样的事实：越来越多的印度本地人希望自己的女儿们接受良好的教育（Bhatnagar, S.：66）。

第七，重视伊斯兰教育，支持伊斯兰教学院和学校发展。印度伊斯兰教育落后，需要政府经费资助，获得资助的基本条件是：（1）提供世俗教育；（2）学校运行良好；（3）可以随时接受殖民地政府检查；（4）遵守政府资助条例中的所有规定；（5）实现免费教育；等等。资助经费主要用于提高教师工资、校舍建设、学生奖学金、图书馆改善、理科系建设等。

（三）《伍德教育文告》的地位和作用

《伍德教育文告》是第一个全面阐述殖民地教育政策的文件，为一直以来缺少发展方向感的殖民地教育提供了指导性意见。其中各项建议，诸如明确政府责任和任务，强调印度和西方文化和教育同等重要，设立公共教育部门及其岗位，建立特殊经费资助制度，支持发展大众教育、女性教育、伊斯兰教育，创办新型大学，发展专业和职业教育、重视就业教育等，方向明确，目标清晰，项目具体，对解决印度教育中存在的问题起到了重要的指导作用。有印度学者评价指出，《伍德教育文告》是印度殖民地高等教育发展史上的里程碑，是印度英式教育"大宪章"和"英印教育合作的典范"（Ibid.：66）。它加速了全面系统的教育体系的建立，标志着殖民地教育进入一个新的历史时期。从最严格的意义上来讲，《伍德教育文告》的颁布可以被认为是印度现代高等教育的正式开端（Sharma，K. A.：4-8）。我国学者马加力也指出："可以毫不夸张地说，《伍德教育文告》是英国政府第一次以立法的形式制定了它在印度的教育改革，也是第一次为印度确立了大学教育制度，它对印度高等教育的发展具有极为深远的影响，所以有人称它为'印度高等教育的基石'（马加力：92）。"

　　然而，《伍德教育文告》没有从根本上解决殖民地教育发展不均衡的问题。新教育政策强调本土教育和英语教育同样重要，应该得到重视，给予同样待遇。然而，在现实中，掌握教育资源的官员都是英式教育好处的受益者，对英式教育自然表现出偏好。那些文件书面上的"白纸黑字"，不过是一种"理想式"的教育政策，在执行中并没有得到全面落实。《伍德教育文告》政策实施以后，越来越多的有钱人更加愿意将孩子送到英语学校学习，殖民地政府也逐渐停止对本土语言学校的资金支持。英语学校和本土学校的办学条件、教学环境差别越来越大。穷人的孩子在条件较差的本土学校接受传统教育，导致其英语能力较差，无法与接受英式教育的有钱人家子弟相比较，更导致他们在竞争政府公务员岗位中始终处于劣势地位。学者批评道，《伍德教育文告》不过是一个殖民地政府中央集权模式的产物，从根本上，该教育政策只重视英式教育，忽视本土语言和文化教育，只建议设立考试类附属学院，而不建设教学类大学等（IIEP.：Webpage）。

　　总之，《伍德教育文告》的颁布等于为东印度公司时期的教育画上一个圆满的句号。1857 年，印度爆发了殖民地历史上最重要的一次印度籍士兵抗英反叛暴动，几乎推翻了英国殖民地政府的统治。虽然暴动很快遭到镇压，但东印度公司也因此而被问责，失去了对殖民地的管辖权。伴随着英国女王委托英王总督直接管理殖民地，印度高等教育进入一个新的历史时期——英属印度时期，印度高等教育史将呈现出一幅波澜壮阔，跌宕起伏的新图景。

第五节　印度现代高等教育体系初步建立

　　1813 年后，东印度公司殖民地统治者已经放弃了"教育中立"的政策，陆续在各地建立了各种各样的学院。与此同时，在东印度公司管辖的地方，军事和生产领域开始对工程测量、工程计算、医疗护理和学校师资等方面人才产生了一定程度的需求，殖民地政府开始考虑在加尔各答、孟买、马德拉斯、鲁尔基等地建立工程和医学教育机构，以满足殖民地社会发展的需求。1794—1857年，东印度公司殖民地政府在加尔各答、马德拉斯和孟买等地陆续建立了一批高等专业技术院校，举办军事、民用工程、通信、管理、医疗护理和教师教育等专业和课程（Chowdhury，S. R.：14）。这些高等专业技术院校的问世丰富了东印度公司时期高等教育的内容和种类，标志着印度现代高等教育体系的初步建立。

一、普通高等院校的初步发展

19世纪上半叶，殖民地社会和东印度公司围绕制定什么样的教育政策问题展开激烈论战。直到1835年，东印度公司殖民地政府才明确自己的教育政策，主张在印度人中传播西方文学和西方科学，鼓励兴办西学，支持富裕且受过良好教育的印度人传播欧洲知识等。在东印度公司统治时期，一批新式学院纷纷成立。截至1856年，东印度公司殖民地政府一共建立新式学院31所，其中普通院校27所（Lal，R. B. &Sinha，G. N.：454），影响力比较大的学院如表2-1所示。

表2-1 东印度公司中晚期建立的影响力比较大的学院[1]

校名	创建时间（年）	创建者	地点
印度教学院	1817	拉–罗伊等	加尔各答
使命学院	1818	加里等	姆帕
教会学院	1818	W. 沃德等	赛兰布尔
英语和欧洲科学教学学校	1823	M. 埃尔芬斯通	孟买
浸会学院	1829	英国教会协会	西普尔
集会学院	1830	杜夫	不详
埃尔芬斯通学院	1935	M. 埃尔芬斯通	孟买
胡里学院	1836	不详	不详
马德拉斯基督教学院	1937	不详	马德拉斯
达卡学院	1840	不详	达卡
圣约翰学院	1844	不详	不详

校名	创建时间（年）	创建者	地点
贝兰普尔学院	1853	不详	不详
阿格拉学院	1853	不详	阿格拉

　　［1］作者根据相关资料绘制（Bhatnagar，S.：444-446）。

　　其中，最为著名的学院有：印度教学院（Hindu College）、塞兰布尔学院（Sevampore College）和埃尔芬斯通学院（Elphinstone College）。

　　（一）印度教学院：第一所欧洲化的高等院校

　　该学院是在印度民族主义者拉-罗伊和英国人 D. 黑尔的共同努力下建立起来的一所西式学院，被认为是第一所欧洲化的印度高等学府（Sharma，A.K.：4）。学院的办学宗旨是为满足加尔各答市几千名印度青年学习英语之需。在东印度公司统治时期，英语是印度青年人进入英国殖民地官僚机构和司法机构，谋得稳定职位的必要手段，具有广泛的社会需求。尤其是在 1857 年印度兵哗变之后，除了少数传统民族知识分子外，印度主流社会都认为，英语和现代西方科学是印度发展的关键所在，是促进印度现代化发展的有效途径。可见，当时印度上层阶级完全被殖民主义统治下的教育/文化霸权思想所支配着（Chowshury，S. R.：37）。拉-罗伊就是当时拥有这种思想的代表之一。他反对东印度公司政府鼓励和支持发展东方学院，认为只有西式学院才能满足孟加拉邦精英阶层的愿望。因此，1816 年，他提出愿意用自己的积蓄创办一所英语学院，并希望殖民地政府予以支持。1817 年，在 D. 黑尔的协助下，他终于如愿以偿，创办了印度教学院（Metcalf，B. D. & Metcalf，T. R.：83）。以后的几十年里，印度教学院如同名字一样，主要服务于印度教徒和种姓制度。印度教学院努力将真正的神学本源教义与现代理性课程结合起来，力争使之成为当时印度最好的教育机构之一（Chowshury，S. R.：36）。1855 年，印度教学院因某种原因被迫关闭，之后被殖民地政府接管，更名为中央首府学院（Presidency College）。1857 年，中央首府学院划为加尔各答大学附属学院。1897 年附属学院招收了第一名女学生，成为印度最早招收女学生的学院之一。

　　（二）塞兰布尔学院：现代使命的摇篮

　　该学院始建于 1818 年，由英国浸信会的 W. 凯里（Carey，W）①、J. 马什曼（Marshman，J）和 W. 沃德（Ward，W）三名传教士在塞兰布尔创办，素有

　　①　W. 凯里被誉为"现代传教运动的奠基人"。

"现代使命的摇篮"之称（Howells，G. &Underwood，A. C.：3）。学院的办学宗旨是将教育作为一种传播基督教知识的工具，影响当地印度教徒或伊斯兰教徒转变宗教信仰，皈依基督教（Datta，S. A.：29）。正如 J. 马什曼在 1827 年介绍该学院课程的小册子中写道："过去 27 年，教会弟兄力争塞兰布尔学院所开设的课程反映出一个事实，运用（课程）作为一种尝试性手段在印度传播基督教，它们直接导致塞兰布尔学院这种性质的机构（宗教类）的活动呈现出有效性（Datta，S. A.：29）。"

塞兰布尔学院是英国浸信会创办的基督教学院，但它对所有教派的信徒开放，没有种姓和宗教信仰的限制，而且任何教派人士都可以申请学院的教师岗位。第一年招生 37 人，其中 19 个基督徒、14 个印度教徒、4 个无教派学生（Howells，G. &Underwood，A. C.：25）。W. 凯里在一次讲演中表示，他们的理想是办一所开放的基督教学院，而不是封闭的神学院。他希望学院的这种办学理念和宗旨能得到殖民地政府的认可，并请求 W. 黑斯廷斯担任学院的第一监护人，J. 科瑞福廷伯爵①担任学院首位学监。

学院开设的课程包括亚洲基督教、东方文学和欧洲科学等。教学使用当地语言，因为办学者相信："如果用本地语言，而不是英语介绍基督教知识，那么基督教思想在当地的传播速度会更快（Datta，S. A.：29）。"此外，塞兰布尔学院还是印度第一个获得丹麦皇帝弗雷德里克六世（Frederick，VI）颁发的大学办学特许状的高等学府。1845 年，丹麦将印度殖民地的全部资产出售给英国后，塞兰布尔学院的所有权也移交给了英国政府。其间，在理事会的指导下，学院的管理和运作没有中断。1856 年，英国浸信会教会接管了学院的管理。1857年，学院成为加尔各答大学附属学院（Howells，G. & Underwood，A. C.：IV）。

（三）埃尔芬斯通学院：西式精英学院

该学院始建于 1835 年，是孟买地区总督 M. 埃尔芬斯通②和当地传教士共同合作建立的一所西式精英学院，也是马哈拉施特拉邦殖民地政府在孟买地区建立的最早一所高等院校，具有较高的学术性和国际化程度。M. 埃尔芬斯通不同意当时社会上一些人反对给予"印度本地人"（Native）必要教育的观点，提出"要尽可能地为印度本地学生提供'世界主义（Cosmopolitanism）'的课程内容"。他强调，英语是学院教学语言；辩论是最常用的教学方法；教育的内容

---

① 当时学院所在地塞兰布尔是丹麦所属殖民地，总督为 J. 科瑞福廷。

② M. 埃尔芬斯通在担任孟买地区总督期间，极力推行印度教育系统的改革和发展，提出应该对印度本土居民实施系统的学校教育，被后人称为"印度国家教育制度的创始人"。

应该涉及英国和印度的社会政治、哲学和教育等多个领域知识。埃尔芬斯通学院是当时水平最高的西方学院，是以高水平的经济学、法律学而著称的综合类精英型的高等学府。校园文化多样，学生语言和宗教背景多元。学生有的来自旧贵族家庭，有的来自新兴中产阶级家庭，但全部来自城市上层家庭，大部分学生受过良好的英式初等教育和中等教育，具有较好的英文语言能力。很多毕业生可以直接进入东印度公司和行政部门从事经贸、政治和管理工作，这种情况直到印度独立后才有所改变。作为一所官办精英学院，办学经费充足，办学资金几乎全部来自政府资助，学院没有遇到像其他学院普遍存在的那种经济困境。伴随着一些职业技术学院的兴起，一些优秀的中学毕业生有了新的选择，埃尔芬斯通学院的招生受到一定的影响，不得不考虑与职业技术类学院竞争优秀生源（Altbach, P. G.：47-48）。

二、从无到有的高等工程教育

（一）东印度公司时期的高等工程教育状况

印度高等工程教育产生的时间相对比较晚。1794 年，印度殖民地政府在马德拉斯建立第一所工程技术类学校，但高等工程教育真正兴起是在 19 世纪 40 年代，其中的原因很简单。第一，在东印度公司时期，殖民地政府仅把高等教育视为维护统治的工具，是殖民地政府选拔有用且胜任的公务员的筛选活动（Ashby, E. & Anderson, M.：116）。举办高等教育的目的在于通过传授高等教育培养出愿意并忠诚于殖民地统治的行政管理人才，满足殖民地政府低级行政岗位的需求。因此，殖民地政府支持创办的早期学院基本属于文法类院校，工程类院校寥寥无几。正是由于殖民地政府对工程教育发展抱着可有可无的态度，印度高等工程院校根本无法与以培养文职人员为主的普通高等院校相提并论。有资料显示，19 世纪初，在 148 所学院中，文理学院占 140 所，工程类学院仅占 4 所（Basu，A.：361-374）。第二，此时，印度仍然是以农业为主的社会，工业基本属于空白，经济社会对工程技术人才并没有产生旺盛的需求。因此，印度社会和文化始终都存在重文法、轻技术的价值取向和社会风气。第三，殖民地政府招收的印度籍公务人员基本都是精英阶层印度教徒。他们不论是接受东方式的教育，还是西方式的教育，基本属于精英教育，接受纯文学、宗教哲学内容方面的培养和训练。毕业后，这些人基本不从事技术领域的工作，只求在殖民地政府谋求低级岗位。因此，他们从心理上轻视体力劳动和职业技术培训（Ashby, E. & Anderson, M.：116）。

19世纪40年代，印度先后爆发第一次盎格鲁阿富汗战争和两次盎格鲁锡克教战争。战争结束后，印度殖民地不再扩充领土，而是将统治的重点放在加快经济社会发展建设上，对工程，尤其是对土木工程等方面的人才需求日益旺盛。1842年，恒河运河开挖，从起点加尔各答到终点白沙瓦主干道。巨大工程项目急需大批工程专业人才。在加尔各答、孟买、马德拉斯、浦那和鲁尔基等地，一批工程学院应运而生，如马德拉斯工程技术学院（Engineering College at Madras）、埃尔芬斯通研究院（Elphins tone Mstitute）、萨哈蓝普尔学院（Saharanpur college）、鲁尔基工程学院（Engineering College at Roorkee）和托马森工程学院（Thomason Engineering College）等（Black，J.：211-239）。

1854年，《伍德教育文告》颁布之后，殖民地政府开始承担"建立合适的从小学到大学一贯衔接的教育系统"的责任，在政府内部设立独立的公共工程部门。该部门的主要职责是领导和管理殖民地工程教育及其院校建设。1840年到1864年，印度工程技术类院校已经达到近10所，如表2-2所示。一些西方学院，如浸会学院（Bishop College）、集会学院（General Assembly College）、普纳民用工程学院（Engineering College at Pune）等也陆续增设了一些技术类的专业或课程。

表2-2　东印度公司时期建立的主要专业技术学院[1]

校名	创建时间（年）	创建者	地点
马德拉斯测量学院	1794	托平	马德拉斯
马德拉斯工程技术学院	1842	托马森	鲁尔基
埃尔芬斯通研究院	1844	埃尔芬斯通	孟买
萨哈蓝普尔学院	1845	托马森	孟买
鲁尔基工程学院	1846	托马森	姆帕
孟买民用工程学院	1854	托马森	孟买
加尔各答民用工程学院[2]	1856	沃德等	加尔各答
普纳民用工程学院	1864	—	孟买

[1] 作者根据相关资料绘制；[2] 班加罗尔工程学院的前身。

然而，这一时期，专业院校数量少，在校生规模较小，资金投入不足，办学条件较差，设备较落后，几乎没有什么像样的实验和教学设备。一些工程学校只能开设简单的土木工程专业和测量专业；毕业生质量不高，印度社会和用人单位不太相信本土学院培养的工程技术人员。本土工程毕业生不断受到英国工程院校毕业生的挤压，造成一些基础好的中学毕业生只能选择到英国学习相关专业。这就造成一种恶性循环，发生"马太效应"，可谓弱者更弱，强者更强。在整个殖民地时期，英国工程教育质量普遍高于印度本土工程教育质量，英国院校的毕业生更容易在印度就业市场找到工作，这种情况直到印度独立后才得到部分改善。

（二）这一时期几所著名的工程院校

马德拉斯工程技术学院是在马德拉斯测量学校基础上发展起来的，被视为第一所真正意义上的工程技术大学，属于马德拉斯大学的附属学院。1847 年，西北省总督 J. 托马森（Thomson，J）认为马德拉斯测量学校的毕业生已经不能满足公共工程部门发展的需要，于是印度殖民地就向英国国会提出在鲁尔基创建一所新的工程学院的申请。英国国会批准提议，但希望新学院最好首先对马德拉斯测量学校进行升级改造，在此基础上建立新学院。尽管殖民地政府对这样的结果不太满意，但还是接受了建议，扩大了马德拉斯测量学院的规模，并更名为马德拉斯工程技术学院。R. 拉甘（Lagan，R）爵士是新学院校园的设计者和建设者，也是该学院的首任院长。1851 年，英军中尉 G. 皮斯（Price，G）被任命为新校长，他是当时著名的隧道爆破专家。他进一步发展学院，增加了一些新的工程技术类专业和课程，如爆破技术、土木工程等。1857 年，马德拉斯大学（Madvas University）建立之后，马德拉斯工程技术学院变成其附属学院，成为印度第一个提供土木和机械工程本科学位课程的附属学院。1858 年，学院又更名为民用工程学院。1859 年，学院再次更名为硅迪工学院（Guindy Engineering College）。该学院开创了工程院校的先河，为后来殖民地高等工程技术院校的发展奠定了基础，标志着印度工程高等教育的萌芽（Haggerty，W. J.：49）。

鲁尔基工程学院①，原名为托马森民用工程学院，建于 1846 年，是一所以 J. 托马森总督名字命名的工程学院，也是第一所颁发大学同级文凭的学院（张怡真、杜凯华：25-29）。托马森工程学院是早期四所工程学院之一，办学的理念是"要在学术组织框架内同时传授理论知识和职业技术"；办学宗旨是为了培养德里地区，乃至整个南亚次大陆排水、灌溉、修公路和铁路，以及建筑等方面所需的有用人才。1848 年，鲁尔基工程学院正式命名为托马森工程学院，开

---

① 印度独立后，1949 年该学院并入鲁尔基大学，2001 年又并入印度理工学院，成为 IIT 鲁尔基分校，是一所办学水平很高的工程技术院校，其水平和地位甚至要比英国的一些工程院校高。

始招收第一届学生（包括女生），增加机械和电子工程专业。从 1860 年起，印度公共工程部重心开始转移到土木工程领域，涵盖铁路、公路、水路、码头和电报等领域。学院开设的课程包括书写、算术、商业账目（真正的意大利记账法）、代数、几何（原理和实用）、测量学、三角算术、球面投影、圆锥截面、力学、统计和流体静力学、洋流理论，以及航海测量、测高和长线测量、射击、拨号、计量、几何天文学等方面的各种应用知识（Black，J.：211-239）。

三、从传统走向现代的医学和教师教育

（一）东印度公司时期高等医学教育状况

在医学方面，古代印度已经取得很高的成就。在《吠陀经》和《佛陀经》中都有不少医学知识的记载。《阿阇婆吠陀》和《寿命吠陀》中也包含了许多内外科医学知识，构成了古印度医学的基础。其中《阿阇婆吠陀》是一本巫术诗歌集，书中记录了许多巫医用来驱逐疾病的咒语（吴春燕：11）。虽然古印度医学很发达，但医学教育本身却没有形成体系。在 18 世纪末以前，印度医疗领域的岗位基本上都在为欧洲人提供就业机会，而印度本土医学学生几乎没有机会进入医疗服务机构，更没有晋升到高级职位的可能性。

19 世纪初，印度只有 4 所医疗培训机构，毕业生数量有限，高水平医生极其短缺。一方面是因为培养一名欧洲医生成本费用相对较高，另一方面则是因为部分水平较高的医生不愿意远赴印度工作。19 世纪 20 年代，殖民地政府亟须医疗护理人员，以满足军队和地方需要。为了使更多本地医学毕业生进入医疗服务系统，殖民地政府决定建立新的医疗机构，加速对印度本地医护人员的培养。1822 年，殖民地第一所东西方混合型医疗学校——加尔各答医疗学校（Calcutla Medical School）建立起来。首批招收学生 20 名（1826 年扩充到 50 名），从而掀开了印度本土医学教育发展历史的帷幕。加尔各答医疗学校建立时，一方面参照了英国医学院模式，另一方面也结合了印度本土实际。教学语言采用印度语或波斯语，但教材是国外医学教材的翻译本。除了教授西医学课程之外，加尔各答医疗学校还为学生开设了传统古印度医学课程。在其影响下，1824 年和 1826 年，孟买和马德拉斯地区先后建立了两所本地医疗学校。另外，一些早期殖民地学院也开设了一些医学课程，如梵文学院就采用"卡拉卡"（Caraka）和"苏斯鲁塔"（Susrata）的著作讲授"阿育吠陀"（Ayurveda）课程。加尔各答、马德拉斯两地的医疗学校的学生用乌尔都语学习"乌纳尼医学"（Unani medicine）等课程（Arnold，D.：62）。这些早期医学教育机构主要为军

队培养副助理外科医生、整容师和药剂师，但办学水平相对较低，规模较小，没有达到大学水平。由于学生英语水平较低，教学只能用本地语言讲授医学英语翻译教材，学生无法接触到最新的医学知识和技术。在办学的几年内，这些医疗学校经常因毕业生质量差受到批评。1832 年，孟买医疗学校在开办 6 年后被迫关闭（Arnold，D.：62-63）。

1833 年，孟加拉邦总督 W. 本廷克伯爵任命了一个委员会，开始筹建新型高等医学院校。该委员会在新建校方案中提出，大学医学院应该成为专门教授西医科学和知识的机构，旨在培养西医人才，唯一的教学语言理应是英语。按照这样设想，经过论证之后，1835 年，殖民地政府决定将加尔各答和马德拉斯早期建立的"医疗学校"升格为医学院（Ibid.）。5 年之后，升格后的加尔各答医学院发展成为一所拥有 100 张医院病床的大学附属医学院。1847 年，该医学院首次开设了两年制医学入门课程，目的是培养初级医疗服务人员、印度民事和军事副助理外科医生、疫苗接种员、药房工作人员以及当地社区医生。这个项目的毕业生一部分进入东印度公司医疗服务系统，一部分获得医学和外科执照后在城市里开办私人诊所，还有一部分选择出国继续学习深造。1841 年，加尔各答医学院首次决定选派 8 名优秀学生去欧洲留学，但很多毕业生并不愿意漂洋过海远赴欧洲留学。直到 1844 年，在诗人拉-泰戈尔的劝说下，8 名学生才全部远赴英国接受医学高等教育，并获得外科医学毕业证书，其中 3 人还获得伦敦大学医学博士学位（曾向东：149）。

1845 年，孟买总督 R. 格兰特（Grant，R）十分重视医学高等教育事业，提出一项在孟买建立医学院，设立专职教授岗位的计划。该计划得到孟买富商贾-吉吉霍伊的响应。后者表示愿意捐赠资金帮助实施新医学院建设计划。很快，一所以 R. 格兰特名字命名的医学院建立起来，并得到英国皇家外科学院的认证（Singh，A.：51）。最初进入该学院学习的学生多数是帕西教（印度拜火教）子弟。1846—1866 年，帕西教学生人数占 40%，基督教学生、印度教学生，以及其他印度人一共占 60%。帕西教学生和基督教学生占的比例较大的原因是他们愿意接受医学教育和培训，他们不像印度教学生那样厌恶触摸和解剖人体。一开始，印度教徒都惧怕接触人体解剖，不愿学习外科医学必修的人体解剖课程。19 世纪 80 年代中期，印度教学生才慢慢克服恐惧心理，接受医学教育和培训的人数比例也开始上升，达到三分之一。

一般而言，医学高等教育学费相对较高，能够支付学费的本地家庭数量有限，大部分学生都来自婆罗门中产阶级家庭，其中包括商人、公务员和退休官员的子弟等。1882 年，加尔各答医学院毕业人数达到 300 多人。他们陆续成为合格医生，通过举办公立和私立医疗机构服务于孟买和周边省份。据说，孟买城市 10% 的人口都享受过这 300 名医生的医疗服务（Arnold, D.：63）。

1852 年，马德拉斯医疗学校更名为马德拉斯医学院（Madaras Medical College），并扩充了很多大学专业课程。3 年后，马德拉斯医学院获得伦敦皇家外科学院的认可，成为殖民地第一所以临床医学和外科手术为主的医学院校，并开设解剖课程。有人曾经这样描述医学院学生第一次做人体解剖的情景：

> 马哈斯丹（Madhusudan）同学经过很长一段时间的思想斗争才下定决心开始他的第一次人体解剖课程学习。他很清楚需要学习一些过硬的技术本领。他想一旦下定决心，就绝不退缩或放弃。他拿着手术刀，小心翼翼地跟着哥德夫大夫走进停尸房。尸体就摆在那儿。其他学生也深感兴趣，尾随其后，好奇、兴奋、恐惧、警觉多种心情交织在一起。他们不敢走进停尸房，只是聚集在停尸房门口周围，远远地窥视，目睹眼前所发生的情景。当马哈斯丹手握手术刀有力地在尸体胸部划开一道深而长的口子时，所有的观望者都长出一口气，有一种如释重负的感觉，也为马哈斯丹送去鼓励的眼神（Arnold, D.：63）。

1857 年，加尔各答、马德拉斯和孟买 3 所大学建立后，早期建立的 3 所医学院都成为大学附属医学院。少数学生获得本土大学医学博士学位。1860 年，拉哈尔地区又建立一所医学院，从而使殖民地大学附属医学院数量达到 4 所（Singh, A.：51）。毫无疑问，加尔各答医学院等高等医学教育机构的成立具有象征意义和实际意义，被认为是东西学之争西学教育凯旋的又一佐证。它们让印度人相信西医高等教育是优越文明的，是印度殖民地统治"所谓进步意图和道德合法性的重要标志"（Arnold, D.：63）。

（二）东印度公司时期教师教育体系的初步形成

印度教师教育始于 18 世纪中后叶。伴随着殖民地政府教育政策的调整和西方学院的快速崛起，印度社会对教师的需求增加，东印度公司殖民地政府鼓励各地举办教师培养机构。于是，一些个人和宗教开始尝试举办教师培训机构。例如，印度首批教师培训机构就是一些丹麦传教士的贡献。1793 年，W. 凯里、J. 马什曼和 W. 沃德神父在孟加拉邦塞兰布尔成立了第一所师范学校。到 19 世纪上半叶，孟买、加尔各答和马德拉斯等地又陆续出现了一批教师培训学校。例如，1824 年，J. 威尔逊夫人在加尔各答创办了中央学校教师培训部。1826 年，马德拉斯管辖区成立了高级教师教育的中央学校。虽然这所学校只有中等教育水平，负责培养小学教师，还算不上大学，但这些培训机构都是现代师范学院的前身，也标志着印度高等教师教育已经在酝酿和诞生（Lal，R. B. &Sinha G. N.：505）。

1835 年，英国传教士 J. 亚当在《亚当教育计划书》中向殖民地政府阐释了建设教师教育机构的重要性，提出了改善教师培训的一些措施建议，其中包括把英语学校中的方言部门改为师范学校和教师在职培训机构。1847 年，印度第一所师范院校——埃尔芬斯学院在孟买成立。两年后，A. 达夫在加尔各答创办了一所师范学院，而且还附带一个"示范学校"（Model school）。1851 年，新建的浦那学院（包含梵文学院和英文学院）成立了一个师范培训部门。1852 年，一个类似的学院在阿格拉成立，并且苏拉特英语学校也增加了一个培训部门（李英：26-27）。1854 年，英国国会颁布《伍德教育文告》，提议印度"建立不同类型的教师培训机构，为小学、中学和高中培养师资"。从这时候开始，殖民地政府开始重视教师教育的发展。1856—1857 年，密鲁特、巴拿勒斯等地先后建立了高等师范院校，开启了殖民地教师教育新篇章（Lal，R. &Sinha，G. N.：505-506）。1858 年，印度教师教育机构总数已经达到 14 所，其中孟加拉邦 4 所、马德拉斯邦 6 所、孟买 4 所。然而，在东印度公司时期，殖民地地区性师资培训机构的发展没有达到董事局的预期效果。从学校对精通英语的教师需求大，以及英语教学效率低来看，所有报道都认同这一看法（李英：26-28）。

第三章

英属印度时期（1858—1947）

英国在印度要完成双重的使命：一个是破坏的使命——消灭旧的亚洲社会，另一个建设的使命——在亚洲奠定西方社会的物质基础。

——卡尔·马克思（马克思恩格斯：76）

殖民主义留下的最大权力遗产就是各种少数群体享有的西式教育。这种教育使为数不多的受益者成为有文化的人，并或有或无地在与基督徒的对话中得到帮助，找到通向成为白领牧师、教师、官僚和行政职员的理想之路……圣雄甘地的不抵抗思想基本上也来自西方。

——霍布斯巴姆（Steelea, T. & Taylor, R.：457-464）

"英属印度"（British Raj），又称"英属印度帝国"（The British Indian Empire），是印度近代历史上的重要阶段之一。除了少数观点外①，多数人认为，英属印度时期起始于 1858 年英国国会取消东印度公司在殖民地的管辖权，改由英国女王接管直接统治，终结于 1947 年印度宣布独立，大约有 90 年的时间跨度。本书采用大多数人的观点，并将这一时期的英属印度高等教育发展分成三个阶段。第一阶段（1858—1900）是英属印度统治早期。此时，东西方学派的争论已经结束，全面推进西式教育的政策开始实施。伴随着第一批现代大学问世，现代高等教育制度初步建立。第二阶段（1900—1935）是英属印度统治中期。在这一时期，统治者出于巩固殖民地统治的需要，不断在印度推行政治、经济和教育领域的改革，包括将部分教育权力转让给印度人控制的地方政府。

---

① 1909 年出版的《印度帝国地区公报》中的历史分期代表这种少数派的观点，认为英属印度时期始于 1848 年止于 1885 年。其主要标志是 1848 年达豪斯伯爵被任命为东印度公司董事会总裁，东印度公司正式开始治理殖民地，制定包括主权划分、人口控制、公民教育、技术转换等政策，同时还从欧洲引进铁路、运河和电报技术，加快了印度社会的现代化进程。

此时，印度民族意识已经觉醒，民教运动风起云涌，动摇了英国的殖民统治地位。第三阶段（1937—1947）是英属印度统治后期。这一时期，英属印度政府仍在为维持统治而挣扎，进行一系列高等教育改革尝试。1937 年后，在印度国大党的领导下，印度殖民地独立运动轰轰烈烈地展开。1945 年，第二次世界大战结束后，世界范围的殖民地纷纷获得民族独立，印度殖民地也终于迎来民族国家独立的曙光。伴随着英国殖民地统治的寿终正寝，殖民地高等教育发展的历史也随之结束。

第一节 英属印度时期社会状况

1857 年大叛乱后，英国国会通过《印度政府法案》，收回东印度公司对印度殖民地的托管权，改为直接委派英王总督管理。虽然英属印度的治理结构保持不变，但英国国会将殖民地置于更加严密的政府控制之下。至此，印度历史进入"殖民地英属印度时期"（The British Raj in Colonial Times），19 世纪下半叶通常被认为是英国统治的顶峰时期。英属印度殖民地的社会状况发生了新变化，事实上，英国不再扩充殖民地领土，对道德或宗教事务的干涉也比以前少了；相反，他们转向关注一些争议较小的社会项目，如一些与民生相关的大规模交通和灌溉项目，旨在增加粮食生产，避免饥荒（leadbeater，T.：14），现代历史学家 J. 基伊称之为"火车和排水系统项目"（Train and Drainage Projects）。英王总督里彭伯爵解释说：

> 我们现在不能仅仅依靠军事力量。政策和正义促使我们越来越多地努力利用在全国各地开始出现的日益增长的公众舆论作为手段进行国家治理。孟加拉邦的先生们在讨论自己的学校和下水道问题，我们不必担心因此而发生颠覆大英帝国统治的事情。如果我们能把他们的注意力转移到对这些无害问题的讨论上，难道我们不应该给他们提供一个安全阀吗（Ibid.：16）？

与此同时，有关世俗教育和传统文化的辩论越来越多。印度教徒和印度穆斯林都有意识地尝试进行本宗教的现代化改革。人们越来越感觉到，印度作为一个国家正在悄然崛起。这种认识的改变为民族主义思想运动的发生发展提供了必要的条件。

一、英王总督治下的印度殖民地

（一）英国总督与印度王子

从 1876 年开始，英属印度帝国，又称"英属印度政府"正式成立。1877年，英国维多利亚（Victoria）女王正式加冕为印度女皇。印度人与英国人一样，都成为英国女王的臣民。印度总督是英国君主在殖民地的全权代表和军事统帅，拥有至高无上的权力。然而，英属印度政府管辖的范围仍然有限，印度许多地区不受英国政府的直接统治，仍然属于诸侯国（邦）的势力范围，各自为政，处于四分五裂的状态。据统计，大约有五分之一的人口（7200 万人）分别属于561 个印度诸侯统治者的臣民。这些统治者有各种各样的头衔，如"玛哈拉贾"（Maharaja）、"塔库尔"（Thakur）、"拉加"（Rajah）、"纳瓦卜"（Nawab）和"尼扎木"（Nizam）等。英国人将这些人统称为"印度王子"（Indian Princes），把他们名义上独立治理的地区称之为"王子土邦"（Princely State）。这些王子土邦实际上就是一个独立的诸侯国家①，具有高度自治性。1858 年之后，英国政府承认了王子土邦领主的实际统治权，但前提是土邦领主们必须签订条约，接受英王的君主地位，承认英王为领地的最高统治者。实际上，这是一种中央和地方"双轨制"的治理模式，又称"附属联盟"。

（二）农业经济衰退，催生农业现代化时代来临

在英国殖民者入侵前，印度完全是一个农业国家。农民辛勤劳动，采用相当复杂的人工灌溉耕地技术。印度农业生产比当时大多数欧洲国家的农业发展水平还要高一些。温暖的气候条件有利于农作物的生长，使印度农民在一年中可以获得两次，甚至是三次收成。当时的印度可谓是亚洲重要谷仓之一。17 世纪，英国殖民主义者开始对印度实行殖民地统治，大肆搜刮本地资源和财富，实施严苛的土地税政策，从而导致土地渐渐无人耕种，变成了沼泽和草莽，印度农业很快衰落了。根据英国官方统计数据，19 世纪上半叶，印度共发生 7 次饥荒，因饥饿而死亡的人数达 150 万人。印度从一个农业富裕的国家变成一个贫困和饥饿的国家（马家俊：19-33）。

然而，这种情况与英国工业资本家的愿望产生了矛盾。一方面，英国统治者迫切地需要从印度殖民地进口大量的生产原料和粮食，另一方面，他们又不

---

① 这些城邦国家规模大小各不相同。一些城邦国家很大，如南部的海德拉巴和西北部的查谟、克什米尔面积（各约 200000 平方千米）比英国本土面积还大；另一些城邦国家则很小，更像是乡下的庄园，在地图上都找不到。

得不面对印度农业落后的残酷现实。因此，19 世纪 30 年代，英国殖民地统治者开始在印度各地区实行土地税制改革，以此促进经济作物的生产。到了英属印度时期，伴随新土地税制改革的深入，农业生产在一定程度上得到恢复。一些地区开始大规模启动水利灌溉项目，以此增加粮食生产，避免发生饥荒。由于军事和贸易两方面的需要，铁路交通网迅速扩张，加尔各答和旁遮普之间的主干道将恒河平原上的城镇相互连接。在商业贸易上，印度殖民地与宗主国之间的原材料（棉花、黄麻、大米、茶叶）出口和制成品（棉花、钢铁、工程）交易量持续增长。这些成就标志着英属印度作为一个现代国家开始运行。人们越来越明显地感觉到，印度正在成为一个崛起的国家（Asher，C. B. &Talbot，C.：298）。

（三）宗教文化传统与民族之间冲突

印度是多民族和多宗教的国家。主要民族有印度斯坦族（兴都斯坦族）、泰卢固族、马拉地族、泰米尔族、孟加拉族、古吉拉特族、马拉雅拉姆族、卡纳达族、奥里雅族和锡克族。这些民族约占印度总人口的 82%（熊坤新 严庆：67-74）。在宗教上，不同民族的人民信奉不同的宗教，其中以印度教、伊斯兰教和锡克教为主。从区域上看，印度教徒居住在东南部，穆斯林和锡克教徒主要聚集在西北部的旁遮普邦。恒河平原北部省份属于各民族混合聚集区。

从历史上看，各宗教教派和民族之间的冲突并不十分严重。在大多数时间里，不同民族和教派教徒，尤其是印度最大的两大教派——印度教徒和穆斯林之间基本保持和睦相处或至少相互容忍的状态。然而，印度教和伊斯兰教毕竟有着根本不同的宗教传统和文化内涵，又都是非常成熟的宗教，彼此之间无法完全同化和真正融合。此外，从德里苏丹帝国到莫卧儿帝国，在政治上穆斯林与印度教徒之间又是统治与被统治的关系，在世俗政治、经济权利上有着难以调和的矛盾。英国殖民地统治者入侵印度后，很快注意到穆斯林与印度教徒之间的分歧，并决定利用和进一步制造不同宗教民族之间的矛盾，从而实现政治上的分而治之，维护和巩固对殖民地的统治。1859 年，孟买地区殖民地政府的一份备忘录中写道："分而治之是古罗马的座右铭，也应当是我们的座右铭（欧东明：85-90）。"

19 世纪下半叶，印度教经历了一次新复兴。伴随古代宗教文化研究的深入，一种现代化与传统主义的融合文化——"梵文化"（Culture of Sanskrit）应运而生。与此同时，穆斯林对印度教徒日益增长的自信感到担忧和焦虑。在英国殖民地统治之前，穆斯林是大半个印度的统治者。与印度教徒相比，他们因为英国人剥夺了他们的统治权而更多地表现出对殖民地政府的不满。当看到穆斯林的不满和反感情绪时，英国人最初一直希望更多地争取到印度教徒的拥护。然而，随着印度宗教文化的复兴和民族自主和独立意识的觉醒，英国人又对印度教徒产生了防范心理，转而去接近和利用穆斯林，图谋借助穆斯林的离心力去抵消印度教徒的民族主义势力和反英殖民地统治情绪的增长。1836年，第一个穆斯林启蒙团体在印度宗教改革运动后成立，起名"穆斯林联盟"（Muslim League）。该团体组织在主席穆-真纳的领导下，长期以来一直寻求民族独立。英国人利用这一机会，在加紧施行"分而治之"的政策时，印度教徒与穆斯林的关系开始不断恶化。这种宗教上的割裂为国家独立时印巴民族的分裂埋下伏笔。

1946年，印度制宪会议（the Constituent Assembly）① 成立时，穆斯林联盟无法与国大党就政府结构问题达成一致，缺席制宪会议。随着印度教徒和穆斯林之间的矛盾冲突愈演愈烈，许多地方发生了集体骚乱。最后，英国首相 E. 蒙塔古（Montagu，E）、总督 V. 彻尔姆斯福德（Chelmsford，V）和国大党领袖圣雄甘地（M-Gandhi）共同研究决定，同意向穆斯林联盟转让部分来自英王室的权力，印度人和穆斯林领导的政治团体实行分治（Haggerty，W. J.：9）。1947年，穆斯林联盟也被允许成立制宪会议。至此，英属印度分成两个独立的国家：印度和巴基斯坦（之前东巴基斯坦已经成为独立的孟加拉国）（Basu，D. D.：16）。

二、从民族主义运动走向国家独立

19世纪末到20世纪初是整个亚洲开始觉醒的时代，也掀开了印度民族运动的序幕。20世纪上半叶，印度人的民族意识在觉醒，忠诚于殖民地政府统治的思想和观念受到极大的挑战，民族自主和国家独立的思想逐渐形成。在这个过程中，印度大学生发挥了关键作用。20世纪20—30年代，印度学生们在政治上变得非常活跃，成为国大党圣雄甘地等人领导的非合作运动的积极参与者和支持者（Chowshury，S. R.：37）。英属印度殖民地进入一个新的时代。

（一）1857年印度民族大起义

18世纪末到19世纪中期，东印度公司的统治不断引起印度人的强烈不满，

---

① 印度制宪会议是在英国议会访印使命团的建议下，印度人为了起草新宪法而成立的一个主权机构。1946年，印度召开宪法大会，讨论起草独立后的印度宪法问题。制宪会议希望能够在民主框架下制定出"书面文字形式的国家梦想和发展愿景"。有印度学者指出："印度独立编年史是从这一历史性的年份开始的，宣布国家独立只是日期的问题（Chandra，B. at el.：60）。"

各地武装起义、革命暴动接连爆发。其中最为声势浩大的全国性武装起义就是1857 年爆发的"印度民族大起义"。这次起义是印度历史上第一次由部分封建主和下层民众共同参加争取民族独立的武装暴动，是英属印度殖民地社会矛盾的总爆发。恩格斯曾经高度评价这次武装暴动，称之为"伟大的起义"（林承节：112）。印度历史学家称之为"第一次独立战争"（Haggerty，W. J.：19）。

1858 年，英国政府一边派遣军队武力镇压，另一边摆出姿态安抚印度人。同年，第一任英王总督坎宁勋爵到任，宣布了殖民地政府的改革设想，赦免了许多造反者。在随后的几十年里，历任英王总督都致力于建立有效而广泛的印度公务员制度和普遍的司法体系（Haggerty，W. J.：19）。在公共政策领域，根据《维多利亚宣言》规定，新政府工作岗位向印度殖民地所有申请者开放，所有受过教育的印度人都可以自由申请。然而，当时有两个不利因素制约了印度人成为政府公务人员。一是印度人文化教育程度普遍很低，二是考试在英国本土举行，昂贵的考试成本超出了大多数印度普通家庭所能承受的范围。据说到1887 年，也只有 12 名印度人通过公开考试进入印度公务员系统工作。这种情况导致印度人的不满情绪日益增长（Leadbeater，T.：16）。

19 世纪中后期，英属印度政府开始调整文教政策，全面落实《伍德教育文告》精神，实施以英语为基础的西式教育，从而衍生出正反两面的后果。一方面，过分强调英语优先的政策阻碍了印度语言的充分发展，阻碍了大众教育的普及，从而造成受过教育的人和普通大众之间产生巨大的鸿沟。另一方面，英式教育培养出一个印度知识分子精英阶层。部分知识分子精英对殖民地政府统治采取合作思维，希望印度能够在英王统治下成为一个现代化国家。与此同时，另一部分印度民族主义知识分子的国家独立意识逐渐觉醒，努力反抗英国殖民统治，走上争取民族独立解放的道路。

（二）印度国大党：民族主义政治力量的兴起

1885 年，阿-休姆（A-Hume）在孟买组织成立"印度国民大会"，简称"印度国大党"或"国大党"①，其最初的目标是为受过良好教育的印度人争取

① 印度国大党是世界上最大和最古老的民主政党之一。其主要创始人包括阿-休姆、达-纳奥罗吉（D-Naoriji）和丁-瓦哈（D-Wacha）等。国大党的最高权力机构是年会，每两年召开 1 次。中央领导机构为全国委员会。最高决策和执行机关是工作委员会。设主席 1 人，总书记 1 人或数人，司库 1 人。地方组织分为邦委员会、县委员会和初级委员会（如街区或选区委员会）。圣雄甘地、贾-尼赫鲁（J-Nehru）、拉-夏斯特里、英-甘地（In-Gandhi）、拉-甘地（R-Gamdhi）先后任党的领袖。从 1991 年起，纳-拉奥（N-Rao）任主席。目前是印度的主要政党之一。

政府的权力。换言之，早期国大党是一个代表少数富裕阶层和受过良好教育的印度人利益的政党。建党之初，国大党早期领导人并不反对英国，而是寻求在殖民地政府较强的限制性政策中获得让步和获利。1907 年，国大党内部开始出现分裂，形成了以斯-高卡勒（S-Gokhale）领导的温和派和以巴-提拉克（B-Yilak）① 领导的激进派。两派之间的矛盾十分激烈。直到 1916 年，国大党的两派政治力量相互妥协，将政党目标改为反对英国殖民统治、争取印度独立（Haggerty，J. W.：7）。

（三）1919—1937 年"双首政体"的产生与消亡

第一次世界大战结束后，印度民族意识快速觉醒，印度人争取国家独立的意愿进一步强化。面对印度民族独立运动的爆发，英国人认识到了问题的严重性。1917 年，英国印度国务卿 E. 蒙塔古访问印度与圣雄甘地、穆-真纳（M-Jinnah）等印度政治代表。之后，他与印度总督 V. 彻尔姆斯福德伯爵共同提出了《蒙塔古宣言》②，强调英国政府应该将某些议题（事宜）交由印度人自己解决，殖民地政府只需给出指导性原则，并列出权力转让清单。这些事宜包括需要给当地知识和社会服务部门更多机会的，那些印度人显示出更大兴趣的，那些容易发生无法挽回弥补性错误的，那些需要把发展事宜都列入其中的……其中还包括教育事宜。宣言还建议把所有列入主题的事宜都分成两类：中央和地

---

① 巴-提拉克（1856—1920）是激进的民族主义者、律师、大学教师和社会改革家，被英国殖民地政府称为"印度动乱之父"，但印度人民称之为"洛克曼雅"（Lokmanya，意思为"被人民接受的领导人"），"一位具有强烈印度意识，主张国家自治的知识分子"。他提出的著名口号是："自治权是我与生俱有的，我将拥有它！"他不赞同圣雄甘地提出的"非暴力不合作"的主张。相反，他与国大党激进的领导们一起组成紧密联盟，主张激进革命行动。他甚至提出："如果必要的话，印度人可以采用武力方式争取民族独立（Tahmankar，D. V.：Webpage）。"

② 又称"八月宣言"（The August Declaration），内容是：增加印度人在政府部门任职的机会，发展自治机构，以期逐步实现印度成为大英帝国不可分割的一部分，建立一个负责任的政府。对于这个宣言，温和派表示支持，认为这是印度大宪章。然而，激进派表示反对，认为这不是印度人想要的完全独立。宣言于 1917 年 8 月 20 日发布，故称为"八月宣言"。

方。这种管理模式可称之为"双首政体"（Dyarchy System）①模式。英属印度政府实行"双首政体"模式的目的是想缓解民族矛盾，挽救垂死的殖民地统治。但是印度民族主义者们并不买账，对"双首政体"模式予以猛烈抨击，并且加大力度，发起一次次争取民族国家独立的运动。在这种情况下，英属印度政府决定实行经济社会全面改革，继续巩固和维持印度殖民地统治。

　　1935年，殖民地政府颁布新的《印度政府法》②，进一步确认"双首政体"的合法地位。根据《印度政府法》（1935年）之规定，在"双首政体"体制中，英王总督有权自行决定防务、外交、基督教事务和部落事务，无须向联邦国会报告。在中央，可转让性事务由英王总督及10名部长组成的部长咨询委员会（Council of Ministers）负责管理，但需向联邦立法机构报告。英王总督可以否决法律案，英王也有权否决联邦立法机构的法律草案；英王总督可以对任何在联邦议会讨论的事项进行限制；某些法律草案提出必须事先经过英王总督的同意；等等。在地方，议会内阁制与联邦制基本相同，但实行地方政府完全责任制，即承认地方政府的部分自治权力。

　　在"双首政体"的模式下，大部分教育管辖权力仍然被殖民地中央政府控制，地方教育行政部门的权力十分有限。印度人对这种情况表示强烈不满，要求英国政府废除这种表面"分权"的管理体制。1937年，英国国会迫于压力不得不矛以修订，并通过新的《印度政府法》和《地方自治法规》。根据这两个法规，英国政府允许印度党派参加地方举行的选举。结果，以争取民族解放运动为己任的印度国大党赢得胜利。在马德拉斯、中部省份、比哈尔邦、奥里萨邦、联合省、孟买、阿萨姆邦、西北边境省、孟加拉邦、旁遮普邦和信德省11个省（邦）的议会占据多数席位，获得8个省（邦）（孟加拉邦、旁遮普邦和信德省除外）的执政权。11个独立（邦）省议会选举胜利和8个省（邦）政府的成立标志着"双首政体"模式的解体，预示着民族独立解放运动的新时代即将来临。

---

①　"双首政体"是英国政府在印度殖民地创立的一种新型国家管理模式，将所有主体分成两类："保留型主体"（Reserved Subject）和"可转让型主体"（Transferred Subject）。前者强调中央的控制和治理；后者强调让渡部分权力给地方政府。前者要求中央完全控制，后者主张中央和地方共治。1919年，英国国会通过《印度政府法》（1921年生效），决定采用"双首政体"。法案将其中教育、地方教育机构定义为"可转让型主体"，其管辖权归中央和地方政府共同管理，但中央教育机构被定义为"保留型主体"，权力完全归中央（Basu. D. D. : 6）。

②　该新法成为印度独立后中央政府制定宪法的基础。《印度宪法》75%的内容来自该《印度政府法》（或稍加修改）。

（四）20 世纪 40 年代的"退出印度运动"

"退出印度运动"也称"八月运动"，是 1942 年 8 月由国大党领导的大型公民不服从英国统治，争取民族权力和独立的大规模抗议活动，此次活动极大地动摇了英国殖民主义者在印度的统治，为"二战"后印度国家独立奠定了基础。

1939 年，第二次世界大战爆发，英王总督林立戈伯爵在事前没有与印度地方政府协商的情况下宣布参加英国领导的抵抗战争，这被认为是对印度人民极大的不尊重。正如国大党领导人之一的贾-尼赫鲁①在狱中完成的著作《印度的发现》中写道：

> 欧洲宣战了，英王总督立即宣布印度也处于战争状态。一个人，一个外国人，一个可憎体制的代表，可以让四亿人卷入战争，而丝毫不涉及他们。在这样一个可以决定数百万人命运的制度里，有一些根本错误和腐朽的东西。在自治领地区，这一决定是由人民代表在充分辩论和考虑各种观点之后做出的。但在印度却不是这样，这很伤人（Nehru. J.：425）。

得知殖民地政府宣布参战消息后，国大党领导者马上提出，如果英王总督不能给出一个合理的解释，殖民地政府中的国大党官员将集体辞职。林立斯戈（Linlithgow）总督感觉形势不妙，马上发表声明，解释参战是为了"世界和平"，并承诺战争结束后马上按照印度人的意愿修改《1935 年宪章》，给印度人更多的自主权。看到印度人仍然不满，1940 年 8 月，林立戈总督又发表题为《八月的奉献》（*August Offer*）的声明，向印度人抛出橄榄枝，承诺制定新宪法，扩大行政委员会中印度人的名额，建立战争咨询委员会，听取大多数印度人的意见，同意战后给印度人更多的权力。虽然声明在原有的基础上做了很多修改，但国大党领袖圣雄甘地认为，英国人的这种"示好"不过是一个权宜之计，是一个陈旧的分裂计划。本质上，英国人还想继续维护在印度的统治。这就好像印度人希望得到面包，最后英国人却给了个石头。8 月 21 日，国大党临时委员会做出决定，拒绝接受殖民地政府的妥协方案，要求获得全部的自由。圣雄甘地号召发动了一场"非暴力反抗"运动，以"不合作"的态度作为武器讨伐英国殖民地统治。旋即各邦印度籍政府官员全体辞职。

---

① 贾-尼赫鲁（1889—1964）是印度民族独立运动的领袖之一，费边社会主义的坚定信徒，具有明显的社会主义倾向。印度独立后，他当选为第一任政府总理，被 1964 年时任美国国务卿的 D. 腊斯克称赞为"我们时代最伟大的具有历史意义的人物之一"。

1941 年秋，殖民地政府下令逮捕不合作的运动领袖，结果引起了一场声势浩大的群众性静坐示威活动的爆发，并有大批学生团体参加其中。这次活动让殖民地统治者真正地感到害怕。1942 年 3 月，英国国会领导人 S. 克里普斯（Cripps，S）①亲赴印度与印度民族解放运动力量进行协商谈判，承诺战争之后，建立自治领，成立选举会议，以及赋予各省（邦）单独制定宪法的权利等条件。由于始终不对印度自治做出承诺，况且上述条件也只能在战争结束后兑现，双方谈判以失败告终。圣雄甘地曾经一针见血地指出："这是一个即将倒闭的银行开出的一张过期的空头支票（Altbach G. P.：100-101）。"7 月 14 日，印度国大党全体大会通过了一项决议，号召印度人摆脱英国人的统治，实行民族国家完全独立，准备采用大规模的非暴力形式进行反抗。8 月 8 日，全印度大会委员会（AICC）孟买会议通过了一项以"退出印度"为题的决议，宣布开启"非暴力不合作运动"。会上，圣雄甘地发表了著名演讲，题为《要么做，要么死》，敦促民众为一个独立国家做事，不要听从英国人的命令。他的呼吁得到了广大印度人的支持，包括那些不赞同甘地"非暴力哲学"主张的革命者。在甘地演讲后不到 24 小时，所有的国大党领导人都被捕入狱，其中大部分人在监狱中度过了战争的剩余时间。几个月后，虽然这场运动逐渐平息，但它沉重打击了英国的殖民地统治，敲响了殖民主义者的丧钟。

在 20 世纪 40 年代退出印度运动中，圣雄甘地、贾-尼赫鲁、萨-帕特尔（S-Patel）② 和毕-安贝德卡（B-Ambedkar）四位领导人发挥了巨大的作用，是当之无愧的民族独立解放运动的功臣。有学者评价他们：

> 圣雄甘地的道德正直的力量，加上贾-尼赫鲁的政治热情形成了反对英国统治的战略和战术；在萨-帕特尔坚定领导下，政府实现了国家一体化，建立了和平与稳定；毕-安贝德卡的博学和法律智慧将一代人的梦想转化为一份有效的法律文件，为持久的民主奠定了基础（Peniun：Webpage）。

---

① S. 克里普斯（1889—1952）此次到印度带来了英国政府的意见，史称"克里普斯使命"（Cripps Mission）。

② 萨-帕特尔（1875—1950）是一名印度政治家、律师、古吉拉特国大党主席、国大党中右翼派主要代表，独立后当选为印度第一副总理。1875 年，出生在古吉拉特邦的军人家庭，早年留学英国。1913 年回国后，他参加国大党，与圣雄甘地等人一起领导了"非暴力不合作运动"，素有"印度铁人"（Iron Man of India）的美称。1950 年他在孟买去世，1991 年，被追授印度勋章。自 2014 年起，他的生日被视为民族团结日。

第二节　现代高等教育制度巩固

英属印度时期是印度现代高等教育体系建立和发展的重要阶段。其间，英属印度政府建立了一系列英国式体制，如英式立法、执法和行政三权分立机构，组成了完备的殖民地政治制度和文化教育生态系统。我国印度史学者林承节指出："殖民统治有正面的，也有负面的，两者交织在一起构成了殖民统治的遗产，而这也就是独立后印度新的历史进军的起跑线（林承节：1）。"美国学者B. 克拉克（Clark，B）也指出："在许多第三世界国家中，最基本的变革，即现代系统的建立是在殖民主义统治下移植国外模式而引起的（B. 克拉克：254）。"

一、现代高等教育制度形成

在社会发展中，大学的作用不言而喻，毋庸置疑。在英属印度时期，大学不仅成为支撑英属殖民地帝国大厦的核心基础之一，同时也被看作引发民族主义情绪，破坏英国统治稳定的主要引擎（Datta，S.：15）。19 世纪中后期印度大学的建立标志着其高等教育制度进入一个新的历史时期。

（一）印度现代大学诞生背景

殖民地现代大学的建立最早可以追溯到 19 世纪上半叶。1835 年 3 月，殖民地政府决定用英语替代波斯语作为东印度公司的官方语言。这一决定被视为"历史的转折点"，意味着殖民地统治需要越来越多通晓英语的政府官员，对能培养出这些官员的大学产生需求。之后，在孟加拉邦、泰米尔纳德邦和马哈拉施特拉邦等地，一些殖民地政府官员就产生了建立现代大学的想法，但始终都没有成功。直到 1854 年，英国国会通过《伍德教育文告》，建设新大学的计划才被正式摆到殖民地政府的议事日程。与此同时，英国教育总会①也不断督促殖民地政府加快实施《伍德教育文告》中制定的各项教育措施，尤其是建立现代大学的建议。在这种情况下，殖民地政府决定批准在马德拉斯（金奈）、加尔各答和孟买 3 个首府城市各自建立一所新式大学。1855 年 1 月 26 日，殖民地政府成立一个专门教育委员会，任命最高法院首席法官 J. 席尔维尔为主席，负责领

---

① 该总会是英国国内基督教牧师自发组织的民间教育组织，主张对英属印度殖民地教育实施改革。

导、制订、组建新大学的详细计划（Sedwal, M.：23-40）。

如何建立新型现代大学？这是摆在殖民地政府面前最紧迫的问题。当时英格兰有古老的牛津大学、剑桥大学，苏格兰有历史悠久的格拉斯哥大学、圣安德鲁斯大学和爱丁堡大学等。这些大学都是历史悠久、办学成熟的古老大学，其办学模式均可供殖民地新建大学模仿。然而，殖民地政府决策者认为，这些大学都是古典的"教学型"大学，并不适合殖民地的实际情况，不是作为殖民地新大学样板的最佳选择。于是，他们将目光锁定在 19 世纪 30 年代英国新大学运动时期创办的新型考试和学位颁发大学——伦敦大学①。

殖民地政府选择伦敦大学为新大学模仿对象的主要原因有三个。一是《伍德教育文告》已经给出明确建议："以伦敦大学为模式，……（因为）其形式、管理和职能最符合印度本土需要（Datta, S.：43）。"N. 哈特（Harte, N.）分析指出："所有大学都是不同的，有些大学之间还存在很大的差异性，但伦敦大学是所有大学中最与众不同，独一无二的（Harte, N.：10）。"英国学者 E. 阿什比（Ashby, E.）等也指出，（旧）牛津大学和剑桥大学过度强调宗教性，拒绝招收非国教主义者，但伦敦大学则完全不同，其招收学生不分宗教和出身，仅从这一点来看，它非常适合宗教背景复杂的印度社会（Ashby, E. & Anderson, M.：54）。二是新大学创办者的理性选择。殖民地政府非常清楚，新大学必须充分考虑印度社会条件和教育实际状况。在他们看来，现代大学不可能在佛陀大学等古老教育机构的基础上产生，同样也不可能复制英国中世纪的大学模式。当时孟加拉地区的学院都比较分散，建立附属学院制度②比较符合印度实际。伦敦大学是一所有别于英国其他古老大学的新大学，它只是一个负责组织考试和发放文凭的管理机构，是印度新大学最适合模仿的对象。印度学者卡-沙尔玛（K-Sharma）分析指出："在当时的印度条件下，英国牛津或剑桥大学的模式是可以被复制的，但不是最好的选择。如果那样，印度大学复制的可能只是它们的形式，而非它们的精神。至少有一点印度大学就不能像英国大学一样，因为印度大学完全是受殖民地官方控制的（Sharma, A . K.：8）。"三是

---

① 　伦敦大学最初称为"伦敦学院"，始建于 1828 年。其发展经历三个阶段：第一阶段从 1828 年到 1836 年，被英国历史学家 N. 哈特称为"马克一世"（Mark I）时期，也是伦敦学院与国王学院互相竞争和妥协，组建新伦敦学院的时期；第二阶段从 1836 年到 1900 年，是"马克二世"（Mark II）时期，其间，伦敦学院改成伦敦大学，实行一些变革，颠覆了传统大学的概念，成为教学、研究和考试实行统一管理的机构；第三阶段从 1900 年起，伦敦大学进入"马克三世"（Mark III）时期，逐渐恢复部分古典大学的传统，开始重视发挥教学和科研职能。

② 　附属学院制度是印度高等教育的特征之一，本节后文有专门论述。

时间紧，任务重。殖民地政府没有时间认真研究如何改造本土古老大学，只能从宗主国引进现代大学模式。伦敦大学比较特别，既比较容易模仿，又比较经济实用，理应成为最合适的选择（Ashby，E. & Anderson，M.：55）。做出决定之后，殖民地政府就开始筹建东部的加尔各答大学、南部的马德拉斯大学和西部的孟买大学，并委托它们分别负责不同地区的教育和考试事务（Haggerty J. W.：49）。

　　1857 年，印度最早的 3 所大学终于在加尔各答、孟买和马德拉斯诞生了。其模仿的对象是伦敦大学马克二世的模式。尽管选择这种模式在当时受到了很多批评，有时甚至被嘲笑，但还是成为印度新建大学的主导范式，为印度大学体系设定了界限和游戏规则（Datta，S.：45-46）。3 所早期大学建立之后，1882 年和 1887 年，殖民地政府又分别建立了旁遮普大学（Punjab University）和阿拉哈巴德大学（University of Aclahabad）。这样，在 20 世纪之前，英属殖民地早期大学的数量达到 5 所。当然，选择伦敦大学模式作为样板意味着新建大学只充当教育行政部门的角色，不单独开展教学或科研活动。从这个意义上说，这 3 所印度大学并不是西方传统概念中的大学。它们不是办学实体，而是行政管理机构，不是直接生产知识的高深学府，而只负责制定附属学院办学标准，审核附属学院教学计划与大纲，组织附属学院学生考试，制定学位标准和颁发学位等。正如卡-沙尔玛所描述："早期印度大学的功能定位是主持考试与颁发证书。其存在意义就在于把广泛散布在全国各地的学院逐渐联合起来，形成统一的发展目标、课程设置、学生录取和教师资格等"（Sharma，A．K.：4-8）。美国学者 P. 阿特巴赫（Altbach P.）也指出："英国人没有为印度大学制度发展出一个新的组织结构，而仅采用了伦敦大学（当时正在成为英国的一种新大学）的式样（B. 伯恩：288）。"

　　尽管如此，伴随着社会发展和本土办学的实际需要，印度早期大学在后期发展中，不断进行内部结构调整、专业改革和课程设置。与此同时，它们与其原型伦敦大学之间也保持着共生互动的关系，影响着原型大学的发展。例如，在印度加尔各答大学的影响下，伦敦大学不断增设一些新专业。1867—1876 年伦敦大学开始举办佛陀教文献专业，1877—1886 年又新增印度支那文专业，等等（Haggerty J. W.：41）。

　　（二）3 所最早的现代大学的建立

　　加尔各答大学是 3 所新建大学中最负盛名的学术和管理机构，也被誉为亚洲最早的现代大学。最初提出创建这所大学想法的是殖民地政府教育委员会秘书长 F. 牟阿特（Mouat，F.）博士。1842 年，他在孟加拉邦视察教育委员会所管辖的学校和学院时发现，殖民地教育最大的问题是系统中没有一所真正意义上的现代大学，而当地政府和民众却已为创办一所大学有了心理准备。随即，他向读书时代的导师、伦敦大学学院 H. 马登（Malden, H.）教授请教如何在殖民地建设一所现代大学，得到教授的鼓励和帮助。后者向他展示了自己对欧洲各国大学制度的研究成果。F. 牟阿特及时向时任教育委员会主席 J. 卡梅隆（Cameron, J.）做了汇报，两人的想法不谋而合。J. 卡梅隆希望他认真研究和参考英国大学宪章，拿出一个切实可行的建设方案。经过认真研究，F. 牟阿特认为，伦敦大学模式更适合印度的实际情况。1845 年 10 月，经过反复征求意见和沟通之后，F. 牟阿特向殖民地政府提交了一份详细的建校方案，内容包括：（1）设立一个董事会或者管理委员会、校监（Chancellor）、校长（Vice Chncellor），以及若干董事会委员职位，负责领导、审批和监督大学全部事务及其管理工作；（2）校监由英王总督担任，具有授权资格，校长由教育委员会主席担任，负责管理大学全部事务；（3）大学下设文法、法律、土木工程和医学（外科学）4 个学院；等等。该方案一经提出获得来自殖民地社会的广泛支持。H. 哈丁总督亲自写信给英国国会请求批准。然而，英国国会以"建设方案不完备，建立大学的时机不成熟"等理由驳回建设方案（Ashby, E. & Anderson, M.：55）。为了推进新大学的建设工作，F. 牟阿特博士不断修改建设方案。他提出，如果国会不批准建立新大学，是否可以考虑把早期建立的学院，如印度教学院或首府地区学院升格为一所大学？然而，F. 牟阿特博士的努力仍然毫无结果。

尽管建设方案没有被国会批准，但却引起正在负责起草英属印度殖民地教育政策的 C. 伍德议员的高度关注。他认为，F. 牟阿特博士提出的大学建设方案是合理的，值得肯定。于是，他果断地把"在马德拉斯、加尔各答和孟买三地分别建立一所大学"的建议写进《伍德教育文告》之中。

1854 年，《伍德教育文告》正式颁布。消息一出，印度教育大臣 J. 弗雷德里克（Frederick, J.）博士马上提议抓紧落实，加快 3 所印度大学的建设。正当殖民地政府考虑如何建设第一所大学时，达班加邦王公巴玛哈杜尔（Bahader）表示愿意无偿赠予土地，支持在加尔各答建设一所像伦敦大学一样的现代大学。很快，殖民地政府决定成立一个由 41 位委员组成的大学董事会，宣布了大学组织架构及其领导人任命。根据《1857 年董事会会议纪要》记载：

　　董事会下设文学、法学、医学和土木工程四个学院。每个学院由下列教职和研究人员组成：文学院有主教 B. 多林（Dorin, B）、执行官 J. 格兰特、王子穆-莫哈梅梅（M-Mohame abhai）等 18 人；法学院有西北省省长等 11 人；医学院有孟加拉邦总督等 7 人；土木工程院有其他邦总督等 9 人。英王总督坎宁（Canning）勋爵任加尔各答大学首任校监，为最高法院首席法官 J. 科尔韦（Colrile, J.）任首届校长，任期两年（1857 年 1 月 24 日到 1859 年 1 月 24 日），W. 格拉皮尔（Grapier, W）任大学注册官（任期两年，届满时可继续聘任）。此外，董事会成立一个 5 人临时委员会，由公共教育主任 M. 比登（Beadon, M）先生领导。其主要职责是：（1）负责安排入学考试，以及处理大学其他必要事务；（2）为大学管理制定规则（规则须提交参议院批准）；（3）与各学院磋商处理各学院发展事宜，聆听各学院对各项规则的建议；等等（UoC：Webpage）。

1857 年 1 月，殖民地政府《加尔各答大学法》正式颁布，标志着当时亚洲最大的大学成立。第一年录取学生 280 人，但到 1861 年，在校生人数达到 800 人，超过了其模仿对象伦敦大学的在校生人数。为此，加尔各答校长 H. 梅茵（Maine, H）非常自豪地宣称："自中世纪以来，我们没有看到有哪所欧洲大学出现过这样的情形（Ashby, E. & Anderson, M.：64）。"加尔各答大学当时的确创造了很多亚洲第一：苏伊士以东地区第一所开设欧洲古典文学、英国文学、欧洲和印度哲学、东西方历史专业课程的大学；亚洲第一所大学医学类附属学院——加尔各答医学院、第一所女子学院——印度白求恩学院（Indian Bethune College）、印度第一所理学院——贾巴普尔政府理学院（Jabalpur Gouermental Iustitate of Science）等。

加尔各答大学成立之后，印度高等教育得到快速发展。之前，孟加拉邦大学生数量不足 200 人，但到 1882 年，达到了 4000 人，1902 年达到了 8000 人（Ibid.：64-68）。数量的急剧增加导致加尔各答大学很快出现教学质量问题，如师资力量有限，专业设置失衡。大学仍然以培养文科学生为主，医学、工学和法律学生人数十分有限。

J. 厄斯克恩（Erskine, J.）校长是第一位对加尔各答大学的教学质量表示担忧的人。1863 年，他取消了部分文科专业学位，如梵文本科学位，并参照欧洲大学标准，增加了一些更加实用学科的专业学位。1864 年，H. 梅茵校长成为 J. 厄斯克恩校长的继任者。他承认加尔各答大学正面临很多危机，但他为了维护学校的声誉，一直不断辩解，试图反驳外界对该校办学"质量不高和课程内容浮浅"等方面的指责。1867 年，他在一次讲演中反击道："很抱歉，我已经重复多次……有关这所大学所传播的知识较少和肤浅，没有达到欧洲国家任何一所大学水平的说法是不真实的（Ibid.：65）。"但是这种辩解很快遭到一些人的批评。首府地区附属学院院长 C. 托尼（Tawney，C.）嘲笑指出，虽然附属学院通过考试的学生数量超过英国牛津大学、剑桥大学等古老大学，但其水平难道还能与这些古老大学的荣誉课程相提并论吗？他呼吁加尔各答大学办学应该更加专业化一些，努力提高办学质量。C. 托尼的观点在当时产生了很大影响，致使这所大学一直处于批评声中。然而，无论如何，加尔各答大学的建立可以被视为印度高等教育发展史中具有里程碑意义的事件，标志着印度现代高等教育制度的初步确立。

马德拉斯大学素有"印度南方大学之母"的美称，前身是马德拉斯首府学院，历史可以追溯到 19 世纪上半叶。1839 年 11 月 11 日，殖民地政府正召开总督理事会，讨论如何采取有效的措施改进国民教育系统的问题。总检察长 G. 诺顿（Norton，G.）提交了一份有当地民众 70000 人签名的请愿书，迫切希望殖民地政府在马德拉斯地区建立一所英语学院。时任总督埃尔芬斯通对于发展殖民地高等教育始终持有积极态度。1835 年，他已经在孟买地区建立了一所西式教育机构。1840 年 1 月，在接受请愿书之后不久，他制订出建立一所中央学院或"大学"的计划，支持成立新"大学"董事会，任命 G. 诺顿为董事会主席。1845 年，"大学"建设完成，起名为马德拉斯"大学"（金奈大学），但实际上它只相当于一所中学水平。1852 年，大学董事会感觉这样的名字不妥，就把学校名称改为"马德拉斯（金奈）首府学院"（Maderas Presidency College）（Sharm，A. K.：4）。

1857 年 9 月 5 日，在《伍德教育文告》颁布 3 年后，经印度立法委员会批准，新的马德拉斯大学正式成立，负责管辖孟买地区和南部地区所有的附属学院的招生、考试和学位授予等事宜。① 像伦敦大学一样，马德拉斯大学管辖很多附属学院，其中最有名的是圣·约瑟夫学院（St. Joseph College），该学院成立于 1844 年，1866 年并入马德拉斯大学，以重视自然科学教学和培养优秀物理学毕业生而著称。1882 年，殖民地政府充分肯定了这所马德拉斯大学附属学院所取得的成绩。据说，当时在马德拉斯大学管辖区内，1/3 的研究生都来自这所学院。印度诺贝尔奖获得者查-拉曼（C-Raman）曾称赞这所学院道："圣·约瑟夫学院在印度高等教育发展中起了伟大的作用。很多在这个学院学习物理学的优秀毕业生后来都进入我的实验室攻读研究生。他们取得了显著成绩，在印度

---

① 马德拉斯大学第一年的招生情况并不理想，报名人数仅有 41 名，录取 36 名。1858 年，该大学颁发了印度本土第一个医学博士学位；1864 年，又颁发了第一个土木工程学士学位。

各地都有卓越的表现（曾向东：63-65）。"1882 年后，马德拉斯大学办学有了较大发展。一是增加了许多专业课程。除了开设文学学士专业课程外，马德拉斯大学又增加了物理学、化学、植物学、动物学和工程学的专业课程①。二是扩大学生规模。有数据统计：1883 年，注册在校学生总人数达到 227 人，其中文学硕士研究生 7 人，医学本科生 5 人和工程学本科生 2 人；1904 年，注册在校学生人数上升到 2650 人，其中文学硕士研究生 43 人，医学本科生 13 人，工程学本科生 6 人（同上）。

孟买大学是印度西部历史最悠久的大学。最初下设文学院、医学院和法学院，后来又增加了工程学院、经济学院和社会学院等。其中文学院属于基础学院，开设必修课程（主要是数学和自然哲学）和选修课程（主要是力学、流体静力学、光学、天文学、化学、热学、电学、生物学、植物学和动物学等）。文学院和法学院学制为 3 年，授予文学学士；医学院学制为 4 年，授予医学学士学位。通过从业资格考试后，医学毕业生可以开门行医，如果再读 2 年，他们可以获得医学硕士学位。工程学院主要开设土木工程专业课程，学制为 4 年，获得理学学士学位后，再经过学习和训练（包括实践课程）获得理学硕士学位。1859 年，孟买大学第一年报考人数为 133 人，但合格考取者仅有 22 人，大部分考生本国语言不过关（同上）。1861 年，威尔逊学院（Wilson College）并入孟买大学，1862 年培养出第一批文学学士。1878 年，孟买大学校长 R. 坦博尔（Tampor，R.）伯爵和威尔逊学院物理教授 A. 马基博士（Magee，A.）② 一起创立了理学院。1879 年该院授予第一个理学学士学位。1902—1907 年，孟买大学共培养出 25 个理学学士。同期，孟买大学共培养文学学生 1321 人（同上）。

（三）第一所"东西合璧"的新式学院

穆斯林英东学院（Muhammadan Anglo-Orienlat College）是阿里格尔穆斯林大学，简称"阿穆大学"（Aligar Muslim University）的前身。该大学是伊斯兰高等教育的一面旗子，在印度高等教育史上占据重要地位。印度学者哈-赛义德（H-syed）曾这样称赞这所大学：

> 在文明史上，大学常常为国家的知识和精神复兴提供跳板。阿穆大学也不例外，但我们可以自豪地说，阿穆大学是我们努力的产物，而不是外

---

① 工程学专业学位考试分为土木工程和机械工程两种。

② A. 马基博士毕业于英国格拉斯哥大学，是著名科学家达尔文的学生，接受过数学和自然哲学训练。1902—1906 年和 1915—1917 年，他两次担任孟买大学的校长。在任期间，他重视自然科学和实验室工作，推动了自然科学的发展。

界仁慈的结果，当然我们也可宣称，独立主权国家巴基斯坦的诞生缘于阿穆大学（Hasan, M.：191）。

穆斯林英东学院是一所东西合璧的新型学院，始建于 1877 年，由著名的伊斯兰教改革家和政治家坎-赛义德（K-syed）爵士①所创。19 世纪 40 年代，殖民地政府决定以英语取代波斯语作为行政和法庭官方语言。这一变化在穆斯林社会产生巨大反响，引起穆斯林深深的焦虑。作为伊斯兰教改革家，坎-赛义德爵士意识到，穆斯林要想保持其在殖民地社会，尤其是在印度北部地区的政治和文化影响力，不仅要学习本民族的文化和宗教，而且还必须精通英语和西方科学。1857 年，第一次印度独立战争爆发，在目睹殖民地政府加紧实施西学优先的教育政策之后，坎-赛义德爵士强烈意识到为穆斯林创办一所英式学校的迫切性和必要性。在他看来，只有这样，穆斯林才可能有机会参与公共生活和进入政府机构工作。1858 年，他在莫拉达巴德和加兹普尔分别开设了两所中学，开设西方文化和科学知识等课程，并着手准备建立一所具有民族特色的大学。1864 年，坎-赛义德爵士在阿里格尔创办科学学会（Scientific Society），之后又创办双月刊《伊斯兰教社会改革家》（1870 年），开始大量翻译和介绍西方著作，目的是改变穆斯林社会环境，为更多穆斯林接受西方文化和教育创造条件。与此同时，坎-赛义德爵士也提醒穆斯林子弟千万不能本末倒置，不可在接受西方文化和教育之后背叛伊斯兰教和伊斯兰文化，因为伊斯兰教和伊斯兰传统民族宗教和文化是本民族宝贵的历史遗产，需要很好地予以保存和保护，传给子孙后代。

1872 年，坎-赛义德爵士的儿子马-赛义德（M-Syed）从剑桥大学毕业回国，建议父亲以剑桥大学为样本创建一所伊斯兰教大学。于是，1875 年，赛义德父子前往英国，考察剑桥大学。回国后，他们决定以剑桥大学学院为样板在阿里格尔地区建立一所新型现代学院，希望它能够"成为连接新与旧、东方与西方的桥梁"（AMU：Webpage）。1877 年，穆斯林英东学院正式宣布建立。在成立大会上，坎-赛义德爵士阐述了创办这所学院的初衷，"即希望实施这种东西方文化混合式教育，为穆斯林社会培养出政治、经济和文化教育等方面的现代知识分子，构建穆斯林社会改革和教育改革的中坚力量"（张昊：12-13）。

---

① 坎-赛义德爵士（1817—1898）是印度近代伊斯兰教改革家、哲学家和教育家。他利用创办杂志、举办学校教育等手段宣传其宗教和社会改革的主张；通过培养穆斯林社会精英，巩固穆斯林在殖民地社会的政治影响力；通过促进伊斯兰教义和西方科学文化结合，增强处于急剧变革时代伊斯兰教的适应力。

不仅如此，他还希望这所学校成为联系穆斯林和印度教徒之间的纽带，看到印度教徒和穆斯林都受益于知识，取得进步。

穆斯林英东学院是第一所纯粹的住宿制教育机构。它既不同于老式阿拉伯语学院和伊斯兰教院，又不同于完全欧洲化的新式学堂；既与英国教育体系保持一致，又不损害伊斯兰教价值观。有学者这样描述道："它特别注重学生品德教育。学生一律穿标准穆斯林制服——黑色土耳其上衣，白裤子和毡帽。它还规定宗教课程为必修课，所有寄宿的学生每日必须祈祷 5 次，如果没有正当理由，学生必须在 9 月实行斋中斋戒（拉希姆，M. A.：254）。"

坎-赛义德为英属印度殖民地社会的发展做出了巨大贡献，赢得广泛的赞誉。1901 年，英王总督 G. 柯松（Curion, G.）① 访问学院时，高度评价这所学院，称其有"无可比拟的重要性"。19 世纪著名杂志《英国人》的一篇评论性文章也这样写道："坎-赛义德爵士的一生惊人地说明了现代史上最好的阶段。"印度学者穆-伊克巴尔（M-Ipbal）博士也评论道："坎-赛义德爵士真正的伟大之处在于，他是印度穆斯林中第一个感到伊斯兰教需要新方向，并为此努力奋斗的人——他对现代社会做出的贡献是首屈一指的（Ibid.）。"

（四）第一所印度研究型"大学"

位于印度西南工业之城班加罗尔的著名高等学府——印度科学研究院，简称"印科研院"（Indiau Institute of Science），1999 年 5 月 26 日，迎来建校百年华诞。这是一所集研究与教学为一体的百年老校。它成立于 1899 年，被誉为最早的"印度研究型大学"（Datta, S.：76）。作为印度最早建立的研究型教育机构之一，其"早期历史被视为印度高等教育和科学研究历史故事中迷人的章节，充满着戏剧性（Ahuja, S.：Webpage）"。印科研院前校长皮-巴拉罗姆（P-Balaram）在《印科研院诞生》（2008 年）一文中曾经写道："印科研院及其创建人的故事还有待于书写。如果我们能找到合适的作家（去书写它），其中的故事一定值得阅读（Ibid.）。"皮-巴拉罗姆在另一篇纪念性文章《印科研院：百年校庆》（2009 年）中也写道：

> 印科研院的历史与处于 20 世纪动荡岁月中的印度高等教育、科学研究和技术发展历程紧密相连。这个故事始于大英帝国的鼎盛时期，跨越了民

---

① G. 柯松伯爵（1859—1925）是英属印度殖民地英王总督（1898—1905），保守党政府的代表人物，著名学者和优秀领导者。但其家长式的管理模式和独裁式的领导风格引发争议，被认为是英属印度殖民地历史上最有能力和最可恨的管理者。

族主义运动的整个阶段，……是一个关于科学机构在过去半个世纪中诞生
和成长的故事，一个始于慈善行为，充满前所未有远见卓识，无与伦比慷
慨赞助的故事。几十年来，许多期刊、研究部门（印度自然科学院）都是
在印科研院的校园里孕育诞生（Balaram，P.：416-429）。

　　印科研院的创建是英属殖民地时期重要的历史事件之一，是近代印度高等
教育历史中不可或缺的组成部分。它诞生于印度高等教育快速发展，逐步西方
化的时期，有其深刻的社会历史背景和原因。第一，它是印度社会和学术界对
早期印度大学反思与批判的产物。19 世纪末，印度早期建立的 3 所大学越发暴
露出制度上的缺陷。由于这些大学本身没有科研和教学活动，所以不论是教学
水平，还是科研水平，都无法与当时欧洲和美洲大学相提并论，处于非常落后
的地位。面对这种状况，很多大学校长、企业家和民族主义者深感不满，萌生
了创办新型大学的想法，并不断付诸实践。如 1876 年，马-瑟卡尔 （M-Sircar）
率先创立了印度科学培育协会 （Indian Association for Cultivation of Science）①，
1906 年，加尔各答大学校长阿-穆克吉爵士 （A-Mukherjee）② 对这所最早的大
学进行了大刀阔斧的改革，积极开展本科和研究生教学，重视科学研究等。第
二，它是印度社会和工业界对欧洲工业革命的一种反应，是印度工业界参与高
等院校建设产生的必然结果。19 世纪中叶以后，英属印度殖民地城市化、工业
化的进程逐渐加快，对自然科学和应用技术的需求日益旺盛。然而，此时的殖
民地政府仍然把教育发展的重点放在普通高等教育，只关心殖民地政府公职人
员的培养，对发展科学教育和专业技术教育毫无兴趣。这种情况让印度民族知
识分子和日益崛起的企业家们深感不满，同时也给他们参与高等教育事务，创
办新型技术类大学提供了机会。印科研院就是在这样的背景下产生的。

---

① 印度科学培育协会是印度最早的研究和教育机构，培养出历史上许多科学家，包括诺贝
　　尔奖得主查-拉曼等 （Ibid.：74）。
② 阿-穆克吉爵士 （1864—1924），印度著名教育家，数学家。他出生在加尔各答一个普
　　通的医生家庭，早年毕业于首府学院和加尔各答大学，是第一位获得数学和物理学双学
　　位的学生，曾担任数学学会主席 11 年。后来他又攻读法律，毕业后成为加尔各答大学
　　拉-泰戈尔法学教授，1906—1914 年和 1921—1923 年两次出任加尔各答大学校长，是孟
　　加拉技术学院 （1906 年） 和加尔各答大学科学学院 （1914 年） 的创始人。在担任加尔
　　各答大学校长期间，他当选为了第一届印度科学大会主席、连续 4 次当选皇家亚洲学会
　　会长 （创造当时学会史册上的纪录）、国家图书馆委员会主席等多项职务，表现出超强
　　的领导力。1911 年英属印度授予他爵士头衔，以表彰他对印度教育的贡献。独立后，
　　印度政府给其很高评价。1964 年，中央政府发行一枚邮票以纪念他在印度历史上做出
　　的教育贡献。其墓地附近的道路被命名为"加尔各答阿-穆克吉路"（Ibid.）。

印科研院①，全称为印科研院-班加罗尔分校，又称塔塔科学研究院（Tatu National Iustitute of Science）。该校创建过程艰辛，凝聚了很多人的心血和努力，经历了各方利益博弈，贯穿着印度民族主义者和殖民地统治者之间的矛盾和冲突。其中一些关键人物，包括贾-塔塔（J-Tata）②、迈索尔邦维韦卡南达（Vivekanarda）王子与其母亲卡-萨妮达尼（K-sharidani）摄政王殿下、英王总督 G. 柯松伯爵，以及塔塔公司总裁高级助手布-帕德沙（B-padshah）③ 等都卷入其中（Ibid.）。尤其是贾-塔塔和布-帕德沙，他们是印科研院建设的最大功臣，没有他们的努力，就不会有今天的这所著名的研究型"大学"。苏-达塔（S-Datta）指出："印科研院的诞生本质上讲述了一个关于两个人愿景、努力和奋斗的故事（Datta，S.：76）。"

贾-塔塔是一位具有民族主义情怀的企业家。他创建印科研院的最初想法主要来自两方面：一方面，他对殖民地高等教育系统与企业之间缺乏有意义的互动感到不满和失望；另一方面，当他目睹了西方先进工业高等教育的发展状况，看到美国、德国和日本等国的经验之后，深受启发，萌生了创办新型研究大学的想法。他首先指派助手布-帕德沙到世界各地的著名大学访问考察，收集信息，学习经验，为创建印度新大学寻找样板。1896 年至 1898 年，布-帕德沙花费整整 18 个月的时间走访了英国、德国、法国、比利时、瑞士和美国诸多名校和研究机构，草拟出一份创建帝国理学院的计划，即著名的《布-帕德沙计划》。在计划中，布-帕德沙首次使用了"印度研究型大学"的概念（Sebaly，P. K.：309-320），并为这所大学的定位做出如下阐释：

> （印度科学）研究院将是一个教学型组织（与当时流行的考试型大学体系完全不同），以科学技术研究为基础，鼓励学生开展研究性学习……这将是一种办学观念和范式上的转移，……为了提升学生在整个印度人中的智力水平，我们将发展研究生教育作为这所新大学最崇高的职能之一（Datta，S.：77）。

---

① 印科研院与印度科学培育协会，以及加尔各答大学最大的不同之处在于，尽管它们都提出重视科学研究，但前者主要开展应用性研究，侧重解决社会生产领域中遇到的具体问题，服务于企业技术改进；而后两者则主要开展纯科学研究，偏重理论知识生产，培养人文和科学研究人才。

② 贾-塔塔（1839—1904），印度著名慈善家和企业家，塔塔集团创始人。

③ 布-帕德沙（1864—1941），塔塔集团的核心成员，印科研院创始人之一。

贾-塔塔对《布-帕德沙计划》很满意,设想把研究院定位为全国性的,而非地区性的(不被限制在某个特定邦内)教育机构,并命名为"印度帝国大学"(IUI)。为此,他愿意以价值 300 万卢比的房产做抵押投资建校,并希望得到殖民地中央政府的补贴性投入。1898 年 12 月 30 日,贾-塔塔带领大学筹建委员会一行人赶赴孟买,拜访刚上任的英王总督 G. 柯松,希望获得殖民地政府的支持。然而,G. 柯松从一开始就怀疑在殖民地建设研究型大学的必要性和可行性。他认为印度大学生最大的愿望是早就业,早赚钱。他高度怀疑印度社会能否有足够的大学生愿意接受研究生教育,毕业后从事科学研究工作。因此,他拒绝了贾-塔塔的请求,理由是"计划过于超前,在殖民地建立研究型大学有些为时过早"。他甚至威胁说:"在印度还没有做好发展技术教育准备时,马上就提出这样雄心勃勃的计划是很危险的(Basu, A.:361-374)。"事实上,这并不是 G. 柯松不支持建立印科研院的全部理由,还有一个重要的因素是,他心中有了自己的设想和计划(后面有专门章节讨论 G. 柯松教育改革计划)。

尽管没有得到认可,但贾-塔塔和布-帕德沙仍然努力向 G. 柯松总督证明此计划的可行性。1899 年 1 月,印科研院建设临时委员会举行听证会议,获得76 名与会教育专家中大多数人的支持。临时委员会还借助媒体平台制造公众舆论,指责"殖民地政府阻碍建设新大学",继续向 G. 柯松政府施压,要求殖民地政府批准建设这所新大学。这一系列操作给殖民地政府造成很大的压力。1899 年 10 月,G. 柯松总督专门邀请贾-塔塔参加殖民地政府在西姆拉举行的全国教育会议,一起讨论《布-帕德沙计划》。大会最后做出若干决定:(1)原则上同意实施该计划,但需要将专业建设范围缩小到物理和医学领域,不包括社会科学;(2)新机构只能叫"研究院"(Institute),不能称之为"大学"(University);(3)聘请专家继续对计划进行详细论证等。

西姆拉会议结束后,著名化学家、诺贝尔奖获得者 W. 拉姆齐(Ramsay, W.)受委托对计划进行论证,并提出了详细的《拉姆齐报告》。论证的结论是:(1)如果新学校能够教会学生创业知识和技能,解决好学生就业问题,他本人不反对创建一所新型"大学";(2)他不同意将大学起名为"帝国研究型大学",因为这可能会造成人们对印度大学系统认知上的混淆;(3)建立一所研究型教育机构将冲击现存的以考试为主导的大学体系,可能会给政府带来很大的难题和困扰。贾-塔塔认为这样的结论恰恰违背了他想要改变印度大学现状的初衷,对此表示不能接受。G. 柯松总督对《拉姆齐报告》也不十分满意,因为它无法说服贾-塔塔等人放弃计划。在这种情况下,双方商议,一致同意再聘请墨尔本大学校长 O. 马森(Masson, O)和鲁尔基托马森工程学院院长 C. 克利伯恩（Cliborn, C）进行论证。新调查组认真研究了《拉姆齐报告》，给出了更加具体的建议：（1）新学院只设置化学、实验物理和生物学三个系；（2）命名为"印科研院"。

贾-塔塔对两次论证结论表示失望和无奈，但还是选择接受了专家意见，把研究院先创办起来，以免殖民地政府再找借口拖延。与此同时，他们仍然利用媒体揭露政府推迟批准该计划，以及不给新大学提供财政援助的背后的动机，批评政府的不负责和不作为。布-帕德沙还专门写信给英国政府提出申诉。他在信中据理力争，批评殖民地政府"不重视科学研究，不负责任""不进取和不作为"，阐明"政府是雇主，也是受益者"等理由。这封信让 G. 柯松政府处于被动地位。然而，1904 年，贾-塔塔在访问德国期间不幸去世。G. 柯松的态度再次强硬起来。他给贾-塔塔的两个儿子写信说，此项目是其已故父亲提出的，现在是否到了考虑停止印科研院建设的时候了？贾-塔塔的两个儿子回信道：

> 大人，你说得很对，这个计划是我父亲的，不是别人的。恐怕正是你这种印象阻碍了这项计划的顺利实施。一开始我父亲观点已经（明确）……这是一个应该吸引印度政府和广大人民的项目。他从未想过该学院应该以任何方式被视为私人机构，而且从一开始他就坚决反对将之称为塔塔科学研究院或大学，……他的贡献只是一个启动基金或核心的作用。在此基础上，大大小小的资金流可以聚集和发展，直到形成一个值得令印度骄傲的，一个过去在各个知识领域取得伟大成就和进步的研究机构（Ibid.：78-85）。

贾-塔塔去世后，帕德沙等人仍然在为建立印科研院而不懈努力。最后，G. 柯松政府不情愿地继续资助学院建设。1909 年，印科研院正式获批建立。之后，布-帕德沙等人继续为扩展学校专业范围，增加人类学、人文和社会科学等专业课程而努力。其目的在于实现贾-塔塔的办学理想，使这所新型教育机构成为一所真正意义上的研究型大学。然而，由于 G. 柯松总督及后来历任殖民地统治者的漠不关心，甚至阻挠，贾-塔塔的愿望始终没有实现。直到独立后，印科研院才开始增设了社会科学专业，如经济学。由于受历史传统的影响，印科研院目前仍然是一所以物理学等理科见长的理工大学（Ibid.：85-88）。

（五）高等教育附属制度形成

附属制度（Affiliating System）是印度高等教育系统的特色之一，但这种制度并非印度大学的创新模式。它是英国伦敦大学附属制度的一种翻版和改造（Agarwal, P.：84）。附属制度，顾名思义，是指两种不同级别机构之间形成的上下级隶属关系。从本质上看，它是高等教育系统内部大学与学院之间建立的一种依附和被依附、管理和被管理的关系结构或制度安排。在这种制度安排中，一所大学可以接纳本辖区的教育教学机构作为自己的附属学院，并对其办学活动、组织运行和教育质量等进行指导、监督、评价，以及行使各方面的管辖权。附属学院在接受指导、监督和评价的同时，可以享用大学的资源、声誉和条件组织教学活动。在印度附属制度中，大学通常被称为"纳附大学"（Affiliating U-niversities)，学院被称为"附属学院"（Affiliated Colleges)。一般而言，纳附大学对附属学院承担的主要责任包括：审批学院财政预算和执行，制定教学质量标准，专业设置和课程安排计划，监管教学组织运行，组织学生考试，颁布毕业文凭，等等。从这个意义上说，（早期的）纳附大学很像一个教育行政管理部门，而非教学和科研组织。附属学院是组织教学的教育机构（教学点），分散在纳附大学所管辖地区内，办学规模不大，不具有颁发学历文凭的资格，只能以所属大学的名义招生和开展教学活动，但需要接受纳附大学的指导、监督和评估。从历史上看，早期 3 所印度大学都是"纳附大学"，一共管辖 27 所附属学院（Bhatial, K. & Dash. M. K.：156-173)。进入 20 世纪，伴随着社会发展和大学自身改革需求，印度高等教育附属制度也发生了变化。大学不再单纯作为一种行政管理机构而存在，一些大学内部开始下设二级学院，成为××大学的大学学院（赵芹：6)。

　　然而，纳附大学是一个历史的概念，始终处于发展变化之中。每所大学所属的管辖范围也会变动。例如，根据《加尔各答大学法》（1857 年）规定，加尔各答大学的领土及其管辖范围涵盖从拉合尔到仰光、锡兰的大部分地区所有的学院。再如，根据《马德拉斯大学法》规定，该大学管辖印度南部、西南部、西部地区，以及少数北部地区的附属学院①。1904 年，殖民地政府颁布《印度大学法》，首次对印度早期 5 所大学的领土管辖界限进行划分，赋予每所大学大小不等的管辖权。其中，加尔各答大学被赋权管辖印度北部大部分地区几乎所有的附属学院，主要包括棉花主教学校（Cotton Bishop College)、西姆拉和巴林高中、巴塔拉学院（Batala College)、圣约翰学院（St. John's College)、阿格拉学院、穆斯林英东学院、阿里格尔学院、托马森工程学院、鲁尔基学院、乔娜

---

① 今天的迈索尔大学（Mysore University)、奥斯曼尼亚大学（Osmania University)、伯汉普尔大学（Berhampur University)、海德拉巴大学、特里凡得鲁姆大学（Trivandrum University)、班加罗尔大学、芒格洛尔大学（Mangalore University)、安得拉邦大学、安纳马拉伊大学、特拉凡科大学（Travancore University）等，曾经都是马德拉斯大学的附属学院。

拉安学院（Joynarayan College）、巴拿勒斯学院，以及当时阿格拉和乌德联合省地区的若干学院。另外，白沙瓦、拉瓦尔品第、拉合尔、德拉伊斯梅尔汗、木尔坦、朱伦德赫、旁遮普的卢迪亚纳、博帕尔、本德尔坎德、印多尔、乌贾因、印度中部的贾普尔、坎普尔、勒克瑙、米扎普尔、穆苏里、奈尼塔尔、联合省法阿格拉和奥德的阿拉哈巴德地区的学生也要到加尔各答大学参加考试（UoCa：Webpage）。马德拉斯大学负责全部马德拉斯地区附属学院，但不包括安纳马莱大学（AiU）校园（半径16千米以内）。孟买大学负责管辖孟买市区及其周边所有的附属学院。阿拉哈巴德大学和旁遮普大学所管辖的范围，是从校园中心一直延伸到方圆16千米以内地区的附属学院。

　　20世纪上半叶，伴随着民族主义教育思潮的兴起，一批民族大学先后建立。有资料记载：这些新建民族大学也都分别被赋权管辖不同范围内的附属学院，其中安纳马莱大学（Anna malai University）和巴罗达大学（University Baroda）两所大学与阿拉哈巴德大学一样，管辖范围从校园中心一直延伸到方圆16千米的地方；巴拿勒斯印度教大学，简称"巴印教大学"（Banaras Hindu University），和阿穆大学的管辖范围从两所学校的主寺庙和清真寺延伸到方圆24千米的地方；查谟和克什米尔大学（Jammu and Kashmisrs University）管辖范围覆盖整个邦；SNDT女子大学（SNDTWU）负责管辖印度所有女子学院；瓦兰娜塞牙梵语大学（Varanaseya Sanskrit－v University）管辖整个印度和尼泊尔的梵语学院（Haggerty J. W.：72）。然而，大学管辖权限是不断变化的。当某所新大学产生时，原有一些大学和学院的附属关系也可能发生变化。①

二、现代高等教育制度巩固

　　印度进入英属印度时期后，各地反抗运动也不断发生。1857—1858年大规模暴动被镇压之后，殖民地政府开始更加重视教育发展，以便维持和巩固自身的统治。然而，由于《伍德教育文告》颁布之后，殖民地政府采取自由放任主义教育政策，降低举办学校教育门槛的标准，造成高等院校和办学规模的迅速扩大。19世纪末20世纪初，伴随着高等教育规模的扩大，高等教育发展开始出现严重的问题。很多高等院校仍被定义为私立部门，政府对其投入十分有限。

---

　　① 例如，旁遮普大学（1882年）和阿拉哈巴德大学（1887年）建立之后，其校园方圆16千米范围内的附属学院就不再归加尔各答大学所管辖；印度独立后，1962年新乌代普尔大学（Udaipur University）建立后，拥有了拉贾斯坦邦原来拉贾斯坦农业大学（Rajasthan Asriculataral University）名下全部11所农业学院的管辖权；1964年班加罗尔大学建立后，其周边地区27所附属学院就不再归原主迈索尔大学管辖。

为了解决财政短缺问题，一些私立学院只好不断扩大规模，附属学院发展处于无序混乱之中。很多大学也不得不放低接收标准，放松对这些学院的办学资质的审查。一些附属学院教学水平较低，尤其是英语教学水平很差。教育行政权力仍然把持在英国殖民地政府手中，政治干预学校的行为屡见不鲜，等等（Bhatnagar, S.：75）。据说，19世纪末，英王总督G.柯松到任之前早已耳闻印度附属学院教学质量不高的情况，有一定的心理准备，但到印度后发现实际情况比想象中的还要糟糕。这些附属学院给他的印象就是"大批不合格的学生通过所谓的学位考试"，"人浮于事的董事会在落后的条件下运行"（Ashby, E. & Anderson, M.：73-74）。殖民地政府担心长此以往不利于英国对殖民地的统治，开始思考如何改革高等教育、提高教育质量的问题。另外，19世纪80年代，印度民族知识分子开始逐渐觉醒，民族主义情绪四处蔓延。印度知识界、企业界和穆斯林社会都迫切希望实行大学制度改革。

（一）《亨特报告》：第一个高等教育改革计划

1880年，英王总督瑞鹏（Ripon）伯爵赴任前召见印度教育总会（General Council of Education）代表了解印度殖民地的情况。总会代表希望新政府推行教育改革计划，落实《伍德教育文告》中的各项措施。瑞鹏伯爵意识到问题的严重性，认识到推行西方与东方混合式教育的重要性。他说："不要把我们的东西强加给印度人，用牺牲其传统教育为代价推行西方教育。同时，在印度传统东学教育中也要给现代西学教育留下足够的用武之地（Ibid.）。"到任后，瑞鹏总督马上成立由20人（7名印度人）组成的新一届教育委员会，任命著名学者W.亨特（Hunter, W.）①担任主席。因此，该委员会又称"亨特委员会"，主要职责是调查《伍德教育文告》的落实情况，制定新的教育（包括高等教育）政策。

亨特委员会是英属印度政府成立的第一个专门教育委员会。由于授权有限，委员会无权"调查印度大学全部工作"，仅限于观察和调查少数教育领域的问题。1882年，委员会完成报告撰写，提交给殖民地政府。报告的核心思想是敦促加快印度高等教育的改革，涉及如下几个方面的建议：第一，在财政和管理方面，中央政府应该把私立高等教育的责任和权力留给地方政府；对于那些中央政府无暇和无力管辖的公立院校，地方政府要勇于承担责任，重点敦促大学

---

① W.亨特伯爵（1840—1900），是苏格兰历史学家、统计学家、编撰家和东印度公司参事，著名的《英属印度大事记》（1869年）的作者。1882年，W.亨特成为总督行政委员会教育专员，负责领导印度教育委员会的工作。1886—1887年任加尔各答大学校长。

承担对附属学院的责任和义务；对于非公立学院，中央政府应该给予充分的尊重，提供必要的经费资助，改善其办学条件，包括办学房屋、家具、图书馆，以及其他教学设施的购买和维修，尽可能地给予适当的额外资助。资助力度大小要考虑学院教员数量多少，所需运行经费预算多少，以及办学效率和地方政府要求等因素。第二，在教育教学方面，鉴于大学的教学目的在于传授知识、提高大学生道德素质、培养公民责任感等，附属学院的专业课程设置应该宽泛，能够满足学生各方面兴趣之需；在教学媒介方面，最好采用英语教学。第三，在师资建设与教师教育方面，应优先考虑聘用那些在欧洲获得学位的印度人。他们的优势是了解东西方文化，精通双语，素质较高。第四，在师资培训方面，重视教师教育的重要性，将教育学知识作为教师教育和培训的重要内容之一，把是否学习教育课程和实践作为录用的先决条件（Lal，R. B. & Sinha，G. N.：105）。

由于亨特委员会没有被赋权，报告中针对大学提出的具体建议非常有限，对大学组织改革没有产生太大影响。另外，《亨特报告》对附属学院课程设置、学生发展，及其与社会之间的关系等问题没有给出明确而具体的建议，报告在促进附属学院改革，稳步提升教育质量方面的作用也不大。报告对住宿制的优点进行赞扬，但对如何引进住宿制等方面没有给出有价值的建议。报告认为，附属学院教学制度应该更加科学化，但对于应该如何科学化，也没有给出更加具体的方案（Bhatnagar，S.：135-136）。尽管如此，该报告仍被视为"英属印度时期第一个专门涉及高等教育相关政策的报告"，在印度教育历史上具有特殊意义（Kumar，N.：58-66）。

（二）西姆拉会议与《罗雷报告》

1898 年，G. 柯松伯爵成为英属印度总督。他是一位彻头彻尾的殖民主义者，但也是一位致力于印度殖民地教育发展的改革者。他比 C. 伍德伯爵更加坚信，如果英属印度政府成功实行改革，印度殖民地就会长治久安。他说自己不担心向印度人提供优质的高等教育，包括像牛津和剑桥大学的荣誉学位课程那样的优质高等教育，也不怕印度大学毕业生进入政府低级的行政提供岗位。他所关心的是如何加强政府对教育的控制，永远把重要的高级岗位掌控在英国人手里（Ashby，E. & Anderson，M.：73）。为了巩固统治，G. 柯松在任期间做了两件重要的事情：一是在政治上推行东西孟加拉邦分治政策①；二是加速推进教育改革，尤其是将重点放到高等教育改革方面（Sharma，K. A.：6）。

---

① 该政策引起印度民族主义者的强烈反抗，引发 20 世纪初民族教育运动爆发。

1901 年年初，殖民地政府在印度西姆拉召开第一次全国教育大会，专门讨论教育改革问题，史称"西姆拉会议"。与会代表有各省（邦）级公共教育局局长、基督教传教士代表和一些选定的教育家，但与会代表基本都是英国人。在持续两周的会议中，G. 柯松总督亲自主持了会议，领导起草了约 150 项教育决议，内容涵盖印度教育从小学到大学的各个阶段（Maheshwari, V. K.（a）：Webpage）。会议结束后，殖民地政府成立了印度大学委员会（IUC），任命加尔各答大学校长 T. 罗雷（Raleigh, T.）为主席。最初成员由清一色的英国人组成，但后来担心印度人不满，委员会又不得不吸收两名印度人加入。该委员会是英属印度政府成立的第一个高等教育咨询机构，负责调查英属印度大学的建设现状与前景，思考和制订印度大学改革方案，向殖民地政府提供"一切有价值的……旨在提高大学教学水平和促进学习进步的措施"（Haggerty, W. J.：42）。G. 柯松在给印度国务卿 G. 哈密尔顿（Hamiton, G.）的信中写道：

> 罗雷和我都是剑桥学院的董事，分别担任加尔各答大学的校监和校长，我们对这所大学具有强烈的情感归属感。这种情况在印度历史上或许不可能再出现。此时，如果我们不抓住这个机会改革那些大家公认的根本性问题的话，那将是非常遗憾的。尽管迄今没人敢去触碰这些问题，但现在我认为拥有职位优势，可以来（冒险）做这个事情（Ashby, E. & Anderson, M.：74）。

委员会花费半年时间深入考察了印度 3 所早期大学，对其组织管理、制度安排、办学模式和教学质量状况等进行了深入研究，撰写出一份重要的调查报告，即著名的《罗雷报告》（1902 年）。报告共分两部分，第一部分指出印度大学存在的主要问题，内容主要包括：（1）早期印度大学模仿了伦敦大学的外形，却没有继承英国大学的传统和精神，校务委员会成员来源过窄，大学权力集中在少数人手中；（2）教育目的不明确，学生学习一切为了应试获得就业所需的毕业文凭，教师教学一切只为学生考试通过率，很少关注学生的道德和心理发展；（3）课堂教学方法落后，充斥"填鸭式"教学，缺少讨论和研讨式教学；（4）过多进行理论知识传授，忽视学生能力发展，尤其不重视创造性思维的培养；（5）试图引进英国导师制，但印度大学师生比过高，导师制改革无功而返。第二部分针对上述问题提出政策建议，内容主要包括：（1）扩大大学办学自主权，包括自由裁量权，但要减少大学校务委员会成员人数，提高决策能力，提高行政管理效率。校务委员会成员中每年都要有 20% 名额选举更换，成员来自教育专家、教师和政府官员的代表，任期为 5 年，其中企业财团人员的名额不低于 15 人；（2）坚持学术自由原则，鼓励大学教师自行开展教学、科研工作，积极参与课程、教学和考试制度改革；（3）重视大学教师学术能力培养，做好大学教师的遴选、聘任和培养工作；（4）加强对附属学院的有效管理，大学要成立附属学院管理专门委员会，对附属学院的教学计划、课程安排和教师聘任等方面进行实质性的指导、监督和考核，提高附属学院办学质量；大学允许附属学院单独进行教育、教学和毕业考试等环节，但所有标准都必须符合大学的基本要求；对于新增附属学院，一定要坚持统一标准，重新审核和制定附属学院新的质量标准，使之达到所属大学的水平；（5）要给予附属学院一定的办学自主权，增强其自我发展的能力，要允许附属学院自主制定学费收取标准，可以根据自身条件、市场声誉度等因素决定收取学费的多少；（6）加大附属学院的投入，放宽收费标准，改善办学条件，使之达到拥有独立的校园、建筑、师资、图书馆和实验室等基本办学条件的标准；（7）对不合格的附属学院，取消其办学资格；对现存的中专班或停办或进行学制改革；等等（Lal，R. B. & Sinha，G. N.：146-148）。

《罗雷报告》完全是在 G. 柯松政府的授意和主导下完成的。所有改革建议计划都参照英国大学的标准和做法。一些建议显然不符合印度大学的实际，如减少殖民地政府干预，扩大大学自由裁量权、办学自主权和学术自由权等。另外，按照更加严格和高水平的标准制定附属学院办学质量标准等规定也不符合印度殖民地的情况。卡-沙尔马评指出："无论是伦敦大学，还是牛津或剑桥大学的管理模式，在印度大学被复制都会受到一定限制。通常情况下，即使复制它们的形式，但其精神也丢失了。与英国大学不同，印度大学始终处于殖民地政府监控之中，一开始就是中央和地方立法的产物（Sharma，K. A.：8）。"尽管报告内容不尽善尽美，有些教育建议也不合时宜，具有一定政治上的危险性，但是考虑到大部分建议是有利于殖民地政府教育的决策，可以帮助克服高等教育弊端，G. 柯松政府及其之后接任者还是接受了报告建议，并以法案的形式加以实施。

（三）《印度大学法》：一份重要的法律令

1903 年，殖民地政府根据《罗雷报告》的部分建议，草拟了一份名为《柯松计划》（*Curzon Proposal*）① 的改革方案，交付英属印度议会审议。尽管表决中《柯松计划》遭到少数印度籍议员的反对，但由于英国籍议员占据多数，该方案还是于 1904 年 3 月 21 日被强行通过，并以《印度大学法》的形式颁布。

《印度大学法》是 G. 柯松统治时期出台的一项重要法律令，是指导印度大学改革的指导性文件。贯穿它的一条基本法律原则就是解决好"府学关系"。该法规定：（1）政府对印度大学董事会通过的各项政策拥有修改、变更和批准之权力，（但）大学对教学、考试、图书馆、实验室管理，以及任命教师和鼓励其开展研究方面拥有自主权；（2）改变大学董事会成员名额不固定和政府永久提名的传统，董事会总人数控制在 50 人到 100 人，成员由选举产生，任期为 5 年，校长任主席，公共教育局局长为董事会成员；（3）来自加尔各答大学、孟买大学和马德拉斯大学的被选举人数最多不超过 20 人，其他大学的被选举人数不超过 15 人；（4）为了加强附属学院管理，建议成立大学"联合委员会"（Syndicate），并赋予合法地位，联合委员会中必须保留适当的教授名额比例，肩负对（附属学院）教育活动进行监督之职责；（5）严格授予学位，提高教育标准，等等（Ashby，E. & Anderson，M.：75）。

《印度大学法》是《柯松计划》的法律化形式，体现了 G. 柯松政府对印度大学改革的基本设想。作为一项具有法律效力的教育政策，它在法律上等于承认了大学改革的合法性。法案一通过，许多大学开始根据法案之新规定探讨大学治理改革问题。一些大学（至少象征性地）开始进行办学模式的转换，摆脱早期大学单一行使行政管理的职能，逐渐引进教学和科研活动。虽然《印度大学法》中的所有条款并没有被真正执行，但该法为印度大学未来的改革工作提供了法律依据（Haggerty，W. J.：42）。

（四）G. 柯松的高等教育设想与实施

G. 柯松担任英王总督，统治殖民地 7 年。其间，他致力于高等教育发展与改革，提出了很多设想，并部分地加以实施，其主要内容包括：

第一，进一步加强政府控制，推动高等教育治理结构改革。G. 柯松认为，印度大学是在英国伦敦大学模式基础上发展起来的，应该紧跟欧洲高等教育发展的最新趋势，有计划地实施系统内部制度和组织的结构化改革。在印度殖民

---

① 《柯松计划》是 G. 柯松统治时期最重要的教育政策之一，也是争议性最多的教育政策。尽管方案中许多设想都是好的，但制定过程没有充分征求印度人的意见，结果遭到民族主义者的坚决反对。这种结果几乎令 G. 柯松对高等教育改革失去信心，不抱有幻想。这件事充分地说明印度民族主义者与殖民地政府之间仍然缺乏相互信任，暴露出英国统治者和印度被统治者之间不可调和的民族冲突和矛盾。

地，政府对发展高等教育有着不可推卸的责任，应努力解决大学治理方面存在的不合理的问题和弊端。为了推动高等教育发展，G. 柯松政府增设了新的行政部门——中央教育司，负责统一领导和协调工作，其职责是：(1) 管理和指导全国教育事务，履行政府的教育义务和责任；(2) 协调中央和地方行政部门的关系，监督地方教育发展和大学运行，保证中央政府各项政策得到有效的贯彻和实施。在此之前，由于中央政府没有专门负责教育事务的管理部门，殖民地政府颁布的政策经常无法很好地落实。譬如，《伍德教育文告》要求设置邦教育行政管理部门，如邦教育厅，但是很多邦都没有认真执行（Lal，R. B. & Sinha，G. N.：152）。在大学治理结构改革方面，按照《印度大学法》的规定，殖民地扩大了政府的权力，削弱了大学董事会的权力。G. 柯松认为这样的规定非常必要。他指出："如果政府允许大学自治，那么这将是极不明智的做法，甚至在政治上具有危险性（Sharma，K. A.：9）。"

第二，加速推进教学和课程改革，不断提高办学水平和质量。主要措施有：(1) 制定招生考试标准，选拔优秀中学毕业生进入大学学习。G. 柯松反对中学生过早参加大学入学考试。他说："我不同意让年龄 15 岁的中学生进入大学。一个 15 岁的中学生上大学，19 岁就可以获得学士学位。这个年龄的学生尚不明事理，不应该鼓励这种事情发生（Ibid.：75）。"(2) 建议增设道德教育和艺术教育课程。长期以来，印度学术界在宗教教育与道德教育问题上存在分歧，经常发生争执。G. 柯松认为，这种无意义的争论本身没有任何实际意义。在他看来，道德教育与宗教教育是本质上完全不同的两种育人形式，不能混淆在一起。宗教教育的目的在于培育人的信仰，这应该在寺庙，而不是在学校中进行。然而，道德教育是另一种完全不同的育人方式，是学校通过传授道德知识，开展道德实践活动等形式，塑造学生高尚人格和培养责任感的方式。(3) 重视历史学和考古学研究。印度是一个历史悠久的文明古国，历史文化遗产十分丰富。然而，G. 柯松来到印度之后遗憾地发现，很多寺庙、宫殿等历史遗迹都没有得到很好的保护。1904 年，他提出制定《历史考古遗迹保护法》和建立国家级考古学研究部门。与此同时，他希望印度大学和学院能够加速对历史学和考古学人才的培养，鼓励大学创办考古学系，开始相关领域的专业课程。

第三，重视对农业技术的研究和教育。G. 柯松知道印度是一个农业大国，明白开展农业高等教育的重要性。他建议各邦政府设置农业厅，并至少创办一所农业院校，开展农业教育和农业科学研究，重视农业教材建设，翻译英文原版教材供农业院校师生使用。1905 年，他倡议和支持殖民地政府创办印度农业研究院①，该院的建立标志着印度农业教育和科研的正式开始。

第四，进行高等教育拨款制度改革。长期以来，殖民地政府一直主张印度大学和附属学院经济独立，自给自足，但 G. 柯松认为这样是不行的。既然政府承认肩负高等教育的义务和责任，就应该慷慨地为大学提供必要的资金，用于改善大学教学设施、维护建筑、聘请教师、支持科学研究等（Lal，R. B. & Sinha，G. N.：152-153）。

（五）对柯松高等教育改革的评价

在历史上，G. 柯松是一个具有较大争议的殖民地统治者，也是印度殖民地历史上功过参半的人物。一些历史学者在评价其功过时，形成两种截然不同的观点，褒贬不一，毁誉参半。首先，从正面评价上看，G. 柯松经常被赞誉为高等教育改革者。一些人认为，他进一步明确了高等教育改革与经济、政治，以及社会秩序稳定之间的关系，通过推动印度大学的结构化改革，促进了印度经济社会的发展，巩固了英属印度殖民地的统治，他功不可没，影响久远（Ashby，E. & Anderson，M.：83）。罗-拉尔和基-辛哈评价道："柯松的教育改革政策效果有的很好，有的很差。然而，如果不带任何偏见地说，你可以发现优点明显，他所提出扩大数量和提高质量的建议，有利于提高印度教育现代化水平（Lal，R. B. & Sinha，G. N.：152）。"其次，从负面评价上看，G. 柯松高等教育改革被认为是不成功的。一些人认为他的改革出发点是好的，但改革的结果却是令人失望的。甚至有学者把他的《柯松计划》讽刺成"不痛不痒、修修补补的改革设想"，是"飘荡在空中的渴望，大学教育改革的哭号"（Majumdar，R. C.：70）。还有一些印度人把 G. 柯松本人描写成"气质上彻底的仁慈独裁者，教育上顽固的帝国主义者，管理上追求效率的集权大祭司"（Bhatnagar，S.：75）。由此可见，G. 柯松在印度殖民地高等教育发展上是一个功过参半的人。不论是出于何种目的，他的改革在客观上产生了一定的效果，推动了殖民地高等教育的发展。他在教育上的贡献和历史地位是不可否认的。印度学者阿-贾评价道："当无数次的碰撞让（人们的）记忆模糊后，每位印度人都应该对了不起的 G. 柯松总督的政治才干和改革成就心存感激。他的功绩仍需被记忆、被赞扬，因为他提升了印度国家的教育门槛，保护了宝贵的古代历史遗迹（Lal，R. B. & Sinha，G. N.：

---

① 该院又称"普萨研究院"（Pusalustitute），是殖民地政府创办的第一所农业研究和教育机构。1911 年，该院更名为"皇家农业研究院"。1919 年，该院获美国商人捐资 3 万美元，规模进一步发展，更名为"帝国农业研究院"。印度独立后，再次更名为"印度农业研究院"。1958 年，根据《大学拨款委员会法》规定，印度农业研究院成为"准大学"（Deemed University），授予硕士和博士学位。

152)。"然而，需要指出的是，他改革的本质是维护和巩固英属印度殖民地的长久统治，并不完全出于促进印度经济社会发展的考虑。所以，当贾-塔塔为实施符合印度社会发展需要的《帕德沙计划》而争取他支持时，他千方百计地找种种借口予以阻挠。尽管他的《柯松计划》提出了很多令人激动的改革设想，但很多人认为是"雷声大雨点小"，迟迟不见其行动。

G. 柯松高等教育改革没有取得理想的效果，造成这种结果的原因主要有：第一，改革计划缺少广泛的民意基础和社会条件。G. 柯松对印度殖民地社会的宗教和文化，以及教育状况缺少足够的了解，没有充分尊重印度知识分子及其民族主义情感。因此，即使那些肯定其改革出发点是好的印度人，也批评其管理方式简单粗暴、主观武断，整个改革决策过程没有采取民主和透明的方式，没有多听取印度知识界的意见，自然不会争取到广大印度人的理解和支持。另外，还有一些印度知识分子和民族主义者非常质疑其改革动机，对其改革计划予以坚决抵制。第二，殖民地统治者自私心理作祟造成的结果。G. 柯松也是一个内心充满矛盾的殖民主义统治者。他非常欣赏英国大学高度自治的管理模式，对此深感骄傲和自豪。在他思想深处非常认同英国大学所体现出的高度自治性和学术自由原则。他甚至曾在某种场合公开表示："大学不应该被政治家和外行来掌控。我们必须给教授一个公平的听证和合理的机会（Ashby, E. & Anderson, M.：75）。"然而，作为殖民地最高统治者，在制订和实施改革计划时，他非常害怕殖民地政府失去对印度大学的控制，建议提高政府干预的能力和权利，限制大学董事会的自主权。他心理非常明白，英属印度殖民地不是英国本土，印度大学也不是英国大学。他深知全面引进英国大学模式，赋予印度大学更多自主权，恐怕将是一件非常冒险的探索。可见，他的大学改革计划不过是欺骗殖民地社会和印度民众的"纸上改革"（The Reform on Paper），并不可能真正地落实和实施。当发现人们对改革意见不一，实施改革计划困难重重时，他不愿意得罪殖民地统治内部的反对派。当听到一些国会议员以"不需要，也没有足够经费在印度大学中设立教授岗位和高级课程讲座"为理由反对他的方案时，他只好附和道"印度大学改革的时机还不成熟"，表示愿意放弃一些改革计划。他甚至多次向英国国会声明，殖民地政府将沿用《伍德教育文告》颁布后出台的各项教育政策（Ashby, E. & Anderson, M.：75）。第三，殖民地统治者与被统治者在改革诉求上存在严重分歧。印度人希望通过高等教育改革，促进国家和社会发展，培养出更多民族主义者，最终实现国家独立和民族解放。相反，英国人改革的目的是更好地控制印度大学，维持和巩固英国人在印度殖民地的统治。印度学者卡-玛赫丝瓦瑞（K-Maheshwani）在文章中写道：

印度人想要独立，他（柯松）却想让印度人依赖英国人；印度人要加快国家前进的步伐，他却想松弛一下；印度人想要自信和自立，他却要印度人顺从，被永久地控制和教导。印度人想前进，他却不信任印度人；印度人需要一种诚实自信的政策，他却开创了一种怀疑的政策；印度人想要团结，他就在印度人社区制造新摩擦。印度人想要在共同的事业中团结在一起，他却制造印度分裂，让印度人骨肉分离；印度人想要巩固，他却开始不断瓦解；印度人想要延长代表权，他却最大限度地诋毁已经被授权的机构，让时间倒退（Indian netzon：Webpage）。

三、"后柯松时期"高等教育变革

20世纪初，G. 柯松推行行政制度改革，将孟加拉邦一分为二，对东、西孟加拉邦"分而治之"。这一做法遭遇到民族主义运动前所未有的抵制。1905年，G. 柯松被迫辞职，但他给其继任者们留下很多政治和教育遗产。殖民地统治者开始重新审视英属印度殖民地社会和印度人。他们看到印度知识分子和青年学生的民族意识正在觉醒，本土政治力量变得越来越强大，英国殖民地统治的基础开始发生动摇。因此，他们意识到加强大学控制和改革的重要性和必要性，深知只有采取"恩威并重，一手抓控制，一手抓改革"的策略，才能维护和巩固殖民地统治。印度国务卿 J. 莫雷（Morley, J.）伯爵在给印度总督委员会的信中写道："现在普遍的观点认为，印度教育制度是导致殖民地社会动乱的根源之一。如果这种教育制度不能被严格审查，我将看不到任何希望，也不知殖民地政府将如何站在现在这样的位置上全面地处理印度社会及其政治环境中现存的政治动乱或类似活动（Ibid.）。"G. 柯松统治结束后，明托、H. 哈丁、V. 切姆斯福德等先后被任命为印度殖民地英王总督，成为 G. 柯松的继任者。他们继续沿用 G. 柯松时期的政策，继续尝试进行各种教育制度变革。其中，明托时期的基础教育改革、H. 哈丁和 V. 切姆斯福德时期的高等教育改革，以及林利斯戈和韦维尔（Wavell）时期的职业技术教育改革都在历史上留下印迹。这些殖民地统治者改革的目的只有一个：维护和巩固摇摇欲坠的殖民地统治。英属印度殖民地进入一个新的历史时期，史称"后柯松时期"（Post-Curzon Period）。

（一）关于高等教育问题的争论

英属印度时期，印度和英国社会各种势力错综复杂。英国国会和印度殖民地政府、印度教社会和伊斯兰教社会、激进民族主义者和保守民族主义者之间矛盾重重。在 G. 柯松时期及其以后相当长的时间里，英国国会与印度殖民地政府在高等教育发展政策上一直存在分歧，主要体现在三个方面：

第一，印度大学是否仍然保留附属学院制度？是否需要废除大学单一的组织考试职能？一种观点认为，可以保留附属学院制度，但也应该鼓励建设新型的教学型"单一性"大学。一些印度籍官员和知识分子普遍支持这一主张。另一种观点代表印度殖民地政府的官方立场，反对发展单一性大学。当听到来自社会民间改革的呼声时，殖民地统治者经常表现出漠不关心的态度。阿穆大学的建设过程足以证明这一点。在阿格拉尔地区，穆斯林普遍认为，当地可以按照阿里格尔学院的模式建立一所新大学，并且保留原来的那种住宿制和教学特征，但殖民地政府表示反对，认为时机尚不成熟。他们威胁说，那样做可能会影响到印度大学的高质量标准，还可能遭到英国国会和英国社会的反对和敌意。英国剑桥大学毛学院院长 T. 莫里森（Morison, T.）讥讽道："新大学与真正的住宿制教学型英国大学模式相差甚远……这可能意味着阿穆大学将会降低标准颁发学历文凭，以达到满足附属学院实际能力之目的（Ashby, E. & Anderson, M. : 86）。"他不赞同这个建校方案，然而他又表态说，如果殖民地政府已经做好实施计划的准备，他本人也不强烈抵制。1912 年，经过多次反复争辩，最后英国国会批准了建校方案，但在关键原则问题上始终不让步。

第二，在如何施加大学学术影响的问题上，英国国会与印度殖民地政府之间也出现严重分歧。20 世纪初，殖民地政府官员 H. 理思利（Risley, H.）[1]认为，在学术标准管理方面，新大学应该拥有自主权。于是，他帮助殖民地政府制定了一个《大学章程（草案）》。新草案提出，允许新建大学采用像英国大学一样的"双层治理"模式，即在新大学将内部组织和管理机构分为两级：最高层权力机构是大学董事会，下设行政委员会、协调委员会（Sydicate）和教授占大多数的学术委员会（Academic Senate）3 个分支机构。在一些不重要的学术问题上，学术委员会有权直接做出决定；但对于大的学术问题，它需要起草报告交付行政委员会批准；如果双方分歧较大，最后由董事会成员表决裁决。

新草案提出后很快遭到殖民地总督委员会的否决。后来经过多次协商之后，殖民地政府勉强承认"这样的制度安排也比较好，可以防范非教育因素的侵入"。然而，当提案提交到英国国会审议时，遭到议员们的强烈反对。T. 哈雷

---

① H. 理思利爵士（1851—1911）是英国人类学家、语言学家、翻译家，印度殖民地人口普查专员和印度人种学研究所所长，早年毕业于牛津大学，发表过大量关于印度社会习俗和社会结构的著作。《印度人》是其代表作，书中提出的"种姓制度理论是一种种族等级划分理论"的观点，对殖民地政府制定政策影响很大。

议员认为，双层治理结构过于复杂，不适合印度大学。他本人倾向于采用更加简单的结构，以便有助于印度大学建设。有些议员甚至威胁说："在重要的问题上，学术委员会必须完全服从行政委员会决定。没有这条要求，草案永远也不能被通过。"最后，英国国会以"草案不完善、不合适"为由否决草案，并要求殖民政府继续修改草案。殖民地政府在草案修改稿中提出"将审议课程和教学大纲的权力保留给学术委员会""在总督委员会中至少应该有 5 名教授名额"等条款。然而，英国国会的反馈是"审议课程和教学大纲的权力可以保留给学术委员会"，但"总督委员会中学术人员的数量不能超过两个名额，分别为教务长和学术委员会委员"（Ibid.：87）。

第三，双方分歧最大的条款还是关于政府在多大程度上被允许干预和控制大学。1857 年，3 所早期印度大学建立之后，殖民地政府一直拥有对大学的控制权。根据相关法律规定，英王总督是印度大学法定校监，拥有广泛的权力。他可以提名 5 名董事会委员、负责咨询一切大学事务、审议财政预算、提出大学各项工作安排意见等。事实上，这些法律已经赋予殖民地政府很大的权力，但英国国会仍强调，殖民地政府应该继续加大对新建大学的控制。校长任命和教授聘任等事宜都必须经过大学行政管理委员会的批准。正是由于这三方面的分歧长期存在，才导致殖民地高等教育改革经常出现"雷声大雨点小"的现象，始终无法取得实质上的进展。

（二）从《巴特勒计划》到《哈丁教育决议》

1910 年 11 月，H. 哈丁伯爵出任英属印度殖民地英王总督，并将首府从加尔各答搬迁到德里。为了进一步推动高等教育改革新政，他首先任命了 H. 巴特勒（Butler, H.）① 为印度委员会教育专员，委托他负责殖民地新政府的教育改革工作。H. 巴特勒一上任，马上研究了《柯松计划》中有关"加速建设新型住宿制教学型大学；支持开展研究生教育"等内容，在此基础上制定出更加具体的新方案，即著名的《巴特勒计划》②。新方案最大的亮点是提出启动 3 所大学的建设项目的设想。

---

① H. 巴特勒爵士（1869—1938）是一名印度公务员，"印度之星"勋章的获得者。他早年毕业于牛津大学哈罗学院和贝利奥尔学院；1910 年成为印度总督执行委员会中第一位拥有席位的教育成员；1918 年至 1921 年担任阿格拉和奥德联合省的副州长；1921 年至 1922 年担任阿格拉和奥德联合省的第一任州长。他是印度家喻户晓的人物，很多学校和大学都以他的名字命名，如巴特勒技术学院、巴特勒高中。

② 《巴特勒计划》将在阿里格尔和巴拿勒斯地区各创建一所地区性大学，在达卡邦建立一所邦属大学，但最后只有巴拿勒斯地区的巴印教大学建成。

　　H. 哈丁总督非常支持新方案。1913 年，殖民地政府根据《巴特勒计划》的内容，制定了一项新的教育改革政策，史称《哈丁教育决议》。新政策指出，要更多地关注教育质量，而非过分追求数量规模。在高等教育领域，第一，各省（邦）政府应至少创办一所大学，同时要减少对大学内部事务的直接干预。第二，大学的主要工作是教学，而非行政管理。第三，减轻大学教育负担，部分工作可转移到高中阶段，直接由各省（邦）总督府和行政部门负责。第四，更新大学课程内容，反对以应试为目的的教学。第五，建设良好的校园环境，使之适合青年人的性格养成。第六，大学要为教师安排住所，为学生安排宿舍，等等（Lal，R. B. & Sinha，G. N.：171）。《哈丁教育决议》是一个教育综合改革方案，涉及从基础教育到妇女教育等各级各类教育问题，体现了殖民地政府对教育，尤其是高等教育进行改革的决心和姿态，旨在"通过保护……来限制纳附大学所控制的区域，使印度每个主要省（邦）都有一所独立的……新的地方性教学型住宿大学"。然而，正当这项计划即将实施之际，第一次世界大战爆发（1914 年）了。殖民地政府的工作受到一定影响，导致《哈丁教育决议》没有得到很好的执行（Haggerty，W. J.：43）。有印度学者评价道："《哈丁教育决议》整体上是一项无关紧要的教育政策（Lal，R. B. & Sinha，G. N.：172）。"

　　（三）《萨德勒报告》：来自教育权威专家的建议

　　1916 年，V. 切姆斯福德伯爵接替 H. 哈丁伯爵职位，成为英属印度殖民地新的英王总督。1917 年 8 月，新政府承诺成为一个"在各个管理方面都逐渐与印度人发生联系的政府，不断增加殖民地政府的自主性"。V. 切姆斯福德总督像以往的前任一样重视高等教育发展和改革。上任不久，他就成立了一个由英国著名学者 M. 萨德勒（Sadler，M.）① 任主席的教育调查委员会，即著名的"萨德勒委员会"，又称"加尔各答大学委员会"②。该委员会的主要职责是帮助指导殖民地的高等教育工作，重点围绕加尔各答大学的管理问题开展调查工作。

---

①　M. 萨德勒（1861—1943），英国历史学家、比较教育家、大学管理者和英国公立教育系统主席。毕业于牛津大学三一学院，曾经就职于曼彻斯特大学。1900 年，他发表《我们究竟能从研究外国教育制度中学到什么有实际价值的东西？》一文，提出著名的论断："学校外的事情比学校内的事情更重要，并且校外的事情可以支配校内的事情（Sadler：307–314）。"这个观点对 20 世纪上半叶比较教育学科发展产生了深刻的影响。1911 年，他开始担任利兹大学校长，1917—1919 年，担任加尔各答大学委员会主席，领导开展对印度大学的调查工作。1919 年他回到利兹任教。1923 年他又到牛津大学学院任教。

②　该委员会由 7 人组成。除了 M. 萨德勒主席外，其他 6 名成员分别来自伦敦大学、曼彻斯特大学、格拉斯哥大学、加尔各答大学、孟加拉邦教育局和阿里格尔学院。

新委员会的成员构成与过去任何教育委员会都不同，以前都是政府官员担任主席，领导委员会的工作，成员也多半来自政府部门，殖民地政府如此安排新委员会的主席和委员人选，目的在于保证调查工作不受政治立场影响。这样委员会完全可以从教育家视角帮助政府找出印度大学，尤其是加尔各答大学发展中存在的问题及原因。正如 V. 切姆斯福德在解释成立该委员会的目的时指出，政府希望通过教育专家们的工作，解决长期悬而未决的重大政治问题。他曾对 M. 萨德勒说："政府希望委员会在他的领导下拿出令人信服的调查结果和改革方案（Ashby, E. & Anderson, M.：115）。"M. 萨德勒深感责任重大，表示一定不辱使命，做好调研工作。他清楚地意识到，摆在委员会面前的不仅仅是孟加拉邦，而是整个印度的最重要的一项任务。1918 年，他在去印度的路上这样写道："这些任务将是世界上数一数二的艰难工作，对大英帝国来说，更主要的是在文明的关键时刻急迫和必要的工作（Ashby, E. & Anderson, M.：115）。"

在随后的两年里，萨德勒委员会多次深入加尔各答大学实地考察，研究加尔各答大学现存的组织机构，特别关注考试及其标准、章程，大学与附属学院，大学与政府的关系，剖析加尔各答大学存在的问题。萨德勒委员会还认真研究《柯松计划》和《巴特勒计划》，批判地吸收了其中某些合理的建议。1919 年，萨德勒委员会完成调查任务，提交著名的《萨德勒报告》。由于这是站在教育家，而不是政治家和管理者的视角调查和分析印度大学存在的问题，委员们所反映的问题也比较真实。该报告没有过多采用《柯松计划》和《巴特勒计划》中的设想，而是大量听取了印度大学校长和学者的合理化建议。例如，瑞鹏学院院长特里迪（Trivedi）批判了印度大学过度追求功利主义的观点①曾给委员会留下深刻的印象。尤其他所说的"西方教育使印度人获益良多，但却让印度人付出了昂贵的成本代价，诸如文化成本、自尊成本、对他者敬畏成本，以及生命崇高和尊严的成本"这句话几乎在所有委员中产生共鸣（Ashby, E. & Anderson, M.：115）。

《萨德勒报告》的核心思想是，希望殖民地政府理解和善待印度人，考虑他们的改革现实诉求，促进印度大学的改革与发展。报告分三个部分：

报告第一部分首先指出印度高等教育体制存在的问题。一是中央政府和大学权力过度集中，地方政府和邦属大学缺少办学自主性；二是附属制度存

---

① 特里迪认为，从英国移植过来的印度大学存在很多缺点，其中最主要的是没有考虑到印度文化和社会因素，有些水土不服。西方教育模式对印度传统教育造成很大的冲击，原来的师生关系、宗教教育目的，以及教育本质上很多宝贵的东西已经丧失。

在弊端，导致附属学院缺乏办学的独立性和自主权。这两方面问题突出，是阻碍印度大学良性发展的最重要因素。其次，报告指出了印度高等工程教育存在的问题更为突出，已经严重影响了殖民地社会和生产的发展。具体表现在：（1）孟加拉邦各地（除了西普尔地区之外）的大学里普遍没有开设专门技术工程教育专业；（2）现有工程教育院系办学水平良莠不齐，标准不一，质量极差；（3）缺少专门负责专业技术类行政机构，无法对全国工程类院校统一领导和协调，造成学校名称混乱，甚至同类学校冠名五花八门，如或称"技术"学院，或称"工程"学院，亦或称"工艺"学院；（4）学校之间专业课程设置低水平重复，教学内容方法陈旧落后，学制长短不一，教学和行政管理杂乱无章，毫无秩序等；（5）建议聘请技术教育方面的专家，有针对性地开展调查和改革。

报告第二部分是针对发现的问题，提出若干改革建议。其基本诉求是，希望殖民地政府打破现有高等教育管理体制，减少对大学的过度控制，提高大学自我管理能力。第一，加强大学内部组织建设，主动履行大学法人责任和义务。报告具体建议：（1）大学要制定简化而清晰的组织管理条例，明确大学组织机构和岗位责任；（2）进行大学组织内部改革，建立和完善校务委员会、行政委员会、学术委员会和学科教学委员会，以及教师工作委员会等制度，让各个委员会发挥不同的作用；（3）学术委员会和教学委员会的权力应该进一步强化，使之有权根据实际情况决定课程建设、考试和招生、招募新教师，以及教师考核等事务；（4）大学要重视基层学术组织建设，院系是大学的基层学术组织，所以大学应该赋予其一定的权力，院系主任和教授的聘任、课程安排、教学运行等活动应由系级组织统一安排。第二，改革完善附属学院制度，保障其教育教学质量。报告具体建议：（1）保留附属制度，承认其存在的现实合理性，但大学要保障附属学院成为其有机组成部分，承担相应的责任和义务，诸如帮助附属学院建设学生宿舍和统一校园（享有大学学院一样的待遇）；（2）大学要严格控制附属学院的教学质量和标准，如果没有必要，大学就不应继续实施两年制的中学后教育，不再承担发放中级证书的义务；（3）明确学制年限，制定招生标准，重视专业和课程建设，大学应该招收拥有中等教育文凭的学生，实施3年制本科教育。第三，加快高等教育教学整体改革。内容包括：（1）重视高等专业技术教育，解决法律、医学、工程与社会科学发展之间的比例失衡问题，大力发展技术类大学；（2）允许综合大学创办本土工程学院系，设置相关专业和课程；（3）课程体系要体现出多样性，除了开设西方自然科学、社会科学和人文科学之外，大学要增加传统文化内容，加强印度语，印度或地方文学、历史，比较英印文学等课程建设①；（4）引进荣誉课程学位，满足少数有能力学生的需要，荣誉学位课程在英国大学是为有天赋的学生提供的课程安排，如果条件允许，印度大学可以考虑引进这种制度安排。第四，其他方面的建议，包括：（1）关注学生身体发展，丰富学生校园生活，举办各种活动，包括游戏和体育项目等；（2）要考虑女性学生的特殊需要，如安装窗帘、门锁等，防止其隐私权利受到侵害；（3）提高大学教师待遇，使其工资标准至少达到相应政府官员的待遇水平；等等（Haggerty，J. W.：43；Lal，R. B. & Sinha，G. N.：176-177）。

报告第三部分是针对加尔各答大学存在的特殊问题，给出一些更加具体的建议。第一，希望该大学在达卡地区新建一所住宿学院，减轻学生学习负担；第二，加强对加尔各答地区附属学院的管理，制定统一招生、课程和办学标准；第三，加强对加尔各答地区之外的附属学院的指导，不断提高其办学水平和教学质量，培育其往独立的自治院校方向发展；等等（Ibid.. 177）。

《萨德勒报告》发布之后在印度社会和学术界产生较大反响。该报告第一次从科学的角度提出了有利于印度大学发展的政策建议。报告一方面提醒殖民地政府，扩大大学办学自主权，改革管理制度和组织结构对于印度大学发展的重要性；另一方面也唤醒了印度大学管理者和教师们的改革意识，让他们懂得什么是现代大学。这些建议不仅有助于加尔各答大学整改，也为20世纪印度大学的发展指明了方向。一些地区的大学先行动起来。1921年和1922年，阿穆大学、勒克瑙大学（Lucknow University）和阿拉哈巴德大学都相继改革，把大学变成统一制和住宿制大学。三省（现在的北方邦）、拉贾普塔纳省（现在的拉贾斯坦邦）和中部省（现在的中央邦）成立了专门的中学教育委员会，以减轻大学的压力（Haggerty，W. J.：43）。如贾-巴苏（J-Busu）教授评价说："它（指报告）涵盖了从中学到大学的所有问题，是一个最综合和权威的印度教育制度研究报告，自然它也应该对印度中等和高等教育的持续发展产生巨大影响（Ibid.：179）。"

然而，印度大学存在的问题由来已久，积重难返，凭借一份研究报告并不能解决所有问题。不论是殖民地政府，还是加尔各答大学，都没有完全按照《萨德勒报告》建议进行整改。由于历史惰性和传统势力的影响，以加尔各答大学为代表的印度早期大学改革仍然行动迟缓，步履艰难。中央政府对印度大学

---

① 萨德勒委员会发现，印度大学的语言政策很不合理，重视英语教学，忽视母语教学，从而导致一些毕业生在完成大学教育之后，仍然不能用自己的母语正确流利地读写。

的控制有增无减，大学自治权受限和被干预的局面仍然没有多大改观。印度大学治理的模式仍然是集权式的（Bhatnagar, S.：145-150）。

（四）《哈托格报告》：为西蒙委员会撰写的报告

1926 年 11 月，欧文（Irwin）伯爵出任英属印度殖民地英王总督，对高等教育改革也十分重视。上任第二年，他成立新一届高等教育改革委员会，任命英国政治家 J. 西蒙（Simon, J.）伯爵担任主席，负责领导下一个阶段殖民地普通高等教育改革工作。新的高等教育改革委员会（史称"西蒙委员会"）的主要任务是进一步开展对印度大学发展问题的调查研究。

J. 西蒙是一位开明的政治家。受萨德勒委员会的启发，他认识到依靠高等教育专家学者的重要性。为了完成这项任务，他找到孟加拉邦达卡大学校长 P. 哈托格爵士（Hartog, P.）① 帮忙，委托后者组建教育改革辅助性委员会（命名为"哈托格委员会"），负责协助西蒙委员会开展调查、撰写调查报告。P. 哈托格曾经以印度大学校长的身份参与了《萨德勒报告》的讨论和起草工作，对印度大学存在的问题有着较为深刻的认识。因此，完成这一项任务，对他来说并非难事。他欣然接受了邀请，同意协助西蒙委员会开展工作。不久之后，哈托格委员会就完成了一个调查报告，即著名的《哈托格报告》。

在调查报告中，哈托格委员会重点检讨了印度大学教育发展方式的问题。第一，盲目扩张，追求数量增长。结果导致大学生数量规模超出大学和学院的容纳能力。第二，降低入学门槛，忽视质量。大学录取学生仅参考中等教育证书，对所有高中毕业生不加区分地予以录取。结果造成印度大学学术水平低下，根本无法培养出各行各业所需的领导者。第三，教学质量堪忧。例如，大学荣誉课程运行不良，教学内容过于理论化，教学方法落后，考试通过率差，等等。第四，教学资源严重缺乏。例如，图书馆图书数量不足，教学设施陈旧等。第五，大学与附属学院之间协调不够，缺少实质性的指导和联系。附属制度徒有其名，大学没有承担起应尽的义务和责任。不同大学之间存在不健康的生源竞争问题，等等。针对这些问题，哈托格委员会建议：第一，大学应该把重心放在教学和科研工作，而非其他管理事务上。第二，每所大学应重视图书馆、实验室建设，保障研究工作顺利进行。第三，一些大学可以开设荣誉课程，但标准应该高于普通教育课程。第四，大学应重视技术教育和工业界的联系，加强

---

① P. 哈托格爵士（1864—1947）是英国化学家和教育家，先后毕业于英国大学学院、法国巴黎大学、法国学院和德国海德堡大学等著名学府。毕业后，他任教于维多利亚大学，在化学、东方学和非洲文化研究等学科方面均有建树。1920 年，孟加拉邦达卡大学成立，P. 哈托格出任首任校长，1926 年开始担任印度公务员委员会委员。

大学生理论联系实际的能力。大学要重视就业工作，应设立"就业指导处"（Empolyment Bureau），为学生提供就业信息、就业指导。第五，制定严格的入学标准和规定，确保大学招生生源质量。第六，明确大学责任，加强对附属学院教师的招聘、考核，大学有责任任命附属学院教师，坚持标准，只任命有资历的教师，宁缺毋滥（Haggerty, J. W.：45；Lal, R. B. & Sinha, G. N.：186-187）。

《哈托格报告》出台之后，各界反应不一。英属印度政府基本同意调查报告的结论和建议，认为解决高等教育质量问题的确是当务之急，应该予以重视。但印度社会和民族主义者们却不以为然。在他们看来，印度高等教育，尤其是高等专业教育，如工程、医学等学生数量严重短缺，数量发展对印度来说才是最重要的。他们认为，殖民地政府纯粹是在以所谓追求提高质量为由，对殖民地政府无作为所造成的印度高等教育发展速度迟缓、大学问题多多而寻找借口。因为他们既没有看到政府实施任何教育发展项目，也没有看到任何改善质量措施。总之，在他们眼里，《哈托格报告》并没有提供全面、详细和现实的解决方案，里面内容毫无新意，老生常谈，唯一可取之处就是将就业和职业技术教育发展提到议事日程（Haggerty, J. W.：45）。

（五）《阿伯特-伍德报告》：职业技术教育发展的建议

英属印度时期，高等职业和职业技术教育发展的总体特征是：（1）殖民地政府态度暧昧，缺少必要的政策支持，职业和技术教育发展速度缓慢；（2）院校地理位置分布不均衡；（3）受约于普通高等教育，发展速度滞后缓慢。数据显示：1900 年，在 191 所学院中，农、工、医类学院仅占全部学院数的 5.8%（刘筱：30）。进入 20 世纪 30 年代，印度社会各界强烈呼吁殖民地政府加速解决职业技术院校发展问题。1935 年，英王总督威灵顿伯爵迫于压力，决定委托"中央教育咨询委员会"，简称"中教咨委"（Cental Advisory Board of Education）① 负责，领导开展职业和技术教育发展与改革工作。当时，中教咨委成员中有两名来自英国的教育官员和工程学专家。一个叫 S. 伍德（Wood, S.），另一个叫 A. 阿伯特（Abbott, A.）②。其中，S. 伍德负责考察普通教育，

---

① "中教咨委"是 V. 切姆斯福德统治时期成立的一个国家级中介组织，其主要职责是协调中央与地方政府，以及政府与大学的关系；指导、协调和监督地方高等教育发展，提高办学成本经济效益，避免出现重复建设和交叉性浪费问题（Pinto, M.：111）。
② S. 伍德是英格兰教育委员会信息处处长，A. 阿伯特是英格兰教育委员会技术学院执行总监。1936 年，两人受英属印度政府邀请访问印度，考察印度教育状况，帮助殖民地政府研究大学教育方案。

A. 阿伯特负责考察职业和技术教育。调查之后，两人给出两点重要结论：第一，印度职业和技术教育发展十分落后，与印度这样的大国身份非常不相称；第二，国家缺少统一的职业和技术教育发展政策和权威的领导机构。职业技术教育与普通教育之间无法沟通和协调。1937年回国后，两人根据调查情况合作完成一份题为《印度职业教育及部分普通教育和管理》的报告，即著名的《阿伯特-伍德报告》（Lal, R. B. & Sinha, G. N.：187-188）。

该报告由普通教育和职业教育两部分组成。在两部分中，报告又分成"行政"（Adminstration）与"学术"（Academic）两方面。报告针对殖民地政府高等教育体制上存在的严重问题，重点给出具体的改革意见。第一，改变现存高等教育管理模式，把普通教育与职业技术教育分开，进行独立管理。每省（邦）要设立专业技术教育咨询委员会，负责本地各级各类专业技术教育发展工作。第二，平衡好地区企业和教育发展的关系。每个省（邦）应该根据本地需要举办不同类型的职业技术院校，培养服务于不同企业的人才。第三，做好职业技术类院校的选址和布局。不论是初等、中等学校，还是高等技术院校，校址都应选在人口超过5万的工业地区。本专科院校专业和课程设置要与地区产业发展保持高度一致性。第四，完善专业教育系统。各（邦）省专业技术教育结构应该包括从贸易学校和初级职业学院①到高级职业学院和专业技术学院②，使职业技术教育成为独立的教育系统。第五，尽可能地将职业学校升格为多科技术学院，提高职业技术教育办学层次和水平。第六，重视职业技术教师培训学院建设，培养职业技术学校所需教师，等等。其目的是发挥专业性中介组织作用，协调中央与地方政府，以及政府与大学的关系；指导、协调和监督地方高等教育发展，提高办学成本经济效益，避免出现重复建设和交叉性浪费问题（Pinto, M.：111）。

《阿伯特-伍德报告》是殖民地政府统治以来第一份系统讨论职业技术教育发展的政策研究咨询报告。报告一出来，立刻引起英属印度政府和印度社会广泛重视。报告触及了殖民地教育发展中悬而未决的难题，给殖民地政府带来很大压力。然而，正当殖民地政府准备根据《阿伯特-伍德报告》的建议实施改革时，第二次世界大战爆发，殖民地政府的改革想法只好搁置（Aggarwal, J.C.：48-50）。

---

① 前者属于中等教育，招收小学毕业生，学制4年；后者属于高中教育，招收中学毕业生，学制3年。
② 前者属于专科教育层次，招收高中毕业生，学制2年；后者属于高等教育层次，招收高中毕业文凭获得者，学制2~3年。

（六）《兰-萨卡尔报告》：战后职业技术教育改革设想

尽管《阿伯特-伍德报告》建议没有得到落实，但其中提出的问题和想法却引起社会政府和各界的高度关注。面临日益增长的职业技术教育的需要，中教咨委在《委员会咨询报告》（1943 年）中提出"加速建设包括普通教育和职业技术教育在内的教育体系"的设想。这项建议一提出就引起社会各界的广泛注意。1944 年，诺贝尔医学奖得主 A. 黑尔（Hill，A.）教授访问印度，闻讯后表示对其十分欣赏和支持。此时，"二战"已经接近尾声，世界各国都在考虑战后重建工作。譬如 1945 年法国政府成立"教育改革计划委员会"①，着手研究制订全国性的、长远的教改计划。印度殖民地政府也不例外。1945 年，阿-达拉尔爵士（A-Dalal）② 等人建议抓紧成立国家专业教育规划机构，重点研究战后教育发展问题。在各界的强烈呼吁下，1946 年，殖民地政府委托乔-辛格（J-singh）领导的总督行政委员会负责制定《战后教育发展报告》。接到指令后，总督行政委员会立刻行动起来，马上成立一个由 22 人组成的专家委员会，任命著名实业家、成功商人和公众领袖兰-萨卡尔（R-sarkar）③ 担任主席，起名为"兰-萨卡尔委员会"。该委员会的主要任务是对全印度高等专业技术类院校的状况进行调查，为战后高等技术教育改革与发展做好准备。该专业委员会成立之后，积极开展调查研究，完成了战后印度殖民地第一份重要的政策咨询报告——《兰-萨卡尔报告》。

咨询报告由两部分组成。第一部分是现状调查，指出印度职业技术教育发展中存在的问题。报告指出，当时印度职业技术教育质量不高，对印度学生缺乏吸引力，必然导致中等职业技术毕业生远赴英美或欧洲求学深造。其中最紧迫的问题有：（1）专业目标设置问题。印度职业技术院校课程培养目标模糊，专业课程设置狭窄，只限于培养政府部门技术官僚和工作人员。（2）忽视基础

---

① 该委员会是法国在"二战"结束时建立的政府专家委员会，由著名物理学家、法兰西学院进步教授 P. 郎之万任主席，领导法国战后教育重建工作。1946 年，P. 郎之万去世。委员会成员、儿童心理学家 H. 华伦接替领导工作，继续开展研究。1947 年，委员会向议会提出了《郎之万-华伦教育改革方案》，又称《郎之万-华伦计划》。

② 阿-达拉尔爵士（1884—1949）是印度塔塔公司的高管、著名企业家、政府行政委员会委员；1928—1931 年担任孟买城市委员会专员，1944 年从塔塔公司辞职，被任命为英王总督委员会委员，负责政府规划和发展工作；1948 年被授予爵士称号。

③ 兰-萨卡尔（1882—1953）是印度商人、实业家、公众领袖和民族主义者。他出生在中产阶级家庭，先后在达卡贾格纳特学院（DJC）和加尔各答城市学院（CMC）学习。1923—1930 年，他当选为孟加拉法委员会委员，1932 年又被选为加尔各答市议会议员，并于 1935 年成为孟买市市长。

理科和人文素质教育。各工程技术学院第一级学位教育忽视基础理论学习，没有把数学、物理和文学等基础学科课程与专业课程结合起来。通识文科类内容更是少之又少。（3）教学方法陈旧落后。技术类教学仍然以讲授为主，缺少实习实践，忽视能力培养。（4）职业教育评价方式需要改革。职业技术院校学生学业考试仍然是每年一次，由校外或纳附大学组织进行。这些外部考试机构对职业技术教育缺乏了解，仍然重理论，轻实际，无法真正考查到学生的实际操作能力和水平。（5）大部分工程技术院校都是附属学院，规模小，条件差，经费不足，在很多方面受所属大学或政府部门各种规章制度严格控制，缺乏自主性，教育教学质量不高，等等。

第二部分围绕如何建设新型理工大学提出具体建议，内容包括：（1）优化高等职业技术院校结构布局，最好在东部、西部、北部、南部4个地区各建一所符合国际标准的一流理工类院校。新理工院校应该以美国麻省理工学院为模板，同时开展本科和研究生工科教育，两种教育的比例应该是2∶1。（2）明确新型理工大学的使命，通过培养人才、发展知识职能，为印度社会变革提供必要的动力机制和组织架构。（3）确立工程教育学制为4年。前两年开设通识课程，包括物理、数学、人文和社会科学。（4）在教学过程中，减少正规课堂讲授，增加实践环节，鼓励开展研讨式、辅导式和探究式学习。（5）学生课程考试应该在本学院学期内完成，避免受到外界的影响和干预。（6）教师工作任务应富有弹性，使之有时间开展学习、科研和为企业进行咨询服务。（7）强化校企合作，制订在工厂实际培训和工作坊培训方案，等等（Singh, A. & Sharma, G. D.：340）。

尽管《兰-萨卡尔报告》的设想很美好，但是实施起来仍然面临着很多困难，结果职业技术教育体系改革一拖再拖。事实上，如前所述，在后柯松时期，殖民地政府已经对高等技术教育进行过多次调查，也提出了很多合理化建议，但所有建议几乎都没有被转化为教育政策或实践（Tickoo, C.：34）。其中的原因复杂，一方面，印度社会工业发展还很落后，对高级职业技术人才需求仍然有限。与此同时，很多重要技术岗位被获得欧美"洋文凭"的毕业生所垄断，职业技术教育发展受到客观环境的限制。另一方面，殖民地政府从来也没有真正想发展高水平的职业技术教育（Sebaly, K. P.：4）。他们改革高等教育的出发点和归宿都是为了维护和巩固殖民地统治而服务。直到"二战"结束后，殖民地政府迫于社会舆论压力，才重新考虑《阿伯特-伍德报告》和《兰-萨卡尔报告》中的各项职业技术教育改革建议。其中，最大的改革成果是将普通教育管理与职业技术教育管理进行分类分级管理。1946年，殖民地政府成立"全印度技术教育委员会",简称"全印技教委"（All-India Council of Technical Education）①。此举是为了加强职业技术教育管理，使之成为普通教育体系之外独立的运行系统，从而保障职业技术院校在院校定位、课程设置、招生录入、课程与教学等方面有更多的自主性。

（七）《萨金特计划》：为未来民族—国家的教育政策

1937年，国大党在地方选举中胜利，为印度人走向民族—国家独立奠定了坚实的基础，也为最终摆脱英国殖民主义统治创造了条件。1938年，青年民族主义者奈-鲍斯（IV-Bose）② 当选为国大党主席，并接受了天文物理学家梅-萨哈（M-Saha）③ 的劝说，成立了一个具有社会主义国家性质的经济部门——"国家规划委员会"，简称"国家规划委"。④ 该委员会负责制订全面的国家经济社会发展规划。在教育领域，国家规划委与中教咨委合作，制订所有重大教育改革议题和教育发展规划，对印度教育的每个方面进行全面审查（Aggarwal, J. C.：19）。1944年，第二次世界大战即将结束，英国人将印度殖民地统治权交回印度人手中进入倒计时。为了描述战后以及未来独立国家的教育发展，国家

---

① 该委员会最初只是中央管辖下的一个政府咨询机构，没有管辖和治理技术类高校的实际权力。其职能是规划、协调和指导印度技术类（中等和高等）教育的发展；管理从事技术人才培养和训练任务的技术院校；制定印度工程教育质量和课程标准。印度独立后，该委员会长期负责全国职业技术教育事务，但直到1987年才得到合法身份。

② 奈-鲍斯（1897—?）是印度激进民族主义者，曾任国大党主席，后因背叛"圣雄甘地主义"被赶下领导岗位。1939年他遭到英殖民政府的逮捕和软禁，1940年逃离印度，死于异国他乡。

③ 梅-萨哈（1893—1956）是著名的印度天体物理学家、加尔各答教授，提出了著名的萨哈方程理论。虽然是自然科学家，但他关心国家发展。他曾经坦言："科学家们经常被指责生活在'象牙塔'里，其思想不为现实问题所困扰。……在1930年前，我也一直生活在'象牙塔'中，但科学技术如同法律和秩序一样，成为政府管理重要的武器。因为我想要以自己卑微的方式成为这个国家有用之人，因此，我就逐渐卷进了政治的旋涡（Aggarwal, J. C.：19）。"

④ 国家规划委成立于1938年，最初是国大党建立的一个行政管理机构，由贾-尼赫鲁任主席。主要负责国家经济社会发展整体规划，其中包括教育规划。1943年，更名为"行政会议重建委员会"（RCEC），归总督直接领导。1944年，再次成为独立的殖民地政府规划发展部。1950年独立后，新的国家规划委成立，成为总理贾-尼赫鲁直接领导的行政管理机构。

规划委组建了一个由 J. 萨金特爵士（Sargent, T）① 领导的特殊委员会，命名为"萨金特委员会"，主要职责是起草"战后教育发展规划"。由于 J. 萨金特长期负责印度教育事务，对印度教育的历史和现状以及存在的问题比较熟悉，委员会很快就制订出一个比较全面的教育规划，史称"萨金特计划"。1944 年，经过激烈辩论，英属印度国会投票通过了"萨金特计划"，形成了印度教育史上最著名的教育发展咨询报告之一——《萨金特报告》。该报告是一份英属印度国家建立以来制订的最全面的综合性教育长期规划（原定适用期为 40 年）。报告在解释其目的时开宗明义地写道："除了战前取得极其缓慢的进步之外，目前的教育系统并没有提供建立起有效结构的基础。……而且事实上，这个松散的大厦将坍塌，（印度）需要一个更好的取而代之的新规划（Bhatnagar, S.：138）。"印度学者斯-巴特纳噶（S-Bhatnagaf）评价该报告是"英国统治时期第一个旨在放弃旧体系，建立一个新体系的，真正意义上的战后印度国家教育发展规划"（Ibid.）。

《萨金特报告》几乎涉及印度教育的各个方面，包括教育制度、基础教育、中等教育、高等教育、成人教育、教师培训、学生活动和教育财政等（Lal, R. B. & Sinha, G. N.：220—222）。其中，在高等教育部分中，该计划的设想是：（1）落实《萨德勒报告》提出的合理化建议，着手解决长期困扰印度大学依赖英国大学的问题；（2）加速印度附属制度改造，大力发展集住宿和教学于一体的统一型大学，使印度大学成为教学和科研的场所，而非组织考试和发放文凭的管理机构；（3）制定大学入学考试严格录取标准，提高生源质量；（4）增加大学课程内容的实用性，注重理论联系实际；（5）对大学实行科学化管理，严格聘任教师，改革大学教师工资制度，不断提高教师们的待遇；（6）建立负责大学拨款的专业委员会，发挥其中介组织作用，指导和协调全国大学开展工作；（7）建立文化接触项目，消除国际之间的障碍，鼓励教师和学生到国外大学进行交流与合作；（8）对贫困家庭学生予以一定的经济资助，争取让三分之一的学生都获得奖学金，体现高等教育公平；（9）发展女性高等教育，鉴于女生报考人数较少，高等院校在录取女性学生时适当予以照顾；等（Ibid.）。

另外，《萨金特报告》首次提出建立专业性大学拨款委的设想。报告指出，

---

① J. 萨金特爵士（1888—1972），英国政治家、教育家，英属印度政府官员。早年毕业于牛津大学圣保罗学院和奥里尔学院，先后担任政府教育顾问（1938—1942）、政府教育专员（1943—1948）和印度教育部秘书（1945—1948）。虽然他的头衔不断变化，但他在印度的角色始终是监督和鼓励省级和国家级的教育进展。1948 年印度独立后他返回英国，担任英联邦第二部门主任。

最好从大学行政中选拔少数精英组成专业性拨款委员会，使之扮演大学立法机构的角色。它既不完全受控于中央和地方政府，也不直接干预大学活动，属于中介性组织。其主要职责是：（1）监督大学公共经费分配使用情况，保证大学有足够的资源，满足其发展之需要；（2）鼓励私人投资高等教育，保障其收益合法性；（3）协调大学活动，尽可能地调整大学产出；（4）定期检查大学工作，防止大学之间不良竞争；等等（Ibid.）。

《萨金特报告》是由国大党主导起草的一份面向国家未来教育发展的综合性报告。它根据印度未来的国家发展需要，客观地设计出国家教育发展的基本框架，是一个能被印度人接受的计划，具有鲜明的民族性特征。在过去殖民地政府主导下成立的所有教育委员会都有一个基本理念假设，即印度人在知识和科学方面根本达不到欧洲人的高度。高等教育改革旨在培养懂得西方文化，能讲英语并甘心服务于英国殖民地政府的人。然而，这个规划却是建筑在这样一种理念假设上：印度人可以采用自己的方式获得欧洲知识和达到科学成熟的高度。正如印度学者卡-赛亚丹评价指出："它（规划）并不是始于这样的假设——印度命中注定居于印英亲善关系中教育次等地位。它的假设是，印度有能力达到其他国家在教育领域所能取得的成绩（Bhatnagar, S.：141）。"尽管这个规划非常受印度人称赞，但此时的国大党不是真正意义上的统治者，还缺少行政权力，《萨金特报告》中的"国家教育发展规划"只能是纸上谈兵，无法付诸实践。有批评者指出，事实上，在英属印度时期，除了发表了几篇论文之外，国家规划委没有制定出任何有价值的政策（Ibid.：138）。

四、双首政体时期的高教领导体制

英属印度实行双首政体模式后，中央政府与地方，中央教育部门与大学之间的关系发生了较大的变化。由于中央政府缺少协调各省（邦）关系的机制，殖民地政府开始着手建立各种中介性组织，如中教咨委、印度跨校理事会（Inetr-University Board of India）、印度大学拨款理事会（University Grant Board of India）、印度医学理事会（Medical Science Board of India）等（MES-101-2：6）。

（一）"中教咨委"：第一个中介性咨询机构

中教咨委是印度众多咨询委员会中历史最为悠久的咨询机构，成立于1920年V. 切姆斯福德统治时期，但3年后被解散了。P. 哈托格曾遗憾道："政府与教育分离是很不幸的事情……政府应该扮演全印度教育信息交流中心的角色，成为协调各省（邦）关系、分享教育经验的工具（Ibid.：25）。"1925年，殖民地政府讨论恢复重建该机构的问题，但未付诸行动，直到1935年，在哈托格委员会的强烈建议下，英属印度政府才重新恢复中教咨委的建制。

在英属印度时期，中教咨委是最具权威性的高等教育咨询与决策机构。联合教育部是主席单位，副国务卿兼教育部长亲自任秘书长。专职委员包括教育部各部门司局长、各邦教育行政部门首长、各个专业咨询委员会领导人共20多人。工作方式是中教咨委全体咨询会议。有资料显示：咨询会议除了个别年份没有举行（或个别年份举行两次）之外，几乎每年举行一次（CABE：Webpage）。

中教咨委的主要职能有三个：第一，在制订国家发展规划时，负责协调中央和地方关系，指导中央和地方开展教育工作。根据国家发展的特殊需要，为政府部门提供政策咨询服务，指导中央和地方教育部门制定和落实教育相关政策。中央政府通过中教咨委行使宪法赋予的教育责任，如启动新的教育项目，开展教育信息收集，委托专业委员会开展调查研究工作。第二，负责管理各级专业委员会。中教咨委下设一般事务委员会（1个）和常设专业委员会（4个）。一般事务委员会负责总协调和组织工作，4个专业委员会分别是初等教育理事会、中等教育理事会、中央大学教育理事会和中央社会教育理事会，分别负责初等教育、中等教育、高等教育和社会教育事务。除了组织召开每年一次的年会外，各专业理事会也经常单独组织召开各种研讨会和新项目宣讲会等。第三，负责管理和支持其他专业学会的工作，组织召开全国性教育会议和各种研讨会。例如，每5年召开印度跨校理事会会议和印度大学校长会议等。这些会议都需得到中教咨委的批准和支持（MES-101-2：111-112）。当然，上述权力只存在一般的理论意义，在实践中，中教咨委可使用的权力十分有限。因为不论是中央政府还是地方政府，包括各级各类专业理事会经常不配合中教咨委的工作。直到独立后，中央政府加强对教育的领导和控制，这种情况才有所改变。①

（二）印度跨校理事会

印度跨校理事会，简称"跨校理事会"，是一个非官方社会团体，成立于1924年印度的西姆拉。它是在殖民地政府召集印度和锡兰（今天的斯里兰卡）地区14所大学校长参与会议期间成立的，旨在不断改善院校之间的关系，加强

---

① 根据《宪法》第63、64和66条规定，中央政府赋予中教咨委更多的权力，希望该组织及其领导的委员会能够承担起更多的责任和义务，帮助政府协调中央和地方，中央和大学之间的关系。在这一时期，中教咨委与国家规划委密切配合，实现了中央对教育，包括对高等教育的控制和领导，但这也无形中造成了中央和地方，中央和大学之间的矛盾。

印度大学跨校之间的相互联系和合作。建立跨校理事会的最初想法一方面源于《萨德勒报告》中关于"印度大学之间应该开展协调与合作"的建议；另一方面源于 现实的诉求。1921 年，利顿委员会（Lytton Committee）的学生代表在英国参加会议时，因印度大学学历不被认可而险些遇到麻烦。回国后，他们发出倡议"希望成立一个代表印度大学的适当组织……帮助印度大学的学位获得国外大学的认可"（Haggerty, J. W.：44）。这一呼吁受到印度社会和大学校长们的高度认可和支持。当英王总督雷丁（Reading）伯爵在西姆拉会议上提议建立一个跨校合作组织时，马上得到响应，于是跨校理事会应运而生。其主要职责是：第一，开展校际交流活动，促进教育信息共享；第二，促进不同大学学术人员之间相互交流与合作；第三，促进大学之间相互协作等。跨校理事会组织内设若干分支部门，其中包括：（1）研究室，主要负责开展与大学制度有关的研究活动；（2）评估室，负责对印度与外国学位进行评估认证工作，帮助印度大学学位文凭获得国外同行的认可；（3）学生信息服务室，负责向学生、学者和学生家长等提供信息服务，包括印度所有高等教育机构的状况，以及高等院校中开设的正规课程和函授课程的情况；等等（Pinto, M.：63-64）。

该组织采取自愿参加的原则吸收会员单位，但申请单位须符合一些基本条件，主要包括：（1）获得相关法令特许或其他法律文书，以符合大学在行政管理、自治和学术标准方面的一般原则；（2）有公认的学术标准和研究领域；（3）在被考虑成为会员之前，大学已运作至少 1 年；（4）由两个会员单位向跨校理事会推荐，批准后才能成为会员单位（Ibid.）。

跨校理事会属于国家一级学会组织，下设若干专业委员会，如全印技教委、印度大学拨款理事会等，但这些专业委员会一般都比较独立，跨校理事会一般也很少干预其他组织独立开展工作。事实上，在相当长的时间里，跨校理事会只充当大学校长会议和论坛的角色。自 1925 年起，跨校理事会每 5 年组织召开一次大学校长会议，主题都是当时有争议的热点问题。大学校长参会的目的在于讨论共同关心的问题和分享办学经验。会议结束后，跨校理事会将校长们的发言汇集成册，起名为《印度大学手册》，并公开出版。跨校理事会有会刊《大学新闻》，每月按时发布印度大学的最新动态。有时候，英属印度总督也被邀请参加开幕式。如在一次跨校理事会的开幕式上，英王总督雷丁伯爵受邀致辞。他指出：

> 财政紧缩影响教育规划的完整实施，因此需要大学之间相互帮助和合作，形成统一战线，为发展最高标准的印度高等教育而共同努力。……在

任何地方，（政府）都没有任何意愿以任何方式干预、减损或削弱大学的自治和自主权。大学办学需要争取到更多的资金。印度应该仿效英国建立一个大学拨款机构（Sharma, A. K.：13）。

他的提议为印度大学拨款理事会的建立提供了一定依据。

跨校理事会的成立给一些专业技术学院的院长们很大启示。长期以来，由于印度专业技术院校缺少统一领导机构，缺少院校之间的合作，缺少统一的行业标准，十分影响职业技术学院的发展。于是，他们在1941年自发地成立了全印度技术院校院长协会（Au-India Association of principals of Techincal institute）。[1]

（三）印度大学拨款理事会

印度大学拨款理事会，简称"拨款理事会"（1945—1947），是跨校理事会的下设机构。在一定意义上，它是1953年成立的印度大学拨款委员会（简称"大学拨款委"）（University Grant Commission）的前身。虽然存在的时间比较短暂，但拨款理事会在印度高等教育史上具有重要的地位。

1919年，英国政府为了有效地管理高等教育系统，率先在英国建立了英国大学拨款委[2]。受英国模式的启发，英属印度政府也决定组建一个机构，负责中央政府对高等教育机构的拨款工作（Singh, A.：517-533）。1919年，萨德勒委员会率先建议创办跨校理事会，提出"收集和传播有关大学的信息、保持与国外大学的联系""任命教授、讲师和校外专家，……协调不同大学的活动之外，还可以负责拨款"等若干建议。虽然萨德勒委员会认为建立这样一个机构很重要，但英属印度政府认为时机似乎尚未成熟（Pinto, M.：63）。1924年，跨校理事会成立后，除了"负责拨款"一项外，其他几项职能都逐步得到实现。1936年，印度第三届大学校长会议召开时，安拉哈巴德大学（AdU）校长贾-阿

---

① 该协会是根据《印度学会注册法》（1860年）注册的非营利性技术教育学会，主要目标是帮助、促进高质量技术教育发展，为各行业培养专业工程师和技术员；协调和领导国家高等技术院校的改革与发展。1968年根据技术教育发展需要，全印度技术院校院长协会更名为"印度技术教育学会"（India Society of Teclonical Education）。

② 英国大学拨款委是一个代替政府管理高等院校的专门中介机构，被视为政府和大学之间的"缓冲器"。第二次世界大战结束后，大学拨款委变成了英国财政部的咨询部门。1988年，该委员会被大学基金委员会（University Foundation Commission）所取代。1992年，大学拨款委与其他类型院校拨款委员会合并，组成新的统一的高等教育拨款委员会。

马那斯（J-Amarnath）正式向大会提交议案，建议成立印度大学拨款机构①。然而，由于各地代表对其提议看法各异，难达共识，因此提议最终不了了之（Ibid.：13-14）。

1943年，中教咨委研究战后印度教育发展规划问题时，有人再次提出建立拨款理事会，指出建立这样的机构，不仅可以代表中央分配教育经费，同时也可负责协调大学和政府的关系，以及大学与大学之间的关系。1944年，《萨金特报告》吸收了这一建议，在报告中明确阐述了建立拨款理事会的理由和设想。《萨金特报告》指出：

> 大学教育总体缺乏规划……明显需要建立一个能够符合国家整体利益的权威的大学教育协调机构。……应该多少按照英国建设大学拨款委的方式创办这样一个机构。……这样的专业拨款委员会不仅服务地方院校，而且应该服务全国，因为没有中央政府支持，任何大学改革设想都是无法实现的。同样，成立一个没有中央支持的机构毫无意义。政府应该授权这样的国家管理机构，由它统一管理形形色色的大学，并根据实际需要提供经费支持（Sharma, A. K.：14）。

1945年6月4日，英属印度政府宣布《教育决议》，正式成立一个类似英国大学拨款委的机构，但机构名字不是"大学拨款委"，而是"拨款理事会"。下设4个兼职人员岗位，帮助政府给中央所属大学（具体负责3所中央大学——阿里加大学、德里大学和巴纳拉什大学）分配公共经费。按照《教育决议》：拨款理事会主席和成员都是兼职岗位；其职能基本限定在咨询范围，即"政府和大学之间的中介机构"，同时明确规定"拨款理事会只有建议权，没有决策权"，主要职责需要保留给政府；高等教育公共经费分配需要依据专家咨询意见。这些意见也可被视为代表政府的看法。1945年成立的拨款理事会为1953年成立的印度大学拨款委奠定了基础（IGNOU-SOE：11）。

然而，拨款理事会成立后，运行并不理想，效率低下，于1947年被迫解散，直到1953年才重建，更名为大学拨款委（Haggerty, W. J.：46）。拨款理事会失败的原因有如下几个方面：首先，拨款理事会权限和人力都十分有限，其主席和成员都是兼职，没有足够的时间过多地参与委员会工作；其次，拨款理事会可以调配的资源也十分有限，无法满足大学提出的希望，给其更多的资源

---

① 他最初的提议并不是建立一个国家级的大学拨款专门机构，而是省级或区域性的。

和帮助。总之拨款理事会只是教育部和财政部的咨询机构，手中没有资源和资金，对大学的帮助十分有限（Sharma, A. K.：14）。

（四）印度医学理事会

印度医学理事会（Medical Council of India）是成立于1933年的民间社团组织。自建立之日起，各邦和大学都参与其中。这两方面同时介入，力量平衡，有利于大学发展。理事会主席最初由中央政府任命，后来改为理事会选举产生，任期为4年。委员会成员中有25人来自大学，14人来自各邦政府。印度医学理事学主要职能有3个：（1）对印度国内外学位进行认证；（2）向医学院校派送督察员，审查医学院在办学条件、师资配备、教学质量、考试能力，以及教学设施等方面是否符合办学要求；（3）向政府建议取消办学资格或授予学位，但在做出建议之前，要对审查程序和文件进行说明等（Singh, A.：52-53）。在这个过程中，印度医学理事会遇到很多难题：一是与英国医学总会的关系，毕竟印度处于英国殖民地政府管控之下；二是与印度医学院校之间的关系，其权威性始终受到质疑。[①]

第三节　印度民族高等教育运动始末

民族教育运动（简称"民教运动"）是印度民族独立运动的组成部分，是19世纪末到20世纪40年代在英属印度发生的重要历史事件。在这个过程中，印度民族主义者不断地宣传民族教育思想，增强了民族文化自信，唤醒了民族意识，最终推动了印度国家独立和民族解放事业。本书重点讨论在民教运动时期，与高等教育相关，但不限于高等教育运动的问题。

一、19世纪末到20世纪40年代民教运动始末

关于民教运动的分期问题，印度学界有不同划分。[②] 本书将民教运动分为5个阶段：第一阶段（1905年之前）是早期民族主义思想孕育时期；第二阶段（1906—1910）是民教运动的兴起时期；第三阶段（1911—1919）是民族教育理

---

① 在20世纪50年代，印度医学理事会面临一些新问题，譬如在招生名额方面对弱势群体的保留政策问题，对1953年成立的一所私立医学院校的认可和收费管理等问题。因此，印度医学理事会分别在1956年和1992年进行过两次组织改革。

② 有印度学者认为民教运动始于1905年，止于1938年（Simran. S：Webpage），也有印度学者认为，民教运动起源于1890—1910年（Aggarwal, J. C.：31）。

论实践初步形成时期；第四阶段（1920—1930）是民教运动深入时期；第五阶段（1930—1940）是民教运动尾声时期。

（一）民族主义思想启蒙与早期教育机构建立

19 世纪下半叶，印度大学发展速度缓慢，除了早期建立的 3 所大学外，这一时期，印度只建立了旁遮普大学（1882 年）和阿拉哈巴德大学（1887 年）两所大学。其他新建院校都属于附属学院，总体上都属于英式教育模式。斯-西兰在分析这种模式的固有缺陷时指出：

> 教育制度是少数贵族阶层手中的特权，仅能满足社会上层需要，为所谓的"巴德拉洛克人"（Bhadraloks）① 准备，不会给大众或普通民众带来好处；从本质上讲，它不是全国性的，是反印度和反民主的，不能满足整个国家的需要和期望。教育管理权完全掌握在欧洲官僚手中，教育政策由他们决定和执行，学习教育纯粹是理论性的，狭隘的，迂腐的，不切实际的和不尽人意的，只适合那些为殖民地政府服务的白领阶层。外国统治者引进的这种（西式）教育制度以英语作为教学手段，完全忽视母语的存在，与印度的传统和文化没有联系（Simran，S. Webpage）。

19 世纪 80 年代，这种英式教育体系引起越来越多印度知识分子和民族主义者的不满，也令他们对印度民族教育的未来感到担忧。他们认为学校和大学教育并没有让印度青年人产生爱国情绪和民族自豪感，有必要掀起一场教育思想大讨论，确立未来印度民族主义教育的发展道路，创办符合印度国情的现代大学和学院（Sharma，K . A .：9—10）。到了 19 世纪末 20 世纪初，印度国民大会的性质发生了变化。一直主张与英属印度政府合作的国大党温和派逐渐在国会组织和公众思想中失去主导地位。另一种极端主义政治势力——激起民族主义悄然兴起，导致英属印度国会"不再是一个请愿和祈祷的地方"。激进民族主义观点非常强烈，并成为一种统治民众的力量。民族意识达到了顶峰，激进主义思想也波及了教育领域（Simran，S .：Webpage）。

1880 年，一些学生和教师在浦那成立进步组织——德干教育社（Deccan Education Society），旨在促进民族大学和学院的发展。1885 年，弗格森学院（Fergusson College）成为第一所新型民族大学，旨在开展针对印度青年的爱国主义和民族主义教育（Sharma，K . A .：10）。德干教育社是印度最早成立的爱国

---

① 这种人是指富裕的，受过良好教育的典型孟加拉人，在印度是指社会高种姓阶层成员。

学社，开会讨论的议题也多与民族-国家独立问题相关。这一时期，人们讨论较多的问题是对民族主义者拉-罗伊早年思想的评价。一些学者认为，拉-罗伊是真正的民族主义者，是具有国际视野的印度人，是"在印度不可计算的过去与不可预测的未来之间扮演活桥梁"的人，其世界主义教育观与民族主义情怀并不矛盾（Collet，D. S. &Sarkar，H. C. L.：238）。但另外一些印度学者认为拉-罗伊对殖民主义者态度过于温和，其"东西方教育并存，彼此兼容"的观点完全是在为殖民主义统治辩护，是"反民族主义者的"（Lal，R. B. & Sinha，G. N.：160）。

在这一时期，印度宗教家萨-维韦卡南达（S-vive Kanand）、诗人拉-泰戈尔（L-Tagore）、《黎明》杂志主编沙-穆克吉教授①等人的观点在印度青年人中有很大的影响力，非常符合印度争取国家独立和自由的心理和精神需求。1892年，加尔各答大学校长古-班纳吉（G-Banerjee）也发表了振奋人心的讲演。他激动地说自己仿佛看到了"完整国家教育委员会教育范式时代的到来，……（建议）加快在大学中引进母语教学"（Aggarwal，J. C.：30）。1896年，维韦卡南达②在一次讲演中对青年说："你们的首要任务就是应该使自己的国家自由，如果需要，所有人都应准备为此献出生命。"他提出的口号是"独立第一，教育第二"（Lal，R. B. & Sinha，G. N.：160）。拉-泰戈尔也撰文批评"英国殖民地统治下现行的教育制度明显是一种不合适的方式，呼吁把孟加拉语作为教学媒介"（CI：Webpage）。激进民族主义者拉-拉伊（R-Rai）也赞同这种观点。1916年圣雄甘地出版《年轻的印度》一书，用社会学安全阀理论攻击国大党的温和派，指责其初衷是拯救大英帝国，而不是真正地为印度赢得政治自由。他在书中写道："国家教育体系必须服务于国家经济发展，必须适应职业教育发展需要。国民教育可以等待民族独立后进行。国家的首要任务是争取自由，如果没有一个全国性的国家教育体系，那么对于印度这样的大国来说，通过私营企业开展国家教育是不可能的（Ibid.）。"

1902年，民族教育思想家沙-穆克吉（S-Mukherjee）教授在维选亚萨伽尔

---

① 沙-穆克吉（1865—1948）是印度国家教育制度先驱者之一，是印度民族主义者喉舌的前卫杂志《黎明》的主编和进步社团"黎明社"的创办人之一。
② 1893年，维韦卡南达远赴美国芝加哥参加世界宗教大会，为美国的发达程度所震撼。1896年回国后他号召印度青年觉醒，投身于民族国家独立运动，不达目的决不罢手。

学院（Vidyasagan College）① 创办第一个民族主义进步组织——黎明社②。黎明社每周都举行讲座和读书会，帮助青年学生学习革命道理，鼓励学生投身于民族独立解放运动。然而，1890 年之前，学生们没有过多关注社会政治问题，更没有直接走上街头开展反对殖民地政府教育的抗争活动（Altbatch，P.：57）。一位英国观察家指出："直到令人兴奋的政治和种族（民族主义运动）事件发生后，中小学和大学里读书的年轻人才表现出动荡和不服从的迹象（Altbatch，P.：254-273）。"

这一时期，一批民族主义开始创办民族教育机构，如 1895 年和 1901 年，沙-穆克吉分别在孟加拉邦和珀尔普尔建立名为"巴嘎巴蒂-卡图萨提"（Bhagabat Chatuspathi）和梵天学堂（Brahma School）的两所复古学校。1886 年，达-萨罗瓦提（D-Saraswati）在拉合尔建立了盎格鲁-吠陀学院。1903 年，斯-斯拉德哈南达（S-sradhananda）在哈利德瓦尔建立了"康格拉-古儒学舍"（Kanggra Gu-rukul）。这些早期民族学校以复兴传统为己任，对印度青年进行传统文化教育。这些早期学校经费主要来自创办者、各邦王子、富商等的投资办学。如皮-穆里克（P-Munneke）曾慷慨地捐助了 10 万卢比，建立了一所国立学校。这些早期学校的建立为后来民族大学的产生和民族教育委员会的成立奠定了坚实的基础。

（二）第一次民教运动的兴起

民教运动第一次大爆发与 G. 柯松改革计划有着紧密的关系，是印度民族情绪积累的结果。③ 其导火索是 G. 柯松政府推行的孟加拉邦分治政策。④ 这项政策一出台立刻引发印度"抵制英国货运动"和"反抗孟加拉邦分治运动"的总

---

① 该学院后来更名为"都市学院"（Metuopolilan Institute），是民教运动基金会和会刊《黎明》杂志的所在地以及民教运动发祥地，培养了很多进步青年学生。

② 该组织创始人是哈-穆克吉（H-Mukherjee）。1904 年，黎明社创办进步杂志《黎明》，被视为黎明社的"喉舌"，宗旨是宣传民族主义思想。沙-穆克吉教授等是杂志主编兼撰稿人。他们将教育作为一种道德和理性工具，帮助孟加拉邦青年人找到国家取得自由独立的政治方法，使之成为民教运动的先锋。该杂志在孟加拉地区的青年中具有广泛的影响（Aggarwal. J. C.：30）。

③ G. 柯松政府统治时期，实施的一系列教育改革设想和措施，表面上看是出于提高殖民地教育办学质量的考虑，但实质上是为加强对殖民地大学的控制。教育改革有名无实，令一部分印度人心存不满。尤其是 G. 柯松总督本人行事武断，很少考虑到印度人的情感，无视印度人的存在，结果不断遭到民族主义者们的抨击和全体印度人的反对（Indian netzon：Webpage）。

④ 1905 年，G. 柯松出于对殖民地控制的需要，将孟加拉邦一分为二，分成西孟加拉邦和东孟加拉邦。这一做法点燃了印度民族主义者的反抗怒火。印度民族主义者们闻讯后自发地组织起来，抗议 G. 柯松政府的新政。

爆发。其影响范围主要限制在孟加拉邦边界内，但也波及马哈拉施特拉邦和旁遮普邦等地区。

此时，国大党内部对于正在兴起的民众自发抗争运动出现意见分歧，形成两种不同的意见。以拉-拉伊为代表的激进派认为，必须发动革命，以暴力形式争取民族独立；而以斯-高卡勒为代表的温和派则主张采取"非暴力抗争"的手段进行斗争。这时，印度人的民族情绪和爱国热情已经被点燃，国大党激进派成为党内主流政治力量。印度民族主义运动进入到一个极端主义的时代，拉-拉伊、巴-提拉克和毕-帕尔等极端主义领导人占领了国大党的政治舞台。

1906年2月，拉-拉伊等人在孟买成立印度青年联盟（Youth India Leaguer）。这是一个由年轻教师和青年学生组成的进步团体，旨在领导全国的民教运动。在举行第一次示威游行活动遭到镇压后，1906年6月，印度青年联盟在兹拉技术学院（Raze Technical College）召开学生代表大会，决定从殖民地政府手中夺回教育权力。首先，大会决定在原黎明社的基础上成立由20人组成的全国民族教育委员会，简称"全民教委会"（National Education Commission），并通过《全民教委会议程》（1906—1908年）。其次，在朗普尔地区建立一所民族学校——"孟加拉邦民族学院"（National School at Bengal），开展普通和技术高等教育等①，同时号召全国各地加速民族学院建设（Aggarwal, J. C.：30-32）。

1906年8月14日，第一所民教运动中诞生的民族院校——孟加拉邦民族学院正式成立，开始招生授课。这一消息很快扩散到全国各地，令人激动不已。各地纷纷响应全民教委会的号召，大力发展民族教育，创办民族学校。一批具有鲜明民族特色的中小学、学院和大学建立起来，如民族艺术学校和民族医学院等。东孟加拉邦创建了40所公立学校，西孟加拉邦创建了11所公立学校（Bhatnagar. S.：89）。1908年之后，领导民族运动的国大党重新改由温和派主

---

① 根据《全民教委会议程》规定，新学院的办学宗旨是：第一，根据民族路线，只能是在民族力量的控制下，……开展文学、科学和技术教育；第二，促进体育、道德教育发展，投入资金资助各个教派所属宗教教育，旨在帮助学生形成真挚和热切服务国家的愿望；第三，强调本土知识（文学、历史、哲学）的重要性，将最好的东方生命理念和思想较好地同化到西方理念和思想之中；第四，开展科学和专业技术教育，主要包括其各个分支学科知识，如科学、艺术、工业等，它们可以很好地创造国家物质财富，满足其紧迫的需要；第五，在东方学和本土医学教育中灌输科学信仰与知识信念，使这些科学信仰和知识信念成为本土知识的一部分；第六，制定具体办学标准；第七，学院经费依靠个人捐赠。每位执行委员会委员每月都应该捐助100卢比，同时从其他渠道募捐到10000卢比，用于维持新学校运行。另外，该议程还对具体的事项做了进一步说明，如第一条说明开展这种教育采用本地语言，但英语仍然是必修课。

导。1910年，孟加拉邦分治政策被撤销，英属印度殖民地首都从加尔各答迁至德里。抗议孟加拉邦分治所产生的热情和情绪很快结束了。显而易见，这一时期的民族主义运动没有提出明确的目标和清晰的思想，很多活动都过于情绪化，缺乏理性。因此，1910年以后，全国政治运动衰落，全国民教运动第一次高潮也随之退去，并进入相对理性的时期（Simran. S.：Webpage）。

（三）民族教育理论的初步形成

1911—1922年是民教运动的重要阶段和反思时期。大量有关民族教育的论述和思想在这一时期产生，是印度民族教育最初的理论来源。伴随着民教运动第一阶段热情的逐渐消失和理性主义的回归，印度学术界围绕民族教育本质等问题展开一场思想的讨论。人们的认识进一步统一，坚持本土传统的基本原则，即教育必须被印度人，而不是被英国人控制。教育目的和理想应该是印度本土的，植根于本土文化土壤之中的。思想大讨论进一步促进了印度人对民族教育的理解，使之意识到民族文艺复兴时代即将来临。19世纪末20世纪初，孟加拉邦学术界十分活跃，思想达到空前的统一。在文学、艺术、科学和哲学等领域出现了众多中坚力量，包括拉-泰戈尔、维韦卡南达、潘-尼赫鲁和阿-穆克吉等。印度史学家们将这段群星璀璨的时期称为"孟加拉邦的文艺复兴时代"（Alam，S.S．& Alam，S.N.：13-29）。

在这个阶段，很多民族主义思想家和国大党领导人都发表了对民族教育的看法，提出必须注重印度下一代民族性格的养成，开展爱国教育。他们认为，印度社会已经到了认真思考给予印度孩子们什么样的教育，使之满足国家之需的时候了。印度教育教学只能在学习母语、祖国文化和历史知识中进行，不应永远让外国语（英语）成为主要教学语言。印度教育要从根本上废除英语在教育中的统治地位。在众多思想家中，安-贝桑特夫人（A-Bessant）是当时最具有思想和影响力的理论家。她曾指出：

　　我们不应该盲目地接受过去。国民教育必须创造热爱祖国的氛围，生活在骄傲光荣的爱国主义氛围中。它必须在各个方面满足民族气质，发展民族性格，让母语成为教学媒介。……必须通过研学印度文学、历史，以及科学、艺术、政治、殖民地战争、制造业、商贸等领域的成就保持其美妙、新鲜和振奋人心。……印度教育必须由印度人控制、印度人塑造和印度人操作，……英国理念对于个人来说是好的，但对印度民族来说，印度理念才是好的。如果让印度孩子受到外国教育的影响和思想控制，那么没有什么东西会比这样的教育更加容易让我们国家受欺辱，民族性格被弱化了（Simran. S. Webpage；Aggatwal，J. C.：42；Bhatnagar，S.：87）。

1911 年，英属印度国会议员斯-高卡勒①向英属印度国会提交了一份关于改革基础教育的"斯-高卡勒草案"（Gokhale Draft），内容主要包括实施免费义务教育等问题。他在阐述立法理由时指出："国家教育体系第一个必要条件是把那种将外国文化、语言、习惯、习俗、举止、服装和宗教强加于本国人民的官方教育体系，实现印度化（Simran. S.：Webpage）。"然而，英属印度国会以草案内容"过于超前，可能会引起当前初等教育混乱""各邦政府不支持""地方学校没有能力实施"和"印度普通民众不需要"等理由将草案否决。此时，民教运动第一次爆发刚刚平息，但"斯-高卡勒草案"事件再次激起印度人的愤慨，一场民教运动新风暴正在酝酿之中。

（四）第二次民教运动的大爆发

第一次世界大战结束后，印度社会发生重大变化，工人们开始组建工会。中产阶级包括穆斯林、锡克教徒和印度教徒都认为，英国统治者没有带给印度人所期望的更大自由和更好生活，他们对自己难以容忍的生活和工作条件感到不满，开始起来反抗。1919 年，殖民地政府以镇压旁遮普邦暴乱为借口实行戒严令。这一做法再次点燃了印度人民民族感情的火焰，成为民教运动第二次爆发的导火索。1920 年 12 月，国大党在那格浦尔召开年会，通过了圣雄甘地拟定的"非暴力不合作运动方案"，将"非暴力不合作"作为国大党的指导思想和纲领性策略，推举圣雄甘地为国大党最有权威的精神领袖。与此同时，大会号召印度人退出英国人举办的学校，并在支持印度人控制的各地方创办民族学校和民族大学，以满足印度人求学的需要。会议结束后，圣雄甘地发起了印度历史上第一次"非暴力不合作"大规模群众运动。孟加拉邦、马哈拉施特拉邦、旁遮普邦、古吉拉特邦、安得拉邦和比哈尔邦，乃至全国的印度教徒和伊斯兰教徒都卷入其中。很快，全国一些地区的大学师生也加入此次抗争活动。在阿里格尔地区，伊斯兰英式东方学院的学生率先声援这次运动，掀开了第一次由学生参与政治斗争的序幕。随后，孟加拉邦、孟买等地区的高校也先后成立学生联盟和社团，负责协调大学生参加抗议活动。1920 年，全印学生联合会在那格浦尔成立，举行了第一届全印度大学生代表大会（AICSC），3000 多人参加会

---

① 斯-高卡勒（1866—1915）是弗格森学院教授，印度独立运动领导人之一。他曾任国大党主席，党内抗英"温和派"的代表人，支持圣雄甘地的"非暴力"原则，但主张在现有殖民地体制内进行改革。

议（Altbatch, P.: 254-273）。除了全国大学生联盟之外，这一时期，还有许多学生政治团体纷纷成立，其中具有代表性的有：学生兄弟会①、青年团②、社会主义学生阵线③、共产主义学生阵线④，以及全印度学生联盟⑤（Altbach, G. P.: 59）。这些组织都积极参与了这个时期国大党领导的社会政治运动和教育改革运动，如学生们帮助国会议员竞选，为城市里几乎每天发生的街头示威活动提供服务。在一些地区，当国大党领导人被捕时，学生们主动接替运动领导工作，防止活动半途而废。这些青年组织为印度民族独立解放做出了巨大贡献。孟买警察局的一份报告中存在这样污蔑性的语言："1930 年，孟买青年团出版了他们的所有活动记录，自诩经过他们教育的工人都成了国大党抗争运动的中流砥柱，参与了国内不屈服运动，变成了军事会议的统领人物（Altbatch, P.: 69）。"⑥ P·阿特巴赫在《孟买学生政治》一书中曾经高度评价印度大学生在高等教育发展史上的地位和作用。他指出：

> 一个多世纪以来，亚洲、非洲和拉丁美洲在建立新国家的过程中，学生成了政治、社会和文化发展的催化剂，为政治党派、民族解放运动，以及更有限范围地为劳动组织和文化团体输送源源不断的领导力量。不仅很多新国家领导人来自学生中最顶端的群体，而且一些社会意识形态也深受这部分学生的影响（Altbatch, P.: 1）。

从总体上看，在这个阶段，大学生已经开始投入政府抗争运动之中。民族

---

① 该组织成立于 1889 年，最初只是从事社会和文化活动的学生组织，领导者都是各个高校的学生领袖。在民教运动时期，该组织是最有影响力的学生组织之一。

② 该组织于 1927 年在孟买宣布成立。与学生兄弟会不同，青年团一开始就被认定为具有明显政治色彩的学生组织。其宗旨就是领导青年学生积极参加各种政治运动，争取国家和民族的独立。该组织的部分领导人同时兼任学生兄弟会的领袖。这些人最后都成为著名政治家和国家领导人，如印度第一届政府总理贾-尼赫鲁、国大党前主席奈-鲍斯等。

③ 该组织于 1934 年成立，由国大党的一个分支——"国家社会主义党"领导。该党在青年学生中有较大的影响力，领袖也都是原来青年团的领导人，如尤-麦赫拉累、奈-鲍斯等。他们在政治理念上不赞同圣雄甘地的"非暴力不合作"原则，相反主张采取激进的群众运动，甚至采取武装革命的方式反对英国殖民主义统治。

④ 该组织成立于 1939 年，是一个由共产党领导的学生组织。主张运用马列主义思想和俄国经验领导印度民族独立运动，在青年学生中产生了极大的影响力。

⑤ 该组织成立于 1936 年，接受国大党直接领导，声称有 1000 多个分会，会员最多达到 5 万人，出版发行《学生联合会》刊物。

⑥ 在参加独立运动过程中，青年领袖喜欢使用"军事首领""军事会议"和"独裁者"这样的头衔，但实际上他们所参加的活动都是非暴力的和民主的。

运动及其教育改革目标日趋明确，抗争活动更富有成效和成果。最成功的就是一大批民族学校、学院和大学相继建立。1922 年印度北方邦戈勒克布尔地区爆发暴力事件后，圣雄甘地终止"非暴力不合作运动"，民教运动第二次抗争活动也暂时告一段落（Simran. S.：Webpage）。

（五）圣雄甘地教育思想与民教运动终结

民教运动第五阶段是与 1930 年圣雄甘地发起的第二次抗争运动——"公民不服从运动"（Civil Disobedience Movement）联系在一起的。此时，民教运动实际上已经伴随"非暴力不合作运动"的结束而结束，但民族主义思想的影响仍然在发酵。在这个阶段，印度国父圣雄甘地阐述了自己的教育思想，成为民教运动时期的一股清流，影响感动了整个印度。

圣雄甘地是一个理想主义者、实用主义者和自然主义者（Gandhi, M. K.：186)，他认为，所谓教育是指儿童和成人在身体、心智和精神方面的全面发展。他宣扬一种教育，让学生具有独创性，给予他们思考的勇气，并根据他们的研究和应用能力进行创新（Mapofindia：Webpage）。教育的重要目的就是塑造品格和保存文化。塑造品格是指形成道德价值，如勇气、正义、自我约束和人性服务。在文化保存方面，圣雄甘地认为，教育不仅仅意味着获取灵魂知识和死后的灵魂解脱，还包括学习一切服务于人类解放的有用知识，从而摆脱一切形式的奴役，获得内在和外在的自由。因此，学校教育必须由职业教育和文化教育两方面构成（Prabhu, R. K. & Rao, U. R.：381）。圣雄甘地很后悔没有给自己的孩子很好的自由教育，他希望年轻人珍惜自由教育。他在 1929 年出版的《自传：追寻真理的足迹》一书中这样写道：

> 我通过对他们实施以牺牲自由为代价的训练，从而剥夺了孩子们获得以自由和自尊为主题的课程。如果让他们在自由和学习之间做一个选择的话，难道他们不会说宁愿选择一千次前者，也不愿意选择一次后者吗？……因此，我要向那些 20 世纪 20 年代生活在学校和学院奴役堡垒里的青年人呼吁和劝说，为了自由宁愿牺牲教育，（因为）即使从事繁重的体力工作也要比带着奴隶的镣铐接受文化教育好得多……（Gandhi, M. K.：186）。

圣雄甘地是一位爱国主义者，很早就意识到了英语教育传播的深层次问题。他担心印度人会成为西方文化的模仿者，建议用本国语言宣传教育，避免"去印度化教育"。他坚持要让印度人摆脱那种把"学习英语等同于教育，是找到工作的唯一途径"的错误观念。他曾在《印度青年》（Youth India）杂志上撰文批评印度教育的严重西式化问题。他认为西式教育是一项与剥削印度人的外国统治者有关系的事业，这种教育建立在外国文化基础上，没有给印度本土文化留下半点空间，虽然注重开发了人的理性思维，但却没有考虑发展双手（工匠）和心理（情绪和情感）。此外，这种教育的教学媒介是英语，而这样的外国语言无法很好地传递真正的印度知识。他指出：

> 没有英语知识，印度人的思维可能获得最高的发展。在我看来，现在采用英语教育使得接受英式教育的印度人变得没有了骨气，让印度人成为模仿者。任何依靠生产翻译的国家都不可能成为真正的（独立）民族……今日英语成为世界性语言，（但）我却将之列为第二位。英语不应该出现在小学，而应出现在大学课程中，英语只是少数人的选择性语言，而不是千百万印度大众的语言（Prabhu, R. K. & Rao, U. R.：383）。

然而，圣雄甘地很悲哀地看到西式教育在印度民众中非常有市场。他感叹道："印度的孩子们普遍认为，英国教育文凭可以让男孩子在政府里谋到工作，让女孩子们得到好婚姻……整个社会陷入英语的狂热，这只能说明我们印度人的奴性和堕落（Lal, R. B. & Sinha, G. N.：164-165）。"他在《彻头彻尾的罪恶》一文中写道：

> （殖民地的）教育制度是彻头彻尾的罪恶，我要竭尽全力去摧毁那个系统，我认为印度不会从那个制度中得到任何好处。到目前为止，尽管印度获得的好处是建立了那样一个体制，但这并不是体制本身造成的。假设英国人不在这里，印度会和世界其他地方一起进步，即使它继续在莫卧儿帝国统治下，人们也会把英语作为一种语言和文学来学习。（然而）现行制度奴役着我们，不允许我们对英国文学有任何区别地使用（Chowshury, S. R.：IX）。

尽管圣雄甘地本人早年留学英国，接受西方教育（向蓓莉：541-547），但他却反对印度学生出国留学，尤其反对青年人接受英式教育。他警告："我从来都不赞同学生出国留学，我的个人经验证明，其产生的一个结果就是把自己变成了一个'水土不服的人'（Be square pegs in round holes）。只有从本土成长起来的人才会拥有最丰富的阅历和做出巨大的贡献。"因此，他强调："大学教育的目的应该是培养为国家自由不顾生死的人民公仆。……大学教育应该是协作式的，应该与基础教育一致（Prabhu, R. K. & Rao, U. R.：381）。"

这一时期，圣雄甘地的教育思想在民众中间产生了广泛的影响，它使民族教育概念和目标更加清晰，从而使民教运动更加理性，成果和成效也更加显著。其中一个结果就是大量的民族学校、民族学院和大学先后建立。在这个阶段，英属印度政府迫于压力，开始实行"双首政体"制度，1937年，国大党在全国9个省开始掌权，国大党领袖之一贾-尼赫鲁领导的国家规划委开始考虑全国教育体系框架问题，催生了1944年的《萨金特报告》。与此同时，印度人职业教育意识开始觉醒，《阿伯特-伍德报告》也受到普遍的关注。

民教运动是英属印度殖民地后期发生的重要事件，但不是永久性的运动。该运动从兴起到终止，大约经历了半个世纪。这一时期，正值印度民族独立运动兴起，民教运动理所当然地成为其中重要的组成部分。在这一时期，一些民族高等院校相继建立，又逐渐被遗忘，但一些经受住时间考验的高等院校保留了下来，成为这场运动的遗产，最终成为独立后印度高等教育系统的一部分。

二、印度大学重建运动

印度大学重建运动是20世纪初民教运动的重要组成部分。这场运动的发生来自两方面力量的驱动：一是外部社会环境变化，尤其是民教运动和思想大讨论为印度大学重建运动提供了良好的舆论氛围和制度环境；二是传统大学越来越暴露出难以克服的缺陷和矛盾，这就使得20世纪上半叶发生印度大学重建运动成为必然。

（一）背景与缘起

自20世纪初G.柯松推行高等教育新政之后，几届英属印度英王总督均表示愿意进行高等教育改革。一方面，他们同意对早期大学实行转型发展，使之从以考试和学位发放为目的的机构转变为住宿制教学型组织；另一方面，同意在殖民地建立新型大学。如H.哈丁总督就一直劝说英国国会支持印度建立新大学，并将《巴特勒计划》介绍1911年正在印度访问的英王乔治五世（George V.）。当时英土注意到了印度人的反英情绪和诉求，于是指示英属印度官员应该对印度人的教育特别关注。他在参加加尔各答大学一个项目的启动会时指出："我希望在这块土地上，建起大量的中小学和大学，以此培养出忠诚、善良和有用的公民，以便能够使之拥有自己的工业、农业和个人的生活职业（Lal，R. B. & Sinha，G. N.：169）。"英国殖民地统治者对改革的支持为民族大学运动排除了外部政策环境上的阻碍。

事实上，印度大学重建运动发生的内部动力是社会各界对旧式大学的不满以及对新型大学的期待。如瑞鹏学院校长特里迪指出："鉴于（早期大学）移植过程是在仓促亟须情况下进行的，大学建立者们没有认真研究印度本土的具体情况和社会秩序，甚至非常轻视本土文化。伴随印度社会发展，这些大学越来越不能适应社会发展的需要（Ashby, E. & Anderson, M.：47）。"沙-穆克吉教授曾在一篇檄文这样写道：

> 站在一个公务人员的角度看，只把大学看作一个考试机构，而非教学组织，可以视为一种失败。印度大学很难成功地吸引到那些愿意将自己全部时间和精力奉献到创造性研究事业中去的优秀学生群体。从政治和政府角度看，大学无法成功地达到其建立者所希望的样子……从商业角度看，大学看起来让毕业生们感到厌恶，因为他们发现，凭借自己零散的文学知识和一知半解的科学常识，很难赚取低廉的工资，让自己身心结合（Aggarwal, J. C.：30-31）。

面对日益暴露的问题，印度一些民族主义者和社会有识之士开始自发地建设新型大学。尤其是在 1919 年的"双首政体"制度开始实施后，一部分权力从中央政府转移到印度人主导的地方政府手中。20 世纪 20—30 年代，一场轰轰烈烈的印度大学重建运动由此拉开帷幕。这场运动是民教运动的重要成果之一，是印度人民族意识觉醒的重要体现。它是在两个路径上展开的：一是创办新型民族大学；二是改造早期旧大学。

（二）创办新型民族大学

20 世纪 20 年代，伴随着民族教育理论和实践的发展，越来越多的民族主义者意识到了印度大学的缺点。他们建立民族学院和大学的信念变得更加坚定，希望通过创办新型大学或学院的方式，培养政治和社会运动的未来领导者。他们的诉求是"改革教育，走民族化发展道路"，喊出的口号是"印度的教育应该由印度人办，为印度人而办"（Sharma, K. A.：11）。新大学的主要功能是"对抗殖民主义者的奴化教育，阐发民族文化传统，以锻造一个伟大的民族"（马加力：98）。在这种情况下，一批新学院纷纷问世，其中比较有名的学院有拉-泰戈尔于 1901 年建立的毗瑟瓦婆罗提学院（Visishwa Bharati College）①、圣雄甘地于 1907 年创建的工程技术学院、贾-塔塔等人于 1909 年创建的印科研院、迪-

---

① 该学院位于距离加尔各答 150 千米处的圣蒂尼克坦，是一所实验性大学，其目的是摆脱殖民主义框架，将亚洲文化和西方文化融合，成为一所能拥抱新的普世主义的大学。

卡夫于 1918 年创建的第一所 SNDT 女子大学等，这些民族学院获得大量印度企业和私人的捐赠（Suri, S. M.：17）。在这些新建院校中，除了印科研院外，拉-泰戈尔在圣蒂尼克坦创办的毗瑟瓦婆罗提学院最有特色。这所学院的课程完全是按照这位伟大的印度诗人自己的教育理想和愿景设计出来的。他把学院愿景核心定义为"自由"（Freedom），旨在把印度人从殖民主义的束缚中解放出来。因此，他的教育目的观是"实现人的全面发展，把一个学生塑造成一个普世的人"。所有课程旨在培养学生的文化和审美，突出体现课外活动在教育中的作用等（Thakare, S.：34-39）。但殖民主义并不是不自由的唯一来源，婆罗门教和男权世界观也笼罩着印度人的思想，拉-泰戈尔在通往教育自由的道路上也遇到了这些障碍。如 1910 年，一位穆斯林绅士想要送儿子去圣蒂尼克坦的学校，尽管拉-泰戈尔同意接收，但"道场当局"（the Authorities of the Ashram）和学校当局都不同意录取这个男孩（Chowshury, S. R.：45）。

1920 年，圣雄甘地领导组织的"抵制英国货运动"和"非暴力不合作运动"，将民教运动带入新阶段。圣雄甘地宣称：英国教育制度是一种"彻头彻尾的邪恶之源"（Unmitigated Evil），是不切实际的，是毁灭印度人想象力的元凶。圣雄甘地对英式教育的猛烈抨击点燃了印度人创建大学的民族热情。他和国大党其他领导人一道号召学生离开官办学校，进入民族私立学校求学，研修印度民族文化和知识。据统计，1920—1922 年，大约有 6000 名大学生，42000 名中学生退出公立学校（Ibid.）。

为了弥补学生退出公立学校之后的空缺，建立新大学和学院的任务迫在眉睫。在民教运动期间，一些国大党掌权的地方政府纷纷建立起具有民族特色的大学和学院，如前面提到的巴印教大学①等 11 所大学（Sharma, K. A.：8）。很多学校都拥有了自己的附属学院，例如韦迪亚匹大学（Univeristy of Vidyapeth）在古吉拉特邦、喀什邦、比哈尔邦、提拉克邦、马哈拉施德拉邦和贾米亚米力亚穆斯林地区都设立了分校区（Raza, M.：27）。1920—1922 年民教运动高潮时期，圣雄甘地亲自创建了古吉拉特邦的韦迪亚匹分校、喀什邦韦迪亚匹学院分校、比哈尔邦韦迪亚匹分校、提-马哈拉施特拉邦韦迪亚匹分校和加-伊斯拉米亚学院（Jamia Millia Islania）等。这一时期建立的民族学院和学校数如表 3-1 所示。

---

① 巴印教大学的建立源于印度人对一些印度大学西方化的不满。它的建立本身是对英式教育的一种批判。

表 3-1　民族运动高潮时期的民族学院和学校数

省（邦）份	学校数（所）	学生数（人）
马德拉斯	92	5072
孟买	189	17000
孟加拉	190	14819
联合省	137	8476
旁遮普	69	8046
比哈尔·奥里萨	442	17330
中央省	86	6338
阿萨姆	38	1908
西北边省	4	120
其他地区	10	1255
合计	1257	80364

资料来源：根据相关文献编制。

　　总而言之，民教运动时期，民族高等教育发展取得了令人满意的结果。到1922 年，新建民族院系 1257 所，在校生人数达到 80 多万，其中新建大学 17所，附属学院近百所。然而，由于殖民地政府政治、经济力量强大，民族教育发展举步维艰。20 世纪 20 年代末受经济大萧条影响，民族院校建设速度逐渐减慢。由于经费不足，很多院校建立不久之后就中途停办。虽然民族新大学建设蓬勃兴盛了一段时间，但最后还是衰落下来了（马加力：98）。尽管如此，印度民间对举办大学教育的热情依然没有减退。尤其是在穆斯林社会，人民仍然认为发展教育是国家的头等大事，关系着民族从外国统治中获得独立和解放。因此，经济稍加恢复后，私人企业又开始资助学校建设和开展科研活动。一些研究所和技术研究院也逐渐建立起来了（Suri, S. M.：17）。

　　（三）阿-穆克吉及加尔各答大学改革

　　印度大学重建运动的第二条道路是改造早期旧大学，目的是让印度大学摆脱伦敦大学模式的影响，成为真正意义上的新型大学。例如，马德拉斯大学和加尔各答大学开始增加理科教学和科研工作。孟买大学增加了研究生教育和企业教育；阿拉哈巴德大学变成一所教学型大学；旁遮普大学增开了荣誉课程；等等。在这些大学改革中，阿-穆克吉爵士在加尔各答大学实施的改革最具代表性。有历史学者这样评价他的贡献："（他）在扩大印度大学职能范围方面所扮演的先锋角色……改变了加尔各答大学的办学方向。他首次将加尔各答大学的教学和研究结合起来，努力塑造一个综合西方和印度最好教育和文化的印度大学（Alam，S. S. &Alam. S. N.：13-29）。"

阿-穆克吉是一个教育改革家、民族主义者和印度知识分子①，但同时也是殖民地政府高等教育政策的支持者。当很多印度人不支持《柯松计划》，把1904年《印度大学法案》视为一项错误政策时，他却认为新法对印度而言是一次机会，可以在奄奄一息的大学系统内部推进变革，使其充分发挥潜力。1906年，他第一次要求政府承担责任，加快实施高等教育改革计划。他提醒殖民地政府认真对待印度大学普遍存在的问题，如大学扩充迅速，在校生数急剧增加；大学急迫需要发展研究生教育，忽视附属学院建设和改革等。他认为这些问题会导致大学教育标准降低，质量出现滑坡。如果不采取必要措施，它们将给社会和印度大学本身造成极大的破坏。他希望能够组织专家开展调研并解决存在的问题。如果政府能够组织力量，开展对印度大学的调查工作，他及其领导的加尔各答大学愿意积极配合，以防问题恶化。由于他一贯支持政府高等教育改革政策，1906年，英属印度政府任命他出任加尔各答大学校长，使之成为继古-班纳吉爵士之后第二位印度籍校长。殖民地政府的这种任命出于两方面考虑：第一，为了安抚印度知识分子的不满情绪，缓解因 G. 柯松政府"孟加拉邦分治政策"所产生的压力（Datta，S.：61）；第二，加尔各答大学在他的领导治理下是安全的，不会成为政治战场，即使他在加尔各答大学进行改革，那也一定不是革命式的（Palit，C.：Webpage）。的确，阿-穆克吉一直强调，加尔各答大学应该保留已经建立起来的学术传统。在平衡传统与变革之间，他选择了折中主义路线，即将两种教育完美地融合在一起，建立一种古代印度文化和遗产与

---

① 据说，他是英属印度拥有"爵士"（Sirs）头衔的印度人中，对英帝国主义最不尊重和最不畏惧的人。虽然他是殖民地政府任命的校长，但他处处注意以维护大学自治和尊严为己任，绝不向殖民地政府卑躬屈膝，对殖民地政府过度干预大学事务的做法经常表现出不满情绪。因为他"高度自尊、勇气、学术诚信和对英国政府的一贯强硬态度"，所以常被人比喻为"孟加拉虎"。有时，他宁愿得罪殖民地总督也绝不轻易做出妥协。据说有一次，殖民地总督派他去英国访问，目的在于向英国人显示殖民地大学校长的风貌和气质，但是阿-穆克吉的母亲由于某种原因不希望他出访。总督大人闻讯后十分生气，跟阿-穆克吉说："请告诉你的母亲，这是总督大人的命令。"阿-穆克吉丝毫不畏惧，也气愤地回应道："对不起，总督大人，我不接受除我母亲之外任何人的命令，即使他位居总督位置，或者更高的职位。"法国学者 S. 李维（Levi，S.）曾经这样评价阿-穆克吉的勇敢行为："如果这只孟加拉虎出生在法国，他将会超越 G. 克利孟俊（Clemerceau，G.）（注：1841—1929 年，法国政治家、记者、前总理，绰号：法国虎）这只法国虎，在欧洲没有人可以与之相媲美（Aggarwal，J. C.：30-31）。"

现代印度生活各方面有机结合的现代大学体系。一方面，他特别主动地告诉人们，没有现代西方教育，印度国家将无法进步；另一方面，他又指出，印度文化是民族之根，民族价值观和民族精神价值无限（Alam, S. S. & Alam, S. N.：13-29）。阿-穆克吉是加尔各答大学任期最长的校长，前后两次任期8年多。他是一位出色的改革家，在大学框架内实施了很多民族主义改革议程。其主要贡献体现在如下几个方面：

第一，将大学从一个纯粹的应试实体转变为教学机构。印度早期大学基本上是按照英国伦敦大学模式建立的。它们只是学位颁发单位，而非教学实体。阿-穆克吉校长力求改变这一现状，对加尔各答大学做出新定位。1907年，他在大学校长就职演讲中说道：

> 在新规定（指1904年《印度大学法案》）下，学院必须被视为大学不可分割的一部分，其首要职责就是确保大学效率。这标志着我们对大学功能概念的扩展进入了一个独特阶段。我们不再是一个纯粹的考试机构，只规定学习课程，确定标准，测试候选人，并对他们认可盖章。我们现在有一项责任，要使自己确信，培养这些候选人的学院能够保持效率，并且值得继续加入大学。……从现在开始，大学不仅仅是一所发放文凭的机构，甚至也不是学院集合体……这将是一个学习中心、前沿知识扩展中心。这才是真正意义上的理想大学（Datta S. A.：62）。

在加尔各答大学改革早期，说服或吸引年轻人到校园参加不同教育课程学习是一项非常困难的事情。为了实现上述目标，在担任校长期间，他重视学校教学组织和课程体系建设，先后成立了孟加拉邦技术学院（1906年）[1] 和理学院（1916年），开设比较文学、应用心理学、工业化学、古印度历史和文化、伊斯兰教、梵语和巴利语等方面的本科和研究生课程。其间，他努力将孟加拉语作为一门独立学科引入该大学的硕士课程，聘请著名学者阿-高善必[2]担任主讲教授。他还鼓励理科本科生选择硕士研究生课程，继续开展研究性学习。为

---

① 孟加拉邦技术学院是阿-穆克吉校长利用著名人士捐赠建立起来的学院，1928年更名为工程技术学院。

② 阿-高善必（A-Kosambi）（1876—1949）是印度著名东方学研究学者，精通梵语和巴利语，先后在美国哈佛大学、苏联列宁格勒大学和印度古吉拉特邦大学从事巴利语和梵语的翻译和教学工作。后因参加圣雄甘地领导的民族独立运动而被判了6年监禁，是印度著名数学家、统计学家、马克思主义历史学家和评论家达-高善必教授的父亲。

此，加尔各答大学培养了一批优秀学生，如贾-波色爵士①、梅-萨哈②、希-米特拉③等人。这些优秀学生后来都入选英国皇家科学院院士（Datta S. A.：62）。

与此同时，他希望大学能够成为一个真正的以教学和研究为导向的机构，引进德国大学模式，将研究生教学和科学研究纳入大学职能，努力为教学人员从事原创研究提供良好的学术环境。阿-穆克吉是一位有远见的，具有国际视野的校长。他这样做的目的就是想把加尔各答大学打造成为像英国牛津大学、英国剑桥大学、德国柏林洪堡大学一样的研究与教学机构。他曾经说：

> 我们不能坐在可爱的喜马拉雅雪峰旁沉思印度过去的辉煌，不能把宝贵的时间和精力浪费在捍卫那些已经被势不可当的雪崩般的世界变革所摧毁的理论和制度上……。我们不能生活和依赖在被打败的过去。如果我们想生活在可征服的未来，我们必须全力以赴去塑造它的进程。……让我们强烈抵抗一切孤立和停滞的自杀性政策（Alam, S. S. & Alam, S. N.：13-29）。

第二，网罗优秀学者，打造印度科学研究高地。担任校长期间，他利用自己在世界各地广泛的学术网络，聘请很多著名教授和学者加盟加尔各答大学，使之成为学术追求的"蜂房"（Buzzing Hive）。他慧眼识珠，大胆引进印度著名物理学家查-拉曼博士④和哲学家萨-拉达克里希南博士⑤的故事迄今在印度广为流传。查-拉曼博士原来是印度财政部一名默默无闻的官员，利用晚上工作之余在印度科学培育协会做研究。当时阿-穆克吉正在筹建理工学院，他邀请年轻

---

① 贾-波色爵士（J-Bose）（1894—1974）是印度著名数学物理学家，在量子学领域成就显著，是著名的"波色-爱因斯坦凝聚态理论"的提出者。独立后，在印度多个科学研究委员会担任要职，1954年被授予"最高公民"荣誉称号。
② 梅-萨哈（1893—1956）1918年毕业于加尔各答大学，是该校第一位理学博士学位获得者，是印度著名天体物理学家、"萨哈方程"的提出者。
③ 希-米特拉（S-Mitra）（1890—1963）1919年毕业于加尔各答大学，获得理学博士学位，后成为孟加拉邦著名无线电物理学家。
④ 查-拉曼（1888—1970）出生在印度马德拉斯邦，1930年因发现"光散射现象"，提出著名的"查-拉曼效应理论"而获得诺贝尔物理学奖，1954年被印度政府授予"最高公民"荣誉称号。
⑤ 萨-拉达克里希南（S-Radhakri Shnan）（1888—1975）是著名的哲学家和思想家。20世纪20年代任加尔各答大学精神和道德科学乔治五世讲座教授。20世纪30年代中期曾任牛津大学东方宗教和伦理学斯伯丁讲座教授。1947—1967年先后担任印度副总统、总统职务。与拉-泰戈尔一样，他也被誉为印度现代教育的先驱者。

的物理学家查-拉曼博士加盟，但面临着两大阻力：一是财务部不放人；二是查-拉曼的教授职称一时得不到批准。最后阿-穆克吉校长设法解决了这两个问题。例如，他不顾反对，坚持说服某物理学教授让位于查-拉曼，使后者成为物理学教授；阿-穆克吉还赋予查-拉曼自由探索的权力，允许他只做基础研究，不必承担教学任务。然而，查-拉曼热爱教学，他既开展研究项目，又担任教学任务。据说，查-拉曼在加尔各答大学任教、研究和指导学生时，大批有志青年出于对科学研究的向往和热情慕名而来。查-拉曼曾经自豪地说："在加尔各答大学，一所真正的物理学院已经建立，这样的学院在印度其他任何大学都是不存在的，即使与现存的欧美大学相比较，它也是不处于下风的（Chatterjea, A. & Moulik, S. P.：1-14）。"萨-拉达克里希南在受聘之前不过是迈索尔大学一位不知名的讲师。阿-穆克吉看到了他的学术潜力，坚持破格聘之为哲学教授。这两位学者的加盟让加尔各答大学登上了世界学术版图（Ibid.）。

除了聘请了查-拉曼和萨-拉达克里希南两位青年学者之外，这一时期，阿-穆克吉还聘请了来自欧洲和印度国内著名科学家、杰出人文和社会科学学者，包括古典学、历史学、地理学、语言学、音乐学、哲学等领域的专家到加尔各答大学讲学和任教（名单参见表3-2）。在他任职期间到访的主要科学家和学者中不乏英国皇家科学院院士。

表 3-2 阿-穆克吉时期到加尔各答大学工作或讲学的著名教授

姓名	学科	主要任职
查-拉曼	物理学	加尔各答大学教授，诺贝尔奖获得者
巴伯	物理学	塔塔基础研究所（孟买）创始人，印度原子能委员会主席
斯-克里斯南	物理学	达卡大学教授，国家物理实验室主任
贾-波色	物理学	加尔各答大学波色研究所创始人
贾-高希	物理学	加尔各答大学教授
比-萨尼	植物学	鲁克基大学教授
帕-玛哈莎瓦瑞	植物学	达卡大学和德里大学教授
阿-罗伊	化学	印度化学之父
巴特纳噶尔	化学	旁遮普大学教授，后任科学与工业研究委员会主任
西门森	化学	马德拉斯首府地区学院教授，印度科学大学学会发起人之一

姓名	学科	主要任职
萨-马纽贾恩	数学	剑桥大学教授
玛哈拉诺贝斯	统计学	加尔各答首府学院教授，印度国家统计所创建者
萨-班纳吉	应用数学	马加尔各答大学教授
博内	动物学	马德拉斯大学，IIS 班加罗尔分校教授
萨-拉达克里希南	哲学	加尔各答大学教授，独立后当选为印度总统
达-班达卡	历史学	
拉-泰戈尔	文学	毗瑟瓦婆罗提学院院长，伟大爱国诗人

资料来源：Datta S. A.：55-68；Alam. S. S. &Alam S. N.：13-29

第三，以前所未有的规模举办大学筹款活动，扩大办学规模。阿-穆克吉校长是一位筹款高手。1908 年，他通过募捐获得经费，在大学内部成功地设立了"明托经济学教授职位"（Minto Chair Professorship）；1909 年，他又用募捐经费创建大学法学院。1912 年，他将总额 65,000 卢比的政府赠款用于设立"哈丁高等数学讲座"（Hardinge Chair of Higher Mathematics）和"国王乔治五世哲学讲座"（King George V Chair of Philosophy）两个教授岗位。同一年，他说服加尔各答知名律师塔-帕里特（T-Palit）捐赠土地和金钱，市值高达 150 万卢比（当时相当于 10 万英镑，现在市值 1,000 万英镑）。1913—1921 年，另一位著名的加尔各答律师拉-高希（L-Ghosh）在他的游说下先后捐款 3 次，捐款总计 140 万卢比，成为加尔各答大学迄今最大的捐助者。有了这些资源，1914 年 3 月在阿-穆克吉即将结束第一个任期时，他成功地筹建了加尔各答大学理学院，所需费用基本都是从大学筹款储备金中支付。阿-穆克吉退职之后，加尔各答大学的捐赠收入逐年减少（Datta S. A.：63）。1914 年卸任前，他既对自己的工作表示自豪，同时也毫不掩饰地表示某些遗憾和担忧，他说：

> （印度的）姊妹大学都在急于仿效我们大胆开创的东西。我感到一种强大的新闻精神已被唤醒，（这是）一种不会熄灭的精神。在我即将离开工作（岗位）的时刻，这种信念，无论如何对我都是一个深深的安慰。因此，虽然此时我对大学的前途仍然忧虑重重，但内心却感到极大的满足（Datta S. A.：64-65）。

阿-穆克吉对自己工作满意是很好理解的，但遗憾和担忧的原因却很复杂。

一方面，虽然在任期间，他努力进行了很多大学改革尝试，但其很多想法没有得到完全的落实，部分已经实施的改革也没有很好地坚持。另一方面，殖民地政府也不希望，甚至不允许他在加尔各答大学改革道路上走得太远。如当他想把印度大学办成像牛津大学、剑桥大学和柏林大学时，殖民地官员们并不支持，尤其是 G. 柯松总督还讽刺地说：

> 牛津或剑桥这样的住宿制教学型大学拥有古老的建筑，与其历史紧密相关。那里紧凑而健康的竞争生活、青春般的友谊、对性格的正向影响，以及团队的精神气质等，都是英国或其他国家的其他大学无法媲美的。尤其像你们这样一个只能授予学位的考试机构，如何与之相媲美。虽然都拥有大学一样的名称，但两者对学生的影响及影响程度却大相径庭……（Datta S. A.：66）。

显而易见，殖民地政府并非真正支持印度大学向符合民族利益的方向发展。这也恰恰是阿-穆克吉大学改革的一个痛点、难点，甚至是悲剧。

（四）巴印教大学：第一所真正意义上的新型民族大学

新创建的大学中，最具有民族特色和代表性的大学是巴印教大学（注：前面提到的巴拿勒斯印度教大学的简称）。该大学是在著名民族主义者潘-马拉维雅（P-Malaviya）① 和民教运动领袖安-贝桑特夫人等人的共同努力下创办的，整个建设过程艰难曲折，充满戏剧性。

1904 年，民教运动第一次兴起时，就有人提出一项大学改造计划，即将阿里格尔的穆斯林英东学院改造成为社区型大学——阿穆大学。受到这一计划的启发，潘-马拉维雅立刻向地方政府提出建立一所能够更多地开设印度古代历史、哲学、文学和科学等民族本土课程的新型民族大学。不过，他的提案和阿穆大学升格方案一样，都遭到 T. 罗雷和 E. 蒙塔古等英属印度国会议员的强烈反对。然而，殖民地政府的反对并没有动摇潘-马拉维雅创办民族大学的决心。1906 年，他在阿拉哈巴德召开的一次弘法大会上宣布："无论如何都要在巴拿勒斯开办一所民族大学（Sundream, V. A.：I-VI）。"1910 年，潘-马拉维雅的建校方案得到著名民教运动领袖安-贝桑特夫人的支持。后者将建立这所新大学作

① 潘-马拉维雅（1861—1946）出生于阿拉哈巴德邦一个正统印度教家庭，毕业于加尔各答大学，印度独立党创始人之一，素有伟大的爱国者、有远见的教育家、社会改革者、热情的记者、卓有成效的律师、成功国会议员和杰出的政治家多个美称。在众多成就中，最具有纪念意义的是巴印教大学的建立。

为民教运动中的一项诉求，认为这事关"民族路线"和"民族控制"。与此同时，安-贝桑特夫人积极参与申请建校工作，提出自己对新大学的设想。一方面，她开始同意按照原来考试型大学模式建立新大学，但它必须具备三个特征：第一，附属学院必须成为新建大学的有机整体；第二，有关印度历史和文化研究等内容应该列在课程体系中头等重要的位置；第三，教学语言应该使用本地语。她指出："当西方思想被充分研究时，东方思想应起到引领作用。西方知识可以丰富，但不能扭曲或削弱日益丰富的（印度人）生活。"她还强调，大学理科教育、医学教育应该包括东方传统科学知识和医学知识，应该有利于印度社会发展的需要等。然而，安-贝桑特夫人的提议马上遭到殖民地政府的否决。她所提出的重新恢复古典医学教学等设想也遭到印度伊斯兰教学者的质疑。尤其是阿穆大学的筹建者质疑她所强调的"文化"仅仅为印度教文化，而不包括伊斯兰教和伊斯兰文化，大有让婆罗门教垄断大学教育之嫌。于是，她修改计划，亲自给殖民地总督写信，表示新大学愿意接受殖民地政府的监督和领导，而且自己也愿意亲赴伦敦游说英国国会。但殖民地政府并没有被她的表态所打动，而且还紧急电告英国国会不要批准她的计划。结果可想而知，建校方案在英国国会遭到很多议员否决。一个议员本能地反对道："我们怎样对待这位夫人的计划和陈述都不过分。"另一位议员则告诫同事说："这个计划是一个充满神秘主义和玄学想象的大脑创造出的产物……，不会有什么用处和实际后果（Ashby, E. & Anderson, M.：105-106）。"

尽管建校计划遭到殖民地政府的反对，但潘-马拉维雅和安-贝桑特的方案仍受到一些民族主义者，尤其是圣雄甘地、拉-泰戈尔等人的支持和鼓励。1911年，潘-马拉维雅辞去其他工作，将主要精力放到筹建新大学的工作之中，成立了印度教大学学会（BHU：Webpage）。1912年，殖民地政府教育委员会顾问委员H.巴特勒态度发生变化，表示愿意有条件地支持建立巴印教大学。在他的提议下，殖民地政府表示原则上同意创建新大学，也不再反对新大学开设印度教、印度文学、印度历史、古典哲学、古代科学和医学等课程。

这一时期，殖民地政府也正在筹划在达卡建立一所邦属新大学。该大学筹备委员会试图在婆罗门文化和伊斯兰文化之间进行平衡。一方面，未来的达卡邦属大学会把课程重点放在婆罗门文化教授方面，另一方面，又建议成立一个研究伊斯兰文化的教学组织。然而，不论是印度教知识，还是伊斯兰教知识都需要用英语讲授。殖民地政府希望未来的巴印教大学和阿穆大学都能够采用达卡大学的建校方案。当然，这两所大学都不可能接受这样的方案。又经过两年的博弈，1915年，英国议会终于通过了巴印教大学提案（Ashby, E. &

Anderson, M.：105-106）。但是阿穆大学方案一直存在争议，直到 8 年之后，其升格方案才被批准。

在进行筹建大学的过程中，潘-马拉维雅选择了具有几个世纪学习传统、象征智慧和灵性的圣城瓦拉纳西寺庙作为校址，其设想就是将印度古代传统教育与现代西方大学有机结合在一起。他希望以安-贝桑特、圣雄甘地、拉-泰戈尔等伟大人物为榜样，追求知识，唤醒印度民族精神，用教育和正义的力量赢得自由。1916 年，潘-马拉维雅在安-贝桑特博士等人的帮助下举行新大学开办仪式，宣告了印度现代高等教育史上第一所"单一型大学"（Unitary and Teaching University）① 的诞生，实现了印度长期以来的梦想。

巴印教大学是一所典型的新式民族大学，与当时印度其他大学的办学理念和模式都完全不同，它没有模仿英国大学附属制模式，而是一所集住宿和教学于一体的新型大学。它以弘扬印度价值观和传统文化为主要任务，开展教学活动。为了把这所大学办好，潘-马拉维雅从 1919—1939 年亲自担任这所大学的校长，并将这所大学打造成印度和世界公认的知识之都（BHU：Webpage）。正如巴印教大学校监甘-辛格在《巴印教大学：1916—1942 年》一书中写道："巴印教大学的办学旨在打造一个东西方综合体，用印度教古老的智慧和文化同化欧洲科学知识和方法。（实际上）她要打造的是一个崭新而包容的文明，在保留印度教传统中最好的东西之时，接纳赋予欧洲物质力量的新知识（Sundream, V. A.：forward）。"

第四节　英属印度时期高等教育发展

英属印度时期，普通高等教育和技术高等教育是印度高等教育最主要的两种类型。普通高等院校由大学和附属学院构成，而技术高等教育主要由工程教育、医学教育和师范教育等构成。英属印度时期是印度高等教育发展的相对平稳期。由于英属印度政府奉行"自由放纵主义"（Laissez-Faire）政策，任由高等教育自然发展，高等教育在规模和数量上都得到了急剧扩张。1913—1930 年，英属印度政府又新增建 11 所中央大学，多数是教学型的，而不是纳附型的大学。然而，高等教育的快速发展正在以牺牲质量为代价，印度社会各界希望殖民地政府能够重视这一问题。前加尔各答校长阿-穆克吉指出：大学生数量在大规模增加；学校管理层正在计划启动一些研究生教育课程；对附属学院的控制

---

① 即由本大学的直属院系进行教学活动，为学生提供住宿，不接纳附属学院的大学。

在弱化，标准也在下降。他向殖民地政府建议成立专家小组开展印度大学发展状况的调查。1917年，殖民地政府接受了建议，这才有前面论述的 M. 萨德勒委员会及其报告的产生。

一、普通高等教育发展

（一）大学建设与发展状况

在第一次世界大战之前，英属印度大学建设与发展的基本状况是：第一，受民教运动的影响，大学建设取得长足发展，一批住宿制教学型大学相继建立，同时，附属学院数量也在不断增加。第二，大学课程中增加"有关印度"的教学内容，但是西方文化和知识仍然占主导地位，大学教育"西方化"倾向严重。第三，大学课程偏重普通教育，忽视科学、技术和职业教育。据1916—1917年度统计，80%左右的印度大学在校生都在学习普通教育，重视殖民地政府文职人员的培养，忽视培养科学家、技术员和农业专家。第四，大学规模的无序扩张使印度高等教育质量成为人们关注的焦点（Lal，R. B. &Shinha，G. N.：169）。然而，在1929—1947年，由于民族独立运动和第二次世界大战的爆发，殖民地政府建设大学的速度变得缓慢，这期间只建立了3所大学。1947—1948年，自治领分治时期，又有1所大学建立。因此，独立前，印度大学的数量增加到20所，具体情况见表3-3。

表3-3 独立前印度大学一览表

名称	时间（年）	名称	时间（年）
加尔各答大学	1857	德里大学	1922
马德拉斯大学	1857	那格浦尔大学	1923
孟买大学	1857	安得拉大学	1926
旁遮普大学	1882	阿格拉大学	1927
阿拉哈巴德大学	1887	安那马莱大学	1929
巴印教大学	1916	喀拉拉大学	1938
巴特那大学	1817	特拉凡科大学	1943
奥斯马尼亚大学	1918	乌特卡尔大学	1943
勒克瑙大学	1920	萨加尔大学	1946
阿穆大学	1920	拉贾斯特坦大学	1947

资料来源：Kuppusamy, S：51-58.

新建大学与早期建立的大学不同，其基本特点是：第一，除了个别大学之外，所有新建大学都是住宿和教学一体化的大学。教学语言是印度语和当地语言。譬如在1919—1929年建立的8所新大学中，只有3所是纳附大学，另外5所都是教学质量较好的单一型大学。第二，80%以上仍然是本科文理类院校，少数是技术类大学。第三，新大学既不是按照伦敦大学模式，也不是按照牛津大学、剑桥大学模式建立。因为印度民族主义者已经意识到，在殖民地地区，印度大学官员任命是在政府控制下进行的，缺少大学自治传统。校长和副校长基本都是政府官员，大多数都听从殖民地政府的指示。因此，在印度当时条件下，模仿英国模式只能做到"形似而非神似"，不能拥有英国大学的精神。第四，大多数大学都建在大都市和经济相对发达的地区，农村地区高等教育发展水平十分低下。在经济欠发达地区和偏远的农村，英语教育只能是在理论上可获得的，但是在现实生活中实用性不大。在高考录取方面，地区之间差异性也较大。少数人拥有特权，很多科学知识和自由的理念是依靠这些人传达给普通大众，传播到印度传统社会和广大农村地区的。接受过西式教育的少数精英与广大民众之间的鸿沟日益加大。这就迫使青年极力考入西式院校，获得殖民地政府认可的文凭，以便之后得到更好的工作机会。第五，新建立的大学多半是私立性质。很多经费来源主要依靠企业捐赠。(Sharma，K. A.：8)

（二）附属学院发展状况

在印度，任何时候统计附属学院数量都不是一件很容易的工作。人们很难获得有关附属学院数量的准确信息。这不仅是因为附属学院数量增长速度太快，而且许多附属学院与纳附大学之间的关系不是永久性的。换言之，一个学院可能临时附属于某大学，后来被撤销。新大学可以接管以前属于一所或多所旧大学管辖区域内部分或全部附属学院。省（邦）政府甚至可以在不知情或未经相关大学同意的情况下，将某些学院与特定大学联系起来（Haggerty，W. J.：43）。

从时间上看，印度学院的发展先于大学的建设和发展。1935年，《麦考利备忘录》颁布之后，东印度公司殖民地政府确立了西学优先的发展政策，一批英式学院纷纷建立。如1836年的胡格利学院、1840年的达卡学院、1853年的贝兰普尔学院和阿格拉学院等，其主要目的是培养东印度公司所需的底层公务人员。开设的课程包括西方文学、法律、管理和英语等。尽管这些学院没有资格授予学位，但其毕业文凭仍然可以成为进入政府服务和专业领域的"通行证"（Passport）。1854年《伍德教育文告》颁布后，尤其是1857年3所早期现代大学建立之后，很多学院成为新大学的附属学院。早期大学与附属学院之间的依存关系得以确立，附属学院可以从早期大学那里获得相应的教学指导和学位

（Suri，S. M.：16）。1858—1884 年是殖民地新式学院建设的高潮时期。有资料显示：从 1855 年到 1922 年，普通学院数量从 21 所增加到 172 所，学生人数从 4355 名增加到 58837 名（Sharma，K. A.：7）。

由于得到政府的大力支持，英式学院不论是在数量还是在质量方面都超过了本土学院，越来越得到印度本土青年的欢迎。本土学院教育模式逐渐被西方学院教育模式代替。然而，伴随着新学院数量的不断增长，管理附属学院愈加困难。在这种情况下，1860 年，英国国会通过《印度大学学位法》，授权部分新建学院自行发放学历文凭和学位，从而摆脱对纳附大学的依赖。有了这项法律，旁遮普邦等地方省（邦）开始酝酿创办新的学院。1855—1906 年，一批新型学院相继建立，如表 3-4 所示。

表 3-4　1855—1906 年建立的主要学院

学院名称	建院时间（年）	主要特色	地区
加尔各答管区学院	1855	政府举办学院	加尔各答
旁遮普学院	1860	后来的旁遮普大学	旁遮普
拉合尔大学学院	1869	最早的东方学学系	拉合尔
伊斯兰英式东方学院	1875	今阿穆大学	阿里格尔
安拉哈巴德中央学院	1879	采用本邦语言进行教学	安拉阿巴德
弗格森学院	1880	基-提拉克创建	普纳
伯德万学院	1882	不详	西尔地区
瑞鹏学院	1884	瑞鹏政府公办	加尔各答
贾格纳特学院	1884	不详	西尔地区
达卡学院	1884	不详	西尔地区
维多利亚学院	1886	不详	西尔地区
达亚那德英印学院	1886	沙马加（Samaj）创建	拉合尔
班加巴西学院	1887	不详	加尔各答
中央学院	1887	公办改制	阿拉哈德
杰索尔学院	1887	不详	西尔地区
乌塔帕拉学院	1887	不详	豪拉地区
库奇比哈尔学院	1888	不详	豪拉地区

学院名称	建院时间（年）	主要特色	地区
布拉加莫汉学院	1889	不详	比尔普姆地区
克里什那昌德拉学院	1897	不详	比尔普姆地区
中央印度教学院	1898	安-贝桑特创建	巴拿勒斯
帕布纳的爱德华学院	1898	不详	比尔普姆地区
科米拉维多利亚学院	1899	不详	比尔普姆地区
迈门辛格城市学院	1901	不详	加尔各答
孟加拉民族学院	1906	第一所真正的民族院校	孟加拉邦

资料来源：根据相关资料整理。

（三）自治型学院的发展状况

在新建学院中，一部分仍然属于附属学院性质，接受某些纳附大学管辖，还有部分属于"自治型学院"①，部分地获得了独立办学权和文凭发放权。在新建自治型学院中，有的院校仍然以传授东方学为主，重点讲授宗教知识和世俗知识。有的院校偏重技术教育，开设测量和民用工程等课程。这两种自治型学院的教学语言基本上都采用本地语言，办学目的在于满足印度社会下层人民的需要。其中部分自治型学院后来都转变为大学或准大学，获得独立授予学位的权力。在新建自治型学院中，除了少数学院是从旧式学院改造过来的官办学院（即公立学院，政府学院），如加尔各答管区学院（1855 年）和中央学院（1887 年）等，大部分学院都属于新建私立学院（Ibid.）。

新建西式自治型学院在印度高种姓中备受欢迎。很多学院基本复制欧洲或英国多科技术学院的模式，传授实用技术。在这类学院中，西方文化和科学是教学的主要内容，欧洲教师也独霸一方，一统天下。相比之下，新建的民族自治型学院不能像它们那样为学生提供进入殖民地公务员体制的学历文凭，教师工资待遇也不高。几乎所有新建本土自治型学院都处于尴尬境遇，面临前所未有的严重危机。如孟加拉邦 190 多所梵语学院总共只有约 2300 名学生，每所学院只有一名教师，这些学院中只有两所享受政府财政资助（王长纯：69—74）。但是，这一时期值得一提的是 19 世纪 70—80 年代发生在旁遮普邦的"辛格-沙

---

① 这一时期的"自治型学院"不是真正意义上的自治型教育机构。"自治学院"这一概念首次出现在 1966 年《达-科塔里委员会报告》之中。

巴运动"（Singh Sabha Movement）①。经过辛格-沙巴运动，传统自治型学院和本土文化得到一定恢复和重建，其中包括"首席节会"（the Chief Khalsa Diwan）②建立本土自治型学院、孤儿院、医院等。

二、高等工程教育的发展状况

如前文所述，高等工程教育发轫于 18 世纪末。马德拉斯测量学院、埃尔芬斯通研究院等基本上都是殖民地政府早期建立的工程技术学校。然而，由于这几所"院校"基本属于中等教育水平，因此，从严格意义上来讲，到 19 世纪中后期，印度才正式产生了高等工程教育（AICTE：15）。

（一）"斯坦利计划"及其影响

伴随着殖民地统治的深入，尤其第一次独立战争（1857—1858）结束后，殖民地政府与印度本地人之间的矛盾日益加深，英属印度殖民地统治者对印度人进入公共工程部门和公务员高级团队产生了偏见和不信任。他们不相信本地技术学院能够培养出英属印度殖民地所需要的高素质的、可靠忠诚的工程技术人员。因此，他们一直不支持发展本土技术院校，然而，从另一方面看，殖民地经济社会发展对高等工程技术人员需求量很大，仅有的几所技术院校培养出的工程技术人员根本无法满足经济社会发展日益增长的需求，导致这一时期印度工程技术人才供求矛盾日益紧张。为了减轻日益增加的工程人才短缺的压力，英属印度殖民地国务大臣 M. 斯坦利（Stanley, M.）勋爵提出著名的"斯坦利计划"（the Stanley Scheme）。该计划建议在伦敦设立印度工程教育办事处，专门负责征聘年轻英国工程师远赴印度，服务于印度公共工程部门。征聘方式是通过实施有限竞争的印度公务员考试办法，遴选殖民地所需要的工程技术人员。考试科目包括：英文及英属印度历史、代数、几何、力学、流体静力学、水力学、技术制图、评估和工程测量及仪器使用等。历史试卷的答案要求是描述性的，没有任何测试分析解释性能力的题目，其中两道题目是：列举英国在亚洲的属地（第 5 题）；谁是海德·阿里？他的结局是什么呢？（第 8 题）。考试总体通过率为 60%，合格考生随后被派往印度，选择印度 4 所工程学院中任意 1 所

---

① 辛格-沙巴运动是 19 世纪后期，锡克教徒发起的反对基督教等西方宗教，恢复印度传统宗教的运动，其间提倡恢复传统宗教，建立东方院校，提倡使用旁遮普语教学和普及识字，扫除文盲等。

② 首席节会是一个具有 111 年以上历史的锡克教非政治组织，在旁遮普邦具有广泛的社会影响力。

接受短期岗前培训,然后就进入生产领域。

由于对印度殖民地缺乏了解,愿意去印度工作的英国青年人数不多,即使报名参加考试的申请人个人素质也不高。据说,第一次报名参加考试的只有 15人,而且通过考试的合格生只有 1 人(Black, J.:211-239)。19 世纪 70 年代,印度工程人才短缺问题仍然没有得到解决。为了解决这个问题,1870 年,英国政府在萨里郡的库珀山创办了一所工程学院,并取名为"印度皇家工程学院"(Royal Indian Institute College)①,目的是在英国本土培养印度所需要的工程技术高级人才。这一做法也是"斯坦利计划"的一个组成部分,虽然实施这个计划缓解了印度工程技术劳动力市场人才短缺问题,但对印度工程学院培养出来的本土毕业生就业产生了极大的冲击。由于一些本土工程院校大量的毕业生找不到合适的工作,导致印度本土工程学院建设速度迟缓。英国历史学者米塔尔(Mital)分析,印度皇家工程学院的存在抑制了印度 4 所土木工程学院的发展,他在评价这段历史时写道:

> (印度皇家工程)学院……既生于争论中,也死于争论中。从教育机构的寿命来看,它的寿命很短,对英国工程教育历史没有产生任何影响,也没有被提及。它篡夺了一个章节……因为它有效地阻碍了 4 所印度工程学院的发展,鲁尔基工程学院受影响最大。如果没有库珀山学院的崛起,鲁尔基工程学院在规模、设施和产量上都将在 1875 年达到其 25 年后的水平(Ibid.)。

(二)两份重要报告及其影响

1886 年,英属印度政府成立了一个由国务秘书 M. 唐奈尔(Donnell, M.)领导的教育委员会,又名"M. 唐奈尔委员会",主要职责是对印度专业教育现状展开调查。由于 M. 唐奈尔对殖民地情况比较了解,在他的领导下,一份名为《印度专业技术教育现状和未来展望》的调查报告很快出炉。报告指出,由于政府和社会长期不重视职业技术教育,导致印度专业技术类院校和人才极其匮乏,无法满足快速发展的殖民地社会需要。报告呼吁政府重视职业技术教育,抓紧建立新的专业技术院校。报告一经发表,在社会上产生很大的反响。国大党领袖在代表大会上大声呼吁,发展职业技术教育是印度教育发展所必需的,殖民地政府应该予以重视。

---

① 该学院还被称为库珀山学院或"冰院"(ICE,是印度土木工程学院的缩写)。1906 年该学院搬迁到印度后不久就关闭了。

1898 年，G. 柯松出任印度殖民地英王总督。他像伍德伯爵一样，是大英帝国殖民主义的忠诚者，他甚至拥有比伍德"期待英国统治永久保留（在印度）"更加强烈的信念（Ashby, E. & Anderson, M.：73）。到任不久，他便对麦克·唐奈尔委员会的报告产生兴趣。1900 年，他委托 E. 巴克（Buck, E.）爵士组建新的委员会再搞一次更加深入的专业技术教育调查，旨在为其政府决策提供有益的信息和改革建议。很快巴克委员会完成调查任务，写出《巴克报告》。报告认为，印度普通院校与专业院校比例严重失调。全印度共有文法学院 140 所，学生 17000 多名，而专业学院只有 8 所（4 所工程学院和 4 所医学院），在校生数（不包括法律学院）加起来才 2491 人。《巴克报告》大胆地建议：政府应该成立一个新行政部门，负责职业技术教育事务，专门管理技术类学校和院校（Basu, A.：361-374）。

在研究《印度专业技术教育现状和未来展望》和《巴克报告》之后，柯松政府决定发展专业技术教育。然而，这里需要指出，虽然 G. 柯松表示对技术教育发展感兴趣，但其真实的想法是发展中等技术教育。他认为，殖民地不需要高级工程师，而只需要普通技术员，因此不需要发展高等专业技术教育。他的想法与那些真正想促进国家工业化进程的民族主义者和爱国企业家们的愿望之间存在较大差距。

1910 年，新任总督 H. 哈丁伯爵上任后，意识到发展殖民地技术教育的必要性和紧迫性，决定推进高等工程院校建设。这时，《伦敦时报》记者 V. 希罗尔（Chirol, V.）向他建议：何不借此机会让英国政府向印度殖民地赠送千万卢比用于发展技术教育，以安抚印度殖民地的民心。H. 哈丁总督接受了这个建议，向英国国会提交申请报告，希望政府将棉花消费税专门用于技术教育发展，同时还拟请国王参加杜巴加冕礼，借机宣布这笔来自英国的，用于惠及印度人的千万卢比大礼。他在报告中写道："此举将极大地吸引印度人的想象和易受影响的意识……（我们）可以满怀希望地相信，这样一来，所有持怀疑态度的温和派都会站到忠诚一边，在相当长的时间内，他们不会再听到任何煽动叛乱的声音（Basu, A.：361-374）。"然而，英国国会拒绝了这个提议，答复是"英国国会永远不会同意这样的建议"。显而易见，英国殖民统治者内部对发展工程教育意见是不统一的，印度高等专业技术教育在发展过程中始终面临着来自各方面的阻力，发展举步维艰。

（三）高等工程教育在缓慢中成长

自 19 世纪 80 年代以来，大批印度知识分子的民族意识开始觉醒，意识到国家建设迫切需要大量的专业技术人员。虽然他们希望殖民地政府能够重视职业技术教育，加快高等工程院校建设，但现实也让他们一次次失望。他们知道自己的想法不过是一厢情愿，因为发展工程教育不是殖民地政府所关心的重点。无奈之下，印度人只能依靠自己做一些事情。他们出钱支持发展高等专业技术学院。如 1887 年，维多利亚·朱比利科技学院（Vitoria Jubilee Technical Institute）在私人捐赠项目的支持下创办起来，目标是培训电气、机械和纺织工程的专业人员（张怡真、杜凯华：25-29）。

1905 年 12 月，印度实业家协会和印度国民大会在巴拿勒斯联合召开第一次工业会议（此后每年都召开）。会议代表呼吁政府建立更多的工程学院，他们向殖民地政府建议至少再增加一所央属多科技术大学和若干所邦属技术学院，但是，他们的提议遭到殖民地政府的否定，理由是提议目标模糊不清或不切实际。看到殖民地政府不支持的态度，印度民间和企业界开始自发地支持建设一些大学工程系或技术教育中心（Basu, A.：361-374）。

进入 20 世纪，伴随着民教运动和印度大学重建运动的兴起，殖民地政府的教育政策也有所改变，这些变化为工程教育发展创造了条件，一批工程学院陆续建立起来，主要院校名单参见表 3-5。

表 3-5　1900—1946 年建立的专业技术学院

学校名称	建校时间（年）	地点
贾德普尔工程技术学院	1907	贾德普尔邦
勒克瑙工业学校	1909	勒克瑙邦
孟加拉邦纺织学院	1909	赛兰坡邦
孟加拉邦技术学院	1910	孟加拉邦
巴拿勒斯制皮业培训中心	1912	巴拿勒斯邦
坎普尔编制业培训中心	1912	坎普尔邦
巴拿勒斯大学工程学院	1916	巴拿勒斯邦
H. 巴特勒技术学院	1920	坎普尔
班加罗尔科技大学学院	1920	班加罗尔
印度矿业学院	1926	丹巴德
M. 拉甘工程学院	1930	拉合尔
安得拉大学工程系	1935	安得拉
孟买化学技术大学系	1934	孟买
摩维技术学院	1940	摩维
瑞安珀尔普尔邦多科技术学院	1942	瑞安珀尔

续表

学校名称	建校时间（年）	地点
贾雅查玛罗金德罗职业学院	1943	班加罗尔
拉斯梅纳理恩技术学院	1943	那格浦尔
阿拉嘎帕凯迪技术学院	1944	葛林迪
安纳马莱大学工程技术系	1945	泰德
哥印拜陀技术学院	1946	哥印拜陀
安纳布尔技术学院	1946	安纳布尔
卡基纳达技术学院	1946	卡基纳达

资料来源：根据相关资料整理

这些新建工程院校分成两种情况：一是老院校的升级换代。很多新工程院校是在早期专业技术学校基础上通过扩充、升级方式建立起来的。如从1909年起，鲁克基工业学院（1892年建立）开始扩大招生，增设了土木工程、机械制造等专业。二是创办新工程院校。从1904年到1913年，印度专业技术学校和学院数量已经从原来的88所增加到218所；在校生人数从5072增加到10535人①（Sebaly, P. K.：309-320）。

1920年是印度高等工程教育发展的分水岭。此前，殖民地高等专业技术院校追求数量增长，之后，一些高等工程学院在追求规模和数量增长的同时，开始增强质量意识，重视质量保障。为了实现这个目标，印度高等工程院系成立了专业院校联盟，制订行业标准。1904年，印度高等工程院校在加尔各答成立了最早的专业技术教育协会，旨在促进印度科学和工业教育发展，主要功能是选派留学生到日本、美国和其他欧洲国家学习。进入20世纪40年代，印度国大党逐渐掌握地方政权，开始重视发展高等专业技术教育，制订专业技术教育发展规划。1940年，英属印度政府劳动部启动《战时技术员培训计划》，要求各个专业技术院校参与项目实施，大学设置工程教育系。这些政策和措施极大地推动了工程技术教育的发展。在1944—1946年间，一些技术大学和综合大学陆续设立了工程教育系。

---

① 这些数据包括中等教育技术学校和在校生人数。

三、高等医学和教师教育体系的发展状况

（一）现代医学教育体系的建立与发展

20 世纪初，英属印度现代医学体系初步建立起来。在 H. 哈丁和 V. 切姆斯福德统治时的 1910 年到 1920 年，英属印度政府先后建立几所医学教育和研究机构，如勒克瑙第五所医学院、加尔各答热带医学院、孟买帕雷尔细菌实验室等（Basu，A.：361–374）。1913 年，安哥拉、孟买、加尔各答、拉合尔和马德拉斯等地的医学院还招收女生，女大学生总数达到 81 人①。1916 年，德里地区创办了第一所专门招收女生的医学高等院校——哈丁女子医学院。1918 年，又建立韦洛尔基督教医学院（Vellore Medical College）。这几所医学院校的毕业生因具有卓越熟练的学科知识和技术而获得良好的社会声誉。有资料统计，1926 年，英属印度殖民地医学院数量已经达到 10 所；到 1939 年，又增加 6 所，总数达到 16 所，并建立了 19 所医学学校；到印度独立前，医学院数量增加到 19 所。公立医学学校增加到 24 所（曾向东：151；王长纯：367）。20 世纪 20—30 年代，英国医学学会总会不断要求印度医学院提高水平，对于达不到标准的院校不予认可，或者撤销许可。这一时期，医学教育得到较大发展。

英属印度时期，在医学教育发展过程中，印度医学理事会发挥了重要作用。该组织不仅在业务上指导和管理医学院校，协调政府和医学院之间的关系，更主要的是它还在殖民地医学界与英国本土医学总会之间架起沟通的桥梁。众所周知，印度 3 所早期大学建立之后，印度医学院分别称为附属医学院，这些附属医学院不能授予学位，毕业生不仅要另外获得大学毕业文凭，同时还需得到英国医学协会的行医许可。第一次世界大战之后，英属印度殖民地医学界与英国医学总会之间在学位认证方面开始产生矛盾。为了摆脱英国医学总会的控制，1930 年，英属印度殖民地医学界举行会议，决定成立自己的理事会，这才促使前文所提到的 1933 年印度医学理事会的成立。该理事会是印度立法机构授权管理医学院校教学和考试过程的权力机构，主要职责就是管理印度医学教育，向有开业资格的医学毕业生发放行医许可证。正如其首任会长法-胡塞恩在就职演说中所表达："就是让这个机构在国内有好效率，在国外有好声誉（Basu，A.：361–374）。"

---

① 1875 年之前，印度医学院不招收女生。直到 1875 年允许 4 名女生进入马德拉斯医学院学习之后，这种情况才有所改变。

（二）现代教师教育体系的发展

在英属印度统治之前，殖民地师范院校建设已经取得一些成绩，但总体水平不高，很多院校停留在中等教育水平。进入英属印度时期，殖民地政府开始对教师教育发展提出新要求，逐渐形成了现代教师教育体系。1859 年，印度国务大臣 M. 斯坦利爵士认为，虽然《伍德教育文告》宣称要建立合适的教师培训机构，但合适的教师培训机构在印度殖民地仍然没有建立起来，因此，他提出要加速推进殖民地教师教育机构的建设，前提是要提高师范院校建设的经费（Lal，R. B. &Sinha G. N.：506）。

1880 年，印度普纳地区率先成立了德坎教育学会。最初这个学会只是一些民族主义者创立的政策研究机构，目的是通过教育理论和政策研究促进教师培训机构和师范学院的发展。1885 年，殖民地政府成立了印度第一所高等师范院校——格森师范学院（Genssen Normal College），开始为印度培养年轻的教师。1886 年，马德拉斯中央师范学校升级为教育学院，成为马德拉斯大学的附属学院。1889 年，那格浦尔培训学院新增了一个二级培训部门，负责教师培养。1895 年，大君培训学院（Maharaja Tvaning Collee）在特里凡得琅成立，负责首府地区的教师培养工作。1896 年，勒克瑙地区的伊莎贝拉学院首创了英语教师资格证考试培训课程。1899 年，孟买创立了中学教师资格证（S. T. C.）考试（Ibid.）。到 1900 年，印度已经拥有 133 所师范院校和 50 所教师培训机构，其中 6 所属于高等院校，分别位于阿拉哈巴德、赞普尔、拉合尔、拉贾芒得里和金奈等地（Lal，R. &Sinha G. N.：506）。然而，殖民地仅有的 6 所高等教师教育和培训学院无法满足社会需要。1904 年，G. 柯松政府制订了包括发展教师教育在内的计划。新计划拥有一个明确的目标：大力发展教师教育。新计划指出："如果想要提高中学教育质量，改变学生死记硬背的学习习惯，当务之急是使教师接受教学艺术培训……现在是时候把系统扩展到以前未发展的省份去了，不仅培训机构数量要增加，提供的培训质量也有待提高（王长纯：551-552）。"在《柯松计划》中，殖民地政府提出了（师范）毕业生和其他学生的培训年限，希望教师"培训计划"能够把理论学习与教学实践紧密相连，每个培训学院都应该重视实习学校工作，并对实习学校师资、教学设施等提出相应要求（Lal，R. B. & Sinha G. N.：506）。殖民地政府对教师资格认定有了新规定，如1904 年，亨特委员会建议政府对"大学毕业生只要求读一年学位课程，学位由大学授予"，这开启了中学教师本科化的先河（王长纯：551-552）。

1913 年 2 月 21 日，《哈丁教育决议》正式发布。新政策要求，提高教师教育入职门槛，"教师应该通过本国语中级考试，并有一年时间的专业训练"，获得相应的教学能力，证明自身有能力从事教书育人工作（Aggarwal，J. C.：37）。该计划颁布不久之后，孟买等地就先后建立了几所教师培训学院，如 1906 年在孟买成立的中等培训学院、1908 年在加尔各答建立的 D. 黑尔培训学院、1908 年在巴特那建立的教师培训学院（Patna Training College）、1910 年在达卡建立的达卡教师培训学院和 1911 年在贾巴普尔建立的斯彭斯培训学院（Spence Traning College）等。这个阶段，印度的教师培训学院从 6 所增加到 11 所，课程设置进一步增加难度（Lal R. B. & Sinha，G. N.：506）。殖民地中央政府对各地方政府发布了一条通报，要求制订加快师资培训的计划，但由于第一次世界大战爆发，这些教育措施没有得到很好的执行（李英：29）。

1919《萨德勒报告》第 12 条建议"大学里应该创办教育系……中间学位和学士学位考试应该包括教育"（Aggarwal，J. C.：41）。不久之后，一批教师培训学院和大学教育系先后建立。到 1921 年年底，在英属殖民地已经有 13 所大学建立了教育学院。

20 世纪 20 年代，殖民地师范教育进入一个相对平稳的发展时期。1925 年，马德拉斯地区建立了威灵顿夫人培训学院（Lady Wellington Training College）和马德拉斯大学附属教育学院。1929 年《哈托格报告》颁布后，英属印度政府接受建议。1932 年，殖民地政府在新德里地区建立了"欧文夫人学院"（Lady Irwin College）和阿拉哈巴德教师培训学院（ATTC）。同年，安得拉大学教育学院设立了第一个教育学士课程。1936 年，孟买大学附属教育学院创办了第一个教育学硕士学位。1936—1937 年，共有 15 所机构开设中学教师培训课程，招生 1488 人，其中包括 147 名女性（李英：29-30）。经过半个世纪的努力，殖民地现代教师教育体系终于建立起来，为独立后印度高等教师教育发展奠定了良好的基础。

下 编 **02**

| 独立后印度高等教育 |

第四章

计划经济时期（1947—1984）

对印度人民来说，独立日标志着一个充满新愿景时代的开始。……1947 年 8 月 15 日这一天仅是结束殖民政治控制的第一站、第一次突破。现在，几个世纪的落后状况需要克服，自由斗争的希望需要实现，人民的希望需要满足。印度人民及其领导人以某种热忱和决心承担建设国家的任务，对其取得成功的能力充满信心。

——贾-尼赫鲁（Chandra, B. et al：1）

印度历史是遭受全面破坏的历史，即使是独立后的历史，也是由少数民族主义领导者推动的从英国殖民地统治向印度独立转变的独角戏。这些少数民族主义者基本上接受的都是西式教育，并不真正懂得印度下层工人和农民的处境。因此，印度民族解放独立日远不值得庆祝，相反应该被视为一种历史悲剧加以反思。

——卡-沙尔玛（Sharma, K. A.：4-8）

印度和巴基斯坦分治后，印度从英国殖民统治下获得完全独立，成为一个主权独立的国家。1947 年 8 月 15 日是印度独立日，凌晨，德里红堡上三色旗冉冉升起，这表明饱受苦难的印度人民终于摆脱了英国殖民统治，翻开了历史新篇章。印度首任总理贾-尼赫鲁庄严地向全世界宣布："在午夜钟鸣之时，当整个世界还在酣睡时，印度醒来了，它获得了新生和自由。"然而，印度被英国殖民统治长达两百多年，已经深深地烙有英属殖民地的遗传印记，即使在印度独立后，这种印记也在相当长的时间里仍然存在。换言之，1947 年英属印度殖民地统治的结束，不过是在统治控制权上断绝了和强大宗主国家的联系，但由于印度仍为英联邦成员，在思想和文化上它并没有，也不可能完全割断与英国连接的"脐带"。

独立后，印度经济社会发展大体上可以分成两个时期。一是计划经济时期

（1948—1984），即从贾-尼赫鲁执政开始到英-甘地执政结束。这一时期，主要是贾-尼赫鲁家族掌控国大党领导权，基本一直沿用"甘地—尼赫鲁社会主义"体制（尚劝余：144-155）。二是市场经济时期（1984—），即从拉-甘地上台执政迄今。[①] 这一时期，受西方新自由主义思潮的影响，印度开始进行经济改革与转型，是走市场化、私有化和自由化道路的时期。

第一节　计划经济时期社会状况

一、贾-尼赫鲁时期：社会主义计划经济体制

印度独立后，国大党组成新一届政府，推举德高望重的贾-尼赫鲁担任首届政府总理。贾-尼赫鲁是一个有魅力、有理想的领导者，具有带领独立后印度走向社会主义民主国家的雄心壮志和爱国主义情怀，被誉为"现代印度的建筑师"，是 20 世纪最伟大的印度人之一（Chandra，B. et al.：238）。一位到访过印度的美国记者曾经这样评价，"印度对我们只意味着两件事情：饥饿和贾-尼赫鲁（Guha，R（a）.：150）。"贾-尼赫鲁曾这样激励印度人："我们都是正在从事伟大事业的小人物，但是正好是因为事业伟大，那么有些伟大的事情也就落到我们肩上（Ibid.）。"贾-尼赫鲁治理印度 17 年（1947—1964），秉承"主权独立""社会主义""世俗主义""民主主义"和"共和主义"等宪法基本原则，接受苏联计划经济模式，推行社会主义计划经济体制，努力将印度建设为一个现代民主型社会主义国家。这一时期被历史学家们称为"贾-尼赫鲁时期"。

（一）经济社会状况：一穷二白的国家

印度独立意味着一个充满愿景时代的开始，但同样也面临着英国殖民统治遗留下来的社会现实：经济不发达、极度贫穷、90%以上文盲率、疾病广泛流行，以及严重的社会不平等问题。从经济角度上看，印度仍然是一个以农业为主的国家，农业人口占70%（或超过 3 亿人），农业收入约占国民总收入的50%（Haggerty J. W.：17）。在工业领域，除了英属印度殖民地时期的交通、通信、矿山、能源、原材料加工业之外，工业基础十分薄弱，而且大部分工业部门几乎都是小型企业，归私人所有。在文化领域，印度长期属于宗教国家，宗教宽

---

① 尽管市场经济改革的历史仍在继续，印度正处于纳-莫迪政府时期，但作为一本高等教育历史著作，本书把时间定格在 2014 年曼-辛格政府结束。

容与宗教冲突在历史上交替出现。虽然基于歧视的种姓制度已被废除，但种姓等级传统观念与印度个人、家庭和社会生活交织在一起，宗教问题十分复杂。在教育方面，发展极其不平衡，全国平均文盲率高达70%（Ibid.：13）。可以这样说，1947年的独立仅仅标志着英国殖民统治的结束，是政治上的第一次突破，但整个社会并没有彻底摆脱殖民地文化的影响。新政府一方面需要继承殖民地遗产，另一方面还要努力克服其负面影响，尤其是几个世纪留下的落后状况。

独立之初，印度人以某种热忱和决心憧憬国家的未来，对实现成功的能力充满信心。贾-尼赫鲁在独立前夕著名的《与命运幽会》（A Tryst with Destiny）演讲中就反映了这种情绪。他讲道："我们为获得自由而感到欣悦，尽管乌云仍然布满天空，我们的人民依然感到伤痛，重重困难依然环绕着我们。但自由必然带来责任与重担，作为自由而自律的人民，我们必须一起直面这些重负（施美均：文汇 WHB. cn）。"这段讲话在印度社会产生很大影响，被认为是"自治领时代"（The Ages of Dominion）① 南亚次大陆最值得铭记的箴言。

（二）贾-尼赫鲁的"社会主义型"治国理念

印度社会主义型计划经济模式是印度建国后采取的一种国家发展模式，是贾-尼赫鲁治国理念在政治、经济、文化和教育各个领域的集中体现。贾-尼赫鲁是一位民族主义者和社会主义信奉者。早在1929年他就自诩是"社会主义信徒"。1938—1940年，贾-尼赫鲁担任英属印度政府计划委员会主席，负责指导国家经济发展计划。在那个时候，他就承认自己的社会主义观是受马克思主义观点的影响。他指出："我相信，解决世界和印度问题的唯一途径是社会主义。……除了社会主义外，我看不出有任何办法可以消除印度人民的贫困、大量失业堕落和耻辱（张淑兰：104-109）。"当选为独立国家总理后，他继续坚持社会主义计划经济路线，把建设社会主义现代化国家视为印度未来的发展方向。像大多数民族主义领导人一样，贾-尼赫鲁认为，社会主义国家现代化是印度发展治国理念的最高目标，具体内容涉及如下几个方面：国家统一、议会民主、工业化道路、社会主义、科学精神、世俗主义和不结盟主义（Shailesh, K.：Webpage）。

---

① 自治领是大英帝国殖民地制度下一个特殊的国家体制，是殖民地迈向独立的最后一步，除内政自治外，自治领还有自己的贸易政策，有限的自主外交政策，也有自己的军队，但英国政府才有宣战权。1947年6月3日，根据《蒙巴顿方案》，英属印度殖民地分为以印度教徒为主体的印度和以穆斯林为主体的巴基斯坦两个自治领。1947年8月15日，印度自治领政府宣告成立。1950年1月26日，印度宣布成为独立的共和国，但仍为英联邦成员国。

在政治制度方面，首先强调"国家统一"（或称"国家一体化"）。他指出："我们必须把发展印度人的团结意识放在最优先位置，……在过去几个世纪，印度之所以成为外国统治的猎物，就是因为缺乏一个强有力的中央政府（Shailesh, K.：Webpage）。"要学习苏联计划经济模式，走"社会主义类型"社会发展道路。1955年，他第一个提出"社会主义类型社会"（the Socialist Pattern of Society）的概念，并解释说：

> 社会主义类型社会，即用中间道路型社会主义，或民主型社会主义的方式进行经济建设。……印度社会主义既不是资本主义的，也不是共产主义的，既不是苏联式的，也不是中国式的社会主义。……当我们说"社会主义类型社会"时，……在这个社会里每个人都有同等的机遇，都能过美好的生活。……必须时刻记住社会主义并不是传播贫穷。最根本的事情，是必须扩大生产和增加财富（李连庆：16；朱明忠：57-64）。

显而易见，贾-尼赫鲁的"社会主义类型社会"理论既不是马克思主义所主张的社会主义，也不是欧美国家所实行的资本主义，而是一种具有印度特色的社会主义和资本主义的混合物。有学者指出，贾-尼赫鲁本人理解的社会主义是西方资本主义与印度甘地主义相结合的产物（周晓明：27）。譬如他主张实行议会民主制度，他认为"这是印度政府的唯一适当形式。……因为其他政治形式更糟糕"（Shailesh, K.：Webpage）。在他看来，社会主义方法解释了其他方法无法解释的现象。社会主义既不仅仅是一种经济教条，也不仅仅是一种社会组织形式，而是一种建立在制度被彻底改变基础上的人类新文明，但这种制度显然不是社会主义的，而是英国及其殖民地多半采取的政治形式。贾-尼赫鲁及其他印度领导人大多接受英国教育，深受西方民主议会制度的影响，贾-尼赫鲁有这样的治国理念显然不足为奇。

在经济领域，重视国家工业化和现代化。贾-尼赫鲁指出："工业化是国家意识形态第三个组成部分。经济发展的杠杆不是农业，而是工业。如果没有大规模工业化，印度就不能永久消除贫困，满足人民的合法愿望。"更重要的是，"现代世界是工业化时代，一个不能跟上工业化步伐的国家必然很脆弱，容易受到外国统治"（Ibid.）。对他来说，以工业为主导可以更多地促进经济情况的改变。

在科教领域，重视科学技术发展。贾-尼赫鲁认为，国家目标是培养人民的科学素养、文化素养和生活态度。在这一点上，贾-尼赫鲁并不是单纯强调科学和技术发展，而是优先考虑培养经验主义的理性思维和生活方式。他强调，印度要想成为一个像欧洲一样强大而充满活力的社会，就必须学会科学地思考和行动。他的金句就是："政治和宗教都过时了。……科学和灵性时代已经到来（Binod，R.：Webpage）。"他还指出："（印度）要想获得真正的自由和独立，就必须依靠人才，发展高新技术（刘晓霞：16）。"1958 年 3 月，贾-尼赫鲁政府成立了科学与工业委员会，他本人亲自担任委员会主席，主持制定《科技政策决议》。该决议强调科学在实现国家现代化中的关键作用，呼吁印度人从获取和应用科学知识中得到好处。该决议指出：

> 一个国家要实现现代化，必须在引进科学技术方面付出巨大代价，还要不惜高价培养和获得科技人才和咨询人才……保证在国内培养足够数量的高质量的科学家，并把他们的工作视为国家力量的重要组成部分……以尽可能快的速度鼓励和执行各种培训科技人员计划，使其规模能够满足印度在科学、教育、工农业和国防等方面的需要（Power，K. B.：31）。

在宗教文化政策上，贾-尼赫鲁政府采取比较开放的态度。尽管他对世俗主义的认识复杂而模糊，但还是极力主张建立一个世俗主义国家。他深知印度是一个具有宗教传统的多民族国家，所以，他希望不同民族之间，不同宗教信仰的人民要相互包容，团结一致。他的名言是："无论是来自政府内部，还是外部的领导中，如果（我发现）有人举手去打击另一个在宗教领域的人，我都将与之战斗到我生命的最后一息（Binod，R.：Webpage）。"

贾-尼赫鲁的治国理想代表了这一时期大多数印度人的想法。至此，一个建立在民族主义、世俗主义和民主主义价值观，以及快速经济发展和激进社会变革目标之上的国家发展架构基本达成，并成为印度社会广泛的共识。

贾-尼赫鲁是独立后执政时间最长的总理。他领导的政府也是独立后组建的第一届政府。在 17 年里，贾-尼赫鲁政府完成了印度现代化国家制度基本模式的构建；实行了以工业化为主导的计划经济体制；制定了比较完整的国家发展政策，其中包括国家高等教育发展政策。贾-尼赫鲁执政期间，印度高等教育得到较快的发展，并初步形成了印度现代高等教育发展模式，对现代印度经济社会的发展产生了深刻的影响。1963 年美国著名记者 W. 汉根（Hangen，W.）说，"《贾-尼赫鲁之后是谁？》一书问世之后，很多国家都普遍关心一个问题：贾-尼赫鲁之后会怎样？这种情况说明，他是一位廉洁的、有远见的、普世的、凌驾于政治之上的政治家，在世界享有很高的声誉。甚至夸张地假设：没有贾-

尼赫鲁，印度独立后的情况似乎难以想象"（Peniun.：Webpage）。的确，在计划经济时期，贾-尼赫鲁在印度国家经济建设，实现工业化等方面功不可没，但他是一个有野心的民族主义者。他在《印度的发现》一书中曾发出豪言壮语："印度现在所处的地位决定了他不能在世界上扮演二流角色。要么做一个有声有色的大国，要么销声匿迹，中间地位对我毫无吸引力（梁忠翠：36-40）。"1948年，在印度国大党年会上，贾-尼赫鲁进一步指出，在中国忙于内战无暇顾及世界政治的时候，应该建立一个由印度作为神经中枢的亚洲联邦。正是在这种思想的指导下，印度独立后就以南亚各国的老大哥自居，我行我素，迅速兼并了全国560余个土邦王国，并把整个南亚看作自己的后院，不容他国在此区域发声。接着出兵克什米尔，威慑锡金、不丹、尼泊尔等实力与印度悬殊的喜马拉雅山国，并与巴基斯坦长期对立，与斯里兰卡的关系也不协调。甚至在20世纪50年代末60年代初，中国与苏联交恶时，贾-尼赫鲁不顾历史事实，贸然挑衅中国，发起中印边境冲突（同上）。

二、后贾-尼赫鲁时期：从拉-夏斯特里到英-甘地

（一）贾-尼赫鲁去世：计划经济体制仍在延续

1964年5月，贾-尼赫鲁心脏病突发去世。7月的《经济人周刊》发表特号纪念这位国家首位总理。特刊刊登一篇社论《贾-尼赫鲁时代》以示对这位伟大领导人的纪念。社论这样写道：

> 追忆贾-尼赫鲁的话题既是对他的一种敬意，也是对其时代的一种评价，更是对未来的一种猜测。印度已经被认定处在后贾-尼赫鲁时代。随之，一个问题产生：贾-尼赫鲁时代是否随着贾-尼赫鲁的去世而结束？……贾-尼赫鲁时代当然不会随着他的去世而结束。……如果贾-尼赫鲁留下遗产，如果他下定决心继续前行，贾-尼赫鲁时代就不会，也不会随着他的去世而结束。……我们离贾-尼赫鲁太近，以至于无法对他做出评价，如同我们离山麓如此之近，以至于无法判断喜马拉雅山峰的高度。对于像贾-尼赫鲁这样的历史人物，我们只能通过他留下的印记，以及他那些影响当代人和后人的思想和行为做出我们的判断。从这个角度来看，对他的任何人格评价都是不成熟的。（而）他向人民展示的愿景，向人民展示的理想，是他留给印度的社会主义遗产（Editorials：1166）。

发表《贾-尼赫鲁时代》既是对前总理表达的一种敬意，也是对贾-尼赫鲁时代的一种评估，更是对未来的一种猜测。这时印度人突然意识到国家已经处于后贾-尼赫鲁时代，并开始思考一个问题："贾-尼赫鲁时代是否随着前总理的去世而结束？"人们普遍认为，历史上的杰出人物要么开启一个时代，要么延续前一个时代。如果贾-尼赫鲁对印度和世界有什么意义的话，贾-尼赫鲁时代当然不会随着他的去世而结束。虽然贾-尼赫鲁的形象还不像圣雄甘地在丹迪游行中弯曲的身躯那样，坚定地向前推进，拄着他的手杖，体格健壮且意志坚定，拿出了他所有的精力和决心，但贾-尼赫鲁的样子在印度人头脑中也已经形成了应有的形象。显而易见，贾-尼赫鲁时代并没有因其去世而结束，贾-尼赫鲁留下了自己的遗产（Ibid.）。在印度历史上很长时间，贾-尼赫鲁社会主义型社会发展路线仍在继续，历史家们将其继任者，尤其是英-甘地前后两届政府的16年称为"后贾-尼赫鲁时代"（Post-J. Nehru Era）。

（二）拉-夏斯特里政府的短期执政：1964—1966 年

贾-尼赫鲁去世后，古-南达（G-Nanda）临时出任政府总理，组成过渡政府（1964 年 5 月 27 日—6 月 9 日）。随后，国大党推举政治家拉-夏斯特里①担任新一届政府总理（1964 年 6 月 9 日—1966 年 1 月 11 日）。拉-夏斯特里本人在政治上没有强烈的倾向，但他相信民族主义理论、自由主义理论，对社会主义既不赞同，也不排斥，政治上总体有些右倾。虽然他不完全赞同贾-尼赫鲁的政策，但温和的性格使他仍然沿用了贾-尼赫鲁主义治国理念和各项政策。除了说服贾-尼赫鲁的女儿英-甘地加入内阁之外，没有对贾-尼赫鲁内阁做出任何重大改变。对于印度当时所面临的一些难题，拉-夏斯特里政府没有采用果断的方式加以解决（Chandra，B. et al：16）。在执政期间，拉-夏斯特里政府在经济领域最有影响的成就是发起了一场农业"绿色革命"②。为了配合农业"绿色革命"，拉-夏斯特里政府提出了明确发展农业的政策目标，其中主要内容包括：（1）以提高粮食产量，实现粮食自给为主要目标；（2）以引进推广优良品种、合理实施农田灌溉、正确使用化学肥料为主要方式；（3）鼓励采用农业机械和

① 拉-夏斯特里（1904—1966），印度政治家，出生在北方邦教师家庭。早年参加圣雄甘地领导的独立解放运动。独立后曾任印度内政部和交通部长。他为人温和，被誉为"拉-夏斯特里""Shastri"（"伟大学者"之意），在印度人中享有"伟大的人""好的领导者"等称号。

② 农业"绿色革命"始于 20 世纪 60 年代中期止于 80 年代中期，大约持续了 20 年，是印度农业史上一项令世人瞩目的庞大系统工程，即以推广应用农业新技术为主要标志的综合农业技术变革运动。有印度学者认为，"绿色革命"是政府新农业战略，直接影响着印度经济社会发展（Rudra，A.：153）。

防治病虫杂草为主要技术支撑，提高农业生产效率；（3）以增加农业信贷、完善乡村公路网络、建立农村市场体系、实现农村电气化为主要经济投入；（4）以国家优惠政策（如价格政策、土地政策等）和政府组织、管理与协调为基本保障体系的经济领域改革运动。这些目标对于促进20世纪60年代印度农业生产发展起到了积极作用。

1966年，在执政18个月后，拉-夏斯特里突然去世，古-南达再次出任临时总理（1966年1月11日—24日）。随即，国大党主席科-卡马拉吉支持贾-尼赫鲁的女儿英-甘地出任总理，因为他与相当多党内人士认为英-甘地是一个"呆头娃娃"（Dumb Doll），远比其他政坛老手容易控制。然而，出人意料地，英-甘地很快掌控了权力，以一种强势风格延续家族政治历史。历史进入了英-甘地时期。

（三）第一届英-甘地政府时期：1966—1977年

英-甘地，全名为英迪拉-甘地，是贾-尼赫鲁的独生女，是印度历史上第一位也是唯一一位政府女总理，被认为是贾-尼赫鲁主义真正的继承人。在她执政的16年里，英-甘地政府治国方针相当硬朗，政治立场异常坚定，结果导致党内矛盾重重。她个人也变得越来越独裁，素有"印度铁娘子"之称。从政之初，她因缺少经验一度被政坛老手轻视。事实上，英-甘地从小深受父亲影响，深谙政治技巧，对其父的治国政策也了然于胸，是贾-尼赫鲁主义最坚定的支持者。她说："我不是共产主义者。……但我相信可以用我们的努力在印度建立一个社会主义类型的社会。……（但是）社会主义在每个国家都不是一样的。社会主义不是我们的主要目的，我们的主要目的是消除人民的贫困。社会主义只是工具和道路（张淑兰：104-109）。"在其执政初期，由于英-甘地一味坚持推行社会主义政策，印度左右翼分裂开始逐步加深，经济形势持续衰退，迅速恶化。1965年印巴战争爆发，连续两年干旱，导致预算赤字不断增加，出现通货膨胀和食品短缺，粮食进口出现危机，危及"四五规划"。加之经济政策的严重失误，印度陷入长达10年的经济困难时期（Chandra, B. et al：209-210）。

在后贾-尼赫鲁时代，英-甘地政府整体上仍然坚持贾-尼赫鲁时期制定的发展目标、体制和基本方针，但是在国家发展重点的问题上，英-甘地政府做出了一个较大的转向。1966年英-甘地上台后，面对国内紧张的政治、经济形势，以及印巴冲突的恶劣局面，英-甘地政府果断决定停止执行本应开始的"四五规划"，转而实行较为灵活的"年度计划"（Annual Plan）。经过执行三个"年度计划"，印度经济形势趋于好转。1969年4月，英-甘地政府重新开始执行"四五规划"。在新计划中，工业不再是国家优先发展的重点，农业取而代之，成为优先考虑的领域。此时，英-甘地政府继续推行拉-夏斯特里政府时期启动的"绿色革命"，大搞农田基本建设，大力推广农业机械化，不断增加农业投资。几年后，印度粮食产量大增，缓和了粮食供应紧张的状况，完全扭转了20世纪60年代初期粮食依靠进口的局面。与此同时，英-甘地政府还发起了"白色革命"和"蓝色革命"①，取得了较好的效果。这一种变化直接影响了高等教育政策的制定和院校的发展与改革（Carnoy，M.：Webpage）。从本质上看，不论是拉-夏斯特里政府，还是英-甘地政府，都没有摆脱贾-尼赫鲁主义的影响。因此，在英-甘地执政时期，她对贾-尼赫鲁的计划经济"社会主义类型"，以及后来修正的"民主社会主义"模式深信不疑。在执政的第一个任期里，不论是在经济领域，还是在教育领域，她始终都不愿意放弃贾-尼赫鲁主义，基本上沿用了计划经济模式和政策。在文化教育方面，英-甘地政府时期，国会于1976年12月18日通过了《第42宪法修正案》。这是印度《宪法》发展史上修改幅度最大的一次修宪，也是最受争议的一次修宪。该修正案极为特殊，是在英-甘地政府宣布紧急状态期间，反对党成员都被捕缺席议会的情况下通过的（周小明：46）。本次修宪涉及序言和40个条文的修改和14个条文的新增，主要目的是限制基本权利，增加基本义务，将印度从"社会主义类型社会"变为"社会主义国家"。正如英-甘地解释说："我们已经声明有了社会主义国家的品牌，在我们认为有必要的领域都实行民族化，（当然）仅仅有民族化并不是我们所说的社会主义国家（Basu，D. D.：26）。"时任法律部部长也强调，《第42宪法修正案》修订的一个重要原因是建立"议会主权"和排除司法干涉，以推动经济社会改革（周小明：46）。

在教育条款方面，本修正案最大的变化就是正式把高等教育写入宪法条目当中，明确规定高等教育由中央和各邦共同负责管理。在此以前，高等院校基本上由各邦分别管理，除中央直接管理的几所大学之外，大多数大学都是邦立大学，有关大学的重大决定一般都是由邦一级做出的，所有学院均需邦政府批准，大部分院校都从邦政府领取大部分经费。中央只是通过教育部和大学拨款委间接掌握其他权力。在这种情况下，各邦权力很大，出现了各自为政的弊病，不利于高等教育的统一规划和管理，不利于高等教育经费的集中有效使用，不利于人才培养和国家经济发展计划的有机衔接。因此，由中央和各邦共同管理高等教育，把调动地方的积极性和加强中央政府的指导结合起来，是印度经济

---

① 它们是20世纪60年代到80年代印度继"绿色革命"之后又相继推出的两项农业发展计划。"白色"指牛奶等乳制品产业，"蓝色"指海洋水产业。

技术发展的必然结果，它在一定程度上保证了高等教育的质量（袁朋：31）。《第 42 宪法修正案》有助于制定和实施更多和更加一致性的国家教育政策。正如某些学者分析："中央在联邦框架内工作做出了许多决定。这是新德里教育政策在其中所作必要的协调的结果，将对所有邦产生影响。这就意味着中央在几乎不被察觉中对邦的实际影响在逐渐增长（MES-101-2：86）。"

（四）人民党政府的短期执政：1977—1980 年

1977 年，国大党（组织派）、印度民众党、印度人民同盟、社会党和国大党（少壮派）几个印度政党结成联盟，参加第六届印度大选，在国会选举中以 2/3 的票数取胜。随后选举联盟又在 10 个邦议会选举中赢得胜利，进而组成穆-德塞（M-Desai）政府，并成立人民党。新政府一上台就叫停了国大党提出的国家发展"五五规划"，开始制订所谓"滚动计划"（Rolling Plan），以此替代按惯例应该制订的"六五规划"（BYJU's：Webpage）。然而，人民党政府批评贾-尼赫鲁主义模式权力过于集中，扩大了不平等，造成社会贫困问题迟迟得不到根本上的解决。新的"滚动计划"旨在通过创造经济扩张的条件直接解决贫困问题。这个计划与贾-尼赫鲁时期和英-甘地执政时期的模式形成鲜明对比，其核心在于解决贫困和就业问题。然而，执行"滚动计划"并不理想，人民党政府执政 1 年后，印度经济摇摆不定，农业和工业经济领域均出现严重停滞或低增长率的问题。1978—1979 年，一些邦出现了严重干旱和毁灭性洪水自然灾害，农业生产受到极大的影响，商品价格急剧上涨。国际石油和石油产品价格再次大幅上涨，导致印度经济出现前所未有的危机。1979 年财政部长查-辛格提出巨额赤字财政计划，对通货膨胀产生了显著影响。煤油和其他日常消费品普遍短缺。到 1979 年年底，通货膨胀率已超过 20%（Chandra, B. et al：357）。由于执政成绩不佳，人民党政府垮台，人民党也开始分裂，印度人民党诞生[①]。

（五）第二届英-甘地政府时期：1980—1984 年

1980 年，国大党英-甘地派重新赢得大选，英-甘地再次成为印度总理。虽然重新登上总理宝座，但等待她的却是新的经济危机。1979—1980 年，印度经济全面衰退，国民生产总值下降 5.1%，农业生产总值下降 15.2%，工业生产总

---

① 印度人民党的前身是 1951 年成立的人民同盟。于 1977 年 3 月为参与选举加入人民党领导的选举联盟。1980 年 4 月印度人民联盟在成员瓦杰帕伊的带领下脱离人民党，另立该党。它主要代表印度北部印度教教派势力和城市中小商人的利益，宣称推行民族主义、民主主义、非教派主义、甘地主义和社会主义等。自 20 世纪 80 年代末以来发展迅速，在 1989 年第九次大选中成为第三大党，在 1991 年 6 月第十次大选中成为第二大党。

值下降1.4%，通货膨胀率高达22%……外汇储备也面临严重危机（Ibid.）。在这种情况下，英-甘地的思想也发生了一些转变，准备实施新工业经济政策，放宽对私营企业的限制，减少对国产工业的保护，提倡竞争，欢迎外资。然而，就在准备实施改革新政时，她不幸被自己的卫兵谋杀。所幸她的接班人是其长子拉-甘地，"一位崇尚现代科学技术的新总理延续了她的新政策，开始了初步的改革"（张双鼓等：28）。

第二节　贾-尼赫鲁时期高等教育治理

高等教育是印度经济社会发展中的重要组成部分，对独立后印度的经济社会发展具有不可替代的作用。在贾-尼赫鲁政府时期，印度高等教育一方面继承了殖民地时期保留下来的高等教育遗产，但另一方面也开始突破殖民地时期的局限，从政治独立的国家角度出发，制定新的高等教育法律和政策，实施新的计划，实现高等教育新的历史时期大发展。

一、高等教育法律与政策的重建

（一）制宪会议中高等教育议题的辩论

1946年12月，印度制宪大会（Constituent Assembly）宣告成立。沙-普拉萨德博士当选为大会主席，毕-安倍德卡博士当选为起草委员会主席。制宪大会的职责是总结历史遗产，面向未来发展，创建国家新的政治体制架构，巩固国家统一。换言之，就是"在民主框架基础上，通过文字和印刷形式塑造国家梦想与抱负"（Pinto, M.：1）。与会者一致认为，新国家应该建立联邦民主议会制度（Basu, D. D.：17）。制宪会议存续时间为2年11个月17天。会议期间，贾-尼赫鲁发表了热情洋溢的讲话，强调指出："制宪会议的首要任务是通过制定宪法解放印度人民，使食不果腹者能吃上饭，使衣不蔽体者有衣穿，并给予印度人民发展自己的机会（周小明：237）。"他还对制定宪法《目标决议》（*Objectives Resolution*）给出了具体意见。尼赫鲁坚持认为必须加强中央对全国的统一领导，建立合作式联邦政府。1949年11月26日制度会议最终完成新宪法的制定，由总统签署形成法律，1950年1月生效。新宪法首次宣布印度从"自治领"转变为"民享民治"共和国（Basu, D. D.：21-22）。

建国之初，百业待兴。人们意识到了教育的重要性，同时看到了殖民地时期教育发展的滞后性。国家独立时，印度仅有 19 所大学和 400 多所附属学院。农业院校、医学院校、理学院数量严重短缺，无法满足国家发展的需要（Sharma，A. K.：47）。文盲比例高达 85% 以上，6-11 岁儿童入学率为 25%。3.5 亿印度人中有 25 万名大学生和 13689 名研究生，但能开展科研工作的研究生仅有 922 人。大学研究基础十分薄弱，图书馆和实验室极度缺乏，设备陈旧落后，有能力的教师严重不足（Suri，M. S.：18）。一些教育界人士呼吁国家重视教育问题。人们普遍认为，教育在经济社会发展中具有不可替代的地位和作用，是现代印度建设中最重要的工作，没有教育就不会有民主制度。时任鲁尔基大学校长阿-科斯拉博士呼吁道："……国家财富包括自然资源和发展这些资源的人力资源，印度有广袤的土地、河流和矿产，但最急需的是受过专业训练的人力资源，只有他们才能创造这个国家发展的奇迹。因此，国家人力资源建设是印度的首要任务，而教育在这个任务中发挥关键的作用（Pinto，M.：8-9）。"

鉴于教育问题的重要性，宪法对各级各类教育问题都做了明确规定，如表 4-1 所示。

表 4-1　宪法对各级各类教育问题的规定

序号	规定	条款
1	免费义务教育的权利	45
2	受教育权	21（A）
3	女性受教育权	15（A）（C）
4	表列种姓、表列部落及其他落后阶层的教育与经济利益	46
5	宗教教育	25，28（A）（B）（C）
6	少数民族教育，保护少数民族利益	29
7	少数民族设立和管理教育机构的权利	30
8	初级阶段母语教学	350（A）
9	推广印度语	351
10	联邦所属领土范围	239
11	联邦属地的教育提供教育机会的基本责任	51（A）

资料来源：Pinto，M.：19—37；Maik，J. P.：1-33；MES-101-2：5-20

由于这些条款是针对各级各类教育做出的原则性规定，因此，部分条款适用于高等学校。在制定宪法过程中，人们争论最大的问题是有关中央和地方教育权限归属的问题。在殖民地时期，尤其是双首政体之后，教育管辖权基本归各地方政府。在制定新宪法时，政府在教育方面的作用及权力归属问题再次被提出讨论。当时宪法制定者中出现两种意见：一种是采取美国式的分权制；另一种是采纳殖民地时期哈托格委员会的建议，加强中央对教育的控制、指导和协调作用（Naik，J.P.：10）。多数制宪代表都比较倾向选择第二种模式，但不排斥借鉴美国分权制的影响因素（Haggerty，W.J.：14）。如印度学校证书考试委员会创始人（CICSE）弗-安东尼发言指出：

> 在教育领域，一些省份的管理仍处于混乱之中。各省在中央政策面前不仅各行其是，有些还直接反对中央。不言自明，建立一个有计划的、统一综合的教育体系可以最强有力地保证民族团结和国家统一。……如果我们承认这一点的话，我则很遗憾地说，而且毫不隐藏自己的观点地说，如果以狭隘的甚至地域性的条件制定今天的教育政策，那么，印度可真的很危险了，它们不可避免地威胁着我们，将在我们面前竖起一道让我们无法看清事实的文化障碍、精神栅栏和教育围墙。我相信：如果认为把教育完全保留给各省的做法是一个伟大决策，那么，过不了几年，印度国家领导人就会意识到，人民也很快就会看到国家出现地方割据，条块分割的问题……（Pinto，M.：9）。

制宪会议主席沙-普拉萨德博士也支持这种观点，他指出："为了实现教育的均衡和快速发展，这样重要的教育议题应该放到中央手中掌控。"来自地方高校的数学和哲学教授希望希-萨克塞纳认为，集权可以导致很好地协调和控制，最终有利于国家的统一（Ibid.）。时任教育部长玛-阿扎德①指出："就目前印度的教育发展状况来说，即使没有中央控制，但得到中央指导也是非常必要的（Singh，A.：517-533）。"

这些观点与时任总理的想法是一致的。贾-尼赫鲁认为，原来高等院校由各省或者各邦控制，这种模式无法培养出国家经济社会发展所需的工程技术人才，必须建立由国家统一分配资源，重视专门技术教育的综合性院校。政府将把管理大学的权力直接或者间接地控制在中央政府部门手中。政府将委托大学拨款

---

① 玛-阿扎德（M-Azad）（1888—1958）是印度著名学者和独立运动领导人之一。独立后，担任第一届教育部长、第一任大学拨款委主席。最大的贡献是建立了印度教育体系。他去世后，为纪念他的贡献，印度政府将其出生日确立为"国家教育节"。

委代表中央权力机构发挥更多的作用，履行更大的责任（MES-101-2：5）。制宪会议讨论的结果是：明确印度政府在这一领域的具体的权力，根据《宪法》第七附表第二条第 11 项之规定，列出具体统一管理的"条目清单"（Union list），明确中央负有宪法第 63、64、65 和 66 条款规定之责任，地方负有第 11、25 条款规定之责任：

> ……国会宣布的著名大学，如巴印教大学、阿穆大学和德里大学，以及其他（央属大学）院校（63 条）；中央财政全部或部分支持的，国会宣布的科学或技术专业院校（64 条）都列入国家重点院校；联盟机构、院校的责任是（a）开展专业、职业或技术教育，包括警官培训；（b）促进专业科学研究；（c）为刑侦调查工作提供科技支持（65 条）；协调和决定普通高校、科研院所，以及专业院校的标准（66 条）。……（地方）教育，包括大学都遵从 63、64、65 和 66，以及目录三之 25 条之规定 11（Pinto, M.：29）

这些目录清单到后来的宪法修订时陆续成为宪法的组成部分。《宪法》中还有另一项规定对印度政府在教育方面有间接但重要的影响。清单三条目"经济和社会规划"中包含教育（Haggerty, W. J.：26）。这意味着印度政府对包括教育在内的国家经济社会发展负有宪法责任。《宪法》第四部分"国家政策指导原则"还规定了各邦权力："即在其经济能力允许范围内，各邦可以有效地为保障教育权力提供有效的政策规定。……自本宪法施行之日起十年内，各邦将努力提供免费教育（Ibid.：21）。"

贾-尼赫鲁加强中央政府权力的做法也遭受到一些印度学者的批评。一些知识分子认为，《宪法》赋予印度政府在教育方面的权力存在着基本矛盾。宪法的简单立场是，除了宪法本身规定的一些特殊方面外，教育是国家主体拥有所有剩余权力的方面。但真正的麻烦开始于这些例外条目的实施，因为印度社会情况非常复杂。有印度学者指出："联邦政府在教育方面的作用与其说是由宪法规定的，不如说是由历史发展过程中形成的惯例和实践决定的（Naik, J. P.：11）。"一些人认为，贾-尼赫鲁心口不一，虽然表面上说支持创办高等院校和艺术学院，但新政府只在乎那些对贾-尼赫鲁有帮助的事情（Das, D.：452）。

（二）《萨-拉达克里希南报告》：独立后第一份重要咨询报告

伴随印度摆脱殖民统治，社会政治、经济等方面发生变化，高等教育发展成为国家优先发展的领域。不同类型高等教育必须服务于国家和经济社会发展之不同需求。高等院校也必须适应这种变化，教育青年形成一种新的社会秩序目标或社会秩序观念。新政府认为，（新政府）最重要和紧迫的改革是教育转型发展，努力将之与人民生活需要和期冀联系在一起，以便使之成为实现国家目标所必需的有力的工具。为实现这个目标，（印度）必须发展教育，提高生产能力，实现社会和国家整合，加速现代化进程，培育社会、道德和精神价值（Thorat，S.：2）。在这种背景下，1948 年，贾-尼赫鲁政府成立了独立后的第一个高等教育咨询机构——著名的大学教育委员会（University Education Commission）。该委员会主席由著名的印度哲学家萨-拉达克里希南教授担任。故此，该机构又称为"萨-拉达克里希南教育委员会"，共有 10 名委员。委员们几乎都是教育领域的专家学者，其中包括美国教育家 A. 摩根（Morgan，A.）博士和 J. 泰格特（Tigert，J.）博士，以及英语教育家 J. 达夫（Duff，J.）爵士等，具体名单如表4-2所示。

表 4-2　萨-拉达克里希南教育委员会名单

序号	姓名	职务
1	萨-拉达克里希南	巴印教大学校长
2	J. 达夫	英国杜伦大学校长
3	扎-侯赛因（Z-Hussain）	阿穆大学校长
4	A. 摩根	美国专家，某学院前校长
5	阿-木达里艾尔（A-Mudaliar）	马德拉斯大学校长
6	梅-帕里特（M-Palit）	加尔各答大学物理学教授，理学院院长
7	卡-巴尔（K-Bahl）	勒克瑙大学动物学教授
8	J. 泰格特	前佛罗里达大学荣誉校长
9	斯-希德哈恩塔（S-Sidhanta）	勒克瑙大学文学院院长，英语教授

资料来源：Aggarwal. J. C.：65—66

这份委员会名单传递出三个重要的信息：第一，圣雄甘地和贾-尼赫鲁领导印度民族独立运动主要是反对英国殖民地统治，但不反对西方世界。第二，在世界大国中，美国明确支持印度独立，这促使独立后的印度采取向美国开放的政策。第三，最重要的政治意义是，这份名单代表了印度对美国作为世界政治、经济和教育主导力量的看法持接受态度（Chowshury，S. R.：54）。在广泛观察了印度高等教育现行政策之后，大学教育委员会于 1950 年 8 月向贾-尼赫鲁政府提交了第一份咨询报告，又称《萨-拉达克里希南报告》（Thorat，S.：2）。

该报告阐明了未来国家高等教育发展的设定目标，为奠定印度高等教育政策建立了一个基本框架。

《萨-拉达克里希南报告》是一份审议性的报告，内容十分广泛。涉及的问题主要有：教育行政、学习课程、教育质量、学业考试、财务管理、研究生训练、科学研究、宗教事务、学生活动和教师福利，以及妇女教育等，一共45个要点（Haggerty，W. J.：47）。报告围绕如何发展新印度高等教育，提出了全面的建设性意见。

第一，报告开宗明义提出了"什么是大学""什么是大学教育使命"等关键性问题。报告指出，大学是文明的机构，是发现和训练文明理性先驱者的地方，是知识分子探险的家园。此外，大学还是一个养成完整生活方式的地方，可以帮助人们获得不同的知识和观点。其使命就是促进社会变革，培养具有远见的、智慧的知识探险者和政治、商贸领域的高级人才［Jayaram，N（a）.：70-95］。

第二，明确大学教育的目的。报告指出，作为社会的重要机构，大学肩负着促进社会发展和个体发展两大艰巨任务。大学是国家内部生活的避难所，因为文明知识先驱者往往诞生于大学校园之中。尽管政治变革力量很强大，但很多巨大社会变革和深刻社会问题的爆发都由大学中发生的一切改变所决定。如果一个人不能看到大学这些职能，那么一定是"眼盲者"（Blind）。另一方面，大学教育必须关注个人价值观念的培养，帮助大学生理解生活和生命的意义。大学教育是一个引领学生内在本性实现的过程，其所有真正的发展都是自我发展。所有的教育都应该是自由的。大学教育应该把人从无知、偏见和毫无信仰根基的桎梏中解放出来。如果人不能获得美好生活，那么其内心就是黑暗的。大学教育过程是对黑暗缓慢征服的过程。大学教育目的是带领大学生从黑暗走向光明，将之从除了理性之外的各种支配中解放出来（Aggarwal，J. C.：67；Radhakrishnan，S.：66-76）。

第三，深化高等教育管理和院校组织改革。报告指出，印度高等教育管理状况并非令人满意，面临着许多问题和挑战。如果不加快解决这些问题，大学教育在国家的地位就将受到损害。从这个意义上说，大学教育制度管理和组织变革十分必要。这里可能涉及三方面改革。一是加快对旧的体制和制度的改造，使之尽可能产生出最好的结果。虽然大学活动赖以存在的基础是大学课程体系，但现存的大学课程体系中存在严重缺陷，已经到了亟须改革的时候。二是当下亟须建立新的体制和制度，使之适应国家经济社会发展和社会其他系统的需要。新系统必须建立在对旧系统不断改进的基础之上，而不能完全丢弃。三是改革财政制度为大学改革之关键。独立后，很多大学财务状况不断恶化，公共预算出现严重赤字，大学运行困难，高等院校学费收入已达上限。因此，报告建议，中央政府应该考虑让地方政府承担更多的财务责任，开源节流，使经费使用效率最大化。第四，肯定拨款理事会的作用和形式。报告指出，拨款理事会不仅是向财政部提出拨款（后者或批准，或反对）建议的专家咨询机构，也是在政府允许范围内开展经费分配和拨款工作的行政机构，拥有像英国大学拨款委那样的行政权力，尤其是在政府赋予的权限内担任公共经费分配任务。该机构代替政府工作，按照一定原则向各个大学分配运行经费（Sharma, K. A.：47）。第五，大力发展农业高等教育。报告指出，印度是一个农业国家，有必要发展农业高等教育；建议印度政府模仿美国赠地学院模式，建立印度农业大学和学院，服务于农业生产之需要；建议成立专门研究团队，研究美国赠地学院发展经验，推动印度农业高等教育发展①。按照《萨-拉达克里希南报告》建议，贾-尼赫鲁政府决定仿照美国模式，保障印度农业大学和学院的办学质量。第六，大力发展教师教育。报告指出，伴随印度教育事业发展，教师教育供求关系日趋紧张。不但教师数量短缺，质量也相对较差，无法满足印度经济社会发展的需要。因此，建议加速教师教育改革，丰富师范院校教育理论课程内容，改善师范生学历学位层次，提供教师研究能力等。虽然报告提出了提高教学水平的措施，但除了提到教师从事研究和掌握最新知识的义务外，关于如何重新调整大学系统以研究为导向，几乎没有提及。

　　《萨-拉达克里希南报告》是印度高等教育史上最重要的文献之一，历史地位和意义非凡。该报告反思了高等教育理念，强化了高等教育在印度培养高级人才、维护社会秩序、促进印度文化统一，以及促进不同文化之间合作等方面发挥的作用。报告出台后在印度社会产生良好的反响，同时也引发广泛的社会讨论。贾-尼赫鲁总理在报告发布会上肯定地说：

　　　　他们（委员会）指出了印度考试制度与政府任命挂钩的弊端。这些考试及其背后的教育被政府看作就业的绊脚石，没有什么比这样的教育更糟糕了。印度大学培养出成千上万的毕业生，但他们却不知道该做什么。除了待在办公室之外，他们没有表现出做任何事的能力。印度教育被描述为一种失业培训，这样说也许有点刻薄，也可能有点夸张，但其中也有很多

---

① 1954 年和 1959 年，印度先后成立两个印美联合研究团队（JIAT），专门研究印度农业和教育发展之间的关系。

道理，所以应该把大学考试与官员任命相分离。官员任命应该有单独的考试系统（Datt. S. A.：128）。

前印度大学拨款委主席缇-苏卡迪奥（T-Sukhadeo）在《印度高等教育：与入学、全纳和质量相关的新课题》一文中对这份报告做出高度评价。他写道：

> 必须认识到，现行的高等教育是依据国发〔1992〕《行动计划》进行治理的。这两份政策内容是以两个具有里程碑意义的报告——1948—1949年的《大学教育委员会报告》（即著名的《萨-拉达克里希南报告》）和1964—1966年的《教育委员会报告》（即著名的《科塔里报告》）为基础的。事实上，这两份报告形成了印度国家高等教育政策的基本框架（Thorat，S. 2）。

然而，很多人认为，虽然该报告对高等教育改革起到一定作用，但总体上很多目标都没有实现，也根本无法实现。其主要原因是报告内容受萨-拉达克里希南本人思想和写作风格影响较大。在印度，萨-拉达克里希南被誉为一个真正的天才，一个真正意义上有多面人格的人。

与拉-泰戈尔一样，他也是印度家喻户晓的人物。萨-拉达克里希南是一名哲学家，对教育本质有其独特的理解。他认为，教育的目的是促进人类精神资源的增长。教育是住在个人的头脑中并取代神的智慧之光，可以驱散黑暗。他相信通过提供正确的教育，所有坏习惯和恶习都可以从人脑中清除（Thakare，S.：34-39）。萨-拉达克里希南也是一个理想主义者，其教育理念中充满着理想主义色彩。在他的领导下完成的委员会报告，通篇行文充满哲学思辨风格，学究气十足，读起来更像是一篇哲学学术论文。从内容上看，人们很容易发现，报告字里行间都有萨-拉达克里希南的影子。有印度学者这样批评道："大学改革的目的并不是努力去改变应试制度，而是要消除其政治影响。那么在这方面，报告建议不会产生任何效果，政治干预大学事务问题在未来几年只会越来越多（Datta. S. A.：128）。"当然，这种批评过于苛刻。国家刚刚独立，印度社会迫切需要提升士气，帮助人民树立信心。有学者辩护道："这样批评《萨-拉达克里希南报告》也许是不公平的，当时印度还不是一个共和国。"的确，1950年1月26日，印度宪法才开始生效。报告颁布之时，共和国还在襁褓之中，中央计划经济时代还没有真正来临。另外，克什米尔和南部海德拉巴还在发生社区骚乱，国家正在经历严重的粮食短缺。印度仍在遭受一个新独立国家诞生后的所有阵痛，很多殖民地遗留下的顽疾根本无法在短期内得到解决，报告中提出的目标不能达到预期实在是情有可原。因此，《萨-拉达克里希南报告》中所显示的有限雄心是可以被理解的（Ibid.：128）。

（三）从"一五规划"到"三五规划"中的高等教育内容

第一个国家发展五年规划（1951—1955），简称"一五规划"（FYP-I），起始于1951年，被认为是印度最重要的发展规划之一，因为它是新政府向印度国会提交的第一个基于"哈罗德-多玛模型"（Harrod Domar Model）设计的五年发展规划，也是独立后制订的第一个五年发展规划。"一五规划"第33章是教育专题，它开宗明义地阐述了教育在国家发展规划中的重要性。文本指出：

> 在民主体制中，教育作用变得至关重要，因为只有在人民群众明智地参与国家事务的情况下，教育才能有效地发挥作用。一个国家的教育制度对经济发展速度有决定性的影响。教育是实现经济快速发展和技术进步，以及在社会秩序中建立自由、社会公正、机会平等价值基础上的最重要的单一因素……在国民生活各个部门中，教育成为规划发展的焦点……在教育的所有阶段，目标必须是培养技能、知识和创造性的观点，一种超越宗教、种姓和语言的民族团结感，以及对共同利益和义务的理解……，教育方案有助于培养人们责任大于权利的观念，并使自私自利的观点和获取性本能的力量保持在合法范围内，这是保证规划成功实施的关键所在。教育制度也应该满足文化需求，这是一个国家健康发展的关键所在……上述目标的实现将会导致个体综合人格的发展，这也应该是任何教育制度的首要目标（GIPC：FYP-I）。

"一五规划"期间，投资总预算206.9亿卢比（后来增加到237.8亿卢比），被分配给七大领域，主要集中在农业、交通和通信领域。预期经济增长目标为2.1%，实现的增长率是3.6%（Vignesh：Webpage）。在教育专题部分，第39—50节专门论述普通高等教育问题，第68—101节专门讨论了专业高等教育问题。首先，"一五规划"提出高等教育总预算投入15亿卢比。其次，肯定建立大学教育委员会及其报告的意义。第三，提出要加快对现存体系改革。改革的主要内容包括：（1）加快成立大学拨款委的步伐，争取更多教育外援，解决教育资源短缺问题；（2）大规模地发展选拔性考试，解决大学生就业问题，实现高等教育起点和结果公平；（3）提高教学水平和标准，实现有偿聘请客座演讲者制度，采取研讨会、教师营、学生营等方式营造讨论和自由思考的氛围，提高教学质量；（4）加速建立农业大学，开展农业高等教育试验。在高等职业技术教育方面，强调充分发挥全印技教委和其他专业委员会的作用。重点建设好第一所国家重点院校等（Ibid.）。

"二五规划"（1956—1960）是贾-尼赫鲁时期制订的第二个国家发展五年规划。1955 年，当"一五规划"执行尚未结束时，贾-尼赫鲁政府就开始启动"二五规划"。由于"一五规划"是遵循哈罗德-多玛模型制订的，注重各种投资比例均衡，小心翼翼地维持经济平衡发展。这种模式看起来稳妥，却不够有力。它不是贾-尼赫鲁理想中的经济模式，也很难实现他想让印度迅速繁荣富强的政治理想。因此，贾-尼赫鲁急于制订"二五规划"，并将发展重心从农业转移到工业上。"二五规划"又被看作一个工业大跃进规划，由著名统计经济学家马哈拉诺比斯（Mahalanobis）① 教授领导的委员会起草。《规划框架草案》采用的经济理论也是马哈拉诺比斯模型。其特征是：强调重工业绝对优先，实行混合经济体制，注重社会公平，发展以进口替代为导向的内向型经济，实现自力更生的经济发展目标（梁捷：1-2）。"二五规划"预计于 1956 年 3 月启动，预期增长目标为 4.5%。总预算经费 480 亿卢比，用于公共部门发展和推进工业化进程。"二五规划"是一个在特殊环境下仓促上马的规划。执行时遭遇到严重的粮食恐慌和资金困难，尤其是外汇资金短缺。整个社会经济向重工业倾斜，忽视农业发展，导致农业生产停滞，粮食大量依赖进口。尤其是绝大部分粮食以信贷方式从美国进口，导致对美国经济产生较强的依赖性。随着人口快速增长，粮食问题变得越来越紧迫，工业拉动的经济增长，在人口快速增长的背景下变得无意义（同上）。显而易见，"二五规划"是一个冒进主义式的发展规划，给印度经济发展留下很多后遗症。因此，"二五规划"实施过程中也受到一些人的质疑。

"二五规划"在高等教育方面提出：第一，增加高等教育政府投入，总预算经费为 5.7 亿卢比；第二，完成《大学拨款委员会法》制定工作，明确大学拨款委的权力和义务；第三，加快高等农业院校建设，投资 2000 万卢比增设 10 所农业院校；第四，成立农村高等教育咨询委员会（CRHE），负责管理和协调农业院校的发展与改革；第五，鼓励新建农业院校，开设农村卫生防疫学、农学和农业工程学等课程和专业；第六，兼顾各地区发展的不平衡性，关切弱势群

---

① 马哈拉诺比斯（1893—1972），印度科学家和应用统计学家，著名概念"马哈拉诺比斯距离"的提出者，印度人体测量学的开创者，印度统计研究所首任所长，曾经领导开展大规模的抽样统计调查。

体和少数其他落后阶层的需要（GIPC：FYP-II）。在"二五规划"中，高等教育发展重点开始转移到农业高等教育领域，这也是对"一五规划"高等教育发展政策的局部调整。

"三五规划"是（1961—1965）贾-尼赫鲁时期制订的第三个五年国家发展规划，1958年年底开始研制。这次参加研制的人员众多，包括各行各业公众人物和学者、专业协会、工商业和劳动领域代表，以及独立专家等。从形式上，贾-尼赫鲁试图采取民主形式，广泛听取各方面的意见，进而形成一个能够被广泛认可的五年发展规划。然而，贾-尼赫鲁是一个不容易被他人意见左右的人。在听取过意见之后他仍然固执己见，继续将马哈拉诺比斯模型作为"三五规划"的理论依据，把经济发展的重点仍然放在工业领域，期待工业部门生产更多的钢、铁、煤及水泥、化肥、自行车等工业和轻工业产品。"三五规划"是贾-尼赫鲁生前领导制订的最后一个规划，历时长达2年多，于1961年7月正式开始实施。此次制订"三五规划"花费的人力、物力和时间成本如此之多，主要原因在于，贾-尼赫鲁希望它能设计出更加长远（十五年或者更长的）的社会发展目标和措施。他希望"三五规划"结束时，印度将会被建设成为一个强大的工业化国家。但这不过是他个人的一厢情愿，因为在"三五规划"目标尚未完成时，贾-尼赫鲁不幸去世。其继任者们，包括英-甘地政府并没有完全像他那样重视国家工业发展。相反，其继任者将国家发展的重点放到了农业领域。在"三五规划"中，有关高等教育的内容较为丰富，制订了一些重大建设规划。第一，继续增加投入，高等教育总预算为8.7亿卢比。第二，加速高等教育发展，预计每年新增设学院70~80所。第三，加强组织领导，成立国家教育委员会，简称"国家教委"（National Education Commission）①。第四，委托大学拨款委组织领导建立高级研究中心（又称尖端研究中心）。预计在"三五规划"执行结束时，印度将建设16个理科高级研究中心、N个人文和社会科学的高级研究中心，并给予额外资助。到1964—1965年政府对中心资助将达到3000万卢比。第五，将国外援建的5所印度理工学院、统计学院和管理学院等列为全国重点院校。第六，大力发展研究生教育，争取新增硕士生和博士生数量各自达到7000人和2000人。将扩招名额的70%用于工程技术专业，30%用于人文社会科学专

---

①　国家教委是印度教育史上第六个教育委员会。它与过去的历届教育委员会不同，并不是针对某一教育领域或者某一教育方面进行调查、咨询和建议，而是对整个教育体系进行全面的审视和建议。正如该委员会提交的报告名称——《教育与国家发展》，旨在全面探讨教育在国家发展中的地位和作用。该报告成为印度制定1968年《国家教育政策》的重要依据。

业等。第七，大力发展印度语和佛陀教文化，在大学中设立相关专业，翻译、整理和出版相关领域的研究成果，弘扬印度传统的学术和文化等（GIPC：FYP-III）。然而，1964 年，贾-尼赫鲁病逝，他没能看到"三五规划"的完成。事实上，由于"三五规划"过于冒进，导致货币贬值，进而引发经济危机，最后以失败告终（梁捷：1-2）。

（四）教师教育领域中的相关政策

为了加速教师教育发展，20 世纪 50 年代—60 年代初，贾-尼赫鲁政府采取了一系列政策和措施，具体情况如表 4-3 所示。这些政策和措施推动了印度教师教育的发展，巩固了教师教育和培训地位，使其同基础教育系统一样，发挥着不可替代的作用。印度独立后，最早阐述教师教育重要性的文件就是前面提到的《萨-拉达克里希南报告》。1952 年，贾-尼赫鲁政府又专门成立了拉-姆达列尔委员会（L-Mudaliar Commission），专门研究独立后的教师教育政策问题。该委员会提出的建议是：第一，加快师范院校建设，满足日益增长的基础教育快速发展的需求；第二，更新课程内容，把最新的科学知识和教育理论纳入教师培养计划；第三，鼓励教师参与教育教学科研，提升素质和教育质量等（LaL, R. B. & Sinha, G. N.：507-508）。

表 4-3　贾-尼赫鲁时期发展教师教育的主要政策和措施

年份（年）	政策和措施	内容
1948	成立中央教育学院和中央教育研究院	开展教师教育研究和教学
1950	召开巴罗达教师工作会议	讨论教师教育改革与发展问题
1951	召开迈索尔教师工作会议	首次提出"教师教育"概念
1958	成立英语教师学会和国家英语研究会	培训英语师资
1961	成立国家教育研究与培训委员会	下设国家教育研究所
1962	由 NIE 举办幼儿教师教育一年培训班	开设学前教育学位课程
1963	由 NIE 举办教师教育函授教育	开启教师教育函授教育先河
1963	创办 4 所地区性教育学院（四年本科学院）	阿迈尔、博帕尔、布巴尼斯瓦尔和迈索尔
1963	成立国家教育学会	设立教师教育部

资料来源：根据相关数据整理

二、重建高等教育领导管理体制

（一）颁布《大学示范法》（University Model Act），明确政府与大学关系

从历史上看，高等教育领导管理体制问题一直是摆在政府面前的一道难题。尤其是围绕政府角色、权力分配、管理模式等问题，中央政府和地方政府、政府与大学之间始终存在着非常复杂的矛盾关系。从 1773 年殖民地政府首次颁布《管理法案》到 1944 年独立前殖民地政府最后发布《萨金特报告》，许多委员会报告都提及大学管理体制改革，合理分配大学管理权力等问题，但由于不同利益群体之间矛盾关系错综复杂，高等教育管理体制问题始终没有得到很好的解决。1919 年实行"双首政体"模式之后，殖民地中央政府也将相当一大部分权力转让给各邦地方政府。即使在高等教育领域，中央政府只保留对 3 所大学和少数央属机构的直接管辖权；形成了一种合作式联邦主义的管理模式。印度独立后，印度教育行政管理模式在很大程度上继承了英属印度时期的遗产。然而，权力分配问题始终是大学教育治理中的难题。一方面，政府部门始终强调政府，尤其强调中央政府对大学无可争议的领导权和管辖权；但另一方面，大学校长们一直为争取大学办学自主权而进行抗争。1947 年，制宪会议进一步明确了中央和地方的权力划分，确立了合作联邦主义管理体制（Naik, J. P.：1-33）。然而，这种殖民地时期遗留下来的管理模式与贾-尼赫鲁试图建立统一的中央政府领导体制的理想之间存在较大差距。因此，建立合理的中央和地方之间的关系成为摆在贾-尼赫鲁政府面前的一道新难题。

为了处理好"学府关系"，早在贾-尼赫鲁执政时期，印度政府就成立了"大学示范法起草委员会"，由时任大学拨款委主席达-科塔里博士（D-Kothari）[1] 亲自领导。该委员会主要负责起草《大学示范法》大纲，为制定更广泛意义上的大学组织结构，内部治理方式，以及扩大学校办学自主权的相关法律规定做准备。正如《大学示范法》起草说明指出："鉴于科学技术知识急剧增长，为满足学术生活快速变化的需要，……为了促进革新和实验，在足够充分的条件下制定大学宪章非常必要。该法案旨在确立广泛意义上的组织结构（Mehendiratta, P. R.：22）。"《大学示范法》是贾-尼赫鲁政府在改革大学治理

---

[1] 达-科塔里（1906—1993），印度著名的科学家和教育家。早年留学英国。回国后，1934—1969 年就职于德里大学，曾担任国防部科学顾问。1961—1973 年被任命为印度大学拨款委主席。其间担任印度教育委员会，即著名的达-科塔里委员会（1964—1966）主席。

方面做出的一次探索，其中一些设想对推动印度大学治理改革有一定的积极意义，但贾-尼赫鲁本人对这份法案并不满意，因此在他执政时期，《大学示范法》及其建议都没有得到实施，结果令人遗憾。

(二) 重建印度规划委与教育规划局

独立后，印度人民的爱国主义热情和民族主义希望被极大地唤醒。人们希望彻底摆脱殖民主义统治的阴影，创造一个完全不同的民主共和国。贾-尼赫鲁和全体印度人一样，满怀激情地投入领导新国家的建设工作中。他本人非常重视的一项工作是制订国家发展五年规划，① 因为他相信，这是建设社会主义型国家不可缺少的政策工具。他曾指出："规划是持续实现理想目标的运动，是实现国家目标的重要工具（GIPC：FYP-V）。"1948 年，他还在全国教育规划工作会议上指出：

> 每当教育大会召开，制订教育规划时，作为一条原则，一种趋势是在保持现有的制度基础上进行微小修正。现在这种情况不再发生，（因为）这个国家已经发生了巨变，教育制度也必须与这种变化保持一致，必须对整个教育基础进行一场革命（MES-101-2：5）。

1950 年 3 月，贾-尼赫鲁仿效苏联计划经济发展模式治理印度。首先他成立新的国家规划委，又称"印度规划委员会"（Planing Commission of India），简称"印度规划委"，亲自担任印度规划委主席，领导制订国家发展五年规划。②

如前所述，印度规划委的前身是国大党一个内部机构，后成为英属印度时期殖民地政府的一个行政部门。此时，印度规划委成为新政府的一个下属行政管理部门。其主要职责是制订国家发展五年规划，有效利用国家资源，促进经济快速增长，提高人民的生活标准，提供就业机会，服务所有社区。虽然不是一个法定机构，但作为一个由总理亲自担任主席的印度政府内阁机构，印度规划委享有很高的地位和话语权。除了负责制订国家发展五年规划外，该委员会

---

① 制订五年规划模式起始于 20 世纪 20 年代苏联斯大林时代，是实现社会主义计划经济模式的重要工具和重要特征。早在 20 世纪 40 年代英属印度时期，贾-尼赫鲁以及部分国大党的领导人就在一定程度上受苏联社会主义计划经济模式影响。1938—1940 年，贾-尼赫鲁曾经担任国大党领导的国家规划委主席，负责领导制订英属印度国家发展规划。之后，国家规划委先后制订过《孟买和甘地计划》（1944 年）、《人民计划》（1945 年）等，但这些规划在殖民地时期基本没有付诸实践。

② 国家发展规划每五年制订一次，高等教育规划是其中重要内容之一。在贾-尼赫鲁执政的 17 年中，一共制订了 3 个国家发展五年规划，即第一个到第三个五年规划。

还对中央部门和各邦以及中央直辖区的经济社会发展活动进行领导和协调。

印度规划委属于总理内阁部长级的部门，直接规定由总理领导。该委员会下设许多司局，其中教育规划局是专门负责制订教育规划的部门。在研制国家发展五年规划过程中，教育规划局的主要任务是负责组织和协调教育部、中央部委、地方政府以及各专业委员会之间的分工合作，扮演着不可替代的重要领导者的角色。一般来说，中央教育规划分成两部分：一部分是直接归教育部管辖的事务；另一部分是教育部与各邦协商完成的涉及地方管辖的事务。在国家层面，制订普通教育规划的部门是教育部，具体负责部门是教育部内部组织——规划司，其主要职责是起草普通基础教育和普通高等教育规划。大学拨款委成立后，普通高等教育规划部分改由大学拨款委负责，职业技术教育规划部分由全印技教委负责。其他专业教育，如医学、法律、农学等分别由卫生部、司法部、农业部等各部委相关机构负责。

在邦一级，地方教育规划是地方五年发展规划的一部分，也是国家教育发展规划的基础。负责起草制订地方教育规划的部门是教育厅相关处室，起草的地方教育发展规划可以交由教育部整合（Haggerty, W. J.：28）。

（三）成立联合教育部①

联合教育部是由教育部和青年服务部合署办公机构，属于印度中央一级行政部门，成立于1948年，下设：教育司和文化司两个司，有12个局/处负责管理教育和文化事宜②。如初等教育局、中等教育局、大学与高等教育局、成人教育局、语言局、技术教育局、综合财政局等。部长是教育部名义上的最高首长，同时也是国会议员。下设两个副部长，是实际行政负责人。就教育部所有政策和行政事务而言，副部长也是政府教育顾问。他们在专门秘书、教育顾问、联合秘书、联合顾问、局长及下级官员（分别称之为处长、助理秘书或副教育顾问等）协助下开展工作。教育部各局都设立一名联合秘书、一名教育顾问或局长岗位。教育部在政府中的地位和作用如图4-1所示。

---

① 和各邦教育厅1985年更名为人力资源开发部。
② 后扩充到20多个司局，不同时期司局和岗位是变化的。

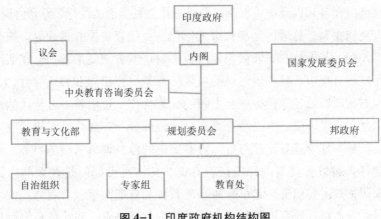

图 4-1　印度政府机构结构图

资料来源：MES—104—1：24

教育部教育司除了直接负责实施各种规划外，还要负责指导各邦政府和中央直辖区制订和执行教育规划，以及协调学校教育范围内的各项活动，负责监督全国范围内教育发展与改革进程，审定教学大纲和教科书等工作（马加力：25）。

在中央层面，教育司设立中等和高等教育秘书处，设置一名教育秘书岗位，负责管理普通中等教育和高等教育，其他职业类教育和院校主要归其他中央部委负责教育的司局管理。如农业教育和农业院校归农业部教育局负责。通常情况下，农业部教育局会委托印度农业研究理事会协助管理独立设置的农业院校（MES-104-1：24）。医学教育和医学院校、法律教育和法律院校，以及其他专业技术类教育和高等院校都以此类推。

根据印度行政设置，邦设有专区、县和区。邦和直辖市的所有教育规划，一般都由邦（直辖市）教育局（厅）负责制订和实施。在邦一级，高等教育行政机构没有统一的模式，各邦情况迥异，通常有 3 个机构：秘书处（Secretariat）、各处室（Directories）和督导室（Inspectorate），其中前两个机构与高等教育关系紧密（MES-104-1：24）。

秘书处设立教育秘书（相当于厅长）岗位①，负责日常事务。教育秘书配有助理秘书或联合秘书、副秘书、候补秘书等。其主要职责是执行政策、协调各方面工作。教育局下设若干职能机构负责行政、高等教育、奖学金、语言、

---

①　有些邦仅设 1 名教育秘书岗位，有些设立 2-3 个教育秘书岗位，分别负责不同类型和级别的教育。

技术教育、财务、成人教育、普通教育、教育规划和监督等工作。教育局还设有教育指导委员会负责指导、协调和监督各类学校。教育研究所、教育科学研究所、教育研究与培训委员会、教材局等机构，负责科研和学术事务。每一个邦和直辖市还设有教育委员会或高等教育委员会等（张双鼓等：120）。

在设立高等教育委员会的各邦（如北方邦、泰米尔纳德邦等），委员会主席由教育厅厅长担任，同时还任命1名著名的高等教育专家为副主席。委员会的职能与中央层面的大学拨款委相似，负责组织变革，促进各邦高等教育发展，维持和决定各邦大学和学院教学科研的标准等。根据印度行政设置，邦以下分为若干县，有些邦在邦与县之间设立专区。一般来说，县一级均设教育局，负责人通常被称为教育局长，或学校督导员。设立专区的负责人是专区教育局长。每一个县教育局长领导区一级低级官员，区内教育活动由一位区教育干事，或副学校督导员，或助理教育干事负责。采用何种职务名称视各邦专门用语而定（马加力：29）。

（四）建立联邦合作式管理模式：以制订国家发展规划为例

联邦合作式管理模式是贾-尼赫鲁时期经济社会治理机构的主要特征。它最早发轫于"双首政体"时代，主要是一种用来协调中央和地方教育关系的管理方式。1928年，莫-尼赫鲁（M–Nehru）① 最早提出建立一个具有强大中央权力的联邦制行政体制。之后，西蒙委员会受其影响，也提出建立一个大印度理事会的设想。在英属印度时期，殖民地政府主要控制少数几所大学，大部分大学和学院都归地方政府管辖。1950年，根据印度宪法第246条关于"中央政府有权协调、决定高等院校和专业工程院校标准，被赋予管理高等教育必要权力"之规定，印度政府开始对高等教育与大学控制权进行转移，逐渐实现高等教育领导权从各省或各邦向中央行政部门的转移（Carnoy, M. & Dossani, R.：1-38）。在贾-尼赫鲁时代，联邦合作式管理模式最集中体现在国家教育发展规划制订中所形成的"合作式制订规划机制"。有印度学者指出："规划机制代表着一种重要的政策工具，以此将宽泛的国家政策转化为管理方案，是对各邦规划的整合……，通过让代表政治一方与代表行政一方保持紧密联系，形成中央和地方政府官方政治上的持续双向对话机制（Pinto, M.：41）。"下面以国家发展规划的制订为例，说明联邦合作式管理模式如何运行。

国家发展规划是国家规划部门、行政部门和地方政府负责规划部门合作的

---

① 莫-尼赫鲁（1861—1931）是印度自治党创始人之一，民族独立运动领导人之一，贾-尼赫鲁总理的父亲。

产物，一般提前两年左右进行，大体经过六个阶段。第一阶段，政府内阁部门、国家发展咨询委员会（NDC）对国家经济社会各领域包括教育发展状况进行研判和讨论，确立制订规划原则和采用方法模型等技术性问题。第二阶段，成立规划专家小组，对规划内容进行更加深入的研究。专家来自各个部委和地方相关司局部门。规划专家小组的主要工作是调查研究，听取一些非官方专家和各个咨询委员会委员的建议。由于在这个阶段，未来五年国家财政预算分配方案还没有出台，因此，专家小组的工作基本上属于务虚，不会产生实际方案或成果。主要的成果如下：（1）建立中央政府和地方政府工作小组之间的联系和沟通渠道；（2）形成一个《备忘录草案》，勾勒出未来规划的大体设想，并给出指导性建议。政府内阁会议将对《备忘录草案》中的有关问题进行讨论。第三阶段，准备《五年规划纲要（草案）》。这个草案基本是《备忘录草案》的细化，填充形成不同领域的具体规划内容，包括发展目标、增长比例、投入经费、重点项目等。在经过政府内阁、各部门审议之后，由国家发展咨询委员会批准，形成官方文件向社会公布和征求意见，在议会内外开展讨论和辩论。第四阶段，在印度规划委的主持下，开始对《五年规划纲要》中各个领域任务目标、国家和地方重点项目、保障措施等内容进行逐项审查，正式征求中央各部委和地方司局首长的意见。然后，印度规划委重新起草一份《备忘录（二稿）》，交付政府内阁和国家发展咨询委员会拍板决策。一旦通过，《备忘录（二稿）》将被确定为《五年发展规划》最终报告的基础和文本框架。第五阶段，形成最终正式的《五年发展规划》报告。在得到内阁和地方政府同意后，交付议会讨论通过。第六阶段，如果不出意外，议会将投票通过《五年发展规划》报告，确立生效日期，向全社会公开发布（Pinto, M. : 45-46）。

教育是国家发展规划的重要组成部分。每个五年发展规划中都有专门一章阐述各级各类教育发展的问题。教育规划由中央政府和邦、直辖市政府共同制订。邦教育局规划处负责制订邦教育规划；同时帮助教育部和印度规划委等相关机构完成制订国家教育五年发展规划任务。由于教育规划是国家发展规划的一部分，因此，两者的制订几乎同步进行。教育规划制订过程和要求基本按照印度规划委统一安排和部署进行。理论上，印度规划委教育规划局主要负责领导、组织、协调工作。然而，在实践中，教育部和地方教育厅、专业委员会、各部委和地方教育厅相关部门在起草过程中，往往各自为战，对于部门利益的考虑大于国家整体利益。在高等教育发展规划中，涉及的利益相关部门众多，导致高等教育规划成为国家教育发展规划中最复杂和难度最大的部分（Pinto, M. : 48-50）。正因为如此，对于不同时期的五年规划，印度规划委都会采取不同的制订方案。如在制订"二五"和"三五"教育规划时，印度规划委就没有让教育部单独起草方案，而是组成联合教育起草"专家小组"（The Task Force），在印度规划委规划局统一组织下完成起草工作。到制订"四五"教育规划时，印度规划委将起草工作委托给教育部负责。这种变换的好处在于调动主管行政部门的积极性。教育部负责起草发展规划时，各个司局往往会附带考虑相应的实施方案和行动计划。这样的规划有利于提出的任务目标和重点项目得到落实。

三、大学拨款委的恢复和重建

（一）关于重建大学拨款委的讨论

"大学拨款委"是"大学拨款委员会"的简称。如前所述，其前身是拨款理事会（即印度大学拨款理事会），成立于1945年，但两年后被解散。独立后，贾-尼赫鲁政府没有马上恢复该机构建制，而是希望先组建一个国家级的大学咨询委员会，起名"中央大学教育委员会"（Central Commission of Univeristy Education），简称"央大教委"。贾-尼赫鲁希望新委员会能够担负管理印度高等教育及大学和学院事务的责任。1951年，贾-尼赫鲁政府根据《萨-拉达克里希南报告》的建议，制定《大学标准规章（草案）》。草案设想指出，拟建的央大教委不是权力部门，不承担任何责任和义务，唯一职能是审议大学学术标准，协调中央和地方高等教育事务，努力成为协调中央政府和地方政府、教育部与中央大学之间关系的沟通渠道和交流平台。通过这个平台和机制，邦政府和大学的声音和诉求可以直接被中央和教育部听到。

然而，教育部在征求《大学标准规章（草案）》意见时，得到各邦、大学以及各界不同的反馈意见。总体来说，各邦政府基本同意草案的设想。当得知中央政府决定拿走大学管理权，实行大学管制时，几乎所有的邦政府（一个邦除外）都非常明确地表示支持，同意加强中央政府对大学的管制，因为这样可以减轻邦政府的财政负担。但是高等教育界和大学校长们的反应则迥然有别。很多大学校长表示担忧，甚至反对，理由是：第一，大学有能力自行管理、维持和协调学术标准问题；第二，如果让一个外部机构承担这些工作，将会违反大学自治原则；第三，学术标准低的原因是缺少经费，一旦经费问题解决，任何问题都会迎刃而解（Sharma, K. A.: 14）。

1952年，跨校理事会召开大学校长会议，来自20所大学①和各邦政府代表

---

① 1952年，印度大学总数为25所，有5所大学代表缺席此次大会。

参加了会议。大家围绕要不要成立央大教委等相关事宜展开讨论，会上出现两种不同的声音。一种是坚持成立央大教委，但对其权限要加以明确，即可以协调和决定大学学术标准与发展事务，但大学拨款职责仍然要留给中央政府和各邦政府财政部门，或者留给专业性拨款机构。另一种是代表大多数人的意见，表示反对和担忧。他们认为，如果将大部分权力保留给中央，有可能影响大学学术自由和学校自治。如果让外行干预大学事务可能会降低大学学术标准（Pinto，M.：65）。例如孟买大学校长纳-瓦迪亚（N-Wadia）评价说："我们觉得，任何外部人士都不应该告诉我们如何协调学术标准、如何决定学习课程内容。……的确，央大教委可能做一些有益的工作，但前提只能是一个纯咨询机构，其成员必须完全由大学校长及其代表组成（Singh，A.：34）。"安纳马来大学罗-凯蒂（R-chetty）校长也明确表示，虽然政府可以让央大教委具有过去拨款理事会的功能，让它不仅是一个咨询委员会，还拥有一定的权力和责任，但他担心中央政府一旦成为大学办学经费的来源，会对大学指手画脚，这势必会影响大学的自主权。随后，巴罗达大学女校长哈-梅塔（H-Mehta）、阿穆大学校长汗-哈善（H-Hasan）、德里大学参会代表维-拉奥（V-Rao）教授也都表达了相似的观点。他们表达的基本思想是，虽然不反对中央成立相应的机构，但反对政府对大学事务进行直接干涉（Sharma，K. A.：21）。

　　大会讨论的结果是：建议政府暂时放弃成立央大教委的想法，但可以考虑组建新的大学拨款机构，赋权之承担对所有符合条件的大学（包括中央大学、地方大学以及其他高等教育机构）经费分配、资金划拨等事务的全部责任。尽管在建立中央统一领导机构问题上存在争议，但是贾-尼赫鲁和联合教育部（包括教育、自然资源和科学研究部门）部长玛-阿扎德坚持认为，中央政府必须对教育，尤其是高等教育具有发言权。玛-阿扎德在多种场合反复强调，即使不可能控制，但中央宏观指导必须得到保证（Singh，A.：517-533）。

　　（二）大学拨款委的成立

　　1953年4月，印度政府在德里举行各邦教育厅长和大学校长大会，以无记名方式通过决议。由于已经去掉了一些严格控制大学的条款，最终投票结果是多数人赞同，少数人反对，《大学标准规章（草案）》获得通过。与此同时，多数人表示同意恢复大学拨款理事会的建制，并将之与计划筹备的央大教委的功能合二为一，组成新的临时大学拨款委①，由联合教育部长玛-阿扎德亲自担

① 此时《大学拨款委员会法》还没有通过，大学拨款委的法律地位还没有最终确立。直到1956年该法颁布之后，大学拨款委的合法身份才得到确认。

任委员会主席。贾-尼赫鲁总理出席成立盛典,宣布成立临时大学拨款委,并发表热情洋溢的讲话(UGC.:Webpage)。他讲话内容广泛,涵盖了当时高等教育面临的几乎所有问题。在会议上,他用乌尔都语发言指出,该委员会的成立标志着印度高等教育领域发生了革命性变革,这样的临时大学拨款委应该在早几年就成立了。他说:"现在已不再担心大学拨款委的设立,而是更关注其日后的发展(Sharma,K.A.:23)。"他指出:

> 成立这样的机构目的是让所有大学,包括中央大学对政府经费投入负责。……实际上,大学拨款委是自治的……至少对拨款部门应该是自治的。这是由大学拨款委工作特殊性决定的。它们最有资格做出判断,甚至政府内阁都不是做出判断的最好岗位,因为政府不能与大学及其工作保持亲密接触……对政府而言,就是要将整个经费按照大学拨款委的总体安排决定大学拨款去向。这个过程中,大学拨款委应该给出建议,然后由政府做出最后决定。在政府将总拨款计划做出,并告知大学拨款委之后,大学拨款委就应该开始按照拨款数进行分配拨款(Singh,A.:517-533)。

贾-尼赫鲁的讲话与1956年制定的《大学拨款委员会法》精神完全吻合。该法案第3条第12款规定:"委员会应该有责任在与大学或者其他相关机构协商后,采取相应的措施,如用其认为合适的方式促进和协调大学教育发展;以合适的方式决定和保持大学教学、考试和研究标准等(Pinto,M.:66)。"

1954年9月30日,教育部长议会秘书玛-达斯(M-Das)博士向议会提出了设立大学拨款委议案。随后议会联合委员会进行了长达6个小时的热烈辩论,对每一项条款都进行了详细审查。从1955年4月联合委员会举行第一次会议开始,在两年时间里,联合委员会对草案条文进行多次一般性讨论和审议,终于在1955年7月完成了《大学拨款委员会法》的审议工作①,交付议会通过后,于1956年开始生效(Sharma,K.:42)。印度独立后的一个最重要的中介组织终于诞生。

(三)组织结构与责任

根据《大学拨款委员会法》(1956年)之规定,新机构不仅是一个专家咨询机构,而且是半独立性质的权威机构(Aggarwal,J.C.:40-41),是政府建立

---

① 在2013年之前,《大学拨款委员会法》分别在1970年、1972年、1984年、1985年进行过修订。

的最早的，兼规划、管理、协调、执行于一体的特殊组织机构。印度学者阿-辛格指出："印度大学拨款委在世界上可能是独一无二的同时具有两种权力的组织：其一是负责拨款；其二是协商和制定标准（Singh, A.：517-533）。"显而易见，在众多印度专业委员会中，大学拨款委成为一个在管理印度大学和学院事务中拥有最大权力和影响力的中介组织机构（Pinto. M.：15）。

《大学拨款委员会法》第二章第6-11条明确大学拨款委及其岗位构成，其中包括委员会设置主席和副主席岗位各1名，其他岗位7名，任期两届，以及委员会成员提前辞职等相关规定。第三章第12-19条主要规定了大学拨款委的权力与职能，如第12条之规定：

> 与大学或其他相关机构协商，……促进和协调大学教育发展；确定和维护教学、考试和科研的标准，为了发挥上述职能，该委员会在该法框架内：（a）探讨大学的财政需求；（b）从委员会的资金中进行分配和支出，拨款给由中央法案或根据中央法案建立或注册的大学，以保证这些大学维持和发展，或其任何其他一般或特定的用途。……（c）向所有大学提出大学教育改进所需的措施和建议，并就如何采取这些措施的策略给出咨询意见……（UGC：10）。

显而易见，大学拨款委成为影响印度高等教育发展和处理高等教育事务的最高权力机构，其责任就是通过经费拨款方式，促进和协调高等教育事务，确定和保持全国大学教学、考试和研究的标准。然而，大学拨款委既不是完全独立的中介组织，也不是完全归属政府的官方机构，而是一个半独立半官方的政府最高管理机构。

四、恢复和改造其他专业性教育管理机构

印度素有依靠专业委员会管理职业技术教育的传统。早在英属印度时期，一些专业性协调机构，如印度医学理事会（1933年）、拨款理事会（1945年）、全印教育专业理事会（1946年）和印度农业理事会（1947年）就已经成立，产生一定的社会影响。独立后，印度实行合作式联邦主义管理模式，十分重视发挥专业机构的作用，恢复并组建了一批具有中介性质的专业机构和学会组织。其中有代表性和影响力的专业组织有：

（一）全印技教委

在印度，普通高等教育和技术高等教育是两个平行系统，前者主要由大学

拨款委负责协调、监督和管理，后者则由全印技教委负责协调、监督和管理。从权力分配上来看，全印技教委是影响力仅次于大学拨款委的中介组织（NRIC：18）。1966年，沙-科塔里教育委员会提出将全印技教委变成与大学拨款委一样的最高权力机构，以此权力机制协调技术院校和管理技术教育，但这样的提议直到20世纪80年代中叶才变成现实（Pinto, M.：117）。

全印技教委成立于1946年，最初只是跨校理事会管辖下的一个二级专业委员会，属于一般性的政府咨询机构，没有管辖和治理技术类高校的实际权力。其职能是规划、协调和指导印度技术类（中等和高等）教育的发展；管理从事技术人才培养和训练任务的技术院校；制定印度工程教育质量和课程标准，等等（MES-101-2：13-14）。印度独立后，专业技术高等教育受到重视，高等专业院校蓬勃发展，其间，全印技教委发挥关键性作用，为专业高等教育发展提供了强大的专业和技术支持。1951年，全印技教委试图说服印度国会赋予其和大学拨款委同等的法律地位和职责，但没有成功（Pinto, M.：113）。

1954年议会仍然将全印技教委定位为国家咨询指导机构，但全印技教委拥有对高等院校专业设备调查、协调专业技术教育发展等权力。这些权力包括：（1）适当地刺激、协调和控制印度职业技术院校设备供给；（2）调查全国职业技术教育需求；（3）领导、规划和协调职业技术类院校发展；（4）制定职业技术教育专业标准；（5）监管公立职业技术院校办学；（6）批准高校引进外国职业技术教育课程；（7）负责对高等职业技术院校进行专业认证、质量保障、监督评价、重点资助、发放文凭，以及向中央和地方两级政府提出拨款建议；（8）协调中央政府和地方政府关系，处理政府与企业之间职业技术教育管理和发展问题，等等（Pinto, M.：113-114）。

（二）印度医学类专业委员会

高等医学教育是印度高等教育系统中重要的组成部分。按照学科分类，印度高等医学教育设立医学、护理学、药学和牙科等。独立后，除了早期建立的印度医学理事会外，印度政府又支持建立了不同医学教育的专业性学会组织，负责管理相关医学院校和医学教育事务。这些专业组织包括：

第一，印度医学研究理事会（India Council of Medicine research），其前身是1933年成立的印度医学理事会，也是印度最早的医学专业机构。英属印度时期，主要负责管理殖民地5所医学院校。印度独立后，贾-尼赫鲁政府重视高等医学教育发展。1956年，贾-尼赫鲁政府对印度医学理事会进行改组，更名为印度医学研究理事会，目的是进一步强化理事会的组织、协调、检查和指导功能。1965年，印度医学研究理事会所管辖的医学院校总数达到81所，分别附属于32

所大学，在校生总数达到 61742 人，包括 3176 名硕士研究生和博士研究人员。

第二，印度护理理事会（Narsing Counciul of India），成立于 1947 年，主要负责护理教育事务，具体内容包括：（1）提供有关护理教育专业、课程、培训和考试等方面的信息；（2）监督护理学院办学；（3）调查护理教育情况，撰写相关调查报告；（4）向政府提出对教育质量不合格的医学院校的处理意见；等等。譬如，如果一些护理教育培训机构教育质量不合格，护理委员会有权向相关部门报告，限制某些州政府审批开办护理学院的资质。

第三，印度药学理事会（Pharmacy Council of India），成立于 1948 年。当时，药学在很多大学还不是一门学科专业，只是几门水平较低的课程，主要培养医院药局负责发放药品的医药人员。由于技术含量较低，很多大学都不愿意开设药学专业和课程。1948 年颁布《药学理事会法》，赋予药学理事会审批开设相关药学课程的权力，其中包括：（1）规定药学教育的性质、学制、考试标准、培训方式、基本办学条件；（2）派专家调查和督查课程实施情况，并撰写报告；（3）评估药学教育质量，向邦政府提出认可或撤销某些课程设置的意见；等等。由于当时印度药学教育十分落后，因此，印度药学理事会权限很一般，只能对水平较低的医学院校的办学产生有限的影响。

第四，印度牙科协会（Council of India Dentistry），成立于 1948 年。其职责与药学理事会的情况基本相同。

第五，全印度医学科学研究所（AIIMS），是 1956 年成立的一个独立机构，负责制定模范医学教育方案，培训医疗领域的高级行政官员。

第六，国家卫生行政和教育研究院，是卫生部于 1964 年设立的教育机构，主要职责是开展医学卫生状况调查和医学教育研究工作。

（三）印度农业教育专业委员会

在印度，负责农业教育事务的专业机构有两个：一个是印度农业研究理事会（Indian Council of Agriculture Research）；另一个是印度农业教育委员会，简称"印度农教委"（Indian Council of Agricuture Education）。印度农业研究理事会前身是皇家农业研究理事会，该组织成立于 1929 年，主席为林利斯戈伯爵，一直被认为是印度最重要和最有意义的机构之一。1947 年，印度独立后该组织更名为印度农业研究理事会，属于自治性的社会团体组织。其主席和副主席分别由农业灌溉部长、各邦农业厅长亲自担任，成员包括深谙农业问题的农业科学家和政府官员。其主要职能是开展农业问题调查和政策研究；收集农业信息，为国家制订农业发展规划提供依据（Haggerty, W. J.：124）。

印度农业研究理事会下设地区和邦农业研究分会，活动经费主要来自政府投入，有些经费属于计划内拨款，有些属于计划外拨款。由于农业发展是一些邦政府工作的当务之急和重中之重，印度农业研究理事会责任变得越来越大。除了服务于中央农业部外，还需要帮助各邦制订农业发展战略规划，帮助央属和邦属大学开展农业科学研究和教育。1952 年，在中教咨委的建议下，印度农教委成立，与印度农业研究理事会合署办公，一起负责协调中央和各邦农业部门的工作。前者为农业大学及附属学院提供统一的农业教育标准，为农业、畜牧业和乳业专业制定模范教学大纲等；后者负责收集农业教育信息，指导农业院校开展农业技术研究，推动农业科学和教育发展（Pinto，M.：123-126）。

（四）印度律师专业委员会

印度律师专业委员会，又称印度律师理事会（Bar Council of India），成立于 1961 年，是贾-尼赫鲁时期最不受重视的专业委员会。在殖民地时期，法律教育与文理教育属于普通高等教育管辖范围，不属于专业技术类教育。进入法律职业的基本门槛是具有文学学士学位或者法学学士学位，但仅有几所大学能够授予这样的学位。印度独立后，法学教育发展迅速，对成立专业委员会产生需求，但一开始，很多法律院校不赞同成立这样的委员会，认为大学本身是法人机构，其培养出的法律人才不需要另一个法人机构认可。尽管如此，印度法律专业委员会还是在反对声中成立了，并被赋予两项职能：一是发展和传播法律知识；二是在专业领域培训法律人才，制定行业标准。后来该委员会又自行做出规定，要求法律院校与本地法院建立联系，培养理论联系实际的法律人才。慢慢地，一些大学也开始适应法律委员会的要求，调整办学方向，明确人才规格，更新改革课程体系和教学方法等（Singh，A.：59-62）。

（五）国家教育研究和培训委员会

国家教育研究与培训委员会（NCERT）成立于 1961 年，旨在整合教育行业所有力量，使整个教育行业的人相互之间能够进行密切和连续的沟通工作。该委员会成立之后，开启了一系列有关教师发展和改革的项目，并成立专门开展教育研究的国家级研究机构——国家教育研究院（NIE）。1968 年 11 月，国家教育研究院受联合教育部委托举办了一次以"院校规划研究"为主题的学术研讨会。参会人员充分探讨了院校规划中教育行政人员的角色，以及院校自治等重要问题（Aggarwal，J. C.：206）。

四、创建国家重点院校

(一) 历史背景

国家重点院校 (Institution of National Importance)① 是 20 世纪 50 年代贾-尼赫鲁政府重点发展的一种新型院校。其主要职能是贾-尼赫鲁所戏称的为 "印度现代寺庙" (Modern Temple of India) 的庞大公共部门培养专门人才。这些公共部门包括国防、灌溉、钢铁，以及其他各个国家的重点领域。国家重点院校群英荟萃，学问一流，是国家重要的科研中心、学术中心和精英教育中心，在培养国家和地区所需的高级技术性专门人才中发挥重要的作用 (Mohan, R. T. T.: 2-3)。如表 4-4 所示，在国家重点院校系统中，印度理工学院和印度商管学院是最具代表性的院校，是 20 世纪 50—60 年代贾-尼赫鲁政府在高等教育领域取得的最主要的成就之一。它们对印度经济社会发展做出了突出贡献。

表 4-4　20 世纪 50—60 年代印度重点院校系统

校名	地点	重点专业
印度理工学院	新德里、坎普尔、马德拉斯、孟买、古瓦哈提、鲁尔基	工程和技术
国家科学学院	班加罗尔	科学和工程
印度科学教育研究所 (IIS-ERs)	普纳、加尔各答、莫哈利	物理、化学、数学、环境和地理科学、计算机科学
国家技术学院	17 个地区	工程
邦学院和大学系		技术和工程教育
特殊学院		专业领域的教育与培训

---

① 在印度，国家重点院校包括印度理工学院、全印度医学研究院、国家药学教育研究院、印科研究院、国家技术学院、印度科学教育研究院，以及其他一些专业院校。后来印度工商管理学院、印度教育科学技术学院，以及 PMSSY 框架下的全印度医学科学研究院也被列入其中。这类学院是印度精英大学，入学竞争十分激烈。目前这类院校有 74 所。这类院校在印度高等教育系统中占据重要的地位 (News Indigo: Webpage)。

校名	地点	重点专业
印度工商管理学院	艾哈迈德巴德、班加罗尔、加尔各答、卢克瑙、印多尔、卡利卡特	管理教育和培训，开展企业研究和咨询
国家工业工程研究所	孟买	工业工程教育
国家铸造和熔炼技术研究所	兰奇	先进锻造和熔炼技术教育
印度矿山大学学院	丹巴德	矿山、应用地质学、石油技术和地质物理学
国家技术教育培训和研究所	博帕尔、加尔各答，昌迪加尔、马德拉斯	多学科技术学院教师培养和培训
桑-隆果瓦工程技术研究所	隆果瓦、旁遮普（贾朗达尔）	技术教育、工程与技术
建筑规划学院	新德里	农村和城市规划、人类居住、建筑
东北地区科学与技术研究所	埃塔纳格尔-东北地区	科学和技术教育
中央技术研究院	科克拉贾尔、阿萨姆	

资料来源：MHRD，UGC，AICTE：Webpage

（二）印度理工学院：印度版的"麻省理工"

印度理工学院，简称"印度理工"，历史可以追溯到20世纪40年代中期。1946年，英属印度各部门正在制订《战后教育发展规划》。兰-萨卡尔委员会负责起草《兰萨卡尔报告》，其中在涉及高等专业技术教育发展问题时，该委员会提出，英属印度政府应该模仿美国麻省理工学院（简称"麻省理工"）建立新型印度理工学院，但这样的提议并没有被殖民地政府采纳。1947年，印度独立后，各项事业百废待兴，未来国家建设需要大量高素质科学技术人才。然而，由于历史原因，印度职业技术教育发展十分落后，能够向各邦政府部门、民用设施管理部门输送毕业生的工科院校寥寥无几。仅存的几所高等工程学院培养出来的毕业生水平也很差，质量很低，无法满足国家发展需求。因此，贾-尼赫鲁政府敦促联合教育部技术司加紧研究和落实《兰-萨卡尔报告》相关建议，建立印度版"麻省理工"。很快技术司拿出一个建校草案交付国会批准。根据建校草案，这种新型教育机构被界定为"国家重点院校"。申请进入这些院校学习的学生需要参加国家普通高校入学考试，根据成绩择优录取。

然而，建立新型印度理工学院面临3个难题：第一，按照美国麻省理工学院模式建立新型院校并不是一个简单的模式复制过程。引进组织形式和课程很容易，但如何让美国院校的组织形式和课程设置，以及教学方法在印度本土生根发芽却不是一件容易的工作。一位专业技术教育委员会委员指出："麻省理工是一种理想的院校模式，能够在印度新兴产业发展的资源条件下培养印度学生的创造力。与此同时，也能用印度现有的文化价值观去解释其新的努力所取得的成果（Sebaly, K. P.：14）。"第二，建国之初，印度政府在是否应该建设新型院校问题上存在分歧。一些反对者认为，印度政府首先应该考虑如何在原来的工程学院基础上进行升级和改造，没有必要建设新型院校。但是这种建议很快遭到社会主流观点的批判，大多数人认为，现有的工程学院模式不可能培养出新型工程师，美国麻省理工所流行的教学和科研方法也不可能在较短时间内引进印度现存的工程学院的教学和科研过程，更不可能培养出合格的创造性人才。由于双方意见不统一，最后只能采取表决形式决定是否建设新型院校，结果大多数人赞同建设新型学院。第三，校址选择和经费问题也成为制约印度理工学院建立的重要因素。例如在选择坎普尔校区时，最初的几套方案都被否定。第四，由于外国政府和国际组织教育援助项目的经费还没有到账，因此，新大学建立进度缓慢。新建院校实验室设备、图书资料杂志都非常短缺，师资严重不足。这些原因造成第一所印度理工学院建设和学院招生工作一拖再拖（Ibid.：9）。

1950年，印度政府重申加快建设印度理工学院的重要性。贾-尼赫鲁总理指示，在"一五规划"中一定要把组建印度理工学院项目列入其中，加快建设步伐，以满足国家工业和农业发展的需要。联合教育部技术司接到总理指令后，立刻组建了印度理工学院建设筹备委员会，启动项目。建设筹备委员会首先要对印度理工学院培养目标进行定位。第一，要侧重学生个性、视野和思维能力的发展，使之成为有用的合格公民。第二，教授学生基本的工程学理论和机械原理，保障其在未来能够自信地将原理和理论运用于实践。第三，用有用的工具方法武装学生，使之通过接受正规训练之后，拥有独立开展工程实践活动、应用技术原理、管理行政组织等能力。第四，在正规教育过程中，重视实践教学，以此帮助工科学生理解工程技术原理，并能够将之自如地运用到实践。第五，传授给学生合理的普通实验方法，使之能够快速而独立地做出判断性的结论。第六，培养学生写出清晰而简洁的技术报告，以及参与技术问题书面讨论的能力（Pinto, M.：63-64）。

接着就是选择校址的问题。建设筹备委员会经过考察和研究后决定将印度

加尔各答卡拉普地区一个叫西吉里①的地方作为第一所印度理工-卡拉普分校的
校址。在选址过程中，贾-尼赫鲁本人亲自到现场考察。他动情地说：

> 此刻站在这里，我思绪万千，不禁回到那尚不为人知的拘留营。正是
> 由于这个原因，此地不是现在，而是在20年前，甚至30年前就已被人所
> 熟悉……今天，这里筑起了一座印度丰碑（印度理工-卡拉普分校），它将
> 代表印度的奋进，代表着印度的未来，甚至还表征着印度即将到来的巨大
> 变化（IIT-K.：Webpage）。

1951年8月，印度第一所新型理工院校——印度理工-卡拉普分校建设完
成，并如期举行了开学典礼。它的建设完成标志着一种新的高等院校类型在印
度诞生。1956年，印度国会正式将这所大学列入"国家重点院校"。印度理工-
卡拉普分校是仿照美国麻省理工模式建立的，在专业设置方面，开设化学技术、
工业管理等专业，既开展本科教育，也开展研究生教育。在1953—1957年，印
度理工学院还提供在职研究生课程，但当时只颁发毕业文凭，而非学位证书。
由于合格师资严重短缺，很多课程只能依赖企业实践工作者授课
（Mohan. R. T.：3）。其早期设置的专业情况如表4-5所示。

表4-5　印度理工-卡拉普分校院系和本科学位早期的专业设置（1951—1961）

院系	建立日期（年）	院系	建立日期（年）
民用工程	1951	造船技术和海洋工程	1952
电气工程（电力）	1951	建筑与区域规划	1952
电子和电子通信工程	1951	地质和地质物理	1951
机械工程	1951	数学	1951
农业工程	1952	物理和大气学	1951
冶金工程	1954	化学	1951
化学工程	1951	人文和社会科学	1951
矿山工程	1956		

资料来源：Sebaly, P. K.：4-9

---

① 西吉里是一个非常特殊的地方，是印度独立前臭名昭著的拘留营。那里曾经关押的
"罪犯"都是反英分子。为了国家的自由和独立，不少爱国的民主主义者在此地失去了
自由，甚至生命。这样奇特的选址可能是世界上绝无仅有的，据说有一定的象征意义。

印度理工-卡拉普分校创办之后，印度政府又相继成立了 6 所印度理工学院。这些新型理工学院不仅在办学理念和管理模式上仍然仿照美国理工院校，而且建设资金来源也主要依靠国际援助项目经费①。教育援助项目包括：派遣专家，提供设备，进行管理者的海外培训等内容。表 4-6 显示的是贾-尼赫鲁时期建设的 7 所早期印度理工学院的情况。它们的建立标志着印度高等教育体系中又增加了一个独立设置的院校系统。《印度理工-坎普尔分校报告》（1961 年）指出："每一所理工学院都可被看作印度理工学院系统的有机整体，受制于统一的《印度理工学院法案》（1961 年）（Sebaly, P. K.：4）。"该法第二章第 1、6 条规定："每所印度理工学院都是独立法人机构……，称之为国家重点院校；开展技术、工程、科学和艺术领域的教学和研究活动；可以自主举行考试和授予学位等（Bhasin, V. K.：1-28）。"

表 4-6　贾-尼赫鲁时期建设的 7 所印度理工学院

序号	印度理工学校	援建组织	时间（年）
1	卡拉普分校	不详	1951
2	孟买分校	联合国教科文组织和苏联政府	1958
3	马德拉斯分校	前联邦德国	1959
4	坎普尔分校	美国九所大学联盟	1959
5	德里[1]分校	英国政府资助	1963
6	古瓦哈提分校	不详	
7	鲁尔基分校	不详	

资料来源：Haggerty, W. J.：127

[1] 印度理工-德里分校是在原来的德里工学院基础上建立起来的。

（三）印度工商管理学院：商科人才的摇篮

20 世纪 50—60 年代，贾-尼赫鲁政府不仅重视印度理工学院的建设，同时重视其他类型专业教育的发展。其中印度工商管理学院，简称"印度商管院"，（IIM）就是这一时期建立的新型专业商学院，主要以开展研究生课程和培训课程为主。②

20 世纪 50 年代，英国殖民时期保留下来的私人企业基本上都采用家族式管

---

① 1973 年，外国政府和非政府组织停止了对印度理工的教育援助项目。从此之后，这些印度理工学院经费主要依靠本国政府投入。

② 到 2014 年，印度商管院总数约为 20 所。

理模式，又称"盒式管家管理模式"（Box-Wallah）①。伴随印度经济社会发展，管理技能的重点从销售和营销转移到生产和经营，这种旧的管理模式越来越不适应社会发展。与此同时，美国的工商管理教育发生了翻天覆地的变化，促进了美国经济急速增长和变革，使美国经济成为世界无可争议的领头羊。这时候，印度人突然发现旧的英国模式的不足，觉得印度企业更需要美国式的管理，需要受过美国工商管理教育培养训练的人才。美式管理人才具有较强的技术能力，接受过科学管理培训，可以担负起更大的社会责任。他们是能够帮助印度转型为一个现代的、充满活力和繁荣经济社会的人。

　　然而，当时印度无论是政府部门，还是其他公共领域都十分缺少这方面的人才。为了解决这个问题，1953 年，全印技教委建议引进美国管理教育模式，创办美式管理专业。随后不久，联合教育部成立管理学研究委员会，为引进美国管理教育模式开展调研工作。1955 年，印度政府在与美国政府讨论教育援助项目使用问题时，美国福特基金会代表 D. 恩斯明格（Ensminger, D.）表示愿意帮助印度发展管理学科，并与孟买大学经济学院院长凯-维吉（C-Vakil）、校长约-马特伊（J-Matthai）博士通信一起讨论建立管理学研究院问题。1957 年，哈佛大学商学院 R. 梅里亚姆（Mariam, R.）和瑟尔比（Thurlby, H.）两位教授应邀访问孟买大学指导工作。回国后，两人撰写了一份考察报告，即著名的《梅里亚姆-瑟尔比报告》。报告建议印度政府按照美国模式建立商学院，并希望新建商学院能够成为独立办学机构。然而，这项计划一出台就遭搁浅，主要原因有两个：一是支持这项工作的校长约-马特伊博士在 1957 年退休；二是此时印度政府已经组建了一所国家行政学院②。

　　1959 年，D. 恩斯明格仍然努力与孟买大学联系，希望推进原来的计划。孟买大学新校长原则上同意恢复项目，但合作伙伴由哈佛大学商学院改为加州大学洛杉矶分校（UCLA）管理学院。很快，加州大学洛杉矶分校管理学院副院长 G. 罗宾逊制定了一份 28 页的建校方案。方案建议：（1）新管理学院应该得到印度（中央、地方）政府和企业界的全力支持；（2）校址应选择资源获取便

① "盒式管家管理模式"是指依靠良好的家庭背景和沟通技巧的文科人才进行管理的模式。

② 国家行政学院是一所由印度政府和私营企业共同建设，仿照英国亨利行政学院建立起来的新型管理学院，董事主席是前孟买大学校长约-马特伊博士。资金来源为会员筹集和捐赠，主要课程是向高管提供短期项目培训，提高管理能力。成立之初，国家行政学院一度受到欢迎，并得到一些大企业，诸如印度人寿保险公司、印度国家银行、Bat 等公共和私营公司的支持，但运行几年后，由于培训内容和方式落后逐渐对学员失去吸引力（Jammulamadaka，N.：23-42）。

利，经济和商业环境良好……的地方；（3）注册独立法人机构，董事会成员应由政府、企业代表和学校三方组成；（4）发展商业管理专业硕士项目；（5）训练职业经理人，开展科学研究（Mohan. R. T.：5-6）。当时世界上流行的管理学院模式有3种：第一种是大学二级院系；第二种是国家自治性机构；第三种是注册法人社会团体。G. 罗宾逊建议印度政府选择第三种模式。他认为，印度历史上有很多这类性质的学院，优点是灵活和自由，建设速度快，独立设置，便于政府、企业和学校三方合作；缺点是不授予学位，只发放文凭证书（Ibid.）。

G. 罗宾逊教授建议，印度政府最好先集中财力建设好一所新型管理学院，但印度科技文化部坚持认为，印度可以同时建设两所精英型工商管理学院，一所建在加尔各答，另一所建在艾哈迈达巴德（Bhargava, S. R. C et al：1-46）。1960 年，财政部和企业界组成联合考察团分别到美国、英国和欧洲进行实地考察。其中负责考察美国学校的萨-巴特查理亚在看完哈佛大学商学院案例教学之后，向政府强烈建议把哈佛大学商学院案例教学方法引进筹建中的印度商管学院。

经过两年筹备，1961 年 11 月 13 日，在美国麻省理工斯隆工商管理学院、西孟加拉邦政府、印度企业界和美国福特基金会的支持下，第一所印度工商管理学院-印度商管院-加尔各答分校正式宣布成立。一个月后，另一所印度工商管理学院——印度商管院-艾哈迈达巴德分校也在哈佛工商管理学院、古吉拉特邦政府和企业界人士的帮助支持下宣布成立。其首任院长是拉-马特伊（R-Matthai）① ——一位没有太突出学术成就的年轻院长，但却在之后7年里把这所印度商管院牢牢地带到印度版图卓越（管理学）学术中心的位置（Mohan, R. TT.：2-3）。

根据《印度社会团体注册法》之规定，印度工商管理学院属于独立自治性院校，直接接受人力资源部所属的印度工商管理学院委员会领导。委员会主席和印度商管院分校的校长一职基本由人力资源部官员担任。教学以 2 年制工商管理硕士教育为主，招收有工作经验的学生，同时也开展博士研究生教育和一

---

① 拉-马特伊（1927—1984）是前孟买大学校长、印度第一届铁路部长约-马特伊博士的小儿子。38 岁时成为印度商管院-哈迈达巴德校区的首任院长，后被任命为印度工商管理委员会主席。

些短期培训项目。①

第三节 后贾-尼赫鲁时期高等教育治理

在后贾-尼赫鲁时代，拉-夏斯特里和英-甘地两届政府基本上延续了贾-尼赫鲁政府合作式高等教育管理模式，在英-甘地执政时期，印度政府不断完成这种治理模式，并尝试进行一些制度上的变革。

一、拉-夏斯特里政府的主要贡献

拉-夏斯特里执政时间很短，只有 18 个月时间，基本上属于过渡性政府。他执政之后沿用了贾-尼赫鲁时期的政策，并像自己的前任一样，非常重视高等教育发展。在短暂执政中，他在教育方面做出很多大的贡献。其中最主要的成绩是成立了国家教育委员会（NEC），也是历史上著名的达-科塔里委员会，并完成了两份重要的教育咨询报告（Aggarwal, J. C.：626）。

（一）成立达-科塔里委员会

印度独立后，《萨-拉达克里希南报告》曾经为印度高等教育发展描绘了美好的蓝图，提出了很多有价值的改革与发展建议。在贾-尼赫鲁执政的 17 年里，高等教育改革与发展也取得了很大成就。然而，印度社会和学术界普遍认为，独立后印度高等教育发展没有达到预期目标。伴随贾-尼赫鲁的病逝，印度社会把希望寄托在其继任者拉-夏斯特里身上（Lal，R. B. & Sinha, G. N.：270）。

1964 年，印度国会议员沙-普拉萨德对国家教育发展现状提出批评，希望新政府能够在教育发展方面有更多的作为。拉-夏斯特里政府接受批评。正如 7 月 14 日教育部发表的《教育部决议》中写道：

> 自独立以来，印度政府始终重视教育体系的发展，将之植根于现代化国家基本的价值之中，适应其需求和期待。尽管有些发展正朝这个方向努

---

① 2007 年，笔者在印度商管院-哈迈达巴德校区调研时观摩到该院举办的一个企业家培训项目。项目培训口号是"让自己成为有魅力的企业家"。具体标准是：（1）成为自己的老板，不再为他人工作；（2）保持独立性，争取做到与众不同；（3）为他人创造就业机会；（4）利用自己的创造性天赋、技能和知识为公司盈利；（5）累计荣誉，证明自己是人生赢家；等等。

力，但教育体系并没有完全与时代需求同步。国家活动领域的许多方面在思想与行动之间一直存在着令人沮丧的一道巨大鸿沟。尽管在数量方面，独立后各级各类教育呈现出有目共睹的发展，但在很多方面，我们的发展普遍令人不满。新政府相信：教育是国家繁荣和富裕的关键，所有的投资都不会比投资于人力资源产生的回报更多，其中教育是最重要的组成部分（Aggarwal，J. C.：175）。

《教育部决议》发表两天之后，印度政府立刻成立了一个由 17 人组成的新一届国家教育委员会，也是印度历史上第六个国家教育委员会，由时任大学拨款委主席达-科塔里博士亲自担任领导人，史称"达-科塔里委员会"（GK. Today：Webpage）。该委员会是印度历史上第六个国家教育委员会，其成立被视为印度大学发展历史上一个具有深远影响的大事（Sharma, A. K.：77）。达-科塔里委员会成员包括政府官员、学术界精英和国内外教育专家等，详细名单参见表4-7。

表4-7　达-科塔里委员会名单

名单	角色	职务
达-科塔里	主席	大学拨款委主席
斯-纳伊克（S-Naik）	秘书长	教育经济与规划管理处处长
J. 麦克杜各尔（McDougall，J）	副秘书长	UNESCO（巴黎）高教部副部长
斯-达伍德（S-Dawood）	委员	中等教育发展项目副主管
M. 埃文（Elvin，M.）	委员	伦敦大学教育研究所所长
斯-戈帕拉斯瓦米（S-Gopalaswami）	委员	德里应用人才研究所所长
维-贾（V-Jha）	委员	伦敦公共财富教育外联部前主任
斯-克里帕尔（S-Kripal）	委员	印度教育部秘书兼政府顾问
玛-马图瑟尔（M-mathur）	委员	拉贾斯坦大学前校长

名单	角色	职务
比-鲍尔（B-Pual）	委员	印度农业研究所所长
库-帕那笛卡尔（K. Panadikar）	委员	卡纳塔克大学（UK）教育系主任
R. 罗杰（Roger，R）	委员	美国加州大学研究院院长
卡-赛义丹（K-Saiyidain）	委员	印度政府前教育顾问
塔-塞恩（T-Sen）	委员	贾帕尔普尔大学校监
J. 托马斯（Thomas，J）	委员	UNESC 总干事助理/财政总监
S. 萨姆维斯基（S-Shumovsky）	委员	苏联莫斯科大学教授
星源贞	委员	日本早稻田大学教授

资料来源：Bhatnagar, S.：182

达-科塔里委员会与以往委员会不同。第一，它是聘请外国专家最多的委员会。有英国、美国、日本和苏联学者。第二，该委员会对教育本质有充分的认识，把教育视为国家发展最有力的工具，因此，它将随后发表的委员会报告命名为《教育与国家发展》报告。第三，该委员会不是只为解决某一方面的教育问题而成立的机构。该委员会旨在"在尽可能短的时间内调查整个教育系统，进而实现国家教育体系结构均衡、系统完整和内容适度的发展"（Mehendiratta，P. R.：23），因此，该委员会被历史学家赞誉为印度教育史上第一个考察教育几乎所有方面，并为国家教育体系制定蓝图的委员会。

拉-夏斯特里总理给达-科塔里委员会提出的任务要求是：第一，要深入研究现存印度教育体系，找出存在问题，分析原因；第二，构建适应国家政治、经济和社会发展水平的全国统一的教育体系；第三，找寻各级各类教育数量扩充和质量改善的具体方式方法，为政府提供相关的对策；等等（Lal，R. B. & Sinha, G. N.：271）。从这些任务要求上看，新政府旨在制订一个完整的国家教育综合发展规划。该规划不再是针对某一级教育，或者某一类教育，或教育的某一个方面进行研究和改革，而是要在全面调查印度各级各类教育现状和问题的基础上，重新设计出国家未来教育发展的制度和方向。

达-科塔里委员会成立之后，很快组建了 12 个专题研究小组和 7 个工作组。12 个专题小组分别是：学校教育、高等教育、专门技术教育、农业教育、成人教育、科学教育和科研、教师培训和教师地位、学生福利、新型技术和方法、人力资源、教育行政管理、教育财政。7 个工作组分别是：女性教育、其他落后阶层教育、学校建筑、学校和社区关系、统计、学前教育，以及学校课程。其中高等教育组专门负责研究高等教育改革与发展问题（Bhatnagar, S. : 182）。达-科塔里委员会及其各个工作小组不负众望，花费 2 年多时间和 150 多万卢比，采用调查和问卷两种形式，进行实际调查和分析，终于在 1966 年 6 月 29 日提交了一份重要的政策咨询报告——《达-科塔里报告》。随后，达-科塔里委员会宣布完成使命，自动解散。

（二）颁布《达-科塔里报告》

《达-科塔里报告》是一份研究性政策咨询报告。该报告采取定量和定性分析的方法，通过访谈、座谈和问卷调查的方式，了解印度教育体系及其发展中存在的问题。整个报告分成 4 个部分：第一部分有 6 章，包括总论和 1—5 章。在总论部分，报告阐明了开展调查工作的目的和意义，开宗明义地写道：

> 印度命运前途正在教室中形成。我们认为，这并不是什么修饰渲染之词，在一个以科学和技术为基础的世界中，教育可以决定人民的幸福、福利和安全……如果国家发展步伐加快，就一定会需要制定出一个界定很好的、大胆而富有想象力的教育政策，有必要采取决定性的激烈行动来改进和扩充教育，并赋予教育活力（Negi, U. R. & Bhalla, V. : 12）。

在 1—5 章，报告阐释教育和国家发展目标之关系；介绍了印度学校教育体系、结构和标准；强调了教师地位和教师教育的重要性；描述了在校大学生和人力资源的状况，以及教育公平与机会均等的问题；最后指出了印度教育体系存在的问题，以及全面重建印度教育体系所需的条件。第二部分共 11 章，包括几个方面的内容：一是重点讨论了各级各类学校教育扩充所引发的问题，以及对学校课程设置、教学方法、考试与评价、学校行政和管理等方面的影响；二是特别指出了高等教育、职业技术教育、农业教育、科学教育、成人教育等专业教育领域存在的问题，提出了具体的政策性建议。第三部分仅有 2 章，主要从教育规划管理和教育财政两个方面提出了政策建议。第四部分是一些辅助资料，以及对政策咨询报告所采用的研究方法等问题的说明（Jayaram, N. : 87-90）。在这 4 个部分中，有些与高等教育发展问题紧密相关，有些间接发生关系，概括起来主要有如下内容：

第一，阐述了高等教育发展目标和任务。报告指出，随着印度经济增长、社会进步和文化教育事业发展，以及在教育领域国际合作加强，印度高等教育有了更明确的目标。其目标可分成两类，一类旨在促进个人发展与社会进步。具体任务目标：（1）鼓励大学生探索新知识，勇敢地追求真理；（2）识别才华出众的青年，对他们进行德、智、体等各方面的培养教育，帮助他们充分发挥才智潜力；（3）为整个社会提供训练有素的各方面的专门人才，特别是技术人才；（4）促进平等与社会公正，缩小社会和文化差别；（5）使教师和学生树立为个人和社会的美好生活努力工作和学习的观点。另一类强调提升高等教育质量的目标。报告任务认为，印度高等教育当务之急是提高高等教育质量，以培养合格的人才。具体涉及 5 个方面要求：（1）高等教育必须真正为国家发展服务，在宽松的气氛中鼓励个性发展；（2）努力提高教育质量，培养合格人才；（3）高等教育应该大规模贯彻成人教育计划，广泛发展业余教育；（4）摆脱旧考试制度的束缚，把教学和科研紧密结合起来，全面提高教学科研水平（袁朋：24）。

第二，报告针对印度高等教育系统存在的问题提出建议：（1）改革高等院校管理体制，对大学拨款委和相关专业委员会进行改革。大学拨款委委员名额的 2/3 应该留给大学人员；赋予大学拨款委拨款、协调、督查和对大学战略发展提出建设性意见等权力。（2）改革大学行政治理结构。校务委员会（即原来的董事会）人数应该减少到 100 人以下，其成员 50% 来自大学内部，50% 来自大学之外。在校内成员中，行政人员人数应该控制在 15—20 人；校长任期一届为 5 年，在同一所学院任职不能超过两届（非常优秀者除外，但这种情况很少发生）。（3）为大学和学院发展指明方向，提出标准和要求。鼓励联合组建新大学，探讨把一邦所有大学联合起来的可能性，以联盟形式管理各地所有附属学院；大学拨款委对符合本土需要的，有利于提高本地高等教育水平的，予以优先批准建立；建议新学院在老学院基础上扩充，而非直接建立新学院。新学院在校生规模应该在 500—1000 人，并且能够积极开展大学教学和科研活动。同时，大学拨款委在批准建立新学院时要充分考虑学校容纳能力和师资条件。报告强调指出，未来建设学院的方向是发展"自治学院"。所谓"自治学院"是指那些符合相应办学条件，具有像大学一样资质和能力，独立开设课程，举行考试，授予文凭和学位等新型学院。报告中写道："在一所规模较大的大学中，如果某些优秀学院已经显示出突出的自我提升能力，那么就应该被给予自主发展的权利（Haggerty, W. J.：156）。"（4）加强对附属学院的学术管理。附属学院是从印度殖民地附属制度保留下来的传统。这类学院有其存在的合理性，但是各种弊端也普遍存在，屡遭诟病。因此，报告建议所有纳附大学都应成立附属学院管理委员会。委员由大学和附属学院代表组成。（5）深化教学改革，不断提高教育质量。一是进行招生方面的改革。希望所有大学都组建招生委员会，制定相应的招生规则，这些规则同时适用于大学及其附属学院。招生标准应该秉承能力优先的原则。对于硕士研究生招生应该制定更加严格的标准，宁缺毋滥。对于博士生录入，要考虑其是否具备基本的研究素质、学术潜力和研究兴趣。二是赋予印度大学更多自主权，如在校长遴选、教学科研活动、专业课程设置、教师选拔聘任等方面发挥作用。

第三，《达-科塔里报告》针对高等专业技术教育发展提出很多有价值的建议。具体内容包括：（1）重视农业高等教育和院校发展。印度是一个农业国家，发展农业高等教育至关重要。每个邦都应建立至少一所农业大学，其占地面积不少于1000英亩土地，能够开设本科、硕士和博士研究生教育。其中本科教育为5年学制，侧重实践教学，有一年属于农场实习期。（2）加速高等职业技术教育的改革与发展。早在殖民地时期，这类教育发展始终落后于普通高等教育发展。印度独立后，贾-尼赫鲁政府非常重视发展工程教育，建立若干所印度理工学院。但总体上，印度高等职业技术教育发展仍然不能满足经济社会发展的需要，改革势在必行。因此，首先，报告建议成立中央专业技术教育研究院，开展高等专业技术教育研究；其次，根据国家对重点行业，如飞机技术、航天物理学、化学技术等领域人才的需要，组建新的工程学院，设置新专业；再次，报告建议对现有工程院校进行改革，不达标的院校尽早关闭；最后，报告要求加强大学与企业部门合作，开展实践教学，尤其是工程学院教学不应过分强调理论学习，而应该突出实践教学环节（Bhatnagar, S.：182-248）。

总之，《达-科塔里报告》全面地设计了印度教育体系的基本架构，并描绘了诸多设想。该报告性质有些类似于1944年《萨金特报告》，但又有所不同。《萨金特报告》不过是萨金特委员会对即将独立的国家教育描绘的一幅发展蓝图，但《达-科塔里报告》旨在面向国家未来发展需要，促进高等教育的改革与发展。其中许多思想和建议都为后来制定的1968年《国家教育政策》和1978年《高等教育发展框架》提供了蓝本，并被写进国家"四五""五五"和"六五"发展规划之中。

（三）制订高等教育发展长远规划

《达-科塔里报告》颁布之后，印度政府各职能部门开始考虑各类教育改革设想。教育部高教司草拟了一份重要文件——《二十年高等教育综合发展规划》，该文件是 1966 年印度政府为落实《达-科塔里报告》中提出的各项任务目标而制订的补充性文件。文件重申了高等教育改革与发展的重要性，对其未来发展提出具体的目标和任务。文件进一步强调：（1）扩大高等教育发展，满足国家发展的人力需要；（2）要求各邦抓紧建设至少一所农业大学；（3）确定学院的规模；（4）搞好妇女教育和课程改革；（5）改革旧的考试制度；（6）提高教学科研水平等行动计划（马加力：108）。尽管规划只是重复《大学教育委员会报告》的内容，但它的颁布足以说明，印度政府认识到快速发展高等教育所带来的数量与质量的冲突，为平衡数量与质量的关系，希望通过制订未来二十年印度高等教育发展规划，在保持高等教育可持续发展的同时，不断提高高等教育质量（袁朋：24）。

二、英-甘地政府的主要贡献

（一）《1968 年国家教育政策》的问世

如前所述，伴随拉-夏斯特里的意外去世，《达-科塔里报告》及其建议也只能暂时搁浅。然而，英-甘地政府很看好这份报告，一直在大学校长会议等场合讨论如何落实其中一些重要的政策建议。1967 年，印度政府决定组成"临时教育改革与发展委员会"（简称"临教改会"），目的是指导各邦政府制定教育政策。这是印度历史上第一个完全由议员和政治家组成的委员会，足以看出印度政府对教育问题的重视。此时，新一届政府刚刚成立，亟须制定出新的教育政策。英-甘地总理委托"临教改会"帮助起草新的国家教育政策，并提出三点建议：第一，认真研究和考虑《达-科塔里报告》所提交的报告内容；第二，起草一个完整的国家教育政策；第三，研制国家教育政策重点的实施细则。根据英-甘地总理的指示，"临教改会"在制订新的国家的教育发展方案时，充分采纳了《达-科塔里报告》中的合理化建议。新方案（草案）全面阐述了印度国家教育发展问题，其中包括对大学教育的改革与发展，尤其是对研究生教育和科学研究等问题的具体建议。新方案（草案）反复重申了《达-科塔里报告》中的观点，认为"印度的未来将依赖其学校和课堂塑造""教育是促进国家发展和进步的重要工具和关键所在"。方案（草案）进一步肯定了"教育作用在于促进社会生产力提高，在于增强社会和国家整合，在于实现民主教育，在于实现国家现代化，在于发展社会、道德和精神价值"。方案（草案）强调"只有通过实施教育，包括高等教育活动，民主社会才能巩固；自由、平等、忠孝、正义、社会主义和世俗主义价值观才能得到发展；国家领土完整才能强化；国家的生产效率和经济发展力才能保障（Lal，R. B. & Sinha，G. N.：314）"。这些建议大部分内容被国发委所采纳，使之成为印度第四个五年规划以及之后五年规划的组成部分。1967 年冬，"临教改会"完成了《国家教育政策》的起草工作，提交给国会审议。1968 年 7 月 24 日，经过反复论证，国会通过了《1968年国家教育政策》，这是一个具有历史里程碑性质的政策文件。

《1968 年国家教育政策》开宗明义地指出：

> 印度政府确信：建立在教育委员会（注：指达-科塔里委员会）推荐的广泛路线基础上的激进的教育重建是国家经济和文化发展，民族整合，实现理想的社会主义型社会的关键所在。这将涉及教育体制的转型，使之与人民的生活、扩大教育机遇、持续而紧张地提高各级各类教育质量的努力、侧重科技发展，以及社会道德价值观培养等方面紧密联系在一起。（新）教育体制必须培养出具有愿意献身服务于国家发展所需的性格和能力的男女青年。只有在这个时候，教育才能在促进国家进步、创造公民意识和文化、强化国家统一方面发挥关键性的作用。如果（印度）国家希望立足于世界民族之林，与其伟大的文化遗产和独特的潜能特质相匹配，这是必不可少的（条件）。

《1968 年国家教育政策》第一次全面论述了教育与国家的关系，阐述了教育在经济社会发展中不可替代的作用，分析了印度教育发展中存在的问题，指出了未来印度改革的总体方向。文件强调，实现新政的目的是从根本上摆脱英属印度殖民地教育制度的影响，完成三个基本方面的改造：第一，在教育领导体制方面，国家必须宣示教育是国家的主权和基本国策，中央政府有责任制定《教育法》，地方政府制定《邦教育法》。第二，在教育规划和财政制度方面，中央和地方应该分别制订教育规划，其中高等教育规划应该由中央和地方合作完成。中央教育投入不能低于教育总预算的 6%。各邦应该增加对教育的投入，也允许个人投资教育。第三，制定从学前到研究生阶段完整的国家教育体系，实行"10-2-3"统一课程模式①。其中高等教育是未来国家教育体系的重要组成部分，在经济社会发展中具有不可替代的地位。从政策规定内容上看，《1968年国家教育政策》基本上全面采用了《达-科塔里报告》的建议。第一，要重申不断完善中央和地方合作式联邦主义模式。一方面，进一步强化中央政府的

---

① 10 代表国家统一课程；2 代表地方课程；3 代表大学课程。

责任和义务。联合教育部，依靠大学拨款委、全印技教委等专业化中介组织负责管理央属大学和其他国家重点院校，制定高水平科学和专业技术的标准；与其他国家签订文化教育条约，为地方和邦高等教育提供领导人才等。另一方面，明确邦政府的责任，调动地方政府积极性。中央政府希望各邦教育厅能够按照国家教育政策的精神制订本邦高等教育计划，对本邦大学组织进行控制和管理，并提供所需经费等。第二，要大力发展和提升高等教育，尤其是重点发展学院中的夜校课堂、大学中的函授教育，改善大学教育质量，扩大大学自治权力。第三，要重点发展农业教育、职业教育、工科教育等。每个邦（省）都应该至少建立一所农业院校，提供技术教育和职业教育的质量标准，使之与工科院校标准相一致（Ibid.：270-295）。

《1968 年国家教育政策》是印度独立后颁布的第一个综合性国家教育政策，对印度教育发展产生了非常大的影响，在印度教育发展史上具有划时代的意义。它被誉为印度独立后"第一份教育基本法性质的教育文书"（袁朋：22），虽然《1968 年国家教育政策》不是针对高等教育而制定的专门政策，但高等教育是其中不可忽视的重要组成部分，对高等教育的发展产生了较大的影响。具体表现在：第一，明确划分了中央政府和地方政府的高等教育责任，使中央和地方高等教育经费有所增加；第二，将高等教育纳入国家"10-2-3"统一课程系统，统筹加以考虑。

然而，由于缺乏必要的配套政策，印度高等教育在之后的十几年发展中喜忧参半。就成就而言，不论是高等教育发展规模，还是组织结构治理，印度高等教育的变化都十分显著，但从问题的角度看，十几年的高等教育发展也日积月累了很多矛盾和不足。例如入学、数量与质量、教育投入和师资培养等问题都引发社会和学术界的不满。他们希望政府能够采取实际行动，加速教育改革，解决悬而未决的历史遗留问题和复杂的现实问题（Ibid.）。

（二）《九月会议》：掀起大学治理改革思想讨论的热潮

1966 年《达-科塔里报告》颁布之后，印度学术界展开了十分热烈的讨论。高等教育体制改革和组织变革问题一度成为热议的话题。1967 年 9 月，联合教育部召开大学校长会议，史称"九月会议"。目的是咨询大学校长的意见，加速制定新政府高等教育发展政策。经过协商讨论，《九月会议》作出决定：组建大学校长咨询委员会（Advisory Commission of Vice Chancellor），简称"咨询委员会"，推举孟买大学校长帕-嘎坚德拉噶德卡①担任委员会主席。16 名委员都是来自央属或邦属大学的校长。该委员会每年召开 2—3 次会议，专门讨论高等教育改革问题。

3 个月之后，咨询委员会在南方召开会议，专门研究如何落实《达-科塔里报告》和"九月会议"精神。在这次会议中，校长们针对如何解决印度大学存在的问题达成五点共识：第一，早日建立协调各个大学教学与科研资源共享的发展平台，解决大学资源短缺问题。第二，大学要坚持巩固和提高研究生教育（硕士和博士研究生教育）的标准。第三，重视本科教育，改革本科教学，使之适应国家经济社会发展的需要。第四，大学拨款委资金分配重点支持高等教育质量改善，鼓励支持大学引进学期制，访问教授制和访问学生制。第五，引进学分制，鼓励开展跨学科研究和教学；设立新的学院，将附属学院发展作为高等教育发展的重中之重；实施新的录取标准，照顾弱势群体和落后种姓阶层的需要；任何学院都不能在大学之外设立，必须成为大学的组成部分②。

之后，校长们又在后几次召开的大学校长会议上，提出"继续巩固和提高大学的学术标准""加强各地区大学之间的交流与合作，实现资源共享""加强大学内部治理机构改革"等建议。

（三）《帕-嘎坚德拉噶德卡报告》：第一份有关大学治理的专门报告

1969 年，联合教育部再次召开咨询会议，分组讨论有关大学内部改革问题。鉴于这个问题的重要性，值得进一步深入研究，于是，咨询委员会决定成立大学治理研究特别委员会，继续请帕-嘎坚德拉噶卡尔（P-Gagendragaker）担任主席。新委员会命名为"大学和学院治理委员会"（Commission angaverance of University and College），又称"帕-嘎坚德拉噶卡尔委员会"，重点研究 3 个问题：（1）大学内部组织结构及职责；（2）大学与附属学院关系，包括附属条件、管理机构章程和附属学院在决策机构中代表名额等问题；（3）学生参与大学和学院治理及其所占名额等问题（UGC-1971 Report：（4）。很快，帕-嘎坚德拉噶卡尔委员会完成了《大学治理报告》的初稿，并在 1970 年召开的咨询委员会上讨论。参会的校长们原则上同意报告内容，认可报告中提出的关于"在大学内部设立副校长（Pro-Vice-Chancellors）和院长（Rectors）职位；每所大学可以任命小组评估。根据学校，尤其是学生的实际需要，研究决定是否设立这样的岗

---

① 帕-嘎坚德拉噶卡尔（1901—1981）负责主持印度中央法律委员会等多个委员会工作，曾担任过第七任印度高级法院大法官，社会改革会议的主席，孟买大学校长。

② 这点意见与 1966 年《达-科塔里报告》的建议同出一辙，也被随后制定的 1968 年《国家教育政策》所采纳。

位。同时，会议还建议每个大学设立专门委员会，负责审查附属学院教学所需设施是否达标，是否有利于提高教师的教学能力和课堂效率"等建议。会议结束后，联合教育部建议将报告在更广泛的范围征求意见，尤其要听取刚刚成立的教师协会和其他专业部门的意见。经过反复征求意见，并借鉴了 1969 年巴印教大学个案经验之后，《大学治理报告》于 1971 年正式公开发表。最终报告分 9章，具体章节内容包括：（1）问题提出；（2）大学法律和政策、规章和条例；（3）校监与大学；（4）大学权力部门；（5）大学其他机构；（6）大学教学组织（院系）；（7）大学行政人员；（8）学生参与；（9）附件。报告在阐明写作动机时指出：

> 管理者和教育者与高等教育相关联，不可避免地产生大学治理问题。这些问题以及大学教育内容值得经常被考察。在传统社会，变化如此缓慢，以至于保守主义的东西较少地受到伤害。然而，在现代社会，变化急剧加快。如果教育制度想要与有意义的变化同步，就必须及时做出改变。不做改变的教育制度终将会陈旧落后，阻碍进步。因为这样的教育试图在操作性目的和标准、数量与质量之间制造障碍。创新和改革不是成立本委员会的唯一理由。（因为）在最需要改革的地方，由于多种原因，如情况的复杂性等而经常被拖延。在这种情况下，我们希冀本报告成为行动的代名词，不会遭受被束之高阁的悲惨命运。（P. R. Mehendiratta. : 24-25）

《大学治理报告》的主要内容包括：第一，继续加强政府对大学有效管理和控制。各邦政府对设置新大学进行审批，发放准许时，要重点审查其办学标准，质量保障措施等。第二，大学经费分配和划拨仍然以五年预算性计划拨款的形式进行，避免较多地政治干预大学拨款工作。第三，在大学内部治理方面，联邦政府和地方政府要逐步给予大学更多自治权，为改革提供必要的经费支持。第四，逐步引进大学自治模式，鼓励大学自主创新、实验和变革。第五，要充分建立和发挥学术委员会的作用，扩大教师治学范围。第六，要支持和鼓励学生参与学校行政和学术管理，把课外活动的管理工作全部交给学生组织负责。第七，在处理教职员工和学生治理问题时，保持大学各部门沟通渠道畅通，建立民主协商机制，公正透明，确保大学附属学院形成大学归属感，始终积极参加大学各项活动等（Ibid.）。

《大学治理报告》是一个全面系统阐述印度高等院校治理问题的重要文献。很多建议是在听取不同利益相关者广泛意见的基础上形成的，代表着主流民意，对日后印度大学内部治理改革产生了较大影响。

（四）从"四五规划"到"六五规划"中的高等教育内容

从1969年到1985年，英-甘地两届政府共制订和执行了3个国家发展五年规划，其中包括高等教育规划内容。

第四个国家发展五年规划（1969—1974），简称"四五规划"，是英-甘地执政3年后制订的第一个国家发展五年规划。按照时间顺序和惯例，"四五规划"本应在1966年开始制订，但英-甘地执政后并没有立刻制订"四五规划"。相反，她决定暂停制订国家发展五年规划①。延迟制订"四五规划"的原因是多方面的：第一，印巴战争的爆发是一个重要因素。第二，经济状况恶化。1965—1966年，连续两年的干旱、货币贬值、价格普遍上涨和资源流失打乱了规划进程。第三，受前几个五年规划执行情况的影响。由于"一五规划"和"二五规划"完成得不理想，"三五规划"因贾-尼赫鲁去世而受挫，从而导致新政府对制订"四五规划"更加谨慎。第四，或许由于1966年新政府刚刚成立，英-甘地并没有将制订"四五规划"视为政府工作的优先选项。经过3年"规划假期"，直到1969年，英-甘地政府才认为时机成熟，决定重新启动制订"四五规划"（Vignesh：Webpage）。

"四五规划"是在英-甘地的亲自领导下完成的。它首先肯定了前三个五年规划对印度经济社会产生的积极作用，同时也总结分析了印度经济社会发展出现的问题，并预测了未来五年印度发展的目标。"四五规划"在序言中这样写道：

> 在现代条件下，对印度这样的发展中国家来说，经济计划是必不可少的。与要完成的任务相比，资金资源、训练有素的人力以及行政和管理技能都很短缺，这些资源的分配主要是为了国家利益，而不是为了任何个人或集团的利益。毕竟，这正是该计划的目标所在。与此同时，通过这种合理的分配，它可以导致现在稀缺资源的增加，而这将逐渐扩大我们经济自由的限度（GIPC：FYP-IV）。

在教育方面，"四五规划"提出"通过完善面向适当方向的教育制度，促进社会变革和经济增长。其主要任务就是培训从事具体发展任务的熟练人力"（Ibid.）。"四五规划"发展高等教育的总原则是：扩大和改进科学教育，提高

---

① 暂停时间为三年（1966—1969年），历史上称之为"规划假期"。

研究生教育水平和标准，巩固专业技术教育，包括理工教育重组等。在发展目标方面，"四五规划"预计到 1974 年，印度在校生人数从 169 万人增加到 266 万人，其中理科生占总规模的比例从 41.2% 提高到 44.7%（Ibid.）。在重点发展项目方面，加强研究生教育和研究设施建设，提高研究生教育和研究质量，政府将协助有前途的大学院系创办高级研究中心，开展跨学科的研究。同时还要成立印度社会科学研究理事会，促进社会科学繁荣；完善奖学金和助学金制度，如国家奖学金计划、国家贷款奖学金计划、学校教师子女国家奖学金和住宿学校优秀奖学金、研究生教育及研究奖学金等（Ibid.）。

第五个国家发展五年规划（1974—1978），简称"五五规划"，从 1973 年开始制订，1974 年开始执行。1973 年，在"四五规划"即将结束时，英-甘地政府开始着手制订"五五规划"。此时，国际经济舞台正在发生变化。随着世界石油危机的爆发，发达国家经济出现滞胀，对世界经济产生巨大影响。食品、化肥和石油等大宗商品价格急剧上涨严重打乱了印度政府"五五规划"草案所依据的假设。因此，"五五规划"中所有目标都必须"服从于控制由国内和国际因素造成的通货膨胀压力（需要）"。在高等教育领域，"五五规划"的重点是巩固和改进：第一，向社会较弱的阶层和落后地区提供更多的教育经费和设施；第二，继续通过发展高级研究中心、科学服务中心、共同计算机设施和区域仪器讲习班来加强研究生教育和科学研究；第三，开发学院项目，如暑期学院、研讨会和培训课程等（GIPC：FYP-V）。

"四五规划"的制订和实施贯穿了英-甘地第一次执政时期，"五五规划"执行到一半，由于人民党上台执政而被迫终止。这两个规划基本体现了英-甘地在各个领域所奉行的治国理念和治国方略。英-甘地政府执政之后，继续沿袭贾-尼赫鲁主义路线，坚持走社会主义型社会道路，奉行计划经济发展模式。然而，随着社会形势的变化，英-甘地政府开始考虑将国家发展战略重点从工业领域转移到农业领域。伴随国家发展重点的转移，高等教育发展的重点也随之发生变化，加快农业院校建设成为英-甘地政府重点关注的领域，发展农业高等教育成为政府教育政策的优先选项。有资料显示，在"三五规划"期间，印度对农业教育的投入仅 1200 万卢比，但到"五五规划"期间，政府投入已达到 4.17 亿卢比。为了落实农业院校优先发展政策，1970 年，印度国会还通过了《印度农业大学示范法案》，批准在各邦都建立一所农业大学。政府对农业大学的建立给以优先考虑和资金支持。《印度农业大学示范法案》使得印度政府对农业高等院校的投入不断加大，极大地促进了农业教育的发展。

除了重视农业高等教育发展之外，教师教育也是"四五规划"和"五五规划"时期重点发展的领域。1973 年，印度政府成立了国家教师教育委员会（NCTE）。该委员会是负责全国教师教育咨询和评估的机构，对提高教师教育地位，克服存在的弊端，促进各类教育人员的合作起到了积极的作用。该委员会还为检讨教师教育现状、审视体系缺陷，以及为教师教育建立牢固基础等目标的提出做了大量工作。1976 年，该机构与大学拨款委联合召开教师教育会议，共同起草了一份《教师教育发展（草案）》。这份草案在 1977 年举办的全国教师教育大会上获得通过（李英：36）。

第六个国家发展五年规划（1980—1985），简称"六五规划"，按照时间顺序和惯例，应该在 1977 年着手制订。然而，由于人民党上台执政，制订"六五规划"工作暂时叫停。1980 年，英-甘地领导的国大党再次赢得大选，组成新政府之后，制订"六五规划"工作才重新列入议事日程。"六五规划"的目标是减轻贫困和提高经济增长。特别重视农村发展规划，如"农村综合发展规划"、"全国农村就业规划"和"农村无地者就业保障规划"（RLEGP）等消除贫困项目。它们的目的是争取从"六五规划"开始到结束时，贫困率从47%降低到30%（但实际达到的目标是 37%）。"六五规划"期间，政府发展的重点在社会服务方面，要加大对包括教育、卫生、计划生育、住房、城市发展、服务业等社会服务领域的资金投入。

"六五规划"第 21 章是教育规划内容。该规划在前言中阐明了写作背景和基本诉求。文本内容写道：

> 人们普遍认为，教育是终身学习的无缝衔接，是各个年龄层次的人力资源发展的关键所在。在向社区提供的一系列发展投入中，教育成为一种有效的手段，用以改善人们的生活方式、地位和性格，促进个体智力、社会和情感的发展，满足其日常生活的基本需要。教育规划的长期目标是提供各种各样的教育设施和互联网络，实现正规和非正规学习方式的结合。这样应该能够使所有公民获得识字、算术、计算技能和对周围世界的基本了解，以及与日常生活和当地环境有关的功能性技能。因此，"六五规划"的重点将从一般意义的投入资金和增加设施转移到服务于特定目标人群、特别是社会弱势群体的获得感上（GIPC：FYP-VI）。

第 21 章的 29—36 条是关于高等教育规划的内容。文本内容指出，在高等教育设备方面，政府已经进行大范围的投资，但利用率不高，使用效果不理想。因此，"六五规划"将把重点放在如下几个方面：第一，加大协调和调配力度，保障设施使用最大化。除了必须用最低限度经费资助之外，大学应该尽可能多地利用现有的基础教学设施、条件和资源，保障其有足够的使用余地和可能性。第二，要认真审视大学与大学、大学与学院之间的非均衡发展，以便制定出适当的补救措施。大学拨款委可以根据项目的要求、潜力和范围，有选择地予以支持。第三，对于那些生存能力弱，在校生规模小，教学设备不足，以及不断进行规模扩散的院校，大学有责任提供一般通用性学术课程，希望其毕业生都尽可能地找到合适的工作，解决好找工作的问题。第四，重视高等工程教育的质量问题，促进高等专业教育发展。第五，重新设计本科课程，调整其结构体系，以此改进就业工作，满足劳动力市场需要。第六，促进大学系统的科学研究、治理能力发展，以及跨学科融合。大学系统内的研究需与国家科技发展保持一致。第七，建议在大学系统内建立统一体制框架，或法定权威机构，例如"研究（或教育）和发展委员会"，以便加强组织内部协调和联系。第八，国家一级建立专题性论坛，旨在确保教育、规划和执行部门之间建立有效的协调和联系。第九，继续发展农业高等教育，重点扶植"农村青年创业培训项目"，"农村综合发展项目"、"国家农村就业规划"等等（同上）。

（五）加速政府机构改革，不断完善分权管理模式

在经济社会发展中，印度政府始终扮演重要角色。为了适应经济社会发展，中央政府采用合作式治理模式，注意调动地方政府积极性，同时发挥专业组织的作用。因此，在后贾-尼赫鲁时期，农业是国家发展的重点。20世纪60年代，为了配合国家"绿色革命"和"白色革命"计划的需要，拉-夏斯特里和英-甘地两届政府非常重视高等农业教育发展和农业院校建设。在英-甘地执政期间，印度政府在"农业研究理事会"基础上成立了其他一些专业化农业教育研究、咨询和管理机构，其中最主要的机构及其职能如表4-8所示。

表4-8 拉-夏斯特里和英-甘地政府时期成立的农业教育研究、咨询和管理机构

机构名称	建立时间（年）	主要职责
农业研究审议专家组（ARRT）	1965	与政府部门和中介组织，如农业部教育司、大学拨款委、印度农业教育理事会等保持紧密的合作，共同管理农业事务和农业院校
农业研究与教育司（DARE）		与印度农业研究学会合作，协调和组织中央和地方政府关系，为农业科研和教育方面国际合作等创造条件

续表

机构名称	建立时间（年）	主要职责
帕-噶坚德拉嘎卡尔尔委员会	1972	审议政府农业教育政策；协调中央和地方农业研究和教育；开展国际农业教育交流与合作等；为促进农业教育改革与发展提供研究和咨询报告
人事政策委员会	1972	审核招募人员和开展人才研究
农业大学审核委员会	1978	对农业院校财务及其管理进行监督和检查；审批各邦批准的农业教育相关的项目
农业大学理事会		协调央属农业院校与地方政府的关系；促进研究生教育数量和质量发展；帮助制定了建立农业大学立法法案的细节；对农业大学建设发展提供政策建议
财政执行委员会		监督农业院校财政预算执行情况
标准和认证委员会		制定审核农业院校办学资质和学术标准等
各个地区委员会		负责各邦农业院校建设，协调与中央部门关系等

根据 Pinto, M.：63-125 资料编制

在处理中央和邦政府关系方面，英-甘地时期，中央政府不再过度强调中央权力，开始考虑对原来的联邦合作式模式进行一些改革，试图建立一种新大学治理模式，使高等教育成为中央和各邦政府的共同责任。按照新设计的要求，中央和地方政府都有创建与管理大学和学院的权力，同时也必须承担为其提供发展性拨款及维持性拨款的义务。在权力分配上，中央政府侧重于管理国家重点院校及中央大学，并负责制订高等教育发展规划。1968 年，印度规划委成立了"教育规划、管理和评价工作部"（Working Party on Educational Planning Administration and Ealuation），负责印度大学领导和管理体制改革，帮助联邦教育完成教育责任和权力的转移，并制订新的发展规划。邦政府则负责管理更多的高等院校，并对其进行管理和监督。1976 年之后，为了适应新模式要求，各邦政府陆续增设高等教育委员会与技术教育委员会，前者负责管理本邦大学与高等教育，后者负责管理邦技术院校和技术教育，会长由各邦首长兼任。

（六）强化专业组织职能，改组跨校理事会

20 世纪 80 年代之前，印度大学大多是政府的创造产物，始终受制于政府的控制。不论是在殖民地时期，还是在独立后的印度，大学自治和学术自由问题始终受到人们的诟病。有印度学者批评指出：

由于大学一开始就受控于政府，因此它们继承了政府治理的某些缺陷，即顽固地坚持单一的权威路线和过分迷恋大学的行政力量，将院系学术职能遮蔽在阴影之中。大量模糊的规章规则导致繁文缛节和形式主义泛滥……，印度大学一个明显的特质就是缺乏动力机制，学生缺乏学习动机，教师和行政人员一样缺乏工作动力。年轻教师中间缺乏激励工作的动力机制，优秀教师难以脱颖而出，各种人员士气偏低等（Aiyan, S. P. : 77）。

另有印度学者在分析造成这种结果的原因时指出："学术自由就像其他自由一样，没有根植于印度传统文化之中，不论是古代印度传统，还是殖民地印度传统都无法为学术自由找到立足之地（Sinha, V. K. : 93）。"对于这种状况，印度社会和学术界普遍感到不满，希望印度政府在大学治理改革方面有所作为。伴随社会和学术界要求开展大学治理改革呼声的增高，1969 年，英-甘地政府成立了前面提到的"大学和学院治理委员会"，即"帕-嘎坚德拉噶卡尔委员会"。该委员会于 1971 年发表《大学治理委员会报告》，对后贾-尼赫鲁时期大学组织改革有着较大的影响。

在英-甘地时期，印度政府进行的另外一项管理体制改革是对跨校理事会的改造。众所周知，在独立前，除了印度大学拨款理事会外，跨校理事会是对印度大学治理最有影响力的学术团体。每年，印度 20 所央属大学校长都会自愿参加会议，讨论有关高等教育发展的关键性问题。独立后，印度政府开始加强对跨校理事会的领导和管理。1957 年，贾-尼赫鲁将跨校理事会更名为"大学校长会议"（Conference of Vice Chancellors），但仍然保留了跨校理事会原来的部分功能，属于印度大学校长工作年会的性质。然而，1960 年后，伴随中央政府对大学治理工作介入的深入，参加大学校长会议人员不再限于大学校长，大学拨款委和印度规划委，以及各部委代表也开始参会。印度大学拨款委利用每次开会之机，与大学校长们协商相关事宜，提高大学拨款委的决策效力。因此，大学校长会议不再是单纯的学术性社团和学术论坛，而逐渐演变成为一个决策性咨询机构，官方色彩愈加浓重。1973 年，根据《大学与学院治理报告》的建议，印度部分大学校长本着自愿参加的原则，成立了另一个社团性组织，起名为"印度大学学会"（Association of Indian University）。从名称可以看出，该组织继承了前跨校理事会的传统，是一个专门讨论大学治理问题的学术组织。印度大学学会继续发行学会半月刊——《大学新闻》，两周一次报告大学改革与发展动态。同时，印度大学学会还向其他国家各种学术团体推荐会员代表，以各种方式加强大学与社会、政府之间的联系。印度大学学会的运行经费主要依靠会员单位缴纳会费，以及少量印度政府拨款。尽管印度大学学会的作用有限，但其最有价值之处在于架起了政府和大学之间联系的重要通道。大学校长们通过参加年会和论坛，可以直接发声，反映大学所存在的问题和真实的情况。因此，印度大学学会存在的目的就是让政府以及大学拨款委得到基层院校和学术界在重要教育问题上的意见和感受。与此同时，作为一个大学社团组织，印度大学学会不仅为校长们提供了一个发言的机会，同时也有助于形成大学之间的经验交流，达到学术标准和行为准则方面的共识。

（七）重视人文和社会科学研究，大力发展学会组织

英-甘地政府与贾-尼赫鲁政府一样，十分重视发挥专业研究组织机构的作用。1968 年，印度规划委报告建议："政府要发挥各个专业组织作用，让它们有效地对院校治理进行更好的监督和指导。与此同时，政府还要充分考虑大学自身发展的需要，国家发展规划应该建立在各个院校规划的基础之上（Aggarwal，J. C.：202）。"根据这条建议，在英-甘地政府时期成立了很多新的专业化研究机构。除了前面提到的一些农业领域的专业组织外，印度大学拨款委还资助成立了一批人文和社会科学领域专业学会。

1969 年，印度社会科学研究学会（Indian Council of Social Science Research）宣布成立。该学会是由中央政府支持成立的自治性社团组织，下设 6 个地区性研究中心，主要职能是负责人文社会科学成果的推广。学会主办若干本杂志，如《印度人文社会科学研究学会成果摘要》（季刊）、《印度博士论文摘要》和《亚洲研究》等，及时反映印度人文社会科学研究动态和研究成果。印度政府成立这个机构是基于对人文社会科学研究重要性的认识。英-甘地政府认为，印度是一个发展中国家，很多问题错综复杂，绝非某一领域的问题，必须通过从政治、经济、文化和教育等多个学科角度思考后加以解决。该学会的基本职责有三点：一是甄选和培养人文社会科学研究人员，努力为高水平人文社会科学研究提供政策和经费上的支持。例如，人文印度社会科学研究学会每年可从大学拨款委争取经费，然后通过立项的形式为大学内部社会科学研究机构提供所需基金。二是加强各个学科建设，促进各个学科间的合作，推动人文社会科学研究。例如，该委员会下设政策规划和管理专业委员会、研究委员会、评审委员会，不定期地审批科研项目，鼓励开展合作研究。三是建立全国人文社会科学信息网络，使其扮演全国人文社会科学文献服务中心的角色，为人文社会科学工作者提供信息服务。该学会每 5 年开展一次全国人文社会科学多学科研究情况普查，调查范围几乎覆盖人文社会科学所有学科领域（Pinto，M.：119-

122）。

1972 年，印度历史研究理事会（Indian Council of Histtory Research）宣布成立。该组织是印度国会批准的自治性团体，归文化教育部管理，其前身是殖民地政府批准注册的社会团体。该理事会委员共有 27 人，其中包括主席 1 人、历史学家 18 人、政府官员 8 人。该理事会的主要职责是通过组织学术会议、举办研修班、批准研究项目、资助研究经费等方式，为历史学家交流学术观点和成果搭建平台，促进历史学研究和成果传播。学会出版会刊《印度历史评论》（双月刊）。

1973 年，国家教师教育理事会（National Council of Teacher Education）挂牌成立，该机构是一个由教育专家组成的学术社会团体。其主要职责是：（1）负责规划、协调教师教育发展；（2）管理独立设置的教师教育机构；（3）确定和保持教师教育标准；（4）为在其他大学参加学习教师教育课程的学生发放教师资格证书等。除此之外，国家教师教育理事会不定期向政府提交教师教育发展咨询报告，对国家教师教育发展提出政策建议。如 1982 年，国家教师教育理事会对政府建议：第一，自 1982 年起建立新的地区性教师教育和培训学院；第二，将一些办得好的教师培训学院升格为教师教育学院；第三，自 1987 年起，将一些优秀的教师教育学院升格为高级教育研究院；第四，成立国家教师教育法委员会等。同时，国家教师教育理事会负责通过制订具体的行动计划，促进国家教师教育政策的落实和实施。（MES-101-2：14；Lal，R. B. &Shinha，G. N.：510-511）

三、人民党及其联合政府的主要贡献

虽然人民党执政的时间（1977—1980 年）比较短，在高等教育领域没有做出突出成绩，但是在这一时期，印度新政府非常重视高等教育发展，主要贡献在于完成了三份重要的研究报告。

（一）发表了三份重要的高等教育报告

20 世纪 70 年代，由于政治等因素影响，包括《1968 年教育决议》在内的很多教育政策的实施并不顺利，甚至遭到一些反对。因此，人民党及其联盟在选举中战胜了国大党，首次开始执政。新政府成立之后，做出的一项重要工作是反思国大党奉行的贾-尼赫鲁主义路线。因为人民党政府认为，一个负责的政府需要对前政府教育政策进行重新审视和反思，正如时任联邦教育部长帕-坎德拉博士所指出的那样："我认为，我们有责任全面而客观地检查《1968 年国家教育政策》，并对其做出合理的修订（滕大春：480）。"在对以往教育政策进行

全面检查之后，1978 年，新政府提出了三份重要的报告。

第一份报告是《印度高等教育发展：政策框架》（简称《政策框架》）。这份报告是规划性的政策文件，它主要是针对未来高等教育发展而做出的 10-15 年规划。在前半部分，《政策框架》回顾了印度高等教育发展史，总结了取得的成绩和经验教训。报告指出，印度高等教育发展是一部光明与黑暗并存的历史。在过去的 150 年里，印度创办了 120 所大学和 4500 所附属学院（其中独立后新建各类大学 100 所，附属学院 4048 所），这些大学和学院为印度社会培养了大批合格的人才。在后半部分，《政策框架》指出了印度高等教育明显存在的三个方面的弱点：第一，仍然没有完全摆脱殖民地时期办学模式和价值体系的影响，例如过分强调个人主义、不良竞争和英语教学等；第二，大部分院校采用"开放招生"的政策，结果造成大量院校的教育质量偏差，特别是由于很多高校仍然坚持令人质疑的教育质量标准，结果导致高校之间的水平良莠不齐；第三，教育公平问题十分突出，"寒门难出贵子"，从这个体系中获得好处的人，仍然是那些来自中上层家庭和有产阶级家庭的学生，低种姓和其他落后阶层子弟无法得到公平的受教育机会（Aggarwal, J. C.：317-318）。

第二份报告是《高等教育发展路径》。该报告与第一份报告很相似，主要反思前几届政府高等教育政策，针对出现的问题，提出新的建议。报告指出，印度高等教育正处于危机状态，如经费投入不足、教育标准较低和学生学习动机不明确，以及就业市场不好等问题严重。出现这些危机或问题的主要原因是前几任政府盲目采取高等教育扩张政策。该报告建议新政府能够认真对待和解决这些问题。具体建议是：第一，解决理论脱离实际，学非所用问题；第二，支持大学扩大办学自主权，改革录取制度等；第三，提高教师和学生的责任感，形成服务社会和国家的意识；第四，在社会和教育前沿问题方面寻求改革突破，等等（Ibid.：318）。

两份报告提出之后，在印度高等教育领域产生很大反响。印度大学拨款委也非常重视这两份报告，专门成立了 5 个工作小组，落实报告内容。大学拨款委提出的具体工作任务是：第一组负责成人教育和校外扩展课程专业的发展；第二组负责对附属学院办学水平进行评价，不仅组织外部专家进行评价，同时鼓励院校实施内部评价；第三组负责教师选拔和教师培训等工作；第四组负责制定学生录取标准，为社会薄弱机构提供相关设备；第五组负责教学语言改革，通过采用多种语言教学，为学生自主选择提供条件（Sharma, K. A.：122-123）。

第三份报告是《教师教育课程：框架》。该报告于 1978 年由国家教师教育委员会提出，是指导全国教师教育工作的纲领性文件。报告指出："教师应该在课堂内外起到领导者的作用，并作为社会变革的代言人主动采取行动以改造社会，并因而帮助实现国家发展的目标（李英：36）。"

1979 年，人民党政府试图准备以这几份报告为基础起草新的《国家教育政策（草案）》，并在全国范围内征求意见。然而，由于人民党在中期选举中失利而失去了执政党的地位，因此新的《国家教育政策（草案）》尚没有成为正式文件便"胎死腹中"（安双宏，李娜等：8）。这些报告虽然没有来得及实施，但却值得载入印度高等教育发展的史册。

（二）重启高等教育"教育保留政策"，促进教育公平发展

"教育保留政策"（Reservation Policy of Education），也可以称为"有关表列种姓（SCs）、表列部落（STs）和其他落后阶层（OBCs）① 的特殊政策"。它与"教育与劳动相结合的方针和强化道德教育"政策一起构成印度三大存有争议的教育政策（郑信哲：69-71）。从历史上看，教育保留政策最早可以追溯到 20 世纪初英属印度时期。1918 年，迈索尔邦立法机构首次宣布：在大学和各邦机关中为各种姓保留席位、规定名额。这项措施标志着印度教育保留政策的开始（施晓光：46-50）。印度独立后，贾-尼赫鲁政府为了落实《宪法》和《宪法修正案》第 340 条中关于"保护少数群体的文化及受教育的权利""政府有义务促进其他落后阶层的福利"等规定，成立了柯-卡拉卡尔（K-Kalakal）领导的第一个其他落后阶层调查委员会，并颁布了《柯-卡拉卡尔报告》。然而，由于贾-尼赫鲁并不是真心想解决少数群体的高等教育问题，因此在他执政时期有关保留政策基本上属于纸上谈兵，并没有得到真正落实，理由是"没有部署任何客观测试来确定落后阶层"。相反地，1963 年贾-尼赫鲁政府还做出了一个重要的规定：在任何时候，保留名额都不能超过 50 %（Ratan, A.：4-5）。

1978 年，人民党政府执政后，根据印度宪法第 340 条成立了国家第二个专门的"其他落后阶层调查委员会"，又称"比-曼达尔②委员会"（The Mandal Commission），提出了著名的《比-曼达尔报告》。该报告采用 11 个指标证明印

---

① 表列种姓和表列部族是印度最穷困、最落后和最受歧视的人民。其中表列种姓即贱民，亦称不可接触者（Untouchables），是印度教四个种姓等级之外的种姓。而"其他落后阶层"的定义则是十分模糊的，至今也没有公认的权威性的界定。一般而言，该群体主要由首陀罗民组成。

② 比-曼达尔（1918—1982）是印度著名政治家、地方法院法官。早年参加国大党，先后担任比哈尔邦首席部长。2001 年，印度的政府发行了比-曼达尔的纪念邮票。2007 年，以他名字命名的比-曼达尔工程学院成立。

度大约有 52% 的人口属于经济和社会地位落后的人群，他们分别生活在 3743 个种姓和社群之中。因此，报告建议为其他落后阶层扩大保留高等教育的名额等。其中印度医学院各系科为 SCs 保留 15% 的名额，为 STs 保留 5% 的名额。印度理工学院、印度商学院和其他中央大学也需要保留相同比例的名额。即使各大学的保留名额招不满，也不能转给其他阶层的人（Ratan, A.: 4）。然而，《比-曼达尔报告》提出不久，人民党政府就下台，报告及建议也随之被束之高阁。1980 年开始第二任期的英-甘地政府与贾-尼赫鲁政府基本一样，持保守态度。1983 年印度最高法院再次做出了重要的判决，恢复 1963 年的规定。从 20 世纪90 年代到 21 世纪初，这项政策成为引发印度社会动荡的因素之一。

四、后贾-尼赫鲁时期大学内部治理：以两类大学为例

印度早期大学内部组织结构是仿效伦敦大学的模式，之后经过殖民地时期大学改革，早期内部组织结构发生一些变化，但总体来看，殖民地时期大学内部组织结构基本稳定，形成了英式大学管理模式和一些治理的传统。这些组织结构和岗位设置模式在印度独立后基本延续和保留下来。从治理结构上看，印度大学内部组织错综复杂，等级森严，领导团队规模大小不一，但治理结构在全国大学具有相当大的同质性。

（一）综合大学内部治理

从殖民地时期开始，印度大学深受英国大学模式的影响。印度独立后，很多大学仍然保留英国大学印记。一般来说，印度大学分成五个层级：

第一层级是校外监督系统。设置总监（Visitor）、校监（Chancellor）（又称荣誉校长）、副校监（Pro-Chancellor）三个岗位。总监是一个象征性职位，在央属大学，这一职位由总统担任。校监是一种荣誉性和礼仪性职位，在央属大学，这一职位留给副总统，邦属大学则由省长担任，或者由董事会推举知名人士担任。校监的主要职责是帮助大学争取外部资源，出席开学和毕业典礼等活动。有时，校监还可以帮助解决冲突，缓和大学各部门之间的关系。副校监一般由著名大法官担任，负责学校行政和法务事宜。

第二层级是董事会（Court）或者校务会（Senate），是大学治理结构中最高的权力部门，有权审查其下属执行委员会、学术委员会的行为和财政委员会的预算。一般来说，印度大学的董事会是由 100 多名校内和校外政府官员、大学管理者、学术人员，以及利益相关者代表组成的庞大的议事和决策机构。一般来说，董事会主席由校长担任，成员既包括大学领导、部门管理者、教师代表，

也包括校友代表、社区领导、政府官员、相关院校领导、工业和贸易代表，以及大学主要捐资人等。校外代表的重要作用是利用自己丰富的社会关系和专业知识为大学提供咨询和信息服务，帮助大学了解外部社会对大学发展的普遍愿望和需求。董事会的主要职责是审议大学预算和院校发展战略等重大政策事宜，为大学发展提供咨询服务。在有些院校，董事会还负责批准学校政策、行政委员会和学术委员会的决策，但根据《印度大学法》规定，董事会并不是绝对权力机构，不能过度干预其他管理部门独立行使《印度大学法》所赋予的权力。

第三层级是大学内部运行最高决策系统，由 3 个管理委员会组成。第一，执行委员会（Executive Committee），又称"联合委员会"（Syndicate），是大学最高的行政机构，负责维持教学标准，组织大学内部的教育活动和考试，为其他机构在学术问题方面提供咨询服务。一般来说，该委员会由 15-20 名校内学者和校外人士，以及董事会提名的人员组成。从岗位职责上看，执行委员会就是大学管理、领导和组织系统。其最高运营官，即行政首长是校长（Vice Chancellor，有的大学用"Rector"称呼），他的主要职责是全面领导和组织大学日常工作。校长的任期通常为 3—4 年，有资格连任一至两届。每一所大学选任校长的方法各不相同，有的是由政府直接任命，对政府负责；有的是经过大学董事会执行委员会推荐，在 3 名候选人中选举产生。大学校长下面设有副校长（Pro-Vice-Chancellor）岗位，其主要职责是协助校长工作，或单独负责某些职能部门的领导工作。有些学校还设有"教务长"（Registrar），或称"注册官"，主要负责日常学术管理工作，任期相对较长，目的在于保持大学有效运行的连续性。执行委员会的工作方式是召开行政会议，每次行政会议几乎总是由校长主持。会议主题涉及研究考试、任命教师、筹集资金、经费使用等重要议题。第二，学术委员会（Academic Committee）是最高的学术权力机构，其规模因院系数量以及学术人员复杂程度而有所不同。学术委员会包括院长、系主任、附属学院院长和教师代表等。教师代表主要根据选举或资历背景确定，有时还包括来自校外具有专业知识的人士。学术委员会一般由校长主持，负责整个教育计划，管理入学、课程、考试和学位等事务。该委员会主要对大学学术标准负有责任。第三，财务委员会（Financial Committee）是大学经费管理部门，负责推荐财务政策、目标和预算，确保大学的使命、价值和策略达成。财务委员会通常由大约 5 人组成，其中一些人必须来自校外。财务委员会就有关大学财产及基金的管理事宜，向行政会议提供意见。

第四层级是大学行政管理部门和各种专业委员会，分别接受上面三个管理委员会的领导，处于学校管理中间层。在一些规模比较大的大学，如德里大学①，大学行政部门设置的主要岗位有：（1）（南校区）分校区管委会主任（Director）；（2）开放学习中心主任（Director）；（3）附属学院院长（College Dean）；（4）图书馆馆长；（5）学监（Proctor）②；（6）财务总监（Treasurer）③；（7）财务处长（Finance Officers）；（8）国际关系部（文科、理科）；（9）招生处（Register）（内设处长和副处长，以及助理若干）；（10）学术项目办（Academic Activities& Project）；（11）法律顾问（Legal Advisor）；（12）学生事务办；（13）考试院院长；（14）特殊职责官若干；（15）考试监督处副总监（Deputy Controllers）；（16）规划院院长；（17）科委主席；（18）科研院长（人文社科、理科、生命科学）；（19）校友事务部顾问等（UoD：Webpage）。

除了这些职能部门外，一些印度大学管理上还设置若干专门委员会。主要的专门委员会有：（1）"遴选委员会"（Selection Committees），按照学科设置，负责对不同学科教师职位候选人的资格进行评估，向行政会议提出教师任命的建议。遴选委员会一般由校长、相关部门负责人和最多不超过3名校外专家组成。（2）研究生学习和/或科学研究委员会，负责研究生教育、评估高水平大学项目拓展。（3）各附属大学督导委员会，负责对附属学院进行考察和评估。（4）大学教学委员会，负责协调大学院系和相关学院的本科和研究生教学。（5）学生事务委员会，主要负责处理学生福利、纪律、校外活动、健康、娱乐、住宿条件、体育和学生咨询等问题。

第五层级是大学基层组织，即教学与科研系统。在印度纳附大学中，此系统一般包括"大学学部/学院"（University Faculties/Colleges）和"附属学院"（Affiliated College），以及相关委员会。大学学院和附属学院下面又分别设置教学系。譬如德里大学内部就设立14个学部/学院，86个系，79个附属学院，分布在整个德里市，在校学生大约有4万名，教师有6000多名，职工有3000多

---

① 德里大学地处印度首都新德里，始建于1922年，是英属印度中央立法会议批准建立的一所单一性教学住宿制大学。原计划叫"查尔斯王子大学"（Prince Charles），后考虑到以王子名字命名不利于学校的发展，甚至可能会导致灾难性的后果，即如果学校办得不好，可能会损害王子的名声，故此更名为今日之德里大学。目前，德里大学是一所在国内外享有盛名的综合性大学。主要学科领域有计算机科学、理学、艺术、社会科学、法学、音乐、美术、工学、商业与金融、管理学、医学、教育学等。德里大学现在被认为是印度高等学府中最综合、地位最高的、影响最大的大学。

② 该岗位人员由校长推荐，由执行委员会任命，负责监管和维持学生纪律，任期为两年。

③ 该岗位人员在执行委员会提名的3个候选人中选举产生，直接向总监负责，监督大学财务运行状况，提出财务政策建议。

名。在单一型大学（Unitery Universities）中，一般只有大学学院，没有附属学院。在印度，每一所大学都有《大学宪章》（University Constitution），对于大学学院和附属学院组织机构设置、岗位职责和运行方式等都有规定。一般来说，学部/学院的教学和科研活动是在学校执行委员会领导，学术委员会监督下独立开展的。在运行过程中，部长/院长（Faculty Deans）是最高行政领导，主持学部日常工作；学部副部长协助部长工作；附属学院院长（College Principle）主持附属学院日常工作。学部下设系/所和专业，设立系主任岗位，每个系/所由若干教师组成，一些教师较少的系/所还允许从其他大学聘请兼职专业教师。每个学院来自大学的人员中，有些必须是系主任，各相关院系成员人数不能超过一人。此外，为了保障教学质量和治理效率，大学学部设置有"学习委员会"（Boards of Studies），成员包括大学教师和相关附属学院高级教师，以及其他学校的教师等。系主任是学习委员会的主席，一般服从大学学术委员会或执行委员会的领导，学习委员会做出的决定要获得这两个委员会的批准。学习委员会负责的任务包括领导教师开发课程、推荐教材和监考官人选等（Haggerty, J. W.：82-87）。

（二）国家重点院校治理结构

印度国家重点院校是贾-尼赫鲁政府模仿美国理工大学模式创建的一种新大学模式。它们包括印度理工学院、印科研院、印度医学院和印度商管院等院校，与那些继承英式大学传统的印度大学在治理结构上有相似的地方，但也存在着很大区别，形成印度大学治理模式的另一种类型。在国家重点院校系统中，按照不同学科，又分成不同的类型系统，如印度理工学院系统、印度商管院系统等，分别由不同的印度专业委员会管辖。在每一个子系统中，虽然每所学院都拥有独立法人地位和办学自主权，但是它们都由同一个委员会/董事会进行联结和集中管理，形成一个"联盟"。在子系统内部，所有大学都采用相同的入学标准，进行统一入学考试。每所学院都采用相似的管理模式，但又各具特色。下面以印度理工学院为例解析国家重点院校的治理结构。

印度理工学院是最早被确认为国家重点院校的大学，其治理体制是由《印度理工学院法案》（1961年）规定的，从纵向层级上可分为五级（如图4-2所示）：

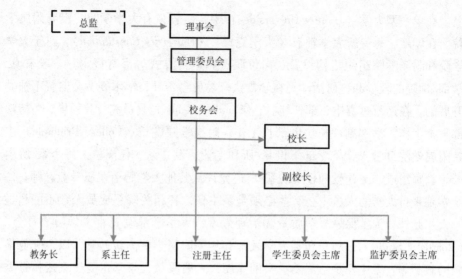

图4-2　印度理工学院治理结构图

根据《印度理工学院法案》绘制

第一层级是"总监"（Visitor），处于五级管理结构的最顶层，拥有最高的权力。《印度理工学院法案》第二章第9条规定：

> （1）印度总统是理工学院系统的总监；（2）一名或多名专业人士受总监委任，负责审查各个理工学院的工作及进展情况，并及时向总监做出报告；（3）在收到报告后，总监可就报告中所处理的任何事项采取其必要的行动，以及发出必要的指示，各个理工学院必须遵守指示（Authority：1-35）。

从制度上看，与中央大学一样，印度理工学院也设立总监一职，由国家总统兼任学校的总负责人。事实上，作为印度理工学院和央属大学总监的总统根本无法对所有大学的所有事务进行审查、决策和监督，因此，这一职务基本属于象征。

第二层级是"理事会"（Council），最初是根据《印度理工学院法案》规定设置的7校联盟决策机构，负责统管7所印度理工学院，如图4-3所示。理事会成员由中央政府各相关部门代表及国会议员组成，政府官方色彩浓厚，其目的就是要从宏观层面保证政府对7所理工学院进行控制。理事会设立主席岗位1名，一般由联合教育部长经中央政府批准任命；秘书1名，由全印技教委成员经中央政府批准任命；理事会成员若干，包括7所理工学院分校校长，7所印度理工学院管理委员会主席，联合教育部、财政部和其他部门的3名代表（国会议员、印度大学设置标准委员会主席、印度班加罗尔科技学院管理委员会主席），以及在教育领域、科技领域和工业界特殊专家委员3-5名。委员会主要责任是对7所分校工作进行协调和督察，即从宏观层面调控，但不具体干涉各校内部行政与学术事务。审查项目包括：各学院的发展规划、年度预算、财政拨款管理、学制、学位、入学标准、考试制度的管理和师资队伍的评聘管理等（闫亚林、宋鸿雁：95-96）。

可以看出，总监和理事会负责宏观层面管理，以确保各理工学院办学方向不偏离政府所需。第一级和第二级的管理可以使印度理工学院既能保持由政府监督控制，又能保持大学组织特性，实现系统松散化管理。在理工学院治理结构中，维持各个分校运行的核心机构是各校的管理委员会和院务会，它们分别负责各校行政与学术等事务，从权力上看，管理委员会属于决策机构，层次略高于院务会（Authority：1-35）。

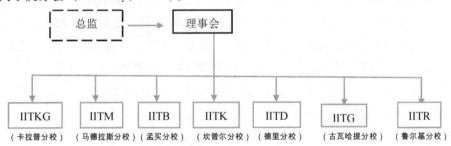

图4-3 印度理工学院理事会统管7校结构图

根据《印度理工学院法案》绘制

第三层级是管理委员会（Board of Governors），它是全面管理和控制印度理工学院分校区的权力机构。其职责包括：确立分校办学方向及学科定位，管理学校行政与学术等一般事务。具体任务包括：（1）制定学校各项规章制度；（2）对学校院务会各项制度进行审查；（3）制定各校课程及相关政策；（4）任命学校学术及其他职位人员；（5）审议、调整或者取消相关法规制度、决议；（6）通过每年年度报告、年度账务结算和下一年度财政预算及发展规划；（7）行使《印度理工学院法案》规定的或未规定的，但实际需要履行的其他义务。根据《印度理工学院法案》第11条之规定，管理委员会应由下列人员组成：（1）由总监提名的主席1人；（2）官方指定的委员1人；（3）各分校所在地区和各邦政府提名、官方认可的技术人员或实业家委员1人；（4）校管理委员会提名的具有教育、工程或科学方面专门知识或实际经验的学者4名；（5）院务会提名的教授2人，等等（Ibid.）①。可以看出，各校管理委员会委员中有许多非本校人员，不经常到校，其职能更多侧重于"协商与沟通"，保持学校与外界的联系。这样设置的目的在于，既在很大程度上保证了本校学者根据自身实际情况做出各项决策，同时也有利于矫正和对抗行政权力对学术权力的过度干预（黄俊伟、俞贵邦：82-85）。

理工学院管理委员会主席与其他大学董事会主席之间最大的不同是，前者并非由各校校长（Director）担任，但校长权力并不会因不是主席而受到削弱与约束。当本校教职员工与管理委员会之间出现意见分歧时，校长便成为两者间最好的沟通协调者，有利于学校稳定与发展。在管理委员会下面设置各个职能部门，负责学院日常工作的运行。

第四层级是各校"校务会"（Senate），又译"议事会"，在一定意义上也可列为第三层，属于管理层，是各分校重要的学术管理和决策权力机构。它存在的意义在于使理工学院独立行使学术权力，最大限度地克服政府干预学校自治和学术自由（闫亚林，宋鸿雁：99-100）。在校务会中，主席由分校校长担任。成员包括分校校长、分校副校长，3名从事教学的教授代表，3名自然科学、工程学或人文社科领域的著名学者，以及数名各校规章中规定的其他人员。校务会可下设相关分委员会，协助其进行各项管理，确保学校正常运行和发展。各校校务会主要职责是对学校常规运行进行控制，对教学、考试的标准与质量进行维护与提升，以及对各校章程中规定的其他事务进行干预。具体任务是：（1）制定各校教学与学术活动的方针及政策；（2）制定实施课程计划及培养方案，监控考试质量与结果；（3）考察与评估各教学单位教学、科研和实训活动；（4）对教学单位存在的问题与不足进行整改，对学校有争议的问题进行审定裁决等。校务会成员主要由教授和学者组成，目的在于确保各校独立行使学术管理权，也确保各校依据各自情况制定相应制度。

第五层级是基层教学运行系统，即具体负责各校日常行政与学术事务的中层管理部门和人员，包括学校各院院长、各学系主任、学生注册中心主任、分管学生事务的主任、监护委员会主席、图书馆馆长、学校规划处处长等。这些管理部门及其人员身处学校第三级管理岗位，各司其职，保证学校正常运行与

---

① 该项条款是在《印度理工学院法修订案》（2012年）之后才在一些学院实施的，目的是增加学术力量。

组织和管理不断优化；也保证学校独立与学术自治，使各校保有学术性组织机构的固有内在特质。

第四节 计划经济时期高等教育发展

1947 年印度独立时，印度继承的高等教育遗产已经是"贫血、扭曲和功能失调的旧的"高等教育制度（Raza, M. et al.：95）。印度独立后，贾-尼赫鲁政府十分重视高等教育发展，从而导致高等院校数量和在校生规模快速增长。20 世纪 60 年代是印度高等教育快速发展时期。有资料显示，这一时期每年高等教育平均增长率在 13%-14%，这个发展速度在世界可谓首屈一指（Singh, A.：11）。正如美国比较教育学家 P. 阿特巴赫所指出："印度独立后高等教育的特征是增长速度（巴巴拉·伯恩：298）。"这一时期其他国家的年增长率都不会超过 7%-8%。直到 20 世纪 70 年代初，这个增长速度才逐渐稳定下来（Singh, A.：11）。因此，在计划经济时期，不论是贾尼赫鲁政府，还是英-甘地政府都非常重视教育发展，将之视为经济社会发展的关键要素之一。

一、贾-尼赫鲁时期的高等教育状况

（一）公立大学和学院发展状况

公立大学和学院是印度高等教育系统的主体。印度独立前，仅有 19 所大学和 452 所附属学院，但印度独立后，由于贾-尼赫鲁政府对高等教育重视，公立大学和学院发展很快。仅在 1947—1950 年，印度大学数量增加到 27 所。1956 年，"一五规划"结束时，印度又增加 6 所大学，大学总数达到 33 所，学院数达到 772 所。这些学院分别附属于不同大学（Sharma, K. A.：47），如表 4-9 所示。

表 4-9 "一五规划"结束后 33 所印度综合大学分布情况（1956 年）

地区/数量	大学名称
首都地区（1）	德里
北部邦（7）	阿拉哈巴德、勒克瑙、阿格拉、鲁尔基、巴拿勒斯、阿里格尔、威斯瓦-巴拉提

地区/数量	大学名称
孟买邦（7）	孟买、那格浦尔、古吉拉特、普纳、巴罗达（MSUB）、SNDT 女子、SVV
西孟加拉邦（2）	加尔各答、贾达普
安得拉邦（3）	安得拉、奥斯马尼亚、斯理文卡特斯卡拉（SVU）
马德拉斯邦（2）	马德拉斯、安纳马莱
比哈尔邦（2）	巴特那、比哈尔
迈索尔邦（1）	卡纳塔克（KkU）
旁遮普邦（1）	旁遮普
阿萨姆邦（1）	阿萨姆
喀拉拉邦（1）	喀拉拉
中央邦（1）	中央邦
拉贾斯坦邦（1）	拉贾斯坦
乌特卡尔邦（1）	乌特卡尔
查谟和克什米尔（1）	查谟和克什米尔

资料来源：Sharma, K. A.：47

大学遍布印度各邦，但区域发展并不平衡。其中德里大学、巴拿勒斯大学、阿里格尔大学、威斯瓦-巴拉提大学（Vishra-bharati University）4 所大学都是根据中央立法机关的法令合并而成的。其余各邦大学都归新成立的各邦管辖。1961 年，"二五规划"结束时，印度综合大学数量已经达到 46 所，学院 1050 所。在"三五规划"期间，印度大学和学院继续保持增长态势，高等院校数量每年平均增加 70-80 所。1962 年，"三五规划"第一年时，综合大学数量达到 53 所，学院数量达到 1783 所，其中私立学院 1223 所，公立学院 453 所。到 1965 年，印度高等院校总数量达到 2360 所，其中大学 62 所，准大学（Deemed

University)① 9 所，国家重点院校 5 所，附属学院 2284 所（Ibid.：50）。按照学科进行划分，2,360 所院校具体分布情况如表 4-10 所示。

表 4-10 以学部/学科分布为基础的学院数量（1964—1965） 单位：所

学部	大学学院（所）	附属学院（所）	总数（所）	学部	大学学院（所）	附属学院（所）	总数（所）
文理商学	73	1542	1615	法律	11	52	63
工程技术	15	83	98	农学	16	32	48
医学	5	83	88	兽医学	8	12	20
药学	—	2	2	东方学	3	164	167
印医学	—	10	10	教育	10	158	168
牙科	—	8	8	其他	5	61	66
护理	1	6	7				

注释：上述统计数据不包括大学教学系和印度理工学院，也不包括某些艺术学院、商学院所提供的法律、农学、药学和教育类学位课程。如果都算在内，那么法律院校的数量为 119 所、农学为 60 所、药学为 9 所、教师培训机构为 234 所。

资料来源：《大学拨款委报告》（1964—1965）

　　伴随高等院校数量的增加，在印度大学和学院在校生人数也急剧增长。1950 年，印度全国在校生人数为 39.7 万，但到 1961—1962 学年，这个数字增加到 92.7 万。仅 1960—1961 学年招收的文科生、理科生和商科生人数就高达 85 万。到 1964—1965 学年，高等教育在校生总数进一步扩充，达到 153.5 万，85.0% 以上的学生在附属学院和大学院系学习（Ibid.：50）。其中大学师生比为 1：14，附属学院为 1：17.8。这一时期，研究生教育也有了很大进步，研究生数量为 9.1 万人，师生比为 1：17.1（Shah，A.B.：2）。表 4-11 显示的是，1964—1965 学年以学部/学科分布为基础的各级各类学生数及其比例情况。

────────────

　　① "准大学"（Deemed Universities，或"被认可的大学"To Be Deemed Uniiversities）是印度高等教育系统中的一种类型，是指办学业绩突出，经由大学拨款委推荐，中央政府（教育部）批准的高等院校。这类大学基本上由教学型研究机构升格而成，其标准是具有良好的办学条件，基本达到大学水平，具有本科专业和三个硕士课程。它们有公立的，也有私立的。另外，它们与传统大学不同，后者是邦议会批准建立的。

表 4-11 以学部/学科分布为基础的学生数及其比例情况（1964—1965）

单位：人

学部	总在校规模	硕士生	博士生	研究生总数
文学（包括东方学）	641186（42.0%）	47316	3440	50756
理学	478702（31.3%）	18392	2850	21242
商学	147789（9.7%）	7906	236	8142
工程技术	78114（5.1%）	1540	179	1719
医学和兽医学	67453（4.4%）	3447	101	3548
农学	44228（2.9%）	2900	129	3029
教育	29528（1.9%）	1717	116	1833
法律	32000（2.1%）	983	53	1036
其他	9227（0.6%）	—	—	—
总数	1528227（100.0%）	84201	7104	91305

资料来源：《大学拨款委报告》（1964—1965）

（二）高等专业教育发展状况

20 世纪 50—60 年代是工程技术教育迅速发展的时期。除了早期创建的 7 所印度理工学院之外，印度政府还支持各邦建立 17 所地方性工程技术类大学，具体学校名称和建校时间如表 4-12 所示。

表 4-12 地方性工程技术类大学一览表

序号	学校名称	建校时间（年）
1	瓦朗加尔工程技术学院	1958
2	卡拉塔卡地方工程技术学院	1960
3	博帕尔地方工程技术学院	1960
4	杜加普尔地方工程技术学院	1960
5	那格浦尔地方工程技术学院	1960
6	贾姆谢德普尔地方工程技术学院	1960
7	斯利那加地方工程技术学院	1960
8	阿拉哈巴德地方工程技术学院	1961
9	苏拉特地方工程技术学院	1961
10	卡利卡特地方工程技术学院	1961

序号	学校名称	建校时间（年）
11	鲁克拉地方工程技术学院	1961
12	特拉地方工程技术学院	1963
13	斋普尔地方工程技术学院	1963
14	蒂鲁吉拉伯利地方工程技术学院	1964
15	阿加尔塔拉地方工程技术学院	1965
16	锡尔杰尔地方工程技术学院	1967
17	赖普尔地方工程技术学院	1976

资料来源：根据相关资料编制

在贾-尼赫鲁时期，高等工程技术教育发展迅速。以工程学和技术学两个专业为例，如表4-13所示，从"一五规划"开始到"二五规划"结束，创办这两个专业的院系数量，以及学位学历毕业生人数都在逐年增加。

表4-13　印度在"一五规划"到"二五规划"
期间高等工程技术教育（两个专业）发展情况

学科		数量（个）		
		1950—1951 学年	1955—1956 学年	1960—1961 学年
工程学	学位教育机构	41	45	54
	学历教育机构	64	83	104
	学位获得者总数	1700	3000	5480
	学历获得者总数	2146	3560	8000
技术学	学位教育机构	25	25	28
	学历教育机构	36	36	37
	学位获得者总数	498	700	800
	学历获得者总数	332	430	450

资料来源：印度第二个五年规划报告

这些工程技术院校的建立一方面弥补了理工学院培养能力不足的问题，另一方面进一步促进了私立工程院校的发展。技术类院校成为个人投资的新领域。大多数工程技术院校以开展本科生教育为主，大多侧重于土木工程、电气工程、机械工程等少数学科领域。如瓦朗加尔工程技术学院（Regional Engineering College at Warangal)①，创建之初只设立土木工程、电气工程、机械工程三个系，直到 1964 年才开始有化学学士学位课程。大多数工程技术学院都属于大学的附属机构，无法自身授予学位。在 20 世纪 60 年代，也有一些高水平的工程学院举办过研究生教育。如卡拉塔卡地方工程技术学院（Karnataka Regional Engingeering College)②，在 1966 年举办过海洋建筑和工业结构两个专业的研究生教育，到 1969 年，高校研究生教育扩大到工业电子专业。

（三）私立院校发展状况

印度私立院校历史悠久。在印度独立前，很多慈善家和宗教组织就建立了许多私立性质的高等教育机构。这些高等教育机构大多是非营利性的，推行宗教教育和人文教育。1854 年，《伍德教育文告》就提出对印度私立院校提供补助金的建议，其结果是产生了一种"受助私立学院"（Aided College）③。受助私立学院一般是私立高等教育形式，英国学者 J. 图雷曾经将之视为公私合作的典型形式（Tooley, J. : 465–486）。然而，在印度独立前，印度私立院校生存艰难，加之，一些民族主义者抵制殖民地政府的公立教育，拒绝接受殖民地政府资助，受助私立学院只停留在概念和设想阶段。印度独立后，为了实现社会主义计划经济发展模式，贾-尼赫鲁政府开始对私立高等院校进行"国有化"改造，用公共经费资助私立院校，受助私立学院才从概念和设想阶段变成可能的现实，受助私立学院应运而生。尽管如此，由于独立后，贾-尼赫鲁奉行社会主义型社会路线，对私立院校发展采取了一种不限制，也不鼓励的政策，私立院校发展并没有受到真正足够的重视。私立院校办学经费仍然基本上通过自筹获得，政府不给任何资助（Gupta, A. : 1–18）。20 世纪 50 年代，印度私立院校主要经费来自学费。有资料显示，独立后第一所收费的院校是 1953 年由印度慈善家创办的印度第一所私立医学院④。一些慈善家和企业家为能让所有种姓家庭子

---

① 该学院是 1958 年由贾-尼赫鲁总理支持创建的第一所地方工程技术学院，附属于贾-尼赫鲁技术大学。1971 年学院开始拥有电气与通信工程学士学位课程。

② 该学院始建于 1960 年，是最早开办机械工程、电气工程、土木工程专业的本科生教育的学院，附属于迈索尔大学。该学院位于国家 17 号高速公路上，毗邻阿拉伯海滨，是世界上仅有的拥有私人海滨的大学，有 1.19 平方千米绿色植被。20 世纪 60 年代，该校曾连续在国内工程技术学院排名中处于领先地位。

③ 这类私立学院又称"私立受助学院"（Private Aided College），一般都是附属学院性质。它们的部分经费来自政府的财政资助，被纳入政府资助体制。教师工资等维持性资金依靠政府拨款，但整个日常教学和管理都由私人或社会团体负责。

④ 1993 年，这所医学院是印度首所被国家授予"准大学"地位的私立大学，并更名为麦里普大学。

女获得进入大学学习的机会，创办了这所私立学院。由于学校经费短缺，学院要求学生在入学时交纳一笔费用，最初这种费用被称为学校的"集资费用"（Capital Expenses），后来称为"赞助费"（Capitation Fee）。

（四）准大学的发展状况

准大学是印度特有的一种高等教育机构类型，产生于贾-尼赫鲁政府时期。早期的准大学基本都是公立院校，接受国家资助，但数量比较少。其中一部分是民教运动之后保留下来的民族学院，相当一部分概念和思想最早见于1948年《大学教育委员会报告》之中。

在民族主义运动早期，一些高等院校在没有政府支持的情况下建立起来，并在自由的印度精神的鼓舞下决心把自己的命运掌握在自己的手中。虽然它们发展困难重重，道路艰难曲折，很多院校只是昙花一现，但其中少部分院校仍然存活下来。……这种创业是我们国家宝贵的资源。因此，我们……希望政府给予（这些院校）实质性的支持，但不要侵犯机构的自由（MOE：471-480）。

言外之意，该报告希望政府能够以一种特殊方式赋予这类高等院校以大学的地位（宋鸿雁：41-43）。《1996年大学拨款委员会法》第3款进一步明确了准大学的地位问题，认为那些有独特个性的高校（准大学）应当享有大学教育机构的特权，但不丧失其本来的个性与自治，……在法律上，准大学拥有和其他大学一样的法律地位，并且允许它们以"大学"命名（同上）。《大学拨款委员会法》颁布后，一批最早的准大学在1958年相继建立，包括在班加罗尔的印度科学院和位于德里的印度农业研究院。首批被认定为准大学的都是一些有特色的、有专业特长或者拥有某学科优良传统的高等教育机构。其中位于班加罗尔的印度科学院（IIS）和位于德里的印度农业研究院（IARI）被认为是两所最早被批准成为准大学的院校（Agarwal, P. 15-17），但这两所院校都属于政府资助的公立的院校。马尼帕尔高等教育学院（MAHE）是私立高等教育的先驱，该学院于1976年被认可为准大学，是第一个完全自费的院校，而其他大批学院升格为准大学是2000年以后的事（Ibid.：9）。

（五）国际合作与留学教育取得一定进展

独立后，印度政府就认识到，要提升科学技术和理工教育的水平，就必须借鉴和吸收发达国家的教育经验，获得其技术支持，并与之开展国际合作。20世纪50年代最早建立的6所印度工程学院就是印度政府与美国、英国、德国和苏联合作的产物。印度有许多大学和研究所的研究项目争取得到国外资助或允许国外进行资助。资助者有福特基金会、美国印度研究学院、美国教育基金、拉-夏斯特里印度-加拿大学院等（Vargherse, N. V.：46-65）。与此同时，印度政府开始重视留学教育，开始有目的地选送一些青年出国留学。从历史上看，印度留学教育由来已久。早在公元4—5世纪佛陀教育时期，印度就出现了留学教育。当时，主要是各国学生赴印度留学。一些遥远国家的学者结伴而行，集聚到印度的那烂陀大学和塔克什舍拉大学，寻求印度丰富的人文知识和多样性的印度文化（杨文武：69-75）。英国殖民地统治时期，由于经济发展水平不高，只有少数印度富子弟有条件接受高等教育，有钱到国外大学接受高等教育的学生更是凤毛麟角。根据《剑桥印度史》记载，1880年以前，欧洲的印度学生可能不到100人。在贾-尼赫鲁统治时期，印度留学教育分成两种类型：一种是"境外留学"（Study Abroad），指印度学生出境，到国外尤其是英美国家的大学接受高等教育；另一种是"来印留学"，指其他国家学生到印度大学学习。在境外留学方面，1959—1960年度，仅在英国就有大约3510名印度学生，还不包括没有在印度学院注册，但参加私人机构考试的大量学生（Singh, K. A.：43-53）。在接受国际学生方面，印度国内一直存在分歧，在贾-尼赫鲁时期，到印度留学的国际学生人数不多，多数人主要来自印度周边国家和地区，如泰国、尼泊尔国、孟加拉国以及阿拉伯国家等。

二、后贾-尼赫鲁时期的高等教育状况

（一）普通高等教育规模扩张

20世纪60—80年代是印度高等教育发展最快的时期之一。印度政府对高等教育发展的政策一直以"增长性"（Growth）目标为重点。第一，从经费投入状况上看，自20世纪60年代中叶开始，英-甘地政府开始调整国家政策，不断加大高等教育经费投入。如表4-14所示，前四个五年规划时期，印度高等教育经费逐年上升，从最初"一五规划"中占总教育经费比例的9%增加到"四五规划"的25%，达到历史最高点。在"五五规划"和"六五规划"期间，尽管高等教育经费所占总教育经费比例有所下降，但高等教育经费总量一直呈上升趋势。

表 4-14　印度高等教育财政分担情况（百分比）1950—1993 年

时间（年）	高等教育经费 （亿卢比）	占总教育经费比例 （%）	占整个规划经费比例 （%）
一五（1951—1956）	1.4	9	0.71
二五（1956—1961）	4.8	18	1.02
三五（1961—1966）	8.7	15	1.01
年度（1966—1969）	7.7	24	1.16
四五（1969—1974）	19.5	25	1.24
五五（1974—1979）	20.5	22	0.52
六五（1980—1985）	53.0	18	0.49

资料来源：安双宏［b］：47-51；吕炜等：61-67

　　第二，从高等院校数量和规模上看，这一时期，不论是高等院校数量，还是在校生规模、教师人数都在急剧增加。大学数量从 1963—1964 学年的 55 所增加到 1974—1975 学年的 102 所，附属学院从 2111 所增加到 4388 所，翻了一倍多（Raza，M.：37）。函授、夜校等非全日制高等院校数量增加的速度也很快。在校生数量从 1963—1964 学年大约 153.2 万人增加到 1974—1975 学年的 438.0 万人，增加了近 2 倍。其中附属学院注册人数从 69.0 万人增加到 201.3 万人；教师人数从约 6.9 万人增加到约 16.2 万人。具体增长情况见表 4-15。

表 4-15　大学、学院数量、学生、教师数量（1963—1964 学年至 1974—1975 学年）

时间 （学年）	高等院校数量（所）		学生注册人数（千人）		教师数 （人）
	大学	附属学院	大学	附属学院	
1963—1964	55	2111	842	690	68434
1964—1965	62	2360	950	781	77120
1965—1966	64	2572	1067	881	84676
1966—1967	70	22749	1191	990	93251
1967—1968	70	2899	1370	1135	103180
1968—1969	76	3112	1566	1306	110943
1969—1970	79	3297	1793	1522	119052
1970—1971	84	3604	1954	1655	128876

时间 （学年）	高等院校数量（所）		学生注册人数（千人）		教师数 （人）
	大学	附属学院	大学	附属学院	
1971—1972	86	2896	2065	1773	139204
1972—1973	90	4158	2168	1855	145524
1973—1974	95	4308	2234	1905	156562
1974—1975	102	4388	2367	2013	161782

资料来源：Raza，M.：37

（二）高等技术教育规模扩张

在后贾-尼赫鲁时期，国家重点院校有了较大发展。1972年，英-甘地政府总结了最早两所印度工商管理学院的办学经验，并建议成立更多的印度商管学院。根据建议，1973年10月28日，英-甘地政府宣布成立第三所印度商管学院——班加罗尔分校。1984年印度政府又宣布成立第四所印度商管学院——勒克瑙分校。

伴随国家经济建设的重点从工业领域转到农业领域，农业高等教育及其院校成为扩张速度最快的部分。自20世纪60年代中后期起，农业人才培养成为高等教育发展的重中之重。"四五规划""五五规划"，乃至"六五规划"都把农业高等教育发展作为政府的优先选项。自1960年，贾-尼赫鲁政府在北方邦潘特纳加新建第一所农业大学之后，到1966年，印度农业大学的数量已经达到60所。1967—1968年农业院校入学人数为51639人，比1956—1957年的10389人增加了近4倍。在高等农业教育发展中，兽医学发展速度最为显著[①]。1964—1963年，在14个邦属大学中，有18个专业附属学院设置了兽医学科。1964—1965年兽医学院在校生人数为5711人，与1956—1957年相比增加了30%（Mehendiratta，P.R.：25）。

除了高等农业教育外，20世纪60年代也是印度教师教育和师范院校发展最快的时期。1966年6月，《科萨里报告》提出要重视学校教师的培养及质量。随后，一些大学如阿里格尔大学、库鲁克舍特拉大学（Kurukshetra University）、坎普尔大学等都在研究生阶段开设了教育硕士课程。进入20世纪80年代，英-甘地政府高度重视教师教育发展。1982年，第一教师委员会和第二教师委员会先后成立，其

---

① 印度兽医学院最早始创于1886年。印度独立前有6所兽医学院，其中4所是农业大学二级学院。

主要任务是领导教师教育和师范院校改革。在这一时期，从接受过教师教育的人数上看，小学教师从 1955—1956 年的 61.0%上升到 1978—1979 年的 85.2%，中学教师从 59.0%上升为 83.7%，增幅都在 20.0%以上（Adaval, S. B et al：22）。

（三）函授与远程高等教育的产生

印度函授教育是远程教育的前身，产生于 20 世纪 60 年代。1962 年，联合教育部特别委员会提出建议，希望德里大学能够举办首个博士函授课程班（杨文阳，张屹：79-81），目的在于解决高等教育数量不足的问题，增加青年接受高等教育入学的机会。1967 年，英-甘地政府时期，印度大学拨款委曾经明确提出，希望大学能够利用新媒体和教育技术等手段，开展远程教育，并支持成立了"音像视频服务高等教育委员会"（Aggarwal, J. C.：236）。1970 年，印度亚洲教育规划和管理研究所在联合国教科文组织的支持下召开全国远程官员教育研讨会。会议讨论的议题是：（1）探讨远程教育性质、作用和问题；（2）如何开设有别于传统教育模式的远程教育教学课程。在此会议上，有人提出创办印度开放大学的设想，因为"印度是大多数人口仍然不能进入高等院校学习的国家，对于这样一个国家来说，提供高质量的开放教学服务是非常必要的"（顾培均：73-76）。同年，印度教育和青年服务部、联合信息广播部和大学拨款委在德里举行另一个研讨会，专门探讨如何引进英国开放大学模式的问题。1974 年，印度政府任命了一个 8 人工作委员会，负责对英国开放大学及印度高等教育现状进行调查论证，最后提出建立印度开放大学的构想和倡议。20 世纪 80 年代，计算机和通信技术有了长足的发展，这为远程教育发展提供了有利的技术支持。受英国开放大学办学理念和模式的影响，地方和中央政府开始建立开放大学计划。1982 年，安得拉邦率先通过邦议会立法建立了印度第一所开放大学，即安-普拉迪什开放大学（A-Pradesh Open University）①。该开放大学的产生标志着印度远程高等教育的正式建立，掀开了印度函授远程教育的帷幕。这一时期，大学拨款委意识到，现代通信技术的发展对知识传播和远程教育发展具体特殊的意义，认为以现代技术为依托的远程教育不仅可以实现课堂教学达不到的效果，而且也可以弥补课堂教学的不足。1985 年，第一所国立开放大学——英-甘地国立开放大学应运而生。

---

①　现更名为阿姆贝德卡开放大学。学校于 1983 年首次招收 1631 名学生，此后 3 年里学生人数稳步增长。虽然这所邦立开放大学未能在国家政策框架内开启一种全新的教育模式，但在满足本邦民众教育需求方面取得成功，坚定了政府创办开放大学的信念。

三、计划经济时期高等教育发展问题与对策

完成国家三个五年规划后，印度高等教育在数量上的变化有目共睹，但是数量规模与质量结构之间的矛盾日趋明显。P. 阿特巴赫很早就指出："可用于印度高等教育的资源（人力和经济两者）不足以供质量和数量两者同时提高，很明显，印度选择了数量（秦力：31-40）。"这就是说，尽管在计划经济时期，印度高等教育规模有了明显的扩大，但是由发展所引发的问题也难以避免。

（一）高等教育质量：最棘手的难题

质量问题是印度高等教育长期存在的问题。20 世纪 50 年代，贾-尼赫鲁政府就提出，建立有效的高校治理控制机制，解决高等教育质量的问题。1956 年颁布的《大学拨款委员会法》第 12 条规定，大学拨款委有责任确定和维持大学教学、考试和研究的标准。从此以后，质量问题几乎成为每届大学校长年会的中心议题（张梦敏：16-17）。在计划经济时期，印度高等教育质量不高的主要表现是：

第一，大学生学业成绩表现不佳。如表 4-16 所示，只有文学硕士、理学学士、医学硕士和理学学士（工程）学生的及格人数在 1962 年有所增加，其余的均处于减少的情况，特别是文学学士、商学硕士、理学学士（农业）、法学学士和教育学硕士等学生及格人数大幅度下降。一项有关高等教育质量的研究发现：在 14 种学位课程考试中，除文学硕士、理学学士、工程类理学学士和医学学士外的其余 10 种学位课程的考试及格率也都有所下降。在大学本科教育中，几乎有一半的学生因考试不及格而不能按时毕业，研究生考试也通常有 20 ％左右的人不及格（曾向东：307）。

表 4-16　学生及格人数比例（1949 年、1962 年）

学位	及格人数比例（%）		
	1949 年	1962 年	净变化（%）
文学学士	50.8	46.1	−4.7
文学学士（荣誉）	77.2	57.7	−19.5
文学硕士	78.0	83.3	+5.3
理学学士	44.0	45.6	+1.6
理学学士（荣誉）	64.7	60.3	−4.4

续表

学位	及格人数比例（%）		
	1949 年	1962 年	净变化（%）
商学学士	50.3	48.2	-2.1
商学硕士	95.8	74.9	-20.9
理学学士（工程）	71.4	75.0	+3.6
理学学士（农业）	88.8	69.4	-19.4
兽医学学士	71.1	64.5	-6.6
法学学士	68.2	55.9	-12.3
教育学学士	85.4	80.8	-4.6
教育学硕士	89.2	76.1	-13.1
医学学士	45.9	57.9	+12.0

资料来源：张梦敏：16

第二，高等教育结构性失调。印度高等院校基本上都是从殖民地时期继承和改造过来的。从传统上来讲，人文和社会科学院校及其在校生人数远远大于专业技术院校及其在校生人数。据资料显示，在印度 500 多万学生中，只有 4 万人进入农、林、兽医等专业学校，而进入人文社会科学，乃至宗教等学科领域学习的人数却多达 246 万人（崔金宁：31-32）。

第三，高校大学生就业率较低。印度独立后，几届政府都十分重视扩大高等教育规模，以此满足人民群众日益增加的高等教育需求。从"一五规划"到"四五规划"期间，高等教育的急剧扩充导致大学生人数远远超过劳动力市场的容纳力。这种过度发展超过了国家经济发展的需求，造成受教育者大量失业，尤其是文科学生失业率更是居高不下。据统计到 1984—1985 年，文科生失业率高达 46.78%；理科生失业率为 20.17%；教育专业失业率为 9.41%；工程专业失业率为 1.47%；医学和农学专业失业率为 0.97% 和 1.73%（IMS-101-2：64）。因此，早在"五五规划"时期，英-甘地政府就把高等教育质量提升问题列入议事日程。

（二）计划经济时期教育出现问题的主要原因

第一，与其快速扩张紧密相关。为了追求数量增长，印度一些高校盲目扩招，降低入学门槛。正如美国学者 S. 鲁道夫（Rodolph, S.）等所指出的那样："自独立以来，印度高等教育大扩充的一个主要结果是标准的下降（Rudolph,

S. H. & Rudolph. L. I.：35）。"印度学者贾-塞缇（J-Sethi）也认为，标准下降的最重要原因是"独立以来学生人数大幅度的迅速增加，与此同时却没有增加有能力的教师和提供必要的物资设备（Sethi, J. D.：35）"。1957 年，印度教育部长卡-什里马利（K-Shrimali）在第一届大学校长会议上分析指出："大学和学院至今仍采取开放政策，不加区别地招收那些通过中学毕业考试的学生……如果我们希望提高高等教育的标准，大学就不能允许毕业于中学的所有学生进入大学，而必须进行适当的挑选（赵中建：156）。"

第二，投入严重不足，教学资源匮乏。在 1963—1973 年，高等教育急剧增长，尽管印度政府对高等教育投入不断增加，但增长速度远远落后于高校和在校生增加的速度，由此而引发的高等教育经费不足的问题日益突出，很多院校图书馆、实验室、教室空间和学生宿舍等条件都急剧恶化。资源不足是制约印度高等教育发展的瓶颈性因素。英-甘地政府很快发现这个问题，并意识到了问题的严重性。因此，在"五五规划"中，政府一方面继续增加经费投入，另一方面则决定对附属学院的发展和建设予以高度关注，提出将有限的资源合理利用，并使之最优化。其中一个措施就是在人文和社会科学、理科和商科等领域实现本科课程多样化，对附属学院里所开设的本科课程予以重点建设。

第三，高等院校教学水平较低。教学质量问题是困扰印度高等教育最主要的问题之一。

教学质量问题具体表现在：（1）重理论而轻实用；（2）重普通教育轻专业教育；（3）教学内容陈旧，严重脱离生产领域和行业发展的实际需求，学生所用非社会所需要，不能满足社会的需求；（4）教学方法落后，学生注重死记硬背，缺少创造精神和实践能力；（5）考试合格率较差等。另外，大部分学院都是附属学院，规模较小，最小的学院仅仅有 100 人左右，有时很难让人相信它们在从事高等教育。这些学院教育资源很少，藏书量有限，与所属大学有一定的距离，无法享受到纳附大学的教学资源，在教学和研究方面与纳附大学的沟通也特别少。加之，有时候纳附大学对附属学院的教学质量监督不够，因此，这类学院的教育质量很低也就不足为奇了（张梦敏：16）。《国家审查委员会报告》（1981 年）评价印度高等教育质量道：

> 某些大学教学没有与现代化发展同步。有部分教师抵触改革与创新，部分教师、学生，甚至雇主的暴力和破坏倾向日渐增加，教师与学生之间也缺少彼此的信任。因此，毫不奇怪，在这种情况下，学生的潜能不能在大学和学院里得到全面的开发和利用。从越来越多期待的角度看，目前校

园状况是非常令人不满意的。因此，希望（高等教育）系统能够有更多的资源投入（IMS-101-2：64）。

（三）提升高等教育质量的主要措施

第一，引进国际优质资源，促进大学教师专业发展。20 世纪 50 年代末 60 年代初，印度社会对大学教师的角色的认识发生了较大变化。人们普遍意识到提高教师专业化水平是提高高等教育质量的关键所在。有印度学者曾经这样写道："专业人员（大学教师）必须宣称他们比其他人对某些事物的本质更加了解，比他们服务的人群更加清楚如何接近他们及其学习。这就是专业人员观念和诉求的本质所在，认识了这样的本质，很多成果自然应运而生（MES-101-4：5）。"1961 年，大学拨款委决定资助各大学举办暑期学校和研讨会。拉-夏斯特里执政时期，大学拨款委建议，在政府预算中增加教师培训经费投入，主要用于各大学举办短期教师交流计划，向讲座专家/教师提供适当的报酬。1964 年，在政府的支持下，大学拨款委与美国国际开发署合作，为印度大学和学院的理科教师举办 16 个暑期研习班。举办这些研习班的目的是向学院和大学物理、化学、生物和数学等专门领域的教师提供必要的培训，帮助他们了解其专业领域的最新发展。1965 年，拉-夏斯特里政府又与英国文化协会合作，为大学教师举办了 4 期暑期英语研习班。鉴于这些暑期研习班成功举办，1966 年，印度政府财政部分别与美国国际开发署和英国文化协会签署了新的《合作备忘录》。双方决定将与俄亥俄州立大学合作，为印度大学理科教师提供 33 个暑期研习班；由英国提供专家举办 6 个现代英语教学方法和技术培训班。这些项目的实施大大提高了印度大学教师的理论水平和学术视野（Sharma, K. A.：90-91）。

第二，加大高等教育投入，改善高校办学条件。在"五五规划"（1975—1979）中，英-甘地政府明确指出：

　　大学教育发展的重点在于巩固和提高。大学教育不仅需要增加数量，更需要加大投入，改善质量。尤其是对于经济发展比较落后和社会发展薄弱的地区，政府应该通过改善夜校大学、函授大学和私立院校的办学条件入手，加大基础设施和办学校舍建设的力度，提高办学标准和办学条件（GIPC-FYP-V）。

"五五规划"还指出，政府应该通过改善实验室和高级研究中心的条件，提高研究生教育质量和水平。

第三，加强教学过程管理，保障教学质量。在"六五规划"（1980—1984）中，印度政府进一步强调改善高等教育教学质量的重要性。一方面，政府鼓励高等院校参与社会发展，服务地方经济建设；另一方面，印度政府要求相关社会服务工作必须纳入教师和学生正常的学术活动，不能为社会服务而社会服务（Sharma，K. A.：167-169）。"七五规划"（1985—1990）提出，学校工作的重点在于提高办学标准和教学效果。这一时期，大学拨款委颁布《通过正规教育授予第一学位教学的最低标准规则规章》和《关于开展非正规/远程教育模式的规定》两项决议。前者对大学工作日运行、教师工作时间、出勤情况和课后是否安排辅导答疑、考试、评价及教师工作量等相关教学事宜都做出了较为明确的规定；后者主要针对教育市场实际需求，对大学如何开展非正规的远程教育教学模式以及教学与科研资格进行认定。此外，印度政府还特别强调重建本科教育的必要性，认为只有保证本科课程体系更加灵活和多样，学生的不同需要才能得到满足。高等院校的教学内容还应该注重理论联系实际，适当增加应用课程内容的分量，使高校培养出的学生能够很快适应经济社会发展的需要。

第五章

市场经济时期（1984—2014）

世界变化得太快了，我们不能有一个垂死的系统，它是不灵活的，它不能随着我们的社会、我们的国家和世界的变化而进化和发展。……教育在我们的社会中必须是一个伟大的均衡器。它必须是一种工具，来消除我们的各种社会制度在过去几千年里所造成的差异。

——拉-甘地（Anonymity：Webpage）

只有所有的国民都能接受教育，这个国家才能取得进步。为了使每个公民都能够享有因经济发展而创造的新的就业机会，我们必须确保每一个印度人都要接受教育、具有技能；…… 对于那些没接受过教育的人来说，民主与发展是毫无意义的。……我希望在不久的将来，印度教育领域内发生革命性的变化 ……印度变成一个人人都受教育、有技能、有创造力的国家。

——曼-辛格（MHRD：Website）

20 世纪 80 年代中期是从计划经济模式转向市场经济模式转型期。从 1984 年到 2014 年，印度社会经历了 4 个重要的历史阶段：第一阶段是拉-甘地短暂的统治时期（1984—1989）。这是一个承上启下的阶段，完成从计划经济模式向市场经济模式的转型发展。拉-甘地政府在治理国家上最大的一个特点就是放弃了一直坚持的贾-尼赫鲁主义路线，采取权力去中心主义政策，原来属于中央政府的很多权力都移交给各省（邦）。受政治和经济的影响，拉-甘地政府在教育问题上也有了新的转变（Carnoy, M. & Dossani, R.：1-38）。第二阶段是纳-拉奥政府时期（1991—1996），这是印度政府正式启动市场化的改革时期。在成功实现经济模式转型发展的同时，纳-拉奥政府积极推进高等教育转型发展，使之与市场经济改革主调相一致。第三阶段是阿-瓦杰帕伊时期（1998—2004），其最大特点是印度经济在一定时期内保持高速增长。计算机软件产业成为印度支柱产业，印度对计算机领域人才需求旺盛，这促使印度大学发展工程教育。第四阶段是曼-辛格政府时期（2004—2014），这一时期，印度经历了长达 10 多年高速经济增长期，成为金砖国家之一。为了适应全球知识经济的时代要求，印度开始追求高等教育大众化、私有化和国际化，因此，印度高等教育改革与发展进入一个新的历史时期。

第一节　市场经济时期印度社会状况

20 世纪 70 年代末 80 年代初，凯恩斯主义理论逐渐被新自由主义理论所取代，随之，新自由主义思潮在全球范围内兴起。新自由主义理论强调自由市场的重要性，反对政府对经济的不必要干预。政府只对经济起调节作用，规定市场活动框架条件。在国际贸易政策上，新自由主义者主张开放国际市场，支持全球性自由贸易和国际分工。20 世纪 90 年代是印度当代历史的转折点。世界银行和国际货币基金组织积极推动各国进行自由主义经济制度改革，促进各国走市场化、私有化和国际化道路。私有化和国际化已然成为世界银行在各个领域的重要议程（Tilak J. B. G.：7-8）。在世界银行和国际货币基金组织的干预下，印度政府开始调整经济政策，进行经济制度改革，使之更加有利于印度经济社会的发展。从此以后，印度社会告别了贾-尼赫鲁家族的影响，开始了以市场化为主要特征的经济和教育变革，取得了相当大的成就。进入 21 世纪，印度成为新兴经济体国家。

一、拉-甘地时期：印度社会转型发展初现端倪

1980 年，英-甘地击败人民党再次当选印度总理。此时，受新自由主义思潮的影响，她的思想也发生了变化。她决定放弃一直以来信奉的"社会主义"经济政策，转而推行新自由主义经济政策。1984 年，正当英-甘地积极准备推动新经济政策时，她不幸被自己的保镖枪杀。随后，拉-甘地成为她的继任者，成为新政府的新总理，印度进入了拉-甘地联合政府的时代。

（一）"印度增长率"与经济危机

印度独立后，印度政府一直坚持贾-尼赫鲁社会主义类型社会发展道路，奉行计划经济发展模式，经济发展始终缓慢，滞胀在 3.5% 左右，平均人均收入增长率为 1.3%。早期的一些经济学家使用"印度增长率"这一术语暗示印度发展前景宿命和对缓慢经济增长无所谓的态度。在印度学界，"印度增长率"（Hindu Rate of Growth）是一个带有贬义的术语，被用来讽刺印度社会主义类型计划经

济发展模式的失败。这个术语与当时人们使用"韩国奇迹""亚洲四小龙"等概念形成了鲜明的对照，从而也唤醒了印度人的经济社会改革意识（Virmani, A.：112）。

进入 20 世纪 80 年代后，全球进入新自由主义时代。许多国家受到 M. 弗里德曼的新自由主义经济理论影响，纷纷效仿美国新联邦主义和英国撒切尔主义的治理模式，加快推进市场化、自由化、私有化改革，逐步减少政府公共财政预算。1980 年是印度"六五规划"的开局年，也是印度国家经济，以及各个领域政策调整的转折点。此时，第二次获得执政权的英-甘地也开始思考如何对国家发展目标进行调整。这时，英-甘地政府的设想是：强调紧缩公共经费、提高国企生产效率、放权简政、刺激私营企业和资本市场等措施。然而，英-甘地还没有来得及实施新政就不幸去世，经济社会改革的历史责任落在其继任者——拉-甘地（英-甘地的儿子）身上。

（二）拉-甘地："被迫从政"的政治家

1984 年，在传统经济模式受到挑战和市场经济制度改革呼之欲出的背景下，拉-甘地开始上台执政。尽管他还没有彻底摆脱贾-尼赫鲁计划经济治理思想的影响，但随着新自由主义思潮的兴起，拉-甘地选择了与计划经济时代治理模式不同的发展道路。1984—1989 年是拉-甘地短暂的执政时期，尽管时间很短，但这一时期却是印度社会发展承上启下的阶段。

拉-甘地是英-甘地的大儿子，此前毫无从政经验，对政治也不感兴趣。印度国大党高层和英-甘地政府官员曾经多次劝说他从政，但拉-甘地一次次予以拒绝。他的妻子索-甘地也非常理解和支持丈夫不从政的做法。他不愿从政的一个顾虑是当时有反对派指责说"贾-尼赫鲁家族后代进入政界是一种被迫的世袭参与"。起初，英-甘地理解大儿子的想法，并没有非常强烈地要求他参与政治。她一直想把自己的小儿子桑-甘地培养成为接班人。然而，由于桑-甘地在一次飞机失事中去世，英-甘地不得不"强迫"大儿子拉-甘地从政，以便延续贾-尼赫鲁家族的统治。这一决定从此改变了拉-甘地的命运。1982 年，拉-甘地正式涉入政坛，成为国大党年轻的干部和地方议会议员。最初，拉-甘地本人没有想到会成为新总理，因为他太年轻，又毫无从政经验，有媒体曾戏称之为"干净先生"（Mr. Clean）。然而，塞翁失马，焉知非福，正是这样一种印象为拉-甘地树立了"诚实清廉政治家"的形象。很快，他当选北方邦议会议员，在党内外影响力急剧增长，成为他母亲的重要政治顾问和帮手，担任国大党全国大会委员会总书记、青年大会主席等职务。1984 年，英-甘地去世，但国大党却在国会选举中取得了压倒性的胜利。拉-甘地很自然地被推举成为英-甘地的继任者，经宣誓后成为印度总理。据说，他的当选或多或少有人们同情他母亲惨遭不幸的因素，但对国大党高层而言，这却是不幸中的万幸。当时印度人对这位懂专业的新总理抱有很高的期待，很多人早已厌恶那些贪污腐败，毫无作为的老到政客，希望能够选出一位新领袖，解决国家长期积重难返的顽症。尽管拉-甘地在不情愿的情况下卷入印度政治，但在任期间，他还是忠于职守，尽心尽力地领导国家各方面进行改革，为印度经济社会发展，包括教育发展做出很大贡献。他死后被印度政府授予最高平民奖——"巴-拉丹勋章"（Bhaumik, S. K. et al：1-22）。

（三）市场经济模式的初步尝试

1986年，世界银行在《发展中国家高等教育财政报告》中宣布减少对社会服务行业的经费补贴。这意味着印度从联合国获得教育经济援助的规模将被大幅度削减，致使国家财政面临非常大的压力，教育经费出现了严重短缺（Harma, V. S.：1-28）。与此同时，科学技术，尤其是互联网技术在全球范围内迅猛发展。拉-甘地政府真切感觉到，印度正处于一个社会转型重要的历史时期，印度必须抓住历史机遇，适应急速的社会转型发展。用他自己的话说："印度未赶上19世纪工业革命的公共汽车，也未及时赶上二次大战后兴起的电子革命的公共汽车，现在必须在车后紧追并跳上车（张双鼓等：29）。"因此，他一上台就将电子工业看作国家的神经，决心用电子和教育把印度带入21世纪（刘冬，周岱：52-54）。

为了适应急剧变化的国际和国内环境，拉-甘地政府开始奉行"亲商政策"（Pro-Business Policies），着手对经济社会传统的政治、经济、文化和教育体制进行改革。其中最明显的变化就是摒弃过去那种指令性计划经济国家治理模式，走市场经济发展道路。例如，拉-甘地决定放开外汇、旅游和外企投资的管制，允许私人企业进入更多的领域。他对印度现有的经济发展模式进行改革，具体的措施体现在如下几个方面：（1）废除印度许可证和配额制度；（2）降低科技产业税收；（3）改革与电信、国防和商业航空有关的进口政策；（4）引进当代先进技术，走工业现代化发展道路；（5）吸引更多的外国投资，允许外资介入公共部门改革领域；等等。这一系列政策的出台让很多印度人耳目一新，预感到"经济改革和自由主义新政府时代的来临"（同上）。

拉-甘地政府的市场化改革政策很快显示出效果。在其短暂执政的5年里，工业生产平均年增长率很快达到6.0%以上，农业生产年增长率达到3.5%，国内生产总值年增长率为5.5%，资本产出比率从6.8%降至4.3%，这是以往任何10年都没有过的（张双鼓等：29）。然而，20世纪80年代的社会转型并非一帆风顺，改革本身也让拉-甘地政府付出了沉重代价。如20世纪80年代的印度，社会秩序更加动荡不安，种族、宗教、民族等社会矛盾更加严重，拉-甘地本人也陷入了争议之中。1991年，他在为即将到来的选举举行竞选活动时，猛虎组织的一名自杀式炸弹袭击者残忍地将他暗杀。

从总体上说，拉-甘地政府是对英-甘地第二届政府的延续，是英-甘地第二届经济政策的守正创新。20世纪80年代，不论是英-甘地政府，还是拉-甘地政府，他们试图摆脱计划经济模式影响的意图都十分明显。尽管拉-甘地政府出台的很多"新经济政策"并没有得到落实，但却为20世纪90年代的经济改革奠定了基础（Bhaumik, S. K. et al：1-22）。

（四）计算机与信息技术：新时代的来临

20世纪70年代，伴随电子通信和计算机技术的兴起，英-甘地政府意识到实施国家信息技术发展战略的重要性。1970年3月，全国电子技术大会顺利召开，英-甘地政府借机表示要发展电子技术产业。1970—1973年，印度电信部、印度电信委员会和印度技术发展委员会等部门相继成立，主要职责是负责制定、协调和实施信息技术发展政策（黄军英：38-41）。进入20世纪80年代，印度决定正式启动信息技术国家发展战略，提出一系列人才培养计划，以适应国家对信息技术人才的需要。1984年，拉-甘地政府颁布了《发展计算机科学政策》，强调对发展计算机科学予以制度和政策方面的支持，提出"发展计算机及其软件产业是国家头等大事"。在"七五规划"中，拉-甘地政府更加明确地提出软件出口3亿美元，达到世界软件出口总额0.6%的具体目标。为创造良好的投资环境，争取更多海外留学或工作人员回国开办软件企业，拉-甘地政府鼓励信息技术领域的科学家们在世界范围内自由流动，为从事软件开发工作的科学家创造良好工作条件，大开政策绿灯。他曾经说过：

即使一个科学家、一个工程师或者一个医生在50岁或60岁回到印度，我们并没有失去他们。我们将因为他们在国外工作获得经理职位成为富翁而高兴，他们会把那里的经验带回到国内来。我们必须在印度建立和发展不仅在印度，而且在全世界工作的人才机制。同时，我们必须认识到，我们对此并没有损失什么，在国外工作的大量人才正在返回印度，他们是想回来的。我们不要大惊小怪，不要把它看成人才外流，而应该把它当成智囊银行，正在积聚利息，等着我们去提取，我们可以将其投资于印度的建设中（董蕾：89-92）。

1985 年，新总理拉-甘地提出一个响亮的口号"通过发展计算机软件把印度带入 21 世纪"。1986 年，印度政府颁布《计算机软件出口、开发和培训政策》，为电子软件业发展创造了政策环境和提供了财政支持。拉-甘地政府这一套组合式的政策，极大地促进了印度电子和计算机产业的发展，拉-甘地本人也被国民冠以"计算机总理"的美称（邹宏如等：117-121）。1990 年，印度政府又制订了《软件技术园计划》，并在 1991 年 6 月建立了印度第一家软件技术园区（张双鼓等：240）。

（五）后拉-甘地时期：急剧变化的世界

1989—1991 年，东欧和平演变，苏联解体。冷战结束，世界发生急剧变化。与此同时，从 20 世纪 80 年代末开始，印度国内形势也发生了较大变化。由于没有一个政党能够在国会选举中获得单独组阁的多数席位，印度进入了或是少数派执政，或是多党联合执政的时期。结果可想而知，1989 年英-甘地为代表的国大党在选举中失败后，印度政坛进入一个动荡不定、政府更迭频繁的历史时期。① 1990 年 8 月，维-辛格政府采纳了《比-曼德尔报告》中的建议，宣布实施为低种姓保留公职的政策，进而引起印度北部各大城市高种姓学生大规模骚乱，63 名学生在抗议中自焚。同年 10 月，人民党利用混乱局势打着"为神服务"的幌子，率领数十万印度教徒进入北方邦阿约迪亚小镇，欲拆除一向有争议的伊斯兰教巴布尔清真寺，改建印度教罗摩庙。此举在当地引起暴力冲突，维-辛格政府出手平乱，逮捕人民党领袖拉-阿德瓦尼（L-Advani）。结果，维-辛格政府因失去国会中人民党议员的支持而倒台。11 月 10 日，代表社会人民党（原人民联盟派系）的钱-谢卡尔（C-Shekhar）组成新政府上台执政。但由于钱-谢卡尔政府的政党背景虚弱，他本人又毫无政府管理经验，导致印度经济社会形势日趋恶化，危机重重。这一时期，印度出现了严重的经济危机。大规模的财政和国际收支危机将印度经济几乎带到了崩溃的边缘。有数据显示，印度债务总额占 GDP 的比例已经从 1974—1975 年度的 31.8% 上升至 1989—1990 年度的 54.6%。外债情况也变得非常不稳定，从 1980—1981 年度的大约 2035 亿卢比上升到 1990—1991 年度的大约 19056 亿卢比。1989—1990 年度需支付外债利息总额高达 1700 亿卢比。1990—1991 年度外贸逆差达 1064.4 亿卢比。伴随海

---

① 1989—1999 年，印度先后产生了 8 届中央政府，但时间都很短。具体情况是：维-辛格政府（11 个月），钱-谢卡尔政府（7 个月），纳-拉奥政府（5 年），阿-瓦杰帕伊政府（13 天），哈-高达政府（10 个多月），斯-古吉拉尔政府（不到 1 年），印度人民党联合政府（成立不久解散）。直到 1999 年印度人民党阿-瓦杰帕伊上台后，政局才算稳定下来。

湾危机爆发，以及印度侨民外汇大幅减少，印度国际收支惨况加剧。1991 年 6 月印度外汇储备降到 10 亿美元，政府被迫动用黄金储备，出售与抵押 46.71 吨黄金。国内通货膨胀率也居高不下，于 1990 年达到 12%（Chandra, B.：498－500）。

总之，经济危机往往会导致社会危机，也是经济社会改革的前奏。套用"哈姆雷特"（Hamlet）的名言句式：印度社会经济改革"改，还是不改？这的确是一个生死攸关的问题"。正是由于 1989—1991 年度印度国内出现的这场严重的国内外政治、经济与财政外汇危机促使纳-拉奥政府痛下决心，正式推行市场化改革。有学者将印度政府 20 世纪 90 年代推行的市场化改革视为"印度现代经济发展中新的里程碑，是印度历史上的第二次独立"（王月青：1）。

二、纳-拉奥政府时期：经济社会发展模式的改变

20 世纪 90 年代是印度政坛最为动荡的时期，也是经济领域市场化改革的艰难起步时期。1991 年 6 月，国大党在一些小党的支持下赢得大选，组成了纳-拉奥领导的新政府。尽管新政府地位和政权并不稳固，但为了应对严峻的政治形势和经济危机，纳-拉奥政府决定发起一场以私有化、市场化、全球化、自由化为导向的经济改革运动，对印度长期实行的计划经济模式与体制进行大刀阔斧的改革，实行以市场经济为特征的工业化政策和国家发展策略。这一举措揭开了印度经济社会改革的崭新一页，将印度社会带入了"以往数十年发展进程中日积月累的量变到 90 年代达到了局部性的质变"的新历史时期（林承节：632）。

（一）新自由主义驱动下的市场化改革

1991 年 6 月 21 日，纳-拉奥总理与财政部长曼-辛格果断推出一系列具有明显新自由主义特点的经济改革政策和措施。第一，在工业领域，改革的内容包括：（1）鼓励发展私营经济，整顿国立或公营企业，进行部分私有化改革；（2）鼓励外商在 34 个优先发展领域进行投资，外商持股可达 51%，全部商品出口企业和外商可独资经营；（3）签订技术合作协定不再经过政府部门批准；（4）成立特别许可局，负责招商引资，鼓励跨国公司对印度直接投资。第二，在外贸体制方面，改革的内容包括：（1）从 1991 年 7 月起，政府废除出口成本补贴，减少进口许可证限制；（2）从 1992 年 3 月起，废除资本货物与中间产品许可证限制，建立外汇市场；（3）从 1996 年起，政府实行统一汇率。第三，在金融与税收方面，改革的内容包括：（1）自 1991 年起，推动资本与货币自由市

场化改革，实行与国际水平接轨；（2）调整政策，取消政府对国内银行扩张的管制；（3）减少私人部门进入银行系统的阻碍；（4）将税收系统从高税率税基窄的模式转变到税率适中税基宽的模式；等等。在当时印度背景下，这些政策和改革举措几乎是革命性的，大大调动了市场和中小型私有企业的积极性，促进了印度经济状况的好转。1991年，纳-拉奥政府的市场化改革宣告贾-尼赫鲁主义计划经济发展模式的彻底结束，开始采用以自由化、私有化和全球化为原则的市场化经济发展模式。从此，印度经济开始呈现出一种快速的增长态势（施晓光：73-75）。

（二）纳-拉奥政府市场化改革的动因

如前所述，20世纪80年代末90年代初的印度社会，政局动荡，纳-拉奥政府的政权在一些小党支持下，艰难维系。在这一时期，启动新自由主义市场化改革有一定的风险。纳-拉奥政府的市场化改革显然是被迫而为的，其中有着深刻的历史与现实原因。第一，从世界发展趋势上看，20世纪90年代是全球化和信息化知识经济时代。全球信息一体化趋势使得全球信息、人员自由流动成为可能，从而打破了国家与地域之间的界限，为人们观念、文化界限的突破提供了条件。第二，伴随新自由主义和新公共管理理论在全球范围内的兴起，自由化、私有化与全球化已成为知识经济时代发展的主方向。第三，受苏联计划经济模式失败，亚洲新兴工业国，尤其是中国经济快速成长，以及冷战后国际政治经济形势变化的影响，印度通过外部因素缓解国内政治、经济危机的可能性日益减小。第四，拉-甘地政府在20世纪80年代中后期进行的早期经济发展改革尝试，为纳-拉奥政府市场化改革奠定了良好的基础。

三、阿-瓦杰帕伊时期："大国之梦"的开启

1998年，印度人民党再次赢得大选，阿-瓦杰帕伊（A-Vajpayee）成为新一届政府总理，开启了他7年印度市场化改革之路。此时，世界正处于世纪之交，世界各国领导人都在思考一个共同的问题：如何应对新世纪挑战，把什么样的高等教育带入新世纪？恰好，阿-瓦杰帕伊是一个怀抱"大国梦想"的印度政府总理。

（一）印度新总理的"大国梦想"

阿-瓦杰帕伊从政经验丰富，富有远见，是印度政坛一位优秀的政治家和国家领导人。他年轻时胸怀远大政治抱负和强国梦想。他自称"一生最大愿望是看到印度成为世界大国"（王月青：1）。因此，新政府刚组建，他马上就提出

"新世纪、新印度""争取让21世纪第一个十年成为印度的十年"的口号。他发誓要将印度塑造成为一个面貌崭新的现代化强国,尤其是要把印度建成一个名副其实的信息技术大国。然而,阿-瓦杰帕伊清楚地意识到,要想成为一个信息技术产业发达的大国并不容易。经济实力是成为世界大国的必要条件,只有取得经济快速增长,才能奠定大国战略基础。他断言:"21世纪的印度能否成为一个强大、繁荣和富裕的国家,取决于其经济发展(同上)。"他曾经在2002年出版的《十五规划》序言中这样表达自己的梦想:

> 我的愿景是,印度将没有贫穷、文盲和无家可归的现象,没有区域、社会和性别的差距,拥有现代化的物质和社会基础设施,以及健康和可持续发展的环境。最重要的是,印度可以自豪地屹立于国际社会,对自己有能力应对所有可能的挑战充满信心。总而言之,我梦想在21世纪第二个十年结束前,印度能跻身发达国家之列(GIPC-NYP-X:webpage)。

(二)全力打造信息产业"印度十年"

20世纪90年代以来,以国际互联网普及应用为标志的信息化浪潮席卷全球,迅速改变着人类社会的生产、生活和思维方式,也改变着人们的教育和学习方式。在信息技术革命的催化下,传统的工业经济模式受到冲击,开始向后工业经济(也称作新知识经济或信息经济)方向发展。在很多国家,伴随通信和互联网技术的发展,信息产业已经成为一个新型产业。对此,印度政府也不例外。在印度,阿-瓦杰帕伊素有"网络迷"(Cyber Wonk)之称,他一上台执政首先将发展信息技术产业,尤其把软件出口贸易作为国家优先发展的领域,采取了一系列有效措施:第一,大力扶植和支持信息技术企业扩大软件出口,印度政府给高科技产业订下了大胆的目标,未来10年中出口增长33%,即出口额从1998年的30亿美元增长到2008年的500亿美元,力争使21世纪最初的10年成为印度的10年(刘冬,周岳:52-54)。第二,于2000年成立信息产业部和国家信息技术特别领导小组,强化政府对发展信息技术的主导作用。这两个部门的成立让印度成为当时世界上为数不多专门设立信息产业部门的国家之一。第三，颁布第三个国家《科学技术政策》（2003 年)①。该《科学技术政策》是为配合印度"十五规划"有关发展信息技术战略目标和行动措施提出的，旨在为信息产业发展制造良好的政策环境。第四，打造"印度版硅谷"（Silicon Valley of India），建设好印度班加罗尔技术园区计算机软件生产基地等。

这些政策和措施极大地推动了印度计算机产业的发展。在阿-瓦杰帕伊执政时期，印度的信息产业，尤其是印度计算机软件业一直以年均 50% 以上的速度增长，成为国民经济的重要支柱之一。2002 年，美国"9·11"事件对全球信息技术产业造成一定程度的负面影响，但印度信息技术产业产值仍比上一年度增长了 22%，达到 101 亿美元。软件产品出口同比增长 29%，产值达到 76.8 亿美元。印度全国软件服务公司协会预测，2002—2003 年度，印度计算机软件出口将比上一年度增长 30%，接近 100 亿美元（Kaul, S.：10）。

四、曼-辛格时期：走进新世纪的印度社会

2004 年，纳-拉奥政府时期的财政部长曼-辛格（M-Singh）出任印度新一届政府总理。从某种意义上说，曼-辛格政府仍然延续了纳-拉奥和阿-瓦杰帕伊政府的经济社会转型政策，走市场经济道路。在这一时期，作为"金砖五国"之一的中国，其经济发展经验吸引了曼-辛格，他希望学习中国的改革经验。他曾经感慨道：

> 从独立到现在已经大约 60 年了。在古老文明史中，60 年不过是一个短暂瞬间，但对于一个年轻国家来说却是漫长的。在这 60 年中，世界发生了翻天覆地的变化。欧洲的帝国消失了，新的力量在亚洲出现，看看日本的

---

① 该文件是继 1958 年的《科学政策决议》和 1983 年《技术政策声明》之后发布的第三个最重要的科技政策文件。主要内容包括：（1）加大对信息产业的研发经费投入，争取在"十五规划"结束时（2007 财政年度）国家科技研发投入至少要达到 GDP 的 2%；（2）提高大学在科学研究体系中的作用、改善科研基础设施和吸引优秀人才等措施，防止出现科学质量下降等问题；（3）要建立一种机制对各级科技体系的学术和管理结构及程序进行持续的评审，以确保改革取得成效；（4）要赋予各个科技部门、大专院校、科研机构充分的自主权，消除官僚主义；（5）简化行政审批手续，提高科研项目运作效率；（6）成立自治性的技术转移中心，帮助大学和国家实验室快速将研究成果转化为生产力，实现产教融合，校企合作；（7）启动新的创新计划吸引和培养年轻的研究人才，为他们提供良好的就业机会；（8）鼓励科研人员流动，提高科技质量和生产效率；（9）向妇女提供更多接受高等教育和技能培训的机会，以适应她们的特殊需要，并使她们能够从事研发职业等（姜桂兴：9-11）。

今昔，看看中国的今昔。当看他们的时候，我在怀疑我们是否发挥了自己的所有潜能（王新颖：258-259）。

（一）经济持续高速增长的 10 年

自 2004 年开始执政到 2014 年下台，曼-辛格创造了继贾-尼赫鲁和英-甘地之后担任国家领导人时间最长的历史（不算现任总理纳-莫迪）。在执政的 10 年里，曼-辛格政府积极推进社会各个领域的改革，促进经济社会快速发展，在各方面都取得了令人瞩目的成绩。2004 年后，印度 GDP 每年都按 5%—6%以上的速度持续增长，到 2010 年，增长速度高达 8%-9%。2005 年 4 月，世界银行发表的《印度与知识经济：实力与挑战》报告指出："印度近 20 年来在经济和社会发展中取得了巨大成就（施晓光：73-75）。"2011 年，受全球需求疲软、国际金融市场波动，以及国内高通胀的影响，印度经济增速放缓，2012 降至 5.50%。但自 2013 财政年度之后，印度经济又呈现出回升之势，2013 年的 GDP 增长率为 6.64%。2014 财政年度和 2015 财政年度的经济增长率分别为 7.24%和 7.34%。根据印度中央统计局数据，印度 2015—2016 财政年度实际 GDP 增长率为 7.60%（罗薇：14-20）。

（二）迎接全球知识经济的挑战

20 世纪 90 年代是被全球化定义的时代。2005 年，美国《纽约时报》国际事务专栏作家 T. 弗里德曼出版的《世界是平的：21 世纪简史》成为畅销书。该书写道："500 年前，哥伦布凭借简单的航海技术进行环球旅行，安全返航后，他告诉世人世界是圆的。500 年后，……在完成班加罗尔两周拍摄任务之后，我已经意识到全球的竞技场变平了，世界变平了（Friedman T.：8）。"T. 弗里德曼想向人们传达的信息是，现代通讯和便捷交通改变了人类的时空概念，人类赖以生存的地球仿佛成为一个"地球村"，因为"应用软件和全球光纤网络的结合拉近了人类的距离，使我们变成了彼此的邻居（Ibid.：10）。"

世界一体化潮流对迫切想成为世界大国的印度产生了极大的影响。曼-辛格深知，印度要想成为 21 世纪大国，就必须迎接国际化挑战。他认为，要利用本国文化、语言和人才上的优势，适应全球化发展的需要，主动出击，取他国之长，补本国之短。印度人普遍有较好的英语沟通能力，很容易与世界各国人民交流，特别是他们与英联邦国家联系紧密，很多大学毕业生可以直接进入国际劳动力市场，参与国际劳动力市场竞争。长期以来，印度企业家及印度政府都有较强的国际化意识和较高的国际化程度。这些优势有利于其开展广泛的国际合作。

(三) 高级人才海外流失情况严重

由于受经济全球化和知识经济迅猛发展的影响，人才由发展中国家向发达国家单向流动的现象日益普遍。作为全球外包大国的印度同样面临着人才外流的危机。印度无力提供有吸引力的就业机会留住高级人才，因此，印度有一半以上的哲学博士、技术员、医生移居美国、英国和中东石油输出国。美国比较教育学家 R. 阿诺夫 (Arnove, R.) 把印度看成一个向西方国家输送高级人才的净出口国。据统计，印度共有 4.3 万名电脑专业人员流失到了国外，到 2000 年，外流人员上升到了 5 万人。仅软件业人才流失到美国就相当于印度每年损失教育经费 20 亿美元。在美国加州硅谷，高技术人才约 40% 是印度裔，40% 的新公司是印度人创建的 (赵中建: 152)。印度每年培养出的数以万计的计算机软件工程师有一半人出国工作。人才的过度外流将有可能使本国的信息产业受到冲击 (万晓玲等: 67-70)。在全球竞争日益激烈的背景下，印度企业有可能因缺乏高科技人才而失去大量商机。据麦肯锡公司估算，2010 年全球外包市场规模将达到 1100 亿美元左右，印度有望获得其中 50% 的市场份额。

第二节　市场经济时期高等教育政策

随着印度社会从计划经济向市场经济转轨，印度国家政策发生了巨大变化。高等教育作为社会系统重要的组成部分，也开始适应市场经济体制变化，进入政策调整时期。从拉-甘地政府到曼-辛格政府，整整 30 年，印度出台了一系列高等教育法律文件和政策咨询报告。这些文件和报告内容反映了印度政府在市场经济模式下对高等教育发展策略的选择，代表着印度高等教育发展的新方向。

一、拉-甘地时期的高等教育政策

(一) "七五规划" 中的高等教育内容

"七五规划" (1985—1990) 是拉-甘地政府执政期间制订的唯一的国家发展五年规划。该规划是在拉-甘地亲自领导，时任财政部长曼-辛格主持下完成的。该规划总结了过去，尤其是在 "六五规划" 所取得成就的基础上提出了未来五年发展目标和政策措施。正如拉-甘地在序言中开宗明义地指出：

自从我们第一次走上计划经济发展道路以来，已经将近 40 年了。这些年来，规划进程已变得越来越深入和复杂，今天它已成为我国政治的一个组成部分。它有助于就如何实现我们的基本目标形成一种全国共识，即消除贫穷、建立一个强大和自力更生的经济系统，以及一个以公平和正义为基础的社会制度。该规划从经济和社会发展的长远角度，概述了印度未来五年的目标和重点。它体现了印度人民的集体愿望，也体现了政府为实现具体目标和指标所作的承诺（GIPC-FYP-VII：Webpage）。

由于"六五规划"的成功实施，印度经济变得更加强劲，增长速度加快。进入"七五规划"时期，印度经济已处于有利地位。过去 10 年左右，国内生产总值增速加快，实现了"六五规划"提出的 5% 左右的增长目标。特别是在粮食方面，农业的表现尤其令人印象深刻。"七五规划"将建立在这些坚实的成绩基础上，其政策目标就是力求保持经济增长的势头，同时加倍努力消除贫困。正如"七五规划"报告所指出的那样，经济增长的前提是追求社会正义和消除压迫弱者的旧的社会制度。其中人才培养是重要的发展性指标。报告指出：

> 人力资源开发必须在任何发展战略中发挥关键作用，特别是在一个人口众多的国家。在正确的路线上接受训练和教育的大量人口本身就可以成为加速经济增长和确保社会朝着预期方向变革的一项资产。……在一个知识以指数速度增长的世界里，教育是传播新知识，同时保护和促进印度文化和精神的基础，这是既复杂又具有挑战性的任务（Ibid.）。

"七五规划"第 10 章将教育与文化、体育放在一起加以论述。其中大学教育和（高等）技术教育是其中的部分内容（第 48-59 条）。在大学教育发展方面，报告提出：第一，未来 5 年高等教育发展的重点任务是巩固成果、完善标准和改革制度，建立高等教育与就业、经济发展之间紧密的联系，使之更加切合国家需要。第二，改善办学条件，增加普通高等教育设施，关照弱势群体，为来自落后地区的第一代学生提供更多机会。第三，改革大学本科教育，调整本科课程，使之体现出实用性、灵活性和多元化等特点。第四，加速"英-甘地国立开放大学"的建设，大力发展远程高等教育。第五，重视研究生教育和科学研究发展，将重点放在促进高质量方案、跨学科研究上。第六，重视大学教师的培训，为调整本科课程的任务做好准备。第七，不断深化高等教育制度改革，实现大学行政管理现代化等。在高等技术教育方面，报告提出：第一，要巩固已经建立的基础设施，尤其是需要加强本系统弱点的领域和设施。对国家发展至关重要的新兴技术新领域的基础设施要抓紧建设，早日实现技术教育院校工程实验室和工场的现代化。第二，推进区域工程学院和其他工程学院现代化，并使其课程符合新形势的要求，尤其是需要逐步将印度理工学院发展成为先进的卓越中心。第三，加强对整个技术教育体系的有效管理，以获得最佳投资回报，譬如成立专家委员会，开展相关领域的研究。第四，推进高等技术教育教学改革，譬如提高技术课程的标准，提供多种课程，恢复工程毕业生与文凭持有人就业模式的平衡。第五，重视妇女职业技术教育，以满足她们的特殊要求。第六，重视校企合作，着手发展技术院校和工业部门之间的相互联系。第七，重视技术院校教师的培养，更新教师理论知识，使之与世界其他地方的最新知识和进展保持同步，同时也必须与工业部门保持联系，满足企业发展的需要（Ibid.）。

（二）《1986 年国家教育政策》：一份重要的法律文件

《1986 年国家教育政策》是拉-甘地政府时期出台的最重要的法律文件。该文件是在《1968 年国家教育政策》基础上修订而成的，是后者的升级版。其产生有着深刻的历史背景。

《1968 年国家教育政策》颁布之后，英-甘地政府开始实行"10+2+3"新学制，并在考试制度等方面实行改革。1977 年人民党联盟政府执政之后，开始重新审视贾-尼赫鲁和英-甘地政府的教育政策，制订了新的高等教育规划。1980 年，英-甘地领导的国大党再次夺回政权，组成新一届英-甘地政府。这给《1968 年国家教育政策》的实行提供了机会。新政府成立后，英-甘地意识到印度国内外教育形势正在发生变化，《1968 年国家教育政策》有些部分的确需要增加和修订。然而，由于英-甘地当时正在准备制订"六五规划"，因此迟迟没有启动《1968 年国家教育政策》修订工作。直到 1984 年拉-甘地政府上台后，这项工作才得以重新开始（Lal, R. B. &Shinha, G. N.：329）。

1984 年 10 月 31 日，年轻的拉-甘地成为新一届政府总理。他与母亲一样十分重视教育在国家经济社会发展中的作用。他一上台就宣布"教育是使经济和技术发展达到一个新阶段的捷径，要依靠教育来迎接时代的挑战……印度现在正站在 21 世纪的门槛上，为迎接前所未有的机会和挑战，必须重新设计教育体制"（吴式颖，褚宏启：781—782）。1985 年 1 月，拉-甘地总理发表广播电视讲话，宣布将对现行的教育制度进行改革。他指出："今日之印度教育正处于十字路口上，不论是线性扩充，还是现存改进的步伐和性质都不能满足现实需要，因此必须予以重新审视和重建（Bhatnagar, S.：250）。"这一讲话标志着印度新一轮教育改革的开始（袁朋：33）。不久，教育部（同年 8 月改为"人力资源发展部"）提交了一份 119 页，题为《教育的挑战：政策视角》的政策报告。这项政策报告高度评价教育的作用，将之视为"建设今天和明天的最好工具"。报告开宗明义地指出："每个国家都要发展自己的教育体系，继承和弘扬本国独有的社会与文化特性，应付各种挑战。每个国家的历史中都需要赋予这一长期发展过程以新的方向时刻，现在这样的时刻已经到来了（张双鼓等：288—290）。""政府要采取一切措施减少国家的财政负担，建立一个更有责任感的教育系统（Rajaganesan, D.：154-160）。"报告强调在"八五规划"期间公共教育经费投入不低于国家总收入的 6%，但由于政府不再增加投入，因此允许私立部门参与高等教育发展。在广泛征求社会各界意见的基础上，又经过邦教育部长会议多次讨论，拉-甘地政府终于在 1986 年 5 月 13 日公布了独立以来的第三个国家教育政策——《1986 年国家教育政策》。该文件公布之后，印度政府为扩大传播，采用多种语种发行，其中英语版本发行 58 万册，印度语版本发行 24万册，乌尔都语版本发行 4000 册。

从政策文本结构与内容上看，《1986 年国家教育政策》一共由 12 个部分组成，包括序言、教育性质与作用、国家教育制度、教育平等、重建各级教育体系、技术与管理教育、管理方法、教育内容和过程的转化、教师、教育管理、资源与评估，以及前景。其涉及的内容包括：

第一，充分肯定《1968 年国家教育政策》在印度独立后教育发展中的作用，尤其肯定了《1976 年宪法修正案》第 42 条"教育划归中央和各邦共管"。文件指出《1968 年国家教育政策》的目的是促进国家进步，增强普通公民意识、文化和民族团结精神，但非常遗憾，其中的原则和建议并未能付诸实践。文件写道：

> 一些重要的工作都未能落实。这些缺憾今天已经成为最大的障碍，解决这些问题成为当务之急。……现时的形势已经将教育逼到十字路口。教育界一般性扩展以及当前的改革速度都不能解决问题。……今天的印度在政治和社会方面正经历一个传统模式被瓦解，而这一时期为实现社会主义、宗教平等、民主和奋进目标遇到诸多障碍。……今后的若干年，充满机遇和挑战（同上：289）。

因此，《1986 年国家教育政策》建议对《1968 年国家教育政策》进行了一次大规模的修订，制定出新的目标和任务，并努力加以落实。

第二，提出进一步完善国民教育体系，大力发展高等教育，特别是专业技术教育，为国家高等教育的未来发展指明方向。文件指出：

> 由于高等教育提供给人们一种机会，去思考人类所面临的重大社会、经济、文化、道德和精神问题，同时通过传播专门的知识和技能为国家发展做出贡献，因此高等教育是人类生存发展的重要因素。……政府应该改善和扩大现有 150 所大学和 5000 所附属学院的办学条件，保证为每个有才华的学生提供同等机会（Behar, S. C.：2132-2142）。

此外，《1986 年国家教育政策》倡导终身教育，提出要加大发展开放大学和远程教育的力度，要巩固和加强英-甘地国立开放大学的建设成果，在此基础上创办更多的邦属开放大学。

第三，强调重视高等教育改革，希望实现的目标是：积极实行大学治理"去中心主义"政策，改造传统大学，设立新的卓越研究中心，让更多的附属学院成为自治学院，使之办学具有更多更大的自主权，实现高等教育管理体制的灵活性和多样性。同时，重视促进教育公平发展，赋予少数种姓和其他落后阶层更多的权益和权利。

第四，针对具体的大学改革，提出很多有益的重建措施：（1）逐步推行学位与职位分离；（2）限制传统模式的大学和学院扩张，使附属学院脱离大学而成为自治学院；（3）通过成人和继续教育来提高各方面教育质量，以便创造出适合于变革和发展的环境；（4）创建教育与培训学院，以加强教师的职前和在职培训；（5）要求根据不同地区的实际特点来调整国家课程结构，提供多样化的课程，促进不同地区不同民族受教育者的价值观的形成；（6）必须大力提高教育投入；（7）完善建立在学术性向和兴趣基础上的选拔性考试；（8）实现教育规划、管理和监督去中心化，学术研究去政治化等（张双鼓等：300-309）。

虽然《1986 年国家教育政策》不完全是针对高等教育制定的，但是很多地方都与高等教育直接相关，例如第三部分中的教育公平问题，第四部分中的各级各类学校组织重构问题，第五部分中的高等教育职业化发展和国立开放大学建设的问题，第六部分中的技术和管理院校发展问题，以及提高各级各类学校办学效率问题。《1986 年国家教育政策》很好地将《萨-拉达克里希南报告》（1950 年）和《达-科塔里报告》（1966 年）的愿景转化为高等教育的五项原则目标，包括增加入学机会、关注教育公平、追求质量卓越、建立相关性和促进社会价值发展。1992 年出台的《行动纲领》更是涵盖所有的政策方向和行动方式，使这些目标转化为实践（Thorat, S.：2-3）。《1986 年国家教育政策》颁布之后，拉-甘地政府根据历史经验得出一条结论：政策和建议如果不能落实，即使想法和表述再好，也是徒劳无益的。事实亦然，历史上许多好的政策制定出来后，或者执行延迟，或者不了了之。为避免这样的事情继续发生，印度国会在批准新教育政策的同时，要求新建改组的人力资源开发部立刻分部门制定更详尽的实施方案。不久后，人力资源开发部就成立了 23 个"专门项目小组"（Task Forces），研究具体的落实方案。专门项目小组成员包括经济学家、高级管理者、大学校长和教育专家等，他们分别负责包括普通高等教育和高等专业教育在内的各类教育改革详细方案的制定和实施。在这期间，他们举行多次会议，反复协商，征求各邦和大学的意见，探讨行动方案的可行性，最终形成研究报告，制定出具体方案，交付国会审议通过。

《1986 年国家教育政策》颁布之后在印度社会和学术界产生了较大的反响，引起人们广泛的讨论。与《1968 年国家教育政策》一样，该政策在印度教育发展史上同样具有特殊的意义，后者的意义甚至超过前者。有专家指出："设计国家教育政策的最初努力始于 1968 年，但直到 1986 年印度才有了统一的国家教育政策（NRIC：5）。"

由于《1986 年国家教育政策》是以《1968 年国家教育政策》为蓝本，结合时代需要而制定的，因此，两个教育政策文本在基本内容方面大体相同，但前者比后者更具特殊的重要意义。第一，从总体上看，《1986 年国家教育政策》中的原则更为全面、细致，并附有行动方案，具有较强的可操作性。第二，针对民主和平等，《1968 年国家教育政策》只是提出教育机会均等和保护弱势群体等概念，缺少具体的实施方案；而《1986 年国家教育政策》不仅直接提出"教育平等"的概念，更主要的是制定了详尽的实施细则。第三，《1968 年国家教育政策》中的教育管理一项是空白，而《1986 年国家教育政策》提出了制订教育管理规划的长期设想。第四，《1986 年国家教育政策》首次把教师教育发展与改革问题纳入议事日程。其中涉及教师教育的规定主要有：提高教师教育标准，提高教师工资待遇，选拔最优秀的人员从事教师教育等（安双宏等：9）。

（三）后拉-甘地时期：两个重要报告

《1986 年国家教育政策》不仅是拉-甘地时期颁布的最重要的政策文件，也是《1968 年国家教育政策》之后的最重要文件之一。该政策文本颁布之后，印度（高等）教育改革与发展有了新方向。为了贯彻落实新政策精神，拉-甘地政府指示 23 个专题研究小组，抓紧落实，制定出具体的行动方案。阿-甘南姆委员会就是其中负责落实大学管理改革的小组。该委员会成立于 1987 年，由马德拉斯大学校长阿-甘南姆（A-Gnanam）任主席。1990 年，该委员会撰写出一份题为《走向新的教育管理》的研究报告，又称《阿-甘南姆报告》。该份报告共分 20 章，主要探讨了如何解决大学治理中的政治化问题；如何建立实用市场经济体制下大学的治理模式；如何加强大学自我管理能力，给大学更多的自治权力，让教师和学生有更多的机会参与大学管理，有利于大学的健康发展（Carnoy, M. &Dossani, R.: 1-38）。报告阐述写作意图时，开宗明义地指出：

> 大学是优秀的中心，也是区域/国家发展的中心。鉴于目前的变化和挑战，以及国家教育政策，大学必须成为中心舞台。大学的目标及其资助方式应予以审查和重新界定。学生、教师、管理人员和社会代表必须参与制定大学的新目标。在确定大学的管理模式时，我们必须认识到学术管理不同于现行的政府或法人制度，它应以参与、分权、自治、问责为原则（UGC-1990: 1）。

《阿-甘南姆报告》的第六章（方法与原则）充分肯定了大学自治的重要性，认为它是确保学术卓越和发展的必要先决条件。大学法的设计应以加强自主性和防止外部干扰为目的。由于法律和财政的限制，现行的大学管理体制，不利于实现卓越的目标。因此，大学系统需要进行全面的重组，使系统的组成部分更加自治。具体方式是：（1）中央政府（国会）应该通过立法形式确立大学治理的基本结构，确保各邦政府相关立法与其核心规定相一致。在大学法中，也应该明确规定大学的权力和义务。（2）重新明确大学拨款委的权力和义务，完成去中心化改革，即尽快成立地方性经费分配附属机构，辅助大学拨款委执行相关政策。在这个过程中，大学拨款委只是发挥决策咨询作用，将更多的权力转让给地方，尤其是大学和附属学院。换言之，大学拨款委的各项决策应该多与各邦高等教育委员会分享。（3）所有邦政府都成立邦高等教育委员会，帮助大学协调与外部的关系，尤其是与各邦政府和大学拨款委的关系，审查各邦有关大学管理的法律。对于大学而言，大学要定期审查大学各个委员会的工作，如管理委员会和学术委员会等。建议拥有 40 个以上附属学院，规模较大的大学成立地区性中心，弥补大学管理和投入不足等问题。（4）大学内部权力下放，应该把学校管理权力更多地赋予各个学院院长，本科教学更多地交给附属学院，大学则将更多精力用于研究生教育。对于附属学院，进一步加强教学管理和指导，成立独立的规划和评价委员会，加快实现自治管理（Aggarwal, J. C.: 380-382）。

在《阿-甘南姆报告》的指导下，印度政府开始调整角色，由高校"控制者"（Controler）的角色向"促进者"（Promoter）的角色转变。在这种情况下，大学不仅获得学术和行政管理上完全的自治权，而且在经费获得和使用上也拥有较大的自主权（Sharma, K. A.：185-186）。

1989 年，拉-甘地下台之后，民族阵线政府开始执政。新政府维-辛格总理①对《1986 年国家教育政策》并不完全认可，这就导致了这一时期的另一份重要报告《罗-拉姆摩提报告》的产生。与《阿-甘南姆报告》不同，该报告的基调是否定的。它试图改变《1986 年国家教育政策》中部分高等教育改革的设想，实际上是国大党的政治竞争对手炮制出的一个"杰作"。

1990 年，维-辛格（V-Singh）政府（1989—1990）成立国家教育政策评审委员会，任命罗-拉姆摩提（A-Rammurti）为委员会主席，其主要任务是研究如何修正《1986 年国家教育政策》中的"不恰当之处"。该委员会很快提交了一份题为《走向开明和人本的社会》的报告，又称《罗-拉姆摩提报告》。报告指出，《1986 年国家教育政策》实施以来，国家教育状况不但没有转好，反而出现了恶化趋势，具体表现在：文化价值观下滑，阶级差距加大，宗教迷信和种族暴乱频繁不断，社会不公代替了社会机会平等。基于此，有必要对《1986 年国家教育政策》的实施和成效加以评估（Lal, R. & Sinha, G. N.：341-345）。

罗-拉姆摩提委员会逐条审查了《1986 年国家教育政策》中的内容，做出评价性的结论。其中关于高等教育方面的审核意见是：第一，在大学管理体制改革方面，虽然《1986 年国家教育政策》阐述了中央分权主义教育管理模式，但是在改革方向上没有做出任何努力，没有任何像样的措施。第二，在高等教育财政投入方面，虽然国家教育政策承诺加大教育投入，但公共财政在教育上的投入仍在逐年削减。如"一五规划"时，教育经费所占比例为 7.86%，但拉-甘地政府实施改革之后，"七五规划"执行期间的教育经费所占比例减少到了3.55%。这样的财政投入，如何保证国家政策的顺利实施，如何保证改革取得应有的成果。因此，该委员会建议，一定要保证国家教育政策实施所必需的教育资源和经费投入，否则国家教育政策中所提出的各项改革措施，只能是纸上谈兵。虽然一再吹嘘要加大对高等院校的资助力度，促进高等教育发展，但基本是"一派胡言"（Belied），空头支票，无法兑现，最后导致高等教育无序发展，标准降低，质量下降。第三，在大学组织建设方面，《1986 年国家教育政

---

① 维-辛格曾经担任拉-甘地政府的财政部长，但他对拉-甘地的治国理念和政策并不完全赞同，进而成为拉-甘地政府的反对派。

策》提出建立国立开放大学，确保高等教育大众化和普及化，出发点是好的，但是对高等教育的损害性，产生的负面影响不可忽视。由于开放入学和电化教育，使高等教育教学质量下降，标准降低，因此，建议提高开放大学办学水平，确保远程高等教育质量。第四，在招生考试方面，虽然《1986年国家教育政策》提出强化选拔性考试，提供高等院校录取标准，但没有任何跟进措施。虽然一再强调要加强对教师工作的考核和评价，但是该项工作始终都是走过场，形式大于内容。因此，委员会建议，提高标准，严格控制高等院校数量的增长，采取严格的选拔性考试制度等措施。第五，在专业技术教育方面，虽然《1986年国家教育政策》中强调重视发展专业技术教育，重点发展计算机教育，但是伴随着计算机教育的急剧扩充，其他领域的改革没有任何起色。因此，该委员会建议，提高专业技术院校的录取标准，发展以就业为导向的专业技术、职业教育理念和模式。委员会还建议全印技教委扩展业务，加快地区性分支机构的建设，保证地方性专业技术院校的发展。第六，在教育均衡与机遇平等方面，虽然《1986年国家教育政策》做出了一定的表述，但没有行之有效的举措，尤其是在列表种姓、列表部落、其他落后阶层和女性高等教育等方面更是如此。第七，在语言政策方面，虽然提出使用3种语言的设想，但是没有强有力的措施跟进，导致在大多数地区英语仍然处于主导地位。因此，建议各个地区加快实行3种语言设想，鼓励多采用地区性语言组织教学，从而改变英语的统治地位（Bhatnagar, S.：275-278）。

显而易见，《罗-拉姆摩提报告》对《1986年国家教育政策》的审查意见基本上采用的是"虽然…但是…"的表示方式，给出了否定性的结论。当然，据说该委员会这样做不过是例行公事，走过场，目的是完成新总理交予的任务。罗-拉姆摩提委员会本身并没有深入研究高等教育的形势和问题，因此并没有提出更行之有效的改革对策。例如，该委员会建议减少英语教学，鼓励使用本地语言，但是印度使用英语教学已经有200多年的历史，况且，英语是当今世界性的学术语言，在各个国家都在加强英语教学的时候，提出这样的改革想法，最后只能是事与愿违。再如，报告提出控制高等院校规模扩充，提高入学门槛，但是自费学院的发展已经成排山倒海之势，势不可当，只能任其发展（Ibid.：278）。

二、纳-拉奥时期的高等教育政策

（一）《加-瑞迪委员会报告》

1991年，国大党再次赢得大选，纳-拉奥出任新政府总理，兑现之前对国会的承诺①，对《1986 年国家教育政策》进行复审。他把这项工作留给了拉-甘地时期成立的加-瑞迪委员会②。任命由印度法律委员会主席加-瑞迪（J-Reddy）任主席该委员会也认为，自《1986 年国家教育政策》公布以来，印度社会已经发生很大变化，原报告中的部分内容不合时宜，需要重新修订。经过近一年的研究，加-瑞迪委员会完成了修订工作，提出了若干建议。1992 年，经中央教育咨询委员会审议后，向议会提交了《国家教育政策：1986 年修订设想》，又称《加-瑞迪委员会报告》（Vinothkumar, K.：1148-1150）。

纳-拉奥政府教育主管部门十分重视此次重审工作。1992 年 5 月，印度人力资源开发部长阿-辛格还专门向国会汇报和解释修订的意义及其进展情况。他解释说：

> 自《1986 年国家教育政策》制定和实施以来，它一直处于验证和实验阶段，有些规定经过十年的实践检验陆续暴露出一些问题，因此需要对其部分内容进行修订……根据相关规定，《1986 年国家教育政策》必须每五年接受一次评估审查，或实现短暂的中期检查，以确保政策的顺利实施（Lal，R. and Sinha, G. N.：478）。

1992 年 5 月，印度国会通过了《加-瑞迪委员会报告》，将其命名为《1992 年国家教育政策修正案》，简称《1992 年教育政策修订案》。同时，国会还批准了政策修正案的行动计划，简称《1992 年行动计划》。《1992 年教育政策修订案》在前言中写道：

> 我们（国家）拥有庞大的高等教育系统，但这个领域发展极其不平衡，大学和学院中提供的设施差别很大，研究成本很高，但是大量的投入并非用于大学之外的实验室。大学所提供的课程也没有能够重组，以满足时代的需要，它们与现实的相关性和应用性也不断出现问题。评价系统的信度也被腐蚀（MHRDE-DOE：61）。

---

① 印度国会在通过《1986 年国家教育政策》时曾规定，该项政策需要每 5 年修订一次。
② 加-瑞迪委员会是英-甘地政府成立的负责制订《1968 年国家教育政策》行动计划的 23 个专题小组之一。由于 23 个专题中 19 个行动计划方案都与高等教育有着直接或者间接的关系，加-瑞迪委员会的任务是将这些具体方案整合在一起，形成一个具体的高等教育方案，即《1992 年行动计划》。其目的在于消除国家教育政策执行的障碍。然而，该委员会工作因为人民党执政而被停止。

《1992 年教育政策修订案》是审议评论性的政策文本，但它对《1986 年国家教育政策》并没有多大质疑和批判，只是文件起草者受印度政府委托，研究高等教育改革与发展问题，分析问题原因，提出建议和看法。《1992 年教育政策修订案》指出，大学系统是社会轴心机构，是经济社会的中心舞台。大学应该自由而有责任地组织开展教学和科研活动，各院系也应该拥有一定的办学自主性。政府的主要责任在于促进院校和社会之间的互动，并将教学、科研和评价等工作进行一体化整合。在这种理念支配下，《1992 年教育政策修订案》提出了具体的改革目标：（1）重视终身学习以及家庭主妇、女童、扫盲普及等教育；（2）成立新专业委员会，如高等教育法制委员会和国家政策规划与协调委员会等；（3）保证印度大学和学院在理想环境下运行，对于那些没有达到办学标准的院校，一律停止设置和开办；（4）成立中央农村院校委员会（Central Council of Rural Institute）及其各邦分会，负责促进和协调农村教育发展；（5）重视教师教育发展与改革，合格教师需有教育学位或课程证书，以及一年实习实训经历；（6）巩固和发展院系规模，促进自治学院数量的增长；（7）加速课程和人才培养模式改革；（8）重视科学研究；（9）改善办学效率；（10）重视大学内部管理体制改革，完成大学组织的再造（Ibid.：61-70）。

为了保证上述目标的实现，《1992 年行动计划》提出了具体的保障性措施：第一，建立必要的动态机制，保证高等教育系统的有效运行；第二，加快高等教育改革与发展，重点解决提高教师工资待遇、建设学术人员培训学院和跨校实验中心、推行国家示范课程等问题；第三，设立新的组织机构，如邦远程高等教育委员会（Commisstion on Distance Higher Education of Ctates）和国家评估与认证委员会（National Assessment and Accedition Council）后者简称"国家评认委"（NAAC）；第四，国家财政重点投向对现有院校设备和基础建设的改造；第五，改革附属制度，在全部解决现有学院基础设施建设达到最低标准之前，不再建立任何新的附属学院；等等（Bhatnagar, S.：287-289）。

《1992 年教育政策修订案》旨在对《1986 年国家教育政策》进行部分修订，并提出具体的行动方案。修订《1986 年国家教育政策》是纳-拉奥政府第一次采取的高等教育改革。虽然一些改革措施有一定的可操作性，但"冰冻三尺，非一日之寒"，印度高等教育问题存在多年，许多问题并非马上可以解决。

（二）"八五规划"中的高等教育内容

1991 年，纳-拉奥政府上台时，正值制订"八五规划"（1992—1997）时期。尽管此时新政府已经启动了自由主义市场化改革，但在国家治理模式上仍然没有彻底摆脱计划经济的传统，新政府仍然把制订"八五规划"作为一项重要的工作。正如纳-拉奥在"八五规划"的序言中所写到的那样：

> 自独立以来，规划一直是国家政策的支柱之一。……今天人们已认识到，在许多活动领域，最能确保发展的办法是使其摆脱不必要的控制和约束，撤出国家干预。同时，政府坚信，国家增长和发展不能完全靠市场机制。人们可以预期，市场会在"需求"（购买力支持）与"供应"之间实现均衡，但它无法确保这一预期一定能够实现。要克服市场机制的局限性，必须进行规划（GIPC-NYP-Ⅶ：Webpage）。

在"八五规划"中，纳-拉奥政府提出：第一，争取到 1991—1992 学年，印度在校生人数达到 442.5 万人，其中 369.3 万人是附属学院的学生，大学院系中的大学生人数为 72.2 万人，女性大学生为人数 143.7 万人（占 34.2%），列表种姓和部落种性人数大约占印度在校生人数的 10%。第二，要进一步深化高等教育改革。印度高等教育系统由普通大学教育、技术高等教育、医学高等教育和农业高等教育组成，整个系统结构松散，条块分割，政策支离破碎，因此建议成立一个协调性组织机构——国家高等教育委员会，对高等教育实行统一管理。第三，促进互联网建设，分享网上资源和发展人力，改善教师培训和辅导设施。第四，追求高等教育卓越，实现高等教育高质量发展。

具体建设目标包括：（1）抓紧落实成立国家评认委的设想。（2）启动相关领域的研究项目，资助研究机构，如大学联合研究中心。经费投入主要用于为生物技术、大气科学、海洋学、电子和计算机科学等新兴领域的研究工作提供资金和设施。（3）加强课程和教材建设，对其实施过程和效果实行跟踪监测。（4）成立专门负责大学或学院的本科科学课程和数学教学改革的工作小组。（5）设立语言发展奖学金，鼓励大学使用英语、印度语和地方语 3 种语言进行教学。同时，要重视母语教师的培养和培训工作。（6）实施图书推广计划，对印度教材出版予以 100% 的经济资助；（7）建立学生奖学金制度等（GIPC-NYP-Ⅷ：Webpage）。采取这些措施的目的就是要从根本上解决非达标院校泛滥、课程和教学内容陈旧、教育质量参差不齐、科研经费投入不足等问题（Aggarwa JG.：424-426）。

三、阿-瓦杰帕伊时期的高等教育政策

（一）"九五规划"和"十五规划"中高等教育的内容

1998 年，阿-瓦杰帕伊政府组建之后，立刻着手启动制订"九五规划"

（1998—2002）工作。此时，正值印度大学校长理事会在拉-巴尔蒂大学（R-Bharti University）召开，"九五规划"制订问题成为会议的一个重要议题。校长们围绕高等教育对国家发展的贡献、妇女受教育权、第一代大学生、学科（尤其是人文和社会科学学科）发展、科技发展的影响等问题展开激烈的讨论，提出了许多宝贵的建议（Sharma, K. A.：167-169）。

"九五规划"是阿-瓦杰帕伊联合政府成立后研制的第一个国家发展五年规划，国家规划委十分重视这项工作。正如"九五规划"教育一章中写道："教育是对人类发展最重要的投资，对……有关的方面的改善都有重大影响。"所以"九五规划"中总理的特别行动计划①已经把扩大和改善教育领域的社会基础设施确定为重点领域。"九五规划"对教育部门确立投资政策和方法，对未来10年的发展都具有至关重要的指导意义。因此，在制订过程中，国家规划委充分吸收了对高等教育改革方方面面的宝贵意见，提出"九五规划"期间将重点解决四个方面的问题：

第一，提高标准和改善质量。要采取各种措施确保高等教育质量提高。具体举措包括：（1）规定教师的最低资格；（2）提高教师待遇，通过奖学金、交通补贴等手段鼓励教师外出进修，实施针对教师学术和专业能力发展的计划；（3）实施特别援助方案，如高等研究中心计划（CAS），资助大学进行重大研究项目，提高大学科研水平和学科发展；（4）要求国家评认委②及其他评估机构发挥积极作用开展教育评估和质量保障工作。

第二，重建包括职业发展导向的课程体系，以便适应知识经济时代社会发展，满足国家劳动力市场的需要。从2003—2004学年起，重新设计和实施"高等院校教育职业化计划"。③大学拨款委投入经费大约24.4亿卢比，用于39所大学和2769所学院的课程改革。新课程改革希望印度大学生们在校期间学习普通高等教育学位课程的同时，也可以选修倾向于实用性的文凭和证书课程（Agarwal, P.：48）。第三，赋予合格院校自治性合法地位。在"九五规划"期间，印度政府继续将发展自治学院作为一项重要的政策目标加以实施。④不同的

---

① 总理的特别行动计划是一项重点投资教育计划。提出将教育经费支出占国内生产总值的比重逐步提高到6%的方案。

② 1994年，印度成立国家评认委。之后大约10年的时间里，该组织对印度高等院校进行了全面的认证和评估（Ibid.：195）。

③ 20世纪80年代，为了大力发展和改革专业高等教育，印度政府提出从1994—1995学年开始实施"高等院校教育职业化计划"。

④ 到1999—2000年度时，印度自治学院的数量已经达到131所。

是，"九五规划"的重点是鼓励自治学院开展教学改革，增加课程和学术的灵活性。母体大学在赋予自治学院合法地位的同时，力争获得邦政府和大学拨款委的支持和扶植，定期对学院的运行情况予以指导和监督。另外，自治学院也可以申请国家经费支持，前提条件是必须接受一次国家评认委的评估（Ibid.）。

第四，充分利用开放大学系统，构建开放学习系统的国家资源平台。"九五规划"希望重点建立一个所有开放大学都能共享的共同课程库和在线课程培训系统等（GNPC-IX：Webpage）。

"十五规划"（2002—2007）是阿-瓦杰帕伊政府制订的第二个国家发展五年规划。该规划与以往的国家发展五年规划不同，有如下几个特点：第一，它是一个走进新世纪，展望未来发展，实现印度"大国梦想"的规划。报告指出，过去20年里，印度是世界上增长最快的十个经济体之一，争取"十五规划"结束时印度能够成为经济增长最快的国家。第二，调整发展战略，提出以超常规的方式应对未来可能出现的问题。如报告指出，未来5年，即使在平均每年8%的增长率下，印度经济也只能创造3000万个工作岗位，但预计新增劳动力将达到3500万人，就业形势非常严峻。这样，"十五规划"必须制定适当的战略，鼓励创业和创新，通过调整增长过程本身来加快创造工作岗位的速度。该规划传递的主要信息是，如果要实现"十五规划"目标，就必须在涉及大量部门的广泛问题上采取紧急行动。第三，由于这是进入新世纪的第一个国家发展规划，因此"十五规划"中有关教育的发展目标都与这一时期制订的中长期规划中的教育目标相一致。

"十五规划"期间重点建设的教育项目主要包括：第一，继续重视发展远程开放教育和函授教育，最大限度地发挥英-甘地国立开放大学，2所邦开放大学和64所大学函授课程的作用。第二，扩大入学机会，提高高等教育毛入学率，同时着手解决高等教育公平问题。第三，通过更新教学内容和课程体系，建设科研、大学和院系互联网，以及增加教学资金投入等方式，提高高等院校教学质量。第四，扩大大学办学自主权，提高大学治理现代化水平。第五，逐步放开政府的管制，同时加强高等教育评估和认证工作。要确保评估工作程序公开、设计合理，争取实现"整个过程更加透明和更有时效"的目标。第六，深化高等教育投资体制改革，重点支持高等教育教学改革，启动35个本科专业课程改革项目，使越来越多的高校引进信息技术、生物技术、生物医学、基因工程、应用心理学、旅游、体育教育等新兴领域的新课程，包括职业课程等（GIPC-NYP-X：Webpage）。

总之，"十五规划"是在经历了一段长期谨慎乐观之后，印度政府制订的一个富有远见、面向未来的规划。对于这个规划，阿-瓦杰帕伊总理非常满意。他在贺词中写道：

> 自独立以来，规划一直是我们经济发展方法的支柱之一，对我们大有裨益。规划不是一个静态的概念，我们的每一个规划都反映了时代的变化。"十五规划"继承了这一传统。国家规划委批准实施这个规划，是对蕴藏在国民中集体信念，以及未来共同看法的肯定。我向在塑造和落实这一共同愿景方面做出值得称赞工作的……（人）表示祝贺和赞赏。希望"十五规划"的制订体现出我们对民主和协商进程的坚定承诺。它们构成了我国民族精神的核心。（Ibid.）

（二）制订国家及教育发展的中长期规划

如前所述，当国家规划委在制订"九五规划"和"十五规划"的时候，为了面向未来，迎接新世纪印度教育所面临的诸多新挑战，各种机构的中长期发展规划也在紧锣密鼓地讨论制订之中。

第一个重要的中长期规划是《2020年愿景》（2020 Vision）报告。该报告于2002年由"印度2020愿景委员会"① 领导完成，是来自不同领域30多位专家集体智慧的结晶。整个研制过程历时两年多，经过反复讨论，参考了各国报告和文献（包括印度学者阿-卡莱姆（A-Kalem）的《千禧年之印度愿景》一书），最后形成了《2020年愿景》，并于2002年发表。这个报告本身没有太多的具体建设项目，但却有较强的象征意义。它主要从宏观上阐述了新世纪印度社会各个领域发展所面临的形势和挑战，目的在于激励印度人面向新世纪，迎接新挑战。正如报告开宗明义地指出：

> 每个国家都需要具有充满想象力的愿景，旨在激励全社会各个领域的人们更加努力地工作。这是建立在广泛的国家战略发展基础上形成政治共识的根本举措。……（进一步要）明确经济社会中不同组织机构，如中央、邦和地方三级政府、私营部门、小型企业和人民组织部门的角色和责任。它（《2020愿景》报告）必须鉴别潜在的危险和发展瓶颈，提出可能的解决方案（Gupta, S. P.：cover）。

---

① 该委员会成立于2000年，由国家规划委委员萨-古帕塔担任主席，负责研究国家未来发展的关键性问题及对策。

在《2020 年愿景》报告中，许多地方都与高等教育中长期发展目标直接相关。首先指出高等教育是国家未来发展的重要领域和基本要求。今后的工作重点是：（1）扩大高等教育入学机会，满足日益增长的高等教育需求；（2）大力发展高等职业教育，像美国一样，为成千上万对正规高等教育缺乏兴趣的年轻人提供实用知识和就业导向的职业课程；（3）完善社区学院网络，积极推进远程和网络高等教育，使更多学生能够接受不同形式的高等教育；（4）适应教育技术革命发展，塑造新学校和课堂教学的概念；（5）鉴于申请入学人数增多，大学师资不足等问题日益突出，促进传统与非传统教育方式相结合，大力发展职业培训教育；（6）逐步增加以多媒体技术和互联网为基础的高等教育课程，在远程教育中建立公认的课程认证标准，大力发展网络教育（Rajput, J.S.：245-280）。

这些规划目标是基于对印度高等教育未来可能发生变化的预测而提出的。其基本假设是，伴随信息时代来临，越来越多可选择的远程教育课程将不断地增加。营利或者非营利的出版商们开始不断地通过大学向学生们直接提供经过认证的多媒体课程，教育与其他部门的传统疆界将被打破，很多传统学院面临关门的窘境。《2020 年愿景》报告预测性地指出："传统课堂教学对学生一度非常有用，但现在它们不再成为主导型教育教学模式。计算机和因特网的出现为人类提供了令人激动的新的学习媒介，改变了传统的教育方法（Gupta, S.：42-47）。"

虽然《2020 年愿景》只是展望性的，但报告完成后，受到各方面的充分肯定。时任国家规划委副主席凯-潘特在序言中赞扬道：

> 世纪之交，特别是在千禧年之初，思考国家未完成的建设任务及其可能性是一个合适的时机，而且这样可以与目前政府正在制订的"十五规划"相一致。我欣赏萨-古帕塔博士领导的"印度 2020 愿景委员会"准备的这份文件，它将为负责制定国家繁荣举措的政府和私营部门人员提供一个框架和视角。我也希望这份文件能够引起公众的兴趣和辩论，以便在今后几年里，我们进一步完善这份文件（Ibid.：IV）。

第二个国家中长期发展规划是《高等教育发展十年规划》报告，简称《高教十年规划》报告。该报告是 2000 年由大学拨款委负责完成的。在国家规划委研制《2020 年愿景》报告时，大学拨款委也在制订高等教育中长期发展规划。

其目的是加快深化高等教育改革的步伐，使高等教育成为人力资源可持续发展的助推器。报告要点是：第一，以就业为目标，以服务为宗旨，加快培养大批高技能、高素质人才，加大对职业技术教育的支持力度，逐步建立适应社会经济发展的职业教育体系。第二，加大高等技术教育投入，将教育投资重点逐步转向高等职业技术教育。在2001—2002年度财政规划中，拨款2.918亿卢比支持208所学院开展职业化教育。与此同时，寻求世界银行资助，力争四分之一的印度大学生都能接受系统的职业教育培训。第三，高等院校实现职业化教育转型发展，把38门职业课程引进大学课程体系。第四，成立职业教育管理委员会（SCOVE），负责高校引进职业教育课程、培训教师、编写教材，以及监督教育规划实施过程等（万晓玲等：67-70）。

第三个国家中长期发展规划是《国家信息技术人力资源开发规划》。该报告是由总理办公室人员组成的专项小组撰写完成的，旨在落实国家《科学技术计划》精神，促进国家信息化建设。该报告在广泛调查的基础上，结合印度信息化及对信息人才的需求，提出47条建议，其中包括：第一，加强信息技术在工程和技术教育领域的应用；第二，加强学校与信息部门的合作，启动信息技术专业研究生教育和科学研究项目；第三，创办电子阅读和数据库，增加印度理工学院、国家技术学院和地区工程学院等多所高校的电子刊物的种类并提高其质量，开展以入会为基础的电子资源订阅活动等；第四，实施"远程和网络教育国家计划"，使信息通信技术为整个国家教育系统提供前所未有的机会；第五，开发教育工具和课件，探讨教育方法，帮助合作机构更有效地把技术应用到教学资源中，部分地解决教师短缺的问题，为全国高等院校创建一个崭新的学习环境；等等（陈俊珂，孔凡士：56-59）。

（三）《安巴尼-伯拉报告》：重要的私有化教育政策

私有化意味着组织的所有权、管理权和控制权的私人化，是新自由主义思潮时期高等教育发展的重要现象。其表现为个人资本和社会资本进入高等教育领域。印度高等教育私有化始于纳-拉奥政府时期。1991年，"八五规划"提出将其公共经费投资重点从高等教育转移到初等教育，敦促私营部门进入高等教育领域，加速推进高等教育私有化改革。1995年，纳-拉奥政府向国会提出《私立大学法（草案）》，建议在科技、管理和其他实用商学领域设立"新型私立大学"。经过讨论和表决，印度国会否定了《私立大学法（草案）》，认为全面推进高等教育私有化的时机还不完全成熟。尽管如此，随着经济市场化改革的深入，一股教育私有化的浪潮已经悄然兴起。20世纪90年代中后期，各邦政府开始允许个人和社会力量举办私立大学，全国各地的私立教育机构日益增多

（Khatun，A.：6-12）。然而，高等教育私有化改革绝非容易。印度社会和学术界围绕私立院校的建立和发展问题存在很大的争议。很多人认为私有化过程可能将高等教育变成商业活动，使家庭教育成本增加，让更多贫苦家庭的孩子无法接受高等教育。尽管政府和社会已经普遍接受私立院校存在的事实，但对私立院校办学处境和质量普遍感到担忧。1998 年，阿-瓦杰帕伊政府成立私立院校改革专门工作小组，任命著名实业家库-伯拉（K-Birla）和穆-安巴尼（M-Ambani）① 为正副组长，领导制定有关私人投资高等教育的政策框架。2000 年，工作小组完成调查任务，向阿-瓦杰帕伊政府提交了第一份题为《教育改革政策框架》的报告，即著名的《安巴尼-伯拉报告》。该报告是政府《教育、卫生和农村发展私人投资政策框架》的重要组成部分。它指出，印度素有私立教育的传统，殖民地民教运动时期就出现过大量私人举办的学校和学院。尼赫鲁计划经济时期，私立学院发展受到一定的影响，但伴随高等教育规模扩大和市场化改革，公共经费逐年下降，因此大力发展私立院校是政府的一种政策选择。报告的主要内容包括：（1）引进"成本-收益"的概念，提高公立高等院校学费标准；（2）鼓励在科技、经管、金融等领域设立私立大学，尽早通过《私立大学法（草案）》；（3）允许私立院校收取更高学费；（4）允许外国"直接投资"（FDI）教育，并将之限制在科学技术领域；（5）大学校园逐渐去政治化，所有政党将远离大学和教育机构，禁止在校园内进行任何形式的政治活动；（6）积极开展以市场为导向的教育，鼓励学校不断更新内容和设施；等等。报告写道：

> 教育不是社会发展的组成部分，而是对信息社会和市场竞争的一种投资。国家应支持有学术价值的专业退出市场。其他学科专业可由市场决定其知识性质和价值。国家对初等教育（和部分中等教育）的支持与高等教育等量齐观。政府政策是私立教育发展的助推器。如果政府立场明确，鼓励私人资助高等院校，民间资本、金融机构才可愿意投资高等教育（Tag：Webpage）。

然而，《安巴尼-伯拉报告》一公布，立刻在印度社会和学术界产生较大反响，部分地改变了印度社会和学术界对高等教育私有化改革的认识。人们对报告中提出的关于"对于贷款计划支持的高等教育，即使对经济和社会其他落后

---

① 库-伯拉和穆-安巴尼分别是阿-伯拉集团和有信实工业有限公司（RIL）的首席执行官。他们二人都是政府工业和贸易委员会成员，在印度企业界影响巨大。

阶层的财政拨款，也应严格执行用户付费原则"等建议也逐渐接受。部分私立院校地位得到实际上的认可，一些私立院校升格为"准大学"。例如，位于德里的英-辛格古儒大学（Guru I Singh University）就与公立大学一样，成为唯一拥有附属学院的私立大学。另外一些私立院校，如国际商学院和印度信息科技学院都获得了准大学的地位。然而，《安巴尼-伯拉报告》也遭到反对者的批评。有文章批评指出："这是一个由阿-瓦杰帕伊总理直接领导搞出的秘密文件，……是一份关于完全市场化取向的教育简报，其形成过程极其不民主，恶劣程度超了过去任何时候，几乎葬送掉这个国家通过一个世纪的反殖民主义自由斗争得来不易的，为所有人争取来的平等、正义的价值观和目标（Vijaykumar B. & Tewari V. K.：93-104）。"此次教育改革的目的就是提高大学学费，从内部收益中筹集资金。直到现在仍然有人把纳-莫迪政府私有化改革的问题归罪于《安巴尼-伯拉报告》。正如《新印度快报》（New Indian Express）的一篇文章写道："现政府的改革不过是19年前阿-瓦杰帕伊政府改革的复制，所有教育改革建议都是《安巴尼-伯拉报告》内容的镜像。……目的在于使教育系统完全商业化和公司化（Ians：Webpage）。"国会议员穆-拉吉什批评道："虽然现政府从来没有说过全面接受了委员会报告（指《安巴尼-伯拉报告》）的建议，但是原来所有提议现在都在实施之中。几所中央大学的学费已经上涨。"他还反对政府提高对公立大学的收费，并将收入用于建立所谓的精英大学。他警告指出："如果这样的话，这些可能会像没有学生和教师的乔大学（Joe University）一样，不过是卓越研究所罢了（Ibid.）。"

四、曼-辛格政府时期的高等教育政策

（一）"十一五规划"和"十二五"规划中的高等教育内容

经过经济市场化改革，印度成为世界上经济增长最快的国家之一。在"十五规划"期间，经济年均增长率为7.7%，但印度高等教育发展水平仍然很低。虽然良好的经济发展势头对"十一五规划"来说是个有利的开始，但高等教育的规模和质量两方面都需要有一个更大的发展。2007年，曼-辛格在纪念印度独立日六十周年讲话中指出：

> 我们要确保在印度建立数量充足的高等院校，尤其是在那些入学率较低的地区，中央政府有责任提供帮助。邦政府也有责任在370个地区建立高等院校。（然而）我们的大学制度在很多方面都令人感到沮丧……，在国

家大部分地区，高等院校在校生人数十分有限。大约三分之二的大学和90%的学院在质量指标方面都低于平均发展水平。我还注意到，各邦属大学校长的任命都十分政治化，同时受种姓、社团因素的影响。大学里常常听到很多徇私枉法和贪污腐败的抱怨（杨思帆，梅仪新：151-154）。

在这样的背景下，曼-辛格政府启动了"十一五规划"（2007—2012）的制订工作。其总基调是追求"包容性增长"（Inclusive Growth），实现教育公平。在高等教育方面，通过增加公共支出、鼓励私人行动、启动重大制度和政策改革等手段，扩大高等教育体系规模，把包容性和高质量的快速发展作为"十一五规划"期间的核心目标，最终让印度成为这样一个国家，"所有渴望接受高质量高等教育的人，无论他们的支付能力如何，都能获得高等教育"（GIPC -FYP -XI：Webpage）。具体实现目标是：第一，对现存大学治理结构，尤其是附属学院内部治理结构进行重构，扩大高等院校自主权和增强其自主办学能力。具体的保障措施是：（1）允许每个高等院校根据外部环境和条件变化决定本校发展战略和方向；（2）充分保障大学及其所属学院在教师招聘和专业发展方面拥有自主权；（3）允许高等院校有筹措和支配教育经费，包括根据市场价格自行制定学费标准的自主权，不断减小不同院校之间的质量差距，提高高等教育整体水平（宋鸿雁：2）。第二，教学制度改革将是未来5年印度高等教育改革的重点。具体的保障措施是：（1）高等院校可以根据国内和国际市场变化，调整专业和课程设置，制定新的标准；（2）加快建立高等院校内部评价机构，负责监督和促进教学大纲和考试系统的更新；（3）改善教学基础设施和办学条件，尤其是提高校园网络和在线开放资源共享的能力；（4）提高教师工资水平，吸引更多优秀人才加入教师队伍；（5）对教师进修和研究设置专项经费资助计划，如"有卓越潜力大学资助计划"和"有卓越潜力学院资助计划"等，促进教师专业发展、一流教学和科研水平的提升。第三，将实现教育机会平等作为一项重要的任务指标，实现高等教育高质量的包容性发展。具体保障措施是：（1）实施特殊优惠政策，缩小地区之间的差异，确保高等教育具有更大的全纳性；（2）对各邦高等教育包容性发展提出具体的要求；（3）规定凡是能够积极响应号召，实施全纳性高等教育发展的各邦都会得到相应的经济补偿，如采取支持创办新高校的方式调动各邦政府积极性。第四，加速建设世界级的研究型院校。具体的建设目标是：（1）到2012年，在落后地区建立374所独立示范性学院和1081所多科技术学院，使印度高等院校总数达到22000左右。新增院校的具体分布情况如表5-1所示。（2）在独立示范性学院中，重点建设14所包括印度理工学院和印度商管院在内的国家重点院校分校，努力将之打造成为世界一流院校和全球性知识中心。第五，成立专门机构，启动新的特殊项目。具体发展目标是：（1）大学拨款委下设教育机会均等办公室，负责管理特殊项目，如部门研究支持项目、部门特别扶持项目和高级研究中心项目等；（2）组建新的政府机构，如科学技术部、生物科学部；（3）要求各个专业委员会设立特殊部门，负责落后地区的发展工作，（4）大力发展远程教育和翻译英文著作项目，提高整个落后地区的高等教育水平和质量；等等（GIPC-FYP-XI：Webpage）。

表 5-1　印度计划拟新建院校数（2007—2012）

序号	院校种类	简称	拟建数（所）
1	中央大学	CU	30
2	印度理工学院	IIT	8
3	国立理工学院	NIT	10
4	印度信息技术研究院	IIIT	20
5	印度科学教育与研究院	IISER	3
6	印度管理研究院	IIM	8
7	规划与建筑学院	SPA	2
8	独立示范性学院	MC	374
9	多科技术学校		1000
总计			1455

资料来源：作者根据相关数据编制

"十二五"规划（2012—2017）是曼-辛格时期制订的第十二个国家发展五年规划。从某种意义上说，它是曼-辛格政府治国理念的一种延续。正如《"十二五"规划报告》的主题显示：新规划力争实现印度经济社会更快、更包容、更可持续的增长，以回应挑战与机遇并存的未来 5 年。报告指出，2007 年"十一五规划"启动之时，全球经济正经历第二次金融危机，而最后一年则爆发了欧元区主权债务危机。这两场危机对包括印度在内的所有国家都造成了不同程度的影响，2011—2012 年度，印度经济增速已经降至 6.2%，预计还会继续放缓。尽管如此，"十二五"规划的指导思想仍然是追求包容性和可持续高质量发展。在发展策略方面，大胆提出一个在校生人数倍增计划，即在 2015 年之前，争取实现在校生人数达到 2100 万，毛入学率达到 15%，实现高等教育大众化；到 2020 年之前，毛入学率达到 50%，争取实现高等教育普及化。为此，根据印度大学拨款委报告设想，到 2015 年，印度再新建院校 1500 所（施晓光：73-75）。

（二）《比-曼德尔报告》：新的教育（公平）保留政策

教育保留政策是一项存有争议的政策。自该政策产生之日起，它就一直是印度社会和阶级矛盾的"导火索"和"骚动温床"。20 世纪 90 年代，为反对实施与保留政策直接相关的《比-曼德尔报告》，印度社会曾经出现市民示威、冲突和骚动事件。曼-辛格政府上台之后，一直主张包容性发展的理念，试图进一步继续推行教育保留政策。2005 年 12 月 21 日，印度"统一进步联盟"赢得国会多数席位，并提出在《比-曼德尔报告》的基础上通过《第 93 次宪法修正案》，进而形成了新的《比-曼德尔报告》，又称《第二比-曼德尔报告》（Sahoo, S. & Kalpataru, A. P. : Website）。其内容包括：第一，大幅提高高校保留政策的配额比例，以便增加社会低种姓群体接受高等教育的机会。印度理工学院、印度商管院、全印医学院等名校将低种姓家庭学生的入学名额从原来的 22.15% 提高到 49.50%。另外 20 所普通大学则提高到 27%。第二，制订特殊扶植计划，把原来奖学金数量增加到 50% 左右，其中包括 1200 个独生子女研究生奖学金，2000 个表列种姓和部落种姓子女博士生项目国家奖学金，若干个优秀本科学生奖学金，500 个博士后奖学金，6400 个哲学硕士（M. Phil）和博士课程项目初级研究奖学金等。第三，实施低息贷款政策，帮助经济困难学生完成学业。第四，重点支持边远和落后地区高等教育发展，缩小地区间的非均衡性和差异性，保证全纳性高等教育目标的完成。

《第二比-曼德尔方案》一经通过，立刻引起印度高种姓阶层的强烈反对。2006 年，政府宣布提高配额比例时，引起了全国性的抗议、骚乱与罢工，特别是医学界反应最为强烈。有关话题的讨论在印度社会和学术界兴起。同年 8 月 15 日，印度在国庆日举行第一次全国性辩论大会，探讨保留政策的相关问题。讨论围绕两个问题展开：第一，除表列种姓和表列部落外，给予其他落后阶层保留特殊待遇是否仍然具有合法性？第二，保留政策如何处理教育机会均衡和高质量标准之间的矛盾？围绕这些问题的回答，形成了两种截然相反的观点和主张，积极支持者有之，抵制者更是无数。从赞同保留政策的观点来看，主要力量来自印度统一进步联盟政府、"左派"政党和少数政治精英。他们从提高整个国家国民素质，实现教育公平和机会均等的角度出发，基于贯彻《宪法》规定的"人人享有平等权利"精神的考虑，坚持认为，保留政策是印度的"平权法案"（Affirmative Action），它通过给弱势少数民族以特殊照顾的方式，改变其在经济社会，政治和教育上的不利处境。他们反复强调，在印度这样一个种姓制度区分严格的传统等级社会中，给表列种姓和表列部落，以及其他落后阶层特殊的保留政策是非常必要和有效的，因为这样的政策可以保证其他落后阶层得到更多的社会平等和发展机会。在他们看来，其他落后阶层与高等种姓、有钱人之间所形成的差距并非他们自身的过错，而是历史文化和社会传统造成的。印度银行顾问，经济学家亚-达夫在其出版的《不可接触制》一书中曾经为保留政策辩护道："只有当全体印度人有平等的机会去发展其自身潜能的时候，我们希望成为经济强国的梦想才能实现（Gupta，A.：1-18）。"曼-辛格本人是赞同《第二比-曼德尔报告》的。2007 年 11 月，在印度纪念国家独立日时，他曾经指出：

> 印度宪法制定者为何特别关注表列种姓、表列部落和其他弱势阶层，政府为何长期致力于为表列种姓、表列部落、其他落后阶层和少数民族的社会、经济、政治和教育的发展争取更多的权利，因为这些都是实现教育更包容、更强大和可持续发展的客观要求。在教育领域，除了有效地实施现存的招生预留名额制外，还要实施更多的奖学金和发展计划，以使他们从中获取更有力的支持（MHRD：Webpage）。

因此，尽管承受巨大的压力，但曼-辛格政府还是坚持提高保留配额。2009年，曼-辛格政府还委托印度银行协会制定"教育贷款方案"。同时，他建议地方两级政府抓紧成立专门机构，制定相关的配套政策，确保其他落后阶层、少数民族、残疾学生、女性学生和家庭困难学生都能够支付得起高等教育费用。

（三）高等教育国际化：从《迈索尔声明》到《外国教育机构法（草案）》

高等教育国际化是对经济全球化的一种回应，受到各国政府和高等院校的重视，曼-辛格政府和印度大学亦如此。2001 年 2 月 26 日—28 日，印度大学学会在迈索尔大学组织了一次圆桌会议，讨论如何在少数大学建立促进印度高等教育国际化机制问题，发表了一个所谓的《迈索尔声明》（*Mysore Statement*）。该声明是印度高教界第一次正式阐述高等教育国际化问题的文件，为曼-辛格政府时期形成高等教育国际化发展政策奠定了理论基础（Mitra，S. K.：105-110）。声明详细阐述了高等教育国际化在全球化时代的重要性，开宗明义地指出：

> 高等教育国际化是新知识经济时代不能回避的客观事实。在全球化时

代，推进高等教育国际化，引进优质教育资源有助于改善本国教育质量，促进印度文化向海外推广，形成文化理解……（是）促进科研发展的必要条件。我们必须坚定信心，热情饱满地采取行动，督促政府、高校和大学学会采取必要措施，促进印度高等教育国际化发展。实施高等教育国际化战略是全社会共同的责任。

对于如何开展高等教育国际化，声明分别对政府和高校提出具体的建议。首先，对政府而言，应该做好如下几个方面工作：（1）成立留学教育专门委员会，采取适当的措施，促进印度文化向海外推广；（2）允许和鼓励印度大学在海外开办分校；（3）修正 1956 年《大学拨款委员会法》以及其他法律性文件，允许大学通过远程教育手段开办海外分校和开展跨境教育；（4）简化注册程序，入学考试手续，学历认定和签证等问题；（5）督促印度大使馆和海外高级委员会在发布印度高等教育信息传播方面发挥作用，如举行推介会、开展入学考试、学生招生宣传活动等；（6）制定出相关政策，鼓励和资助学生海外留学；（7）加快中心网站和信息库建设，提供信息服务；（8）转变工作作风，增加自主性和灵活性，为大学招收外国学生，开展印外合作办学等方面提供更多服务；（9）建立专门任务小组，吸收不同部门人员参加，例如大学拨款委、全印技教委，印度医学理事会代表等；（10）增加国际教育投入，改善大学办学条件，改革奖学金制度，吸引更多海外留学生选择印度大学学习；（11）允许海外大学在印度设置分校，以合适的方式监督其提供教育的标准；等等。其次，对印度高校来说，实施国际化战略是大学发展的正确选择，大学应主动参与其中。具体的工作要求是：（1）要有足够的设备和必要环境，满足招收国际学生的必备条件；（2）评估各个学科和教育的优势，确认吸引不同程度海外学生的领域；（3）简化招收国际学生程序；（4）鼓励印度高校与外国大学发展合作伙伴关系，建立广泛的学术联系；（5）选择合作大学环境应该考虑与印度大学相似；（6）将提升课程国际化水平列为重中之重；（7）为非英语国家留学生提供特殊培训课程；（8）为愿意学习和了解印度文化遗产和语言多样性、传统工艺的发展中国家学生开设专门的短期项目；（9）不断增加软硬件改善办学条件，加大校园基础设施建设，预防生源流失；等等。

《迈索尔声明》发表后，在印度学术界产生了良好的影响，也受到曼-辛格政府的重视。在社会力量和学术界的推动下，国家规划委和人力资源开发部开始颁布组织开展高等教育国际化的基本政策和措施要求。2003 年，印度人力资源开发部高等教育司颁布了印度大学与外国大学合作办学的相关规定，认可高等教育国际化的重要性，鼓励印度高等院校通过签署合作教学和研究项目、师生交换、设备平台与研讨会，以及设立海外分校等方式与国外大学开展合作。印度政府认为，这些活动有利于提升大学师生全球化视野，有利于大学跻身国际社会。曼-辛格政府对如何进行国际合作做出明确的规定：第一，与国外大学签署理解备忘录，明确合作细节，提交大学拨款委备案。第二，大学接受国际学者访学必须向人力资源开发部提出申请，说明来访目的、具体安排等。第三，印度大学与外国大学经办的国际合作项目必须获得相关部门批准等（闫亚林、宋鸿雁：239-240）。

2007年，曼-辛格政府向国会提出《外国教育机构法（草案）》，又称《外国教育机构准入和运行规定，质量保持和防止商业化法》。该法（草案）是印度政府兑现WTO和GETS条款承诺做出的一种积极反应。该法（草案）提出：（1）允许国外教育机构进入印度高等教育领域；（2）鼓励办学水平不高的私立院校与外国大学开展合作办学，提升教育教学质量；（3）鼓励缺乏资金的公立院校在科学技术和一些专业领域与外国院校合作办学，增加学校收入；（4）鼓励负担不起高额学费的学生进入这类院校学习；等等（Sharma, V.：1-27）。

《外国教育机构法（草案）》向社会公布之后，引起了印度各界的广泛热议。赞同者（包括主倡者）认为，该法（草案）将有助于以新的方式来衡量教育质量，为学生提供更多的选择性，并有利于提高印度高等教育系统的竞争性，是促进涉外办学向着有序规范方向发展的里程碑。相反，反对者则认为，该法（草案）将会限制高等教育入学机会，导致高等教育出现商业化行为，是将印度教育系统进行出售的标志。当然，也有些人主张应当有限制地引入那些有声誉的大学（赵叶珠：99-102，108）。

（四）《萨-皮特罗达报告》和《雅-帕尔报告》：两份重要的智库报告

21世纪初，关于印度社会和高等教育几个重大问题亟待解决：（1）如何建立优秀的教育制度，以满足21世纪知识型社会的需要，增强印度在知识领域的竞争优势；（2）如何促进科学技术实验室中的知识创造；（3）如何改进院校管理，解决好知识产权问题；（4）如何促进知识在农业和工业领域的应用；（5）如何提高政府运用知识的能力，使之成为更加有效、透明和负责的服务型政府，以及促进更加广泛的知识共享，最大化地惠及广大市民（Sharma, K. A.：307）。为了回答和解决上述问题，曼-辛格政府先后成立了两个重要的机构：一个是由萨-皮特罗达（S-Pitroda）任主席的总理高级咨询机构——"国家知识委员会"（National

Knowledge Commission)①；另一个是人力资源开发部成立的"大学改革与振兴委员会"②。在曼-辛格执政期间，这两个机构都是重要的国家智库，前者归总理办公室直接领导，后者归人力资源开发部领导，主要帮助政府解决五个方面问题：（1）如何提高印度学生知识接受能力；（2）如何振兴知识和理论创新型院校的发展；（3）如何为知识生产营造出世界一流的学术环境；（4）如何实现可持续和包容性发展，促进知识产品的推广和运用；（5）如何在公共场所有效地传授和使用应用性的知识等（Ibid.）。有关这些问题解决的思想和建议集中体现在下面与高等教育相关的两个重要智库报告之中。

第一份报告是国家知识委员会完成的《知识委员会报告》（2007 年），简称《2007 年知识报告》。该报告是国家知识委员会向政府提供的一份以适应 21 世纪经济社会发展，深化高等教育改革为主要内容的咨询报告。通篇都是与知识生产和利用有关的建议：第一，建立国家知识网络，大力发展在线教育，利用信息通信技术和开放教育体系，实现高等教育扩充、质量提升和全纳教育的目标。第二，大力发展专业技术教育，对作为专业技术教育主体的工程学、管理学、医学和法律予以高度重视，将其发展纳入整个高等教育系统加以考虑。专业技术教育要具有更加灵活的机制，与劳动力市场需求保持紧密联系。第三，实施创新驱动经济发展战略，促进提升市场竞争力，减少成本。鉴于创新活动是一项复杂活动，需要各个部门相互合作，从基层组织到大公司都需要齐心合力，做出非凡努力。第四，大力发展农业技术转让系统，在科学家和农民之间建立合作机制，使农业科研成果快速转化为农业技术，提高农作物的产量。第五，改革政府行政系统，提高政务办事效率。成立独立的专门管理委员会，负责审批和管理高等院校的设置、学位和发展问题（NKC：Webpage）。

---

① 国家知识委员会成立于 2005 年 5 月，是曼-辛格政府的智库，主要任务是针对国家核心领域，例如教育、科学技术、农业、工业和电子政府等领域帮助政府制定政策和指导实施。从 2005 年到 2008 年的 3 年时间里，国家知识委员会共向政府提交了 200 多份建议，其中高等教育是重要的专业领域。

② 该委员会以著名物理学家、教育家雅-帕尔（Y-Pal）命名，故又称为"雅-帕尔委员会"，成立于 2009 年 2 月 28 日。最初该委员会不过是一个负责审查大学拨款委、全印技教委，以及其他中介组织与高等教育之间合作情况的评估机构，但是由于大学拨款委和全印技教委等组织都有专门的职责和任务，大学改革振兴委员会对其审查的作用十分有限，因此，该委员会的作用始终没有得到很好的发挥，工作业绩并不明显。在这种背景下，该委员会不得不转变职能，将工作的重点放在研究整个高等教育结构和根本性制度的改进方面。2009 年，委员会转变职能，专门研究大学改革与振兴问题。其最大的贡献就在于将大学的基本理念的梳理放在重中之重，从而帮助大学在市场条件下找到合理定位。

《2007 年知识报告》是国家知识委员会成立后提出的最重要的高等教育领域的咨询报告，为曼-辛格政府制定高等教育改革与发展政策提供了最有利的依据。然而，由于该委员会只是一个咨询机构，没有决策权，很多政策建议并没有被政府部门完全采纳，政策效果并不明显。有学者批评指出："《2007 年知识报告》中所呈现的是印度高等教育整体结构中的精英主义院校，不能惠及大多数 25 岁以下的青年人，如果按照报告建议，不但不能在 2015 年将毛入学率提高到 15%，相反会导致在校生人数下降（Sharma，K. A.：307）。"

第二份重要的咨询报告是《雅-帕尔报告》。该报告完成于 2009 年 3 月，全称是《关于高等教育个性与振兴的建议》。该报告的写作初衷，正如雅-帕尔博士的解释："（本报告）希望以提出建议的方式使印度高等教育变得更加积极和富有创造性（YPC-Report：1-104）。"该报告共分三部分：（1）阐述大学的理念；（2）分析高等教育面临的挑战；（3）提出高等教育未来的发展路线图。

报告第一部分阐述了大学的基本理念，回答了大学是什么的问题。报告写道：

> 大学是新思想萌芽、扎根、茁壮成长的地方，是一个涵盖了整个知识宇宙的独特空间。它是创造性思维汇聚、相互作用和构建新现实愿景的地方，让人们在追求知识真理的过程中挑战已有的观念。……大学必须是自治的空间，其设计和组织应该多样化。这种多样化反映了它们与周围环境的有机联系，不仅是物质上的，而且是文化上的。通过研究和教学，它们创造、评价和促进知识和文化的进步（Ibid.）。

报告认为，自主权是确保研究和培训获得自由的必要条件。以道德和知识为基础的学术自由原则已经从政治权威和经济权力中独立出来，并深深扎根于印度的大学理念之中。因此，报告呼吁政府和社会尊重这一基本原则。报告这样写道："教学和研究密不可分。大学的任务不仅是向年轻人传授知识，还要给他们创造知识的机会，积极持续地与社会青年的思想和心灵相接触（Ibid.）。"

在第二部分，报告分析印度高等教育面临的主要问题和挑战，一针见血地指出：在印度高等教育体系中，大学失去了主导地位，自治权受到侵蚀，本科教育受到破坏，知识领域之间的距离越来越远，大学与外部真实世界隔绝，以及粗鲁的商业化成为印度高等教育体系增长的一些特征（Ibid.）。因此，在制定更新和振兴印度高等教育政策之前，政府应对印度高等教育所面临的诸多问题有深入的了解。首先，"距离"（Distance）和"割裂"（Disconnected）是存在的最严重的问题。印度高等教育体系与外界真实世界一直保持着距离，在这个系统中，各学科专业之间存在着距离和割裂，具体表现是：（1）本科和研究生课程过于理论化，理论脱离实际；（2）研究机构与大学之间存在不可逾越的"鸿沟"（Divide）；（3）印度理工学院和印度商学院之间缺少必要的联系；（4）课堂师生关系缺少民主气氛，互动性差；等等。其次，人才培养模式存在缺陷。课程和教学大纲、跨学科学习、教师教育、本科教育、研究生教育，以及绩效评价标准等方面都存在严重问题。学科结构、规模扩张与招生录取等方面的问题也严重影响了印度高等教育质量的提升。尤其是伴随高等教育规模的扩充，大学和附属学院学科之间关系重构、资格认证以及大学财政投入等方面也面临着较大的挑战。最后，大学内部组织治理能力亟须改进。大学治理不善、自主性丧失是影响印度高等教育改革与发展的主要原因之一，是一个不可忽视的不利因素。

报告第三部分针对印度高等教育存在的问题和缺陷，以及未来发展的问题提出了一些政策建议。具体内容包括：第一，要树立整体的知识观，必须将知识发展与高等教育整体整合在一起，否则可能会对高等院校整体发展构成一定的威胁。第二，专业技术教育是高等教育的有机部分，不能从普通教育体系中分离出去，应该将工程、医学、农学、法律、教师教育和远程教育等都纳入统一的管理系统。因此，应该成立一个高等教育权威管理机构，组成7人专家委员会，将之命名为"国家高等教育和研究委员会"，简称"国家高研委"（NCHER）。如果成立这个组织，原来的一些专业委员会，如大学拨款委、全印技教委等中介组织都可以被取消。这样做有利于提高高等教育的管理效率，推行高等教育问责制。第三，加快大学重建和改革速度。首先要把重点放在本科教育的重建，因为本科教育是一种专业教育，可以使学生接触到各个专业领域知识。重建的方式是打破各个专业学科之间的壁垒和淡化学科之间的界限。其次，不可再将职业教育排斥在高等院校之外，但前提是职业院校在课程和学位等方面需要通过认证和评估，否则不能纳入高等教育系统。最后，印度理工学院和印度商管院等国家重点院校应逐步多样化，扩大其范围，使其成为真正的大学。第四，推进高等院校教学改革工作，推动本科和研究生入学考试制度变革。增加考试次数，每年不一定只举行一次高考，而应该举行多次。学生可以将自己最好的考试分数送到申请学校。第五，提升准大学设置门槛。在国家高研委成立之前，应该停止扩张。对现存的准大学进行质量认证和评估，符合条件的尽快转为大学，不合乎条件的取消办学资格。在这个过程中，新的监管机构必须摆脱政治压力，坚持学术标准。与此同时，各大学要勇于承担所有学术责任，不能把学术事务全部交给一些专业学会，如印度律师协会、印度医学委员会等其他监管机构，这些机构的权力只能限于行政事务。第六，高等院校在设施和资源上需要不断更新，使之拥有先进的仪器、高深的知识和有能力的教师。由于每个大学不可能都有最好的基础设施，但拟成立的国家教研委的主要责任就是推进跨校中心的建设工作，其目的在于使不同大学之间的设施和资源实现共享。

从整体上看，《雅-帕尔报告》提出了很多有价值的政策建议，但是这些建议忽视了印度高等教育传统，并没有被政府全部采纳。譬如大学拨款委和全印技教委，以及其他一些专业委员会都是非常重要的中介组织，从历史到现在，都发挥着不可替代的作用，报告建议用国家高研委取代这些机构的想法是非常不现实的。

第三节　市场经济时期高等教育制度变革

20 世纪后半叶是印度高等教育制度转型的重要时期。为了适应经济社会转型发展，拉-甘地政府时期提出高等教育制度变革计划，其中包括领导体制、管理体制、投资体制和办学体制等。尽管有些改革设想在拉-甘地政府时期没有得到落实，但却为 20 世纪 90 年代之后市场经济时期高等教育改革奠定了良好基础。1991 年，纳-拉奥政府时期正式启动市场化改革，加大高等教育制度改革力度，开始建立适应市场经济条件下的高等教育制度体系。进入 21 世纪，阿-瓦杰帕伊政府和曼-辛格政府时期继续坚持高等教育改革路线，进一步巩固了市场经济条件下的高等教育体系。

一、高等教育领导体制改革

20 世纪 80 年代中叶之前，高等教育管理制度改革进展缓慢，一直没有取得实质性的成效。即使《1976 年宪法》修订之后，法律仍然明确地规定："凡属大学、技术和医学类高等教育，均由中央政府和邦政府共同负责。"中央政府"不仅负责高校的教育改革、院校新建与扩建、科研机构设置与撤销，以及高等教育目标制定，而且还要负责各高校之间的协调与科研方向的确定等（吴春燕：58-59）"。1984 年，拉-甘地政府上台后，在很多方面继续部分地沿袭贾-尼赫鲁主义路线，实行高等教育分级管理制度，强化中央和地方政府分工合作模式，即中央政府负责领导和管理央属大学，地方政府负责领导和管理邦属大学及其相关高等教育机构。与此同时，拉-甘地政府还进行国家机构改革，用人力资源开发部取代原来的教育部，并将更多权力让渡给地方和高等院校，实现高等院校的自治和权力上的"去中心化"（Decentralism）。这时期，印度高等教育体制改革最大的成就在于促进了大学拨款委改革。在法律意义上正式确立了全印技教委，以及其他专业化组织地位。

（一）大学拨款委的改革：扩充责任和职能

大学拨款委的合法地位和基本职能是根据《1956 年大学拨款委员会法》确立的。1972 年，英-甘地政府时期，印度国会对该法进行了第一次修订，颁布了《1972 年大学拨款委员会法》，简称《1972 年修订法》，对其第 12 款做了补充性说明，新法条款规定："如果大学拨款委……，不宣布某所大学有资格获得某项中央拨款经费，任何经费都不能通过中央政府划拨给这所大学……"同时，"赋予大学拨款委监督经费使用，以及撤销经费等权力（第 13、14 条）（Pinto，M.：67）"。另外，《1972 年修订法》对大学拨款委的岗位职责做出新规定。其中将委员会的人数从 10 人增加到 12 人，包括 1 名主席、1 名副主席和 10 位委员。除了主席和副主席是全职人员外，其他人为兼职人员（Sharma，K.：151-152）。主席任期为 5 年，副主席和其余委员为 3 年。这些岗位都必须由非中央政府或非地方政府官员担任。在 10 名委员岗位中，2 名来自印度联邦政府官员（一般情况下，教育部与财政部的部长是当然委员），4 名来自高校教师，其余委员是来自农业、商业、工业或林业领域。他们必须是知识渊博、经验丰富的专家，工程、法律或医学界的有识之士，以及具有教育威望和深厚学术造诣的大学校长等。大学拨款委常设秘书处，设立秘书 1 名，兼职秘书 1 名，联合秘书 2 名，副秘书 7 名，助理秘书 8 名，教育官员 8 名，公共事务官员 1 名和财政官员 2 名。此外，还有 48 名初级官员，300 名行政人员和 90 名雇工，形成了一个庞大的工作系统（Pinto，M.：67）。其具体内部结构见图 5-1。

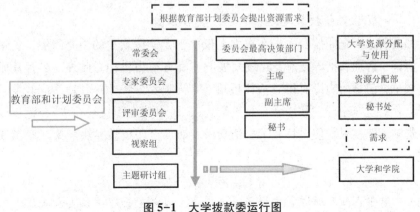

图 5-1 大学拨款委运行图

资料来源：MES-101-2：11

1985 年，拉-甘地政府时期，印度国会对《1972 年修订法》，进行修订，出台《1985 年修订法》，对第 12 条款重新补充了许多更加详细的规定，如哪类院校可以获得哪些拨款等。《1985 年修订法》在解释修订理由时指出：

> 在过去一段时间里，当大学拨款委为某些大学或所有大学提供经费时，在建立和资助其公共设施、服务项目等方面一直感到困难重重。尤其是近年来，伴随私立工程学院数量在某些邦迅速增长，一些非常严重的情况出现：某些学院假借收取课程服务费之名收取巨额捐赠款。这是一种情节严重、极其有害的邪恶行为。为了解决这一问题，该修订法试图授权大学拨款委为各学院确立收费标准，拒绝对违反这一规定的学院拨款，甚至取消对该学院的承认，从而使其不能派遣任何考生参加考试（Sharma, K.：151-152）。

大学拨款委官方网站资料显示，该委员会的权限大体可以重新界定为：1）促进和协调大学教育；2）确定、保持大学教学、考试和研究标准；3）监督学院和大学专业发展；4）成为中央和各邦政府、大学之间联系的重要纽带；5）采取一切可能的办法督促中央和地方大学进行教育改革（UGC：Webpage）。从这些规定上看，大学拨款委仍然是印度高等教育真正的最高权力部门，是依法建立的最重要的立法、咨询和行政机构，其可用来代替中央行使由宪法赋予的高等教育管理责任。其具体管理的对象是"由多院系构成的，负责实施艺术、科学、商学等普通高等教育的大学"，而承担其他工程技术、人文和社会科学的高等教育专业学院，以及印度理工学院和印度商管院均不在大学拨款委管辖范围。

（二）提升全印技教委地位，赋予其合法身份

如前所述，全印技教委是在权力上仅次于大学拨款委的中介组织，负责领导、协调、管理和指导技术类院校发展的非官方权力机构。此外，尽管其成立时间较早，但是始终没有得到法律授权。直到 1987 年，拉-甘地政府时期，印度国会才通过《全印度技术教育委员会法》，简称《全印技教委法》，赋权该组织职责和管辖权限，使之具有了合法身份。如《全印技教委法》第二章第 3 条规定：

> 自中央政府通过官方公报通知任命之日起，全印技教委正式成立。作为拥有上述名称的法人团体，它拥有永久继承权和公章，订立合约权力，

并必须以上述名称起诉和被起诉。全印技教委总部设于德里，经中央政府事先批准，可在印度其他地方设立办事处。全印技教委由中央政府委任主席、副主席、秘书、政府教育顾问各 1 名，分区委员会主席（法定）4 名，内部分委员会主席（法定）5 名，以及财政部、科技部、人力资源开发部等部委代表各 6 名，国会代表 2 名，邦代表（轮流）8 名，工商企业界代表 4 名，以及其他社会组织团体代表若干人组成（AICTE：1-12）。

全印技教委法定人数为 51 人，其中执行委员会由（法定）21 人组成，包括主席和专职秘书，属于全职人员，其他职位均为兼职。《全印技教委法》规定：该机构下设 10 个专业委员会，涉及专业技术类教育的各个方面。每个专业委员会由 15 名专业人士组成，会长由著名专家担任。这些专业委员会主要责任是为全印技教委提供学术政策咨询，包括本学科领域的规范、标准、范式、课程、设施，以及所有学术事务。

另外，根据《全印技教委法》第 10、11 条规定，全印技教委的基本职责是：一是制订合适规划，协调全国工程技术教育的发展；二是促进工程教育数量的有序扩充和质量的稳步提升；三是制定系统规则，以及合适的实施标准和规范；等等。具体工作任务涉及广泛，大体可以分成 21 个方面：（1）开展各个工程教育领域调查，在收集相关数据的基础上，预测工程教育所需；（2）协调全国各级各类技术教育发展；（3）分配和拨款经费（前提是以合适的方式与工程院校，大学拨款委进行协商）；（4）推动已有或新的研发技术成果的发现、生产、应用，满足发展需要，推动教育过程改革；（5）制订促进社会妇女、残障和弱势群体等的技术教育发展规划；（6）加强工程教育系统与其他相关系统（包括研发组合、企业和社区）之间的联系；（7）建立滚动性的工程院校，实施工程教育绩效评价体系，建立整合性实施问责机制和问责标准；（8）制订新任教师岗前和在职培训规划，确认培训院校和中心资格，制定新机构培训教职员工发展方案，包括教师继续教育；（9）确立课程体系、课标范式、实际教学设备、人员配置、教师资格、质量指导、评价和考试等；（10）确立学费杂费标准和指导；（11）与相关机构协商，为新建、新设、新开的工程院校、专业和课程进行拨款；（12）建议中央政府发放给任何专业机构或者院校在专业技术领域用于发展专业技术教育的赋权，或权力，或特权，包括组织考试、发放资格证书等；（13）设立授予技术院校自治标准；（14）采取一切措施防止技术教育商业化；（15）为技术院校、大学开展技术教育和招收学生提供指导；（16）监督或者开展对任何技术院校的监督检查工作；（17）撤销或者停止那些在规定的时间内违反委员会指导，不采取任何其他必要的措施确保服从委员会指导的工程院校的资格；（18）采取措施，加强对现存院校和新院校的建设工作，确保有效取舍委员会的责任，建立基于需要的职业技术人员岗位，支持需求导向的改革；（19）宣布各级各类专业院校所提供的技术类课程获得资助的名单；（20）向大学拨款委推荐哪些技术类院校为准大学身份；（21）建立国家级认证委员会，基于指导及其所确定的标准和范式对工程院校、工程专业进行定期评价，然后针对这些院校的表现向大学拨款委或者其他机构给出认可或取消资格的意见等（Ibid.）。

从机构的运行上看，全印技教委按照不同技术学科设置 10 个分会，负责不同专业的学术事务，具体设置情况如图 5-2 所示。另外，总部设在首都新德里的全印技教委下面还设立了 8 个负责不同地区技术教育事务的分支机构。如表 5-2 所示，这些分支委员会分布在全国 8 个城市，各自管辖不同的地区，其主要任务是帮助地区获得必要的技术识别；与邦政府协商满足地区内技术院校之需要；为技术院校和当地企业的联姻提供帮助等。全印技教委内部还有一个协调委员会负责各个分支委员会和专业委员会之间的关系。

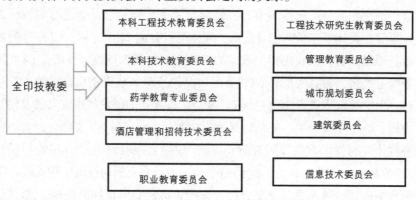

图 5-2　全印技教委内部 10 个分会设置

虽然全印技教委是一个技术教育咨询机构，但其在领导和协调专业院校发展方面几乎与大学拨款委地位相同。在实践过程中，大学拨款委和全印技教委之间有着紧密的合作关系。它们之间有一个负责协调有关各邦技术教育问题的联合机制，称之为"联合访问组"（Jiont Visiting Panels）。组长由全印技教委主席担任。成员有来自全印技教委的 3 人（其中 1 人需要来自企业），来自大学拨款委的 2 人，相关邦政府代表 1 人，还有人力资源开发部地区办公室代表 1 人。联合访问组主要责任就是帮助协调各邦政府及院校与大学拨款委之间的关系。

例如，有关大学教育中的工程和技术问题，大学拨款委在审查和分配经费时，首先要听取全印技教委的专业咨询建议后才能做出决定。

表5-2 8个地区及其所管辖的省（邦）分布情况

地区	机构地点	管辖范围（全国/邦/地区）
总部	新德里	全国
中央地区	博帕尔	中央、古吉拉特
西部地区	班加罗尔	果阿、马哈拉施特拉、达曼迪由、达德拉和纳格-海威里
西南地区	昌迪加尔	坎纳塔卡、卡拉普、拉克沙群岛
东部地区	金奈	曼尼普尔、阿萨姆、那加兰、锡金、特里普拉、梅加拉亚、西孟加拉、安达曼和尼科巴群岛。藏南、奥里萨、贾坎德
西北地区	坎普尔	德里、哈里亚纳、喜马偕尔、查谟和查谟—克什米尔邦、普拉亚、拉贾斯坦邦、昌迪加尔
北部地区	加尔各答	比哈尔、北方和乌塔兰契尔
南部地区	海德拉巴	泰米尔纳德邦度、本地治里
中南地区	孟买	安得拉、恰蒂斯加尔

资料来源：根据有关资料整理

（三）将教育部更名为印度人力资源开发部

拉-甘地政府另外一项改革是改组教育部。教育与科学技术对经济社会发展和进步，以及人力资源开发具有直接的作用，是实现国家战略目标的有效途径。为了更好地提高政府管理效率，加大问责力度，1985年，拉-甘地政府对教育部进行了改组，将之与文化部、艺术部、青年事务部、体育部和妇女儿童部合并，组建新的"人力资源开发部"（MHRD）。新机构设部长1名，部长助理2名。部长负责制定政策和对人力资源开发部的全面领导。对上级部门，人力资源开发部是在中教咨委指导下开展工作。人力资源开发部内部设专业厅局，负责各级各类教育。其中高等教育司负责管理高等教育事务，设立2名专职秘书长，若干名联合副秘书长（Joint Secretary）或相应的官员。每个联合副秘书长领导一个局，高教司的工作分为6个局，分别由6个副秘书长负责领导。其具体结构如图5-3所示。

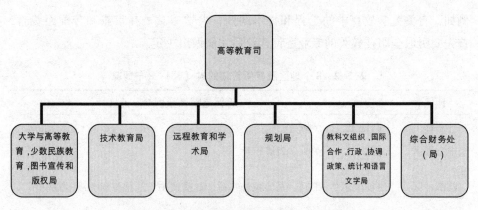

图 5-3　人力资源开发部高等教育司结构图

6 个业务司局主要负责制定高等教育宏观政策，以及开展相关业务指导。它们对高等教育的干预和影响主要是通过 100 多个"自治性"组织机构完成的。按照任务类型划分，6 个业务司局所管辖的组织机构名称如表 5-3 所示。

表 5-3　高等教育司 6 个局所管辖的组织机构

类型	机构名称
大学与高等教育	大学拨款委；印度社会科学研究专业委员会；印度历史研究专业委员会；印度哲学研究专业委员会；42 所央属大学和印度高级研究院（IIAS）
专业技术教育	全印技教委；7 所印度理工学院；3 所印度科学教育和研究院；6 所印度工商管理学院；20 所国家理工学院；4 所印度信息技术学院；4 所印度技术教师培训和研究学院；4 地区学徒和实际培训委员会
语言文字专业院校	北印度地区学院；阿格拉语言学院；中央英语和外国语学院（CIEFL）；海德拉巴语言学院；国家促进乌尔都语专业委员会（NCPUL）；国家促进信德语专业委员会（NCPSL）
人力资源部直属机构	国家教育规划行政大学（NUEPA）；国家图书信托公司；国家少数民族学院委员会（NCMEI）

续表

类型	机构名称
高等教育厅直属（3个处室和1个公共事业部）	中央北印度委员会（CHD）（新德里）；科学技术专有名词委员会（CSTT）（新德里）；中央印度语学院（CIL）（迈索尔）；教育咨询（印度）有限公司（EdCIL）

资料来源：印度人力资源部网站

在新的组织机构中，以前的各部变为人力资源开发部下的司，如教育司①、文化司、青年事务和体育司，以及儿童发展司等（安双宏、李娜等：8）。在这种情况下，人力资源开发部成为与外交部、国防部和财政部有同等地位的四大部委之一。建立大部委的目的是统筹中央各部门的权限和管理职能，把所有与人力资源开发相关的部门、规划和行动都纳入统一管理的范围。这一重大变革是把全国视为统一的工作体系，将全国参加经济活动的公民按年龄和性别分成各种不同类型的人力资源，有利于对各种人力资源开发工作的开展。

二、高等教育办学体制改革

（一）创办英-甘地国立开放大学

英-甘地国立开放大学的建立是印度函授远程高等教育发展的里程碑，也是拉-甘地政府时期在高等教育办学体制改革方面取得的重要成果之一。1985 年，印度国会立法通过《英-甘地国立开放大学法案》，授权创建一所国立开放大学，命名为英-甘地国立开放大学，任命罗-雷迪教授为第一任校长。同年 11 月，印度政府在新德里英-甘地校区举行了盛大的建设奠基仪式。1987 年，英-甘地国立开放大学校园建设初步完成，开班招收第一届管理班学生 4528 名。该校的办学宗旨是：（1）在全国范围内推广开放大学远程教育体系，帮助确立这一体系的内部协作标准；（2）运用多种多样的方法促进和传播知识，向一个人口众多的民族提供接受高等教育的机会；（3）推广有益于社会健康发展的教育，鼓励在全国范围内推行开放教育和远距离教育的学习模式；（4）在以上几个领域指导并确立标准（顾培均：73-76）。

英-甘地国立开放大学自称为"人民的大学"（The People's University），是

---

① 1999 年，印度政府将原来的教育司一分为二改为：基础教育司和高等教育司。两个司又分为局、处、科，根据每个局的不同职责，两个司的工作分别由教育顾问，财政顾问，各处处长，副教育顾问等进行协调。

一个负责确保专业能力发展和提高国家远程教育标准的顶级机构，是提供开放教育基础设施和远程学习专业知识的系统，是资源共享的国家级中心。长期以来，该大学致力于提高所有活动的质量，包括教学、研究、培训和推广活动。其办学特点是：（1）由国家管辖；（2）灵活性的录取规则；（3）个性化学习；（4）学习地点、学习节奏和学习时间的灵活性；（5）使用最新的资讯和通讯科技；（6）有效的学生支援服务网络；（7）成本经济的专业；（8）模块化的课程；（9）开放大学和其他院校实现共享资源、通力合作和建立网络（IGNOU：5-6）。

该大学所有专业和课程都由下设专业学院开发完成。其中社会科学学院是拥有学科数量最多、课程设置最合理、师资力量最强的学院。下设8大学科专业，即人类学、经济学、历史学、图书情报学、政治学、心理学、公共管理学和社会学。提供博士、硕士、学士专业学位课程，授予研究生文凭、本科生文凭或证书。此外，该大学还创设了远距离教育学专业，相继开设"远距离教育历史和哲学""远距离教育方法论""远距离教育管理""远距离教育通信技术""远距离教育经济学"等课程，完成这些课程将授予教育学学位和文凭。创办这一专业的目的在于加强远距离教育系统的自身建设（龚祥国，陆海云：24）。

（二）自治学院的兴起与发展

创办"自治学院"（Autonomous College）设想最早来自1966年的《达-科塔里报告》。该报告指出：

> 凡已表明有能力提高质量的杰出学院（或一些非常优秀的学院），就应该考虑予以自治的地位。其中包括制定各自的入学章程、学习课程，举行考试等权力，而母（纳附）大学的作用只是进行一般监督和实际授予学位。这样的一种方案是教师争取学术自由和学术发展的一种表现，对国家学术环境的发展至关重要。这样可以引发大学课程体系、考试制度、科学研究以及教学评价系统的改革，进而推动大学教育的改革（Bhatnagar, S.：183）。

报告还提出，到"四五规划"结束时，至少可以将50所最好的学院改变成自治学院。《达-科塔里报告》提出学院教育改革的建议得到了部分大学的响应。1973年，一些大学甚至呼吁相关邦政府修改大学法，废除"附属学院在获得大学赋予自治权之前必须对其权限做出明确解释"等规定，允许附属学院直接成为自治学院。这一方案一度被视为"激烈的变革"。1976年，英-甘地政府正式出台了自治学院建立的指导思想、标准和模式等文件，加快了某些附属学院向自治学院的转化。1978 年，大学拨款委重申加快将附属学院改造成自治学院的步伐。虽然自治学院获得了合法地位和一定程度上的社会认可，但在相当长的时间里，很少有附属学院能真正成为自治学院。事实上，在《1986 年国家教育政策》颁布之前，自治学院改革进展缓慢，到 1983 年，印度仅有 10 所附属学院改成自治学院。到 1986 年时，自治学院数量也才达到 21 所，仅占全国学院总数的 0.4%（赵中建：174）。

（三）实行高等教育私立化改革

20 世纪 80 年代之前，印度人很少使用"私立化"（Privatization）这一术语。到了市场经济时期，伴随市场化、私立化和国际化改革原则的确立，除了"私有化"这一术语被具体化外，像"非营利性私立院校""教育商业化"等概念也在制定高等教育政策时被广泛讨论。之后，一些私立院校也如雨后春笋般地出现（Tilak, J. B. G.：113-136）。随着 20 世纪 90 年代高等教育的急剧扩充，高等教育作为"公共产品"的属性发生变化，私立高等教育得到了长足的发展。

1995 年，虽然纳-拉奥政府提出的《私立大学法（草案）》没有获得国会批准，但是高等教育私立化的趋势不可阻挡。2000 年，阿-瓦杰帕伊政府立法工作小组重新对《私立大学法（草案）》进行修改，重新明确"政府的责任、外资直接引入、财政拨款和建立海外市场"等问题。尽管新提案仍然没有完成立法程序，但在实际中已经发挥了指导作用。在对待私立院校发展的问题上，一些邦态度积极，利用与中央共同分担教育责任的规定，对私立高等教育做出了各种法律和制度上的安排。例如在 2002 年 10 月，恰蒂斯加尔邦就率先通过了《私立大学法案》，北安查尔邦在 2002—2003 年度也成功地创办了 4 所私立大学。另外，在南部和西部的一些邦，如安得拉邦、南方邦、泰米尔纳德邦、卡纳塔克邦、喀拉拉邦和马哈拉施特拉邦的私立医学院、工程学院也快速发展起来。以安得拉邦为例，2001 年，该邦资助的私立工程院校数量达到 94 所，私立医学院达到 303 所，比较而言，该邦的公立工程学院只有 11 所，公立医学院只有 25 所。在很多邦，私立大学是在基础设施和师资力量不足的情况下仓促创办的，有些院校是通过提高学费，与国外院校合作办学的形式开办的。这些无意中对印度高等教育的长远发展造成一定的伤害（Gupta, A.：1-18）。

2003 年 3 月，一些公立院校的学生在国会广场前抗议，反对高等院校私有化，希望取消对自助型私立院校合法地位的认可。当时，人力资源开发部部长不得不向学生保障，政府无意推进高等教育私有化（Lal，R. B. & Sinha, G. N.：

467)。2003 年 8 月，印度总统阿-卡拉姆（A-Kalam）在独立日纪念大会上也明确表示对这个问题的关注。他承认，印度高等教育成本越来越高，已经超出了中产阶级的承受范围。另外，一些学者认为私立院校主要以营利为目的，甚至不惜以牺牲质量为代价，对高等教育未来发展造成了极大伤害。从长远的角度看，大量的技能训练课程无助于提高学生素质（Lal，R. B. & Sinha, G. N.：469）。

三、高等教育管理体制改革

（一）"废除与保留"：附属制度的两难选择

附属制度是一个非常复杂的理论和现实问题，很多人对此都抱有复杂的心理。众所周知，附属制度产生于 19 世纪 50 年代英属印度殖民地时期，是复制英国伦敦大学的结果，属于历史遗留问题。印度独立后，新政府并没有废除附属制度，反而继续允许附属学院的存在正是看重了这种制度的优点。它的优点主要表现在：第一，教育成本较低。印度大学数量不多，但每所大学可以管理很多分布在不同地方的附属学院。每一个附属学院就是一个办学点，散落在印度各地，方便了学生，尤其是农村地区的学生就近入学。很多学院实行走读制，不要求学生住校，学生不必支付交通费、住宿费和其他费用，从而使得学生个人的直接教育成本降低，使更多贫困学生可以接受高等教育。第二，节省政府高等教育开支。由于附属学院办学规模一般都较小，主要都是以人文、法律和管理学科为主，其教学设施建设和维护成本较低。另外，很多附属学院都是私立院校，其办学经费主要来自学生学费和社会资助，政府公共经费投入很少，减轻了政府的负担。政府节省的大量公共教育经费可以直接投入国家重点院校。第三，各地附属学院只有在财政、校舍和设施方面达到大学拨款委规定的标准，才有资格申请成为某大学的附属学院。这些入门标准的确立使得附属学院教学质量在一定程度上得到保障。第四，承担较大的办学责任。有数据显示，附属学院每年都招收大量的本科学生，在校生人数占印度本科在校生总数的 87.9%，占硕士研究生的 55.3%，以及占博士研究生的 15.1%。大约 80% 的印度大学教师都在附属学院任课。第五，印度社会和附属学院师生对纳附大学的课程体系和学位价值都比较认同。废除印度附属学院制度是不现实的，也是不可能的。正是因为有这些好处，附属学院才能一直被保留下来。

然而，附属制度存在天然的缺陷。早在 1919 年，《萨德勒报告》就曾经指出："附属制度是阻碍印度大学发展的顽疾之一，不利于形成良好的学术标准

[Singh，A（b）：111]。"20世纪80年代以后，随着高等教育规模的不断扩大，附属制度固有的缺陷和弊端暴露愈加明显。第一，随着高等教育需求增加，大批附属学院快速建立，一些纳附大学所管辖的附属学院也日益增多，有的大学甚至管辖几百所附属学院。事实上，一些纳附大学根本没有能力有效地管理越来越多附属学院。一些纳附大学与其附属学院之间附属关系形同虚设。第二，很多附属学院教学质量不达标。虽然附属学院学生可以获得纳附大学授予的文凭和学位，但大约80%的人不能得到与纳附大学主校区学生一样的校园环境和教育资源。有些地区政府为了发展高等教育，允许邦属大学降低院校设置标准，瞒天过海，"欺骗"大学拨款委。一些附属学院有时也采取先斩后奏的办法，在达不到办学标准的前提下形成办学既成事实，迫使大学拨款委批准建校。第三，面对管辖越来越多附属学院的现实，很多纳附大学对附属学院投入的人力、物力和财力都跟不上。一些大学不得不采取更加简单粗暴的官僚主义集权管理模式，对附属学院采取一刀切的政策，缺少灵活性和针对性的指导和管理。这些都导致附属学院教育质量出现严重问题（赵中建：172）。

（二）大力发展自治学院，保障高等教育质量

对附属制度进行改革成为一个重大的理论和实践课题。历史上，印度政府和大学都曾经做过很多次改革的尝试。一种办法是建立新大学，减轻一些老的纳附大学的管理负担。譬如，早期建立的加尔各答大学、孟买大学和马德拉斯大学看到有新大学建立后，马上主动将各自管辖的附属学院划归给其他新建大学。虽然这种办法有一定效果，但由于附属学院数量增长的速度远远超过大学建设速度，一些新建大学的负担也在不断加大，附属制度固有的弊端始终存在，而且愈演愈烈。为了从根本上解决这个问题，印度政府一直在探索附属学院改革，如前文提到的将附属学院改造成为自治型学院，就是一种切实可行的政策选择。

在英拉-甘地政府时期，"七五规划"就建议"加快自治学院建设，使其数量达到500所。到2000年，至少新建130所的发展目标"（GIPC-FYP-VII：Webpage）。为了确保这些目标实现，《1986年国家教育政策》把成立自治学院作为高等教育改革的一项重要措施，写进政策文本中，旨在"大力发展自治学院，直到附属制度被一种更为自由，更有创造力的大学和学院所取代"（同上：173）。《1986年国家教育政策》指出：

高等教育不断进入新的领域，进行积极的探索，高等教育正在飞速地发展着。今天印度有150所大学和5000所（附属）学院。考虑这些学校的

改造需要，建议今后的工作重点应改善和扩大现有学校的条件和规模。要采取步骤，禁止一切损害教育体系的行为。要认真总结过去的经验和教训，帮助发展一批自治学院……因此，要鼓励在筛选基础上发展独立自治的大学科系。同时独立和自治应与其责任相结合（张双鼓等：298-299）。

1987年，大学拨款委决定加快落实《1986年国家教育政策》，争取在3年内授予500所附属学院以自主权。

（三）成立专门管理机构，加速实施发展自治学院计划

1991年，人力资源开发部召开大学校长会议，讨论发展自治学院，以及高等教育改革发展等相关议题。之后不久，大学拨款委宣布成立一个专家委员会，简称"自治学院委员会"，负责领导附属学院制度改革。该委员会的主要任务是研究如何发展自治学院，为政府提供相关改革附属制度的建议。1993年，大学拨款委根据自治学院委员会的意见，制定和发布了《修改后的自治学院计划指导意见》，简称《指导意见》。其核心思想是确立自治学院所享有的办学权力、与纳附大学和其他教育机构的关系、认证标准、自治地位，以及学位授予和审批程序、自治学院的组织机构和经费资助等问题。《指导意见》是附属制度改革重要的纲领性文件，目的在于促进自治学院发展，使其自主权在一定程度上得到保障。《指导意见》首先明确自治学院享有哪些自主权，具体规定：（1）自主确立开设专业和制定教学大纲；（2）研制新的招生办法，按照中央政府的政策，对不利群体学生实施保留入学名额的政策；（3）选聘教师，提高教师工资待遇；（4）制定评估方案和举办考试。与此同时，《指导意见》要求自治学院履行下列义务：（1）做好提高办学水平、充实教学内容和提供质量保障，以及学生的评价考核工作；（2）为了提高自治学院的办学水平和质量，有必要向纳附大学及其附属学院学习，自主地吸收和借鉴纳附大学和其他教育机构的经验；（3）积极主动地同其他学院和高校联合，履行教学、科研和社会服务职能；（4）学院获得自治权和组成管理机构等都需要有严格的程序和标准（曲恒昌：27-30）。显而易见，与附属学院相比，自治学院的办学自主权确实大大提高了，这有利于调动自治学院办学的积极性、主动性和创造性，从而有利于教育教学质量的提高。当然，这种自治权还是有限度的，因为关键的学位授予权仍由大学控制着，从而在很大程度上制约着自治学院的办学方向和行动。

（四）推行自治学院改革计划的效果

印度政府实行自治学院改革后，原有的附属制度出现了明显变化。一种结果是附属学院自主权不断扩大，另一种结果是有些附属学院摆脱纳附大学成为

完全独立的教学机构。总而言之，越来越多的高等院校获得办学自主权，具体表现为：第一，一些附属学院已经在相当大程度上获得自主确定讲授课程和教学内容，自主规定开设专业和自主撰写教育大纲等权力。第二，一些附属学院在学术自由、教师聘任、财务管理等方面获得较大的主动权和自主权。第三，一些地处偏远地区的附属学院得到大学拨款委改革专项的资助。第四，对新建自治学院建立适当的评价手段和机制，定期开展自治学院修业计划等的自我检查和评估（闫亚林，宋鸿雁：43）。然而，自治学院改革发展并不顺利，一些附属学院成为自治学院之后，仍然与母体大学保持一定的联系，一些自治学院只是在教学和管理方面获得了较大的自主权，但大部分学院仍然没有获得授予学位的权力，母体大学仍然扮演着一般质量监控者和学位授予者的角色。另外，对自治学院而言，它们已经获得的权力也不是一成不变的，需要在实行自治第一年结束后进行自我评估，在第二年和第五年结束时接受外部评估，一旦评估不合格，它们的自主权还面临被收回的危险。因此，很多附属学院对改制有一种矛盾心理：一方面，它们希望获得较大的自主权；另一方面，害怕失去纳附大学的关照。因此，从效果上看，自治学院改革并没有达到预期目标。虽然到1991 年，自治学院总数达到 106 所，到 1995 年，全国改制和新建的自治学院已经达到 109 所，但仍然只占全国学院总数的 1% 稍多一点，而且发展极不平衡。例如，泰米尔纳杜邦就有 44 所，而不少邦仍是空白（吴式颖，褚宏启：788）。到 1997 年，全国改制和新建自治学院增加到 119 所，仅占全国各类学院 9703 所中的 1.2%。1998 年，全国学院增加到 10555 所，但自主学院数量并没有增加，这说明这段时间自治学院的发展处于停滞状态（曲恒昌：27-30），到 2000 年预期要建设 130 所自治学院的目标很难实现。

四、高等教育投资体制改革

（一）印度高等教育经费来源和类型

印度独立后，中央与地方实行分级分税制的财政管理体制，在划分事权、财权的基础上，形成了中央、邦、市三级独立预算。从经费来源上看，高等教育经费分为政府投资和非政府投资。政府经费来源主要指中央、邦和地方政府的拨款。非政府经费来源主要包括学生学费、其他家庭教育开支，以及社区的自愿捐款和捐赠（Tilak, J. B. G. T. & Varghese, N. V. ：83-101）。政府投资又分为中央财政拨款和地方财政拨款。前者主要用于资助央属大学，部分资助邦属大学和准大学；而后者主要用于资助地方大学。如表 5-4 所示，对高等教育的投入中央财政占20%左右，地方财政占80%左右。在20世纪80年代之前，这个比例基本保持不变，但在20世纪90年代，地方财政所占比率曾经有所下降，中央财政比例有所增加。

表5-4　中央财政与地方财政对高等教育的投入变化情况

时间（年）	经费总数（亿卢比）	中央投入比较（%）	地方投入比例（%）
1950—1951	48.4	20	80
1960—1961	104.7	20	80
1980—1981	231.2	21	79
1985—1986	387.1	18	82
1996—1997	428.8	17	83
1998—1999	611.7	26	74
1999—2000	824.8	27	73
2000—2001	834.2	25	75
2001—2002	857.7	19	81

资料来源：P. Geetha Rani, Economic reforms and financing higher education in India

从类型上看，印度高等教育公共拨款经费分成两类：一类是"发展经费"（Development Fund），也称"计划经费"（Planning Fund），或称"经常性拨款"（Recurring）；另一类是"维持经费"（Maintenance Fund），也称"非计划经费"（Non-Planning Fund），或称"非经常性拨款"（Non-Recurring）。这两种经费主要由大学拨款委负责分配。按照规定，计划经费主要用于央属大学、邦属大学和部分准大学的全部的教育公平、教育质量、学校管理、办学条件改善和学生事务等方面；而非计划性经费并非用于资助所有大学，只是资助一部分高校教学和非教学人员的工资、实验室、图书馆建设和维修，以及支付水电费用等。由于这部分经费主要用于维持高等院校日常开支，是高等院校运行的基本保证，因此在印度高等教育经费中占据较高比例。譬如在1970—1971年度，中央政府非计划经费投入是计划经费投入的2倍，占据总经费的85.93%，尽管中央非计划经费投入有所下降，但始终高于计划经费投入，保持在80.00%以上，是计划性投入经费的8倍有余（邓依从：20-21）。

（二）高等教育经费投入变化情况

进入20世纪90年代，印度政府开始进行教育结构调整，政府公共经费投入开始削减。公共经费占GDP的比例开始从1990—1991年度的4.34%下降到

1996—1997 年度的 3.80%（Sharma, V.：1-27）。在这种经济形势下，高等教育经费占同期五年计划教育总经费的比例也开始持续走低。如表 5-5 所示，进入市场经济时期后，印度高等教育实际总支出占教育总经费的比重为 13.00% 左右。尽管高等教育经费所占总经费比例一直徘徊在 13.00% 左右，但高等教育经费总数呈逐年上升趋势。

表 5-5　高等教育经费在"国家发展五年规划"教育总经费中所占的份额（%）
（1991—2011，单位:%）

时间（年）	预算经费 （亿卢比）	占总教育经费比例 （%）	教育总预算经费 （亿卢比）
1991	595.0	11.00	5409.1
1993	310.4	13.26	2341.3
1995	387.1	12.94	3151.7
1997	485.9	11.82	4100.9
1999	824.8	13.46	6128.1
2001	808.7	12.47	6484.7
2003	938.0	11.68	8028.6
2005	1101.3	11.66	9721.7
2007	1557.7	11.83	13166.2
2009	2483.2	12.76	19464.3
2011	3623.4	12.91	28060.1

资料来源：安双宏：47-51；吕炜等：61-67；刘淑华，王旭燕：64-81

（三）高等教育经费结构变化

在 20 世纪 80 年代之前，政府公共经费是高等院校经费的主要来源，增长趋势明显。进入 20 世纪 80 年代，伴随高等教育成本分担理论盛行，家庭和个人在高等教育经费中占据较大的比重。这部分经费除"学杂费"（Tuition Fee）之外，还包括交通费、辅导费、书本费、服装费等。

如图 5-4 所示，学杂费排在第一位，占家庭和个人投入的 41%。20 世纪 60 年代末 70 年代初，向学生收取赞助费成为很多私立学院的常规做法。"赞助费私立学院"的名称应运而生。赞助私立学院的收费标准大体是：（1）在预科课程阶段收取 500—1000 卢比；（2）学位课程收取 1500—2500 卢比；（3）人文学科研究生课程收取 3000 卢比、自然科学学科研究生收取 5000 卢比。学院不仅向学生收取听课费，也向教师收取赞助费。开始时，一个教师必须捐献 10000 卢比，到 1975 年，教师捐助额度达到 25000 卢比，到 20 世纪 80 年代涨到 35000—50000 卢比。所收取的赞助费被学院用来改善教学设施。除了公共经费、学生学杂费和教师赞助费之外，社会捐赠也是不可忽视的大学经费收入来源。一般来说，捐赠经费主要由私人、公司企业、基金会以及宗教或慈善团体提供，包括馈赠基金、直接捐款和捐物。这部分经费在印度高等院校经费收入中占有不容忽视的份额。

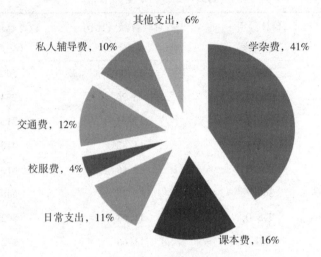

图 5-4 高等教育经费家庭分担情况

20 世纪 80 年代以前，印度社会团体捐赠的投资占高等教育投资总额的比重一直稳定在 12.0% 左右。例如 1950—1951 年度，社会捐赠占高等教育总经费的 13.8%，但 1979—1980 年度这一比例下降至 6.9%，到了 1983—1984 年度，社会捐赠所占比例仅为 5.4%，即它的相对份额下降了一半。其中的原因是，印度政府在税收方面未对用于教育事业的捐赠实行优惠政策，致使高等教育经费中的社会捐赠也很有限。这种情况直到 20 世纪 90 年代后期才有所改进。

（四）高等教育经费运行机制

在中央，大学拨款委是 1956 年议会法案授权的法定权力机构，也是中央政府主要的拨款部门，主要负责大学经费分配，促进大学之间合作，提高高等教育质量（Agarwal，P.：106）。主要任务是对央属大学和准大学进行计划性（发展经费）和非计划性（维护经费）拨款，同时也通过计划性拨款的方式资助邦属大学（Sharma，K. A.：167-169）。大学拨款委从中央财政获得资金后，按照《大学拨款委员会法》的规定，经过调研、分析和论证后，对全国范围内的大学进行拨款，拨款的程序如图 5-5 所示。

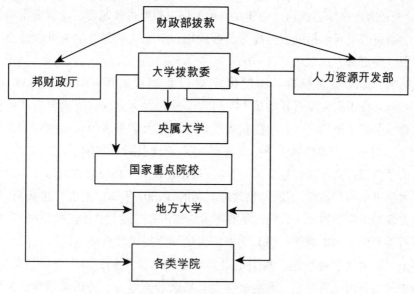

图 5-5 印度高等教育拨款程序

第一步，财政部把预算教育经费拨给人力资源开发部和邦财政厅。人力资源开发部再将其中一部分拨给大学拨款委。第二步，大学拨款委再根据《大学拨款委员会法》赋予的权力，向中央大学，以及国家重点研究院大量拨款，同时还向其所认可的部分地方大学（农林和医药类除外）划拨部分经费（这部分地方大学由大学拨款委和邦财政厅联合负责拨款），其拨款通常用于学校的新建、改建和扩建项目、增添设备、更新设施、购买图书期刊等，地方财政拨款用于学校的日常开支。在地方，大学经费主要由地方财政拨款或社会法人团体资助。除了大学拨款委划拨的部分经费之外，前文提到的中央一级的印度社会科学研究委员会、印度医学专业委员会、印度农业研究理事会等，分别为印度的社会科学、医学和农业科研提供经费。这些中央一级的非政府机构从财政部得到有关的科研经费，通过向相应的专业大学提供科研基金的方式，开展所在领域的科学研究。

（五）高等教育财政制度改革趋势

自 20 世纪 90 年代推行市场化改革以来，印度历届政府都一直努力对高校财政制度进行改革，呈现出主要的趋势：

第一，改革收费制度，征收毕业税和教育税。这是两个不同的税种，前者是针对某一特定地区所有人征收的税，后者是向雇佣毕业生的部门或个人征收的税。征收教育税和毕业税旨在解决公共经费投入不足的问题（吕炜等：61-67）。但是有印度学者提出，应建立一种区别对待的税收制度，让家境富裕的学生以学杂费的形式承担更多的高等教育费用，而家境贫穷的学生可以适当减免学杂费（易红郡，王晨曦：71-76）。

第二，提高学费标准。印度国家规划委副主席维-阿卢瓦利亚（V-Ahluwalia）在孟买大学召开的第 145 届大学校长大会上发言提出要提高印度高等教育学杂费。他指出，大学拨款委正在考虑把大学里多种课程的收费比例上调 15% 至 20%，中央所属大学每年收费 2000 卢比上调到 2500 卢比。初步估算，增加的学费仅占高等教育总支出的 5%。他还建议，在高校收费问题上，政府应赋予大学更多的自主权。曼-辛格政府时期的《2007 年知识报告》也指出："应该由大学来决定学费水平，同时学费至少应该占高等教育总支出的 20%。"但增加学费需要两个基本条件：（1）为有需要的学生提供学费减免政策；（2）提供奖学金，扩大奖学金种类。其中主要奖学金大体分 7 类，即优秀成绩奖学金、优秀成绩与贫困生奖学金、政府奖学金、捐赠者奖学金、外国奖学金、大学拨款委设立的博士奖学金和博士后奖学金。

第三，鼓励多种筹措经费。20 世纪 90 年代初，印度政府决定，对于高校自筹经费部分，政府不再从拨款中扣除。大学和科研机构获得的捐助经费可以完全免税。

第四，放松对私立学院的控制，尤其是放宽收费限制。印度政府鼓励高等院校争取和吸纳国际机构，以及国外各种组织的援助，通过接受发展贷款或追加补助金额等形式满足高等教育旺盛的需求，通过采用低息贷款的方式对私立高等教育设施提供信贷或补贴等，以此帮助私立学院转型成自助私立学院。

第五，削减高等教育预算，鼓励大学和学院自筹经费。从印度政府 1997 年制定的《政府补助议案》中，可以明显地看出这种政策的倾向性。在该议案中，政府首次把高等教育（同样也包括中等教育）称为"非投资价值物品"（初等教育被称为"投资价值物品"），并对非经费投入大幅度削减（同上）。

五、高等教育招生考试制度改革

（一）高等学校入学考试

印度在国家层面上没有统一高等院校入学考试制度。高校入学考试主要由国家中等教育委员会［简称"中教委"（CBSE）］和印度学校证书考试委员会

[简称"考试委"（CISCE）]① 两家民间机构负责组织考试，称为"中教委考试"和"考试委考试"。一般来说，前者是北方的大部分院校普遍选用的一种考试方式，大体分为4种：（1）高中证书考试或十二年级考试（CXIIE）；（2）印度医学牙科预科入学考试（AlPDEE）；（3）工程技术教育入学考试（AI EEE）。后者是南方普遍采用的一种考试形式，一年只负责举办一次考试，即印度学生证书考试（ISCE）。

上述几种考试分别被安排在一年中不同的时间里举行，考试方式和时间长短不一。有的高校入学考试可长达4个月。学生可以依据自身情况同时参加各种不同的入学考试。每一种考试都在全国范围内同一时间进行，保证试题在时区内不被泄漏。考试保密和安全性极高，试卷试题都由教育委员会专门机构监督分发和拆封，直到考试正式开始。考试时间每科3小时。考试科目包括科学、数学、社会研究、地区语和外语中学毕业证书考试。考生也可选择物理、化学、数学、社会研究、基础计算机科学和基础电学，还可以外加信息技术、西方古典音乐、印度古典音乐、经济学等。学生可以自行选择固定的学科组合参加考试，考试形式为笔试。

（二）现存招生考试制度存在的问题

在现存的印度招生考试制度中，有两个问题一直没有得到很好的解决：一是招生名额问题，即保留政策问题，这属于殖民地时期的历史遗留问题。印度独立后，尼赫鲁政府希望通过"纠正历史造成的不均衡"，建立一个"人人平等"的民主社会，帮助处于劣势地位的社会种族和成员早日加入印度主流社会，赶上时代发展的步伐（邱永辉：1-7）。1950年1月26日，印度颁布的新《宪法》规定：

> 废除不可接触制（第17条）；维护表列种姓、表列部落在教育、经济方面的权益（第46条）；保留其在各级人民院中的议席和国家机构及国有企业中的就业请求权（第221、225条）；在人民院中为表列种姓和表列部

---

① 中教委和考试委是印度两个非营利性民间社团考试管理机构，没有任何政府拨款，但其考试结果得到国家权威部门的认可。中教委的前身是1921年建立的"高中和中等教育委员会"（BESIE），1929年更名为"斋浦尔高中和中等教育委员会"（BESIER）。1962年，重建后采用"中教委"这一名称，主要职责是有效地组织考试，服务于中等教育。考试委前身是1958年成立的专门服务剑桥大学辛迪加地方考试的民间考试培训机构。1968年12月19日，根据《社会团体注册法》（1860年）第21条之规定，该机构注册申请成为一个民间学会组织。其主要职责是服务教育，组织以英语为媒介的学校考试，促进科学、文学、艺术等有用知识之传播。

落保留席位（第330条）；在各邦的立法议会中为表列部落和表列种姓保留席位（第332条）；照顾表列种姓和表列部落的求职和工作（第335条）[Thorat, S (a) .：10]。

宪法还规定保护少数群体的文化及受教育的权利（第19、20条），规定为列表种姓保留15.0%的名额，为列表部族保留7.5%的名额。1951年《宪法修正案》进一步规定，保证所有公民享有同等权利（第15条），并要求各邦制定特殊的条款落实宪法修订精神（Ibid.）。为了实施保留政策，印度政府于1955年成立由柯-卡拉卡尔领导的第一个其他落后阶层调查委员会。该委员会很快就提交了一份《柯-卡拉卡尔报告》，该报告按照《宪法》精神提出把列表种姓、列表部族和其他落后阶层的教育问题放在重要的地位。但在这一时期，有关保留政策基本上属于纸上谈兵，没有真正得到落实。相反1963年印度最高法院做出了重要的判决，规定在任何时候，保留的名额都不能超过50.0%（邱永辉：1-7）。

虽然印度宪法中对教育保留政策的合法性予以明确，但在实践中，对保留政策的不同态度还反映着不同地区和不同党派的不同执政理念。一般来说，代表北方邦高等种姓和富人利益集团的国大党总体上对保留政策采取比较消极的态度，甚至反对。例如在贾-尼赫鲁政府时期，总理本人就不赞成对表列种姓和表列部族以外的种姓实行保留。1961年6月他在给内阁部长们的信中写道："我不喜欢任何形式的保留，尤其不喜欢在政府职务中的保留（高鲲：1-7）。"相反，代表南方中下层利益的印度人民党（联盟）就积极主张实施保留政策。《1986年国家教育政策》第四章专门阐述了教育的平等问题，重申保留政策的必要性。新政策颁布之后，印度政府一方面继续实行根据考试成绩选择入学的政策，把经过考试获得好成绩的优秀学生招收到高等院校来，但另一方面也为较弱阶层的学生保留一定量的入学名额（马加力：177）。

第二个问题是考试本身，在印度也一直存在争议。高考考试如何考，怎样组织考试等一直是没有解决好的难题。从20世纪50年代中期开始，大学拨款委、中教委和考试委都一直在不断探索考试制度改革。20世纪70年代，大学拨款委制订了《考试改革：行动计划》，在十几所大学搞试点，提出具体的改革措施，包括改革教学大纲、增加外部考试次数、开展内部评价、建立全国性题库、实行等级评分制、实行学期制等，这些改革措施取得了一定的进展（安双宏：67-70）。《1986年国家教育政策》也提出了改革考试制度的基本框架。该政策强调指出，考试改革是提高教育质量的客观需要和重要手段。新的考试方法不仅要有效而可靠地测评学生的发展，而且要促进教学质量的提高，要降低"死记硬背"在教育中的作用,从学术和非学术两个方面对学生进行连续的综合评价,以便排除过多偶然因素和主观因素的干扰。《1986 年国家教育政策》建议改进考试评定的方式,用等级评分制取代分数制,还主张让教师、学生和家长参与评定过程,并相应地变革教材和教学方法(吴式颖,褚宏启:790)。

《1986 年国家教育政策》强调"重新制定考试制度,以便能够用合法和可靠的评定确保学生的发展"(张双鼓等:306)。由于印度没有统一国家高考,北方和南方不同类型高校都选择依据不同专业学会标准和考试成绩录取学生,造成一些考试组织和管理方面出现时间冲突和管理混乱。另外,一些私立学院没有自主招生的权力,但它们又不愿意按照所在邦公共部门组织的考试录取学生,造成私立学院与地方政府部门之间存在一定的矛盾。

(三)改革考试制度,满足不同考生需要

1986 年新政策颁布后,两个负责组织考试的民间机构按照文件中"要制定一套国家考试改革结构"的指导原则,在考试方式上做了很多新尝试。第一,在大学入学自主招生考试方面,设计出灵活多样、层次较多的考试制度。在考试制度的顶部是单独设立的国家重点高校考试,如为印度理工学院等自主招生考试设计的方式。报考这些院校的学生可以选择放弃国家高考或地方考试,直接参加由这些学校自行组织的单独考试。考试学校可以根据自己制定的标准,择优录取。另外,鉴于高校入学考试类别不尽相同,文、理和商科等普通高等教育与工程技术、医学、管理等专业高等教育的考试科目并不相同,印度教育促进协会(EPSI)尝试和一些高校协商与合作,推行网上第三方高校共同进行入学考试(ENAT)[①]。第二,在地方性大学入学考试方面,一些邦正在探索更加一致的高校入学考试方法,以避免不同机构之间的矛盾和冲突。譬如喀拉拉邦高等教育入学委员会原来只负责本邦工程、医学和农业高等院校的招生考试,但在 1986 年后,该委员会也将教育学本科、土木工程学本科、医学本科、医学硕士、法学本科、法学硕士、印草医学(PGAyurveda)硕士、牙科硕士、顺势疗法(PG Homoeopathy)硕士、护理硕士、超级护理硕士(Super Speciality),以及药学硕士等专业纳入高校入学考试范围(闫亚林,宋鸿雁:25-26)。印度高校在校学生仅有 20%左右就读于中央直属高校,大约 80%的学生就读于邦立及私立高校。换言之,参加高校入学考试的考生主要是参加邦一级政府举办的地方性考试。因此,改革地方性考试制度是考试制度改革的重点,考试改革能

---

① 这是一种类似于美国 GRE 和 GMAT 考试一样的国家统一标准化考试系统,目前这种考试已经获得部分大学的支持。

否提高效率,实施便捷、合理的考试,满足80%考生的需要是印度高校入学考试制度改革的关键所在。

(四) 推行高校教师资格考试

印度高校教师从事教学工作一般需要持有全国教师资格证书,这一制度发轫于20世纪80年代。1983年,英-甘地政府时期,一个叫作"拉-米罗特拉 (R-Mehrotar) 委员会"的专业机构向政府提交了《拉-米罗特拉报告》,建议制定高校教师职业岗位最低标准。高校讲师以及初级研究员在任职岗位需要参加全国教师资格证考试。大学拨款委一年负责举办两次这种考试,合格者获得考试成绩和证书。这些证书适用于社会科学、法律、环境学、人文科学、计算机科学应用与电子科学等学科领域的大学教师。物理学、生命科学、化学、数学、地球海洋与太空科学研究等学科领域的大学教师需要参加全国教师资格证考试。这一考试由印度科学与产业研究委员会 (Commission on Scienceauel Industy Research) 和大学拨款委联合组织进行,通过者获得证书 (张梦敏: 30)。《1986年国家教育政策》采纳了一条重要的政策建议,即"高校教师的聘任应该建立在共同的资格考试基础上" (Sharma, K. A.: 154)。

1987年,一个叫作"学术人员研修学院" (the Insitution for Academic Staff)① 的项目正式启动,标志着印度大学教师资格证制度的开始 (UGC-2013: 24)。在参加考试之前,报考者需要参加该项目培训,获得合格证后才有资格从事教学工作。这些项目也称为"印度教师发展项目",共分为两种。一种是"入职培训课程" (Orientation Program),主要是向即将从事教师职业的人提供培训,使他们能够胜任所期望的各种职责。培训班聘请著名教授讲课,费用由大学拨款委支付。培训的目的在于帮助新教师了解大学内部资源组织,在有经验年长教员、访问讲师和国家讲师的帮助下,了解大学工作的基本职责和运行机制。培训时间可以在上岗之前,也可以在上岗之后。培训的方法包括:(1) 观看学科录像课程包;(2) 了解专业领域知识的最新进展;(3) 学习编写教学方法的录像材料等内容。另一种是为在职培训教师提供的特定培训项目,其目的在于帮助教师提高教学能力,为其专业和职业发展创造机会,从而能够更好地履行教师的职责 (Sharma, K. A.: 157-158)。培训项目实行模块式教学,具体内容包括:(1) 教育与社会;(2) 教育哲学;(3) 印度教育制度与教学论;(4) 资源意识与知识生产;(5) 管理与个性发展,等等。特定培训项目课程班人数一

---

① 大学拨款委在高等院校设立的66所教师培训学院 (项目),为教师举办大学教师发展辅导和进修课程,每年投资475亿卢比。

般为 30 人，学科更新课程班为 25 人，培训一般都在暑期或寒假中进行（闫亚林，宋鸿雁：56-57）。

六、高等教育教学和课程制度改革

（一）改革背景与动因

20 世纪 80 年代，急剧扩张的印度高等教育出现了严重的质量问题。主要表现在三个方面：第一，教育与就业之间的不平衡，大学生劳动力市场供大于求。第二，结构比例失调，譬如医生数量多于护士，工程师多于技术员，修习文理科和商科学生比例过大，占 85%，等等。第三，高等教育教学质量持续下降。由于采取盲目扩张政策，高校在校生规模扩大，生师比不断攀高。注重数量增长，忽视质量改进的现象日趋严重，导致印度高校教学、考试和研究水平的下降（Raza，M.：34）。这些问题长期得不到解决，造成大量毕业生找不到工作，政府和高校就业工作压力很大。美国学者 S. 鲁道夫指出："印度高等教育自独立以来，大扩充的一个主要结果是标准下降。造成标准下降的最重要原因就是大学生人数增加的速度远远高于政府的投入，结果导致有能力的教师和必要的物资设备非常缺乏（赵中建：153）。"

（二）实施课程与教学改革计划

课程与教学是高等院校最核心的部分，也是改革的重点。其主要内容包括：

第一，实施重建课程计划。印度大学课程内容改革始于 20 世纪 70 年代。在"五五规划"中，英-甘地政府就提出通过实施课程重构计划，试图改变一些传统课程脱离经济社会发展需要的状况，使第一学位具有更高的社会关联性。该规划涉及四个方面的改革：（1）建构新的课程体系，重点改革基础课程体系和核心课程体系，强调理论与实际结合，基础与专业结合，课堂教学与实习实践结合等；（2）加强教学过程管理，重建课程有关指导原则、设计方案，以及构建基础课程所需的必要资料；（3）注意合理安排基础课程阅读材料的编写和时间安排；（4）将教育与工作或实际经验和生产力联系起来等（Sharma，K. A.：163）。该规划提出后，马上受到一些大学的响应，譬如马德拉斯大学和孟买大学等高校都开始尝试采用新计划，调整本校的整个教学计划，在课程中普遍增加了 10%—20% 的合作性实践教学课程。到 1991 年 3 月，有 3 所大学和 208 所学院都开始实施重构课程计划（闫亚林，宋鸿雁：73）。

第二，鼓励建设示范课程。"示范课程计划"是大学拨款委推出的另一项课程改革计划。为了落实《1986 年国家教育政策》提出推进课程改革体现多样化和灵活性的原则，印度大学拨款委加大投资力度，鼓励大学和自治学院设计和构建"以学生学而非教师教"为重点的新教学大纲和课程体系。1986 年，大学拨款委开始支持有条件的大学成立课程教学发展中心，开展新课程体系的讨论和研究。到1991 年，大学拨款委已经在不同学科领域资助建立了27 个课程开发中心，开发出很多示范课程体系。

第三，改革教学评价方式。这是印度高等教育教学改革的主要内容。有学者指出："传统的大学教学评价存在很多弊端，考试制度既过时又可耻，只能测试学生死记硬背的记忆力，忽视考核学生运用知识解决问题的能力，因此新的教学评价开始强调教学过程性评价，重视考查学生各种能力培养（Narayan，J.：1-45）。"

（三）推动教学与科研结合

教学改革要促进教学和科研结合，提倡教师和学生积极创造新知识，探索新方法，尤其是在研究生阶段，通过为学生提供充足的实验设备条件、丰富的图书馆资料和能力强的指导教师，使研究生教育达到规定的质量标准。大学拨款委根据建立的标准，对高等学校的教学科研状况进行检查。对于不能达到标准的学校，要帮助它们尽可能达到标准，对离标准太远的学校（即通过帮助也达不到标准的）就取消办学资格。另外，教学改革的关键体现在教学质量的提高。教师专业水平决定了教育质量的高低，为此，一些大学开始改进教师工作条件，鼓励教师进行教学改革和开展科学研究，给他们更多表达思想和学术自由的空间，以及加强教师在职培训等。大学阶段的教学媒介由英语向地方语言的转变也取得了相当大的进展。这在出版的教科书、各种学习资料方面都有所体现。使用印度语言的趋势还会不断增加，但这并不影响在高等教育中学习英语的重要地位。在大学教育中，一定数量的英语选修课程，英语语言的学习仍然受到鼓励。一些大学认为英语工具有助于学生获得更多的知识和拓宽专业领域。

（四）将学位和职位分离

由于大学毕业生失业率的不断提高，《1986 年国家教育政策》把学位和职位分离作为高等教育改革的一项重要措施。其内容规定在一些经过选择的领域中开始实行学位和职位分离，但这一措施不能应用于工程、医学、法学和教师等专业性较强的学科领域。为了落实学位和职位分离改革，印度还制定了一些具体的措施：第一，对求职者不仅要看他们的学业成绩和文凭证书，还应该考虑相应工作对知识技能和态度方面的特殊要求。第二，把学习和培训计划与就业机会联系起来，把接受教育和培训后获得的证书或文凭作为录用学生的重要凭证。第三，以录用机构的综合性录用考试代替高等教育学位作为就职的资格。第四，通过成立国家考试服务处，为应聘人员，无论是有学位的还是无学位的，提供考试服务。学位和职位的分离有助于减轻大学的压力，在一定程度上提高教育质量。对于具有相应能力的人，应根据其真才实学，而不是仅凭文凭和证书来获得工作机会。这种措施能部分地缓解大学毕业生失业问题，但大学生失业不完全是教育本身造成的，仅依靠教育改革是不能从根本上解决失业问题的。

第四节　市场经济时期高等教育发展与改革

2000—2010 年的 10 年是印度经济高速发展时期，年均增长速度达到 10% 左右。印度成为亚太地区，乃至全世界重要的新兴经济力量。印度经济快速发展得益于其高等教育提供的智力支持。伴随经济高速增长和政府不断对高等教育加大投入，印度高等教育体系从无到有，从小到大，已经成长为世界上最大的高等教育系统之一。从学生注册人数来看，印度是世界上第三大高等教育系统，在数量上仅次于中国和美国的学生注册人数（Agarwal，P.：84）。美国学者 P. 阿特巴赫指出：

> 在 21 世纪知识竞争中，印度高等教育具有非凡的优势，拥有庞大的系统——世界第三多的在校生人数，仅次于中国和美国，英语是其高等院校教学和研究的基本语言，具有长期的学术传统，学术自由受到尊重等。然而，印度高等教育的弱点远超过其优势。……高水平的高等院校寥寥无几，仅仅有少数几个印度理工学院和印度商学院以及其他……印度医学院和塔特基础研究所等可以称得上是世界一流的（Altbach，P. [b]：17）。

一、建立完备的高等教育系统：大学与学院分类

印度经过独立后 60 多年的发展，高等教育形成了以中央和地方大学为主体，准大学、国家重点院校和自治学院为辅助的复杂结构体系。具体结构如图 5-6所示。

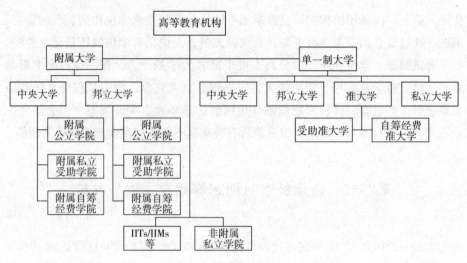

图 5-6　印度高等教育系统类型结构图

（一）按不同标准划分的大学类型

大学是印度高等教育系统中最重要的组织机构，在经济社会发展中发挥着不可替代的作用。2007 年，印度全国有 367 所大学，其中央属大学 20 所，邦属大学 217 所，公立准大学 45 所，私立准大学 57 所，邦属私立大学 5 所，其他私立大学 10 所，国家重点院校 13 所（Kuppusamy, S.：51-58）。贾-尼赫鲁曾经这样评价印度大学的作用：

> 大学代表着人文主义，代表着宽容，代表着理性，代表着进步，代表着思想的探索和对真理的追求，代表着人类迈向更高目标的前进步伐。如果大学充分履行其职责，那么国家和人民就会受益。但是，如果学问的殿堂本身变成了狭隘偏执和胸无大志的地方，那么这个国家将如何繁荣，一个民族将如何成长（Haggerty, J. W.：6）？

印度现代大学是在借鉴英国伦敦大学模式基础上发展起来的。印度独立后，经过计划经济和市场经济改造，印度大学早已形成了自己独具特色的复杂的系统。按照不同的划分方式，印度大学可以分成多种形式。第一，按照专业类型划分，印度大学可分成三类：（1）普通综合性大学，如贾-尼赫鲁大学、德里大学、海德拉巴大学等。根据印度《宪法》第 246 条之规定，大学是传统意义上多学部的普通高等教育机构。（2）专业技术类大学，如工程技术大学、医科大学、法律大学和农业大学等。（3）开放大学，是一种远程高等教育机构，通过广播和电视等电化教学形式完成课程教学，如英-甘地国立开放大学。第二，按照管辖权划分，印度大学也分成三大类：（1）中央大学，或称"央属大学"（Central Universities），是由印度国会批准的，受人力资源开发部和中央部委直接管辖的普通高等教育机构。其经费统一由中央财政部划拨，由大学拨款委分配。（2）地方大学，或称"邦属大学"（State Universities），是经过各邦议会按照各邦法案批准的，邦政府注册的高等院校。根据《大学拨款委员会法》12条（B）之规定，1972年6月17日之后建立的邦属大学没有资格获得任何财政部、大学拨款委或者其他中央部门的经费拨款。（3）"私立大学"（Private Universities），主要是2002年以后，由一些符合社团法案或邦的其他相关法律的社团、基金组织或注册的公司举办和经营的高等教育机构（宋鸿雁：44）。根据《大学拨款委员会法》之规定，在组织形式上，私立大学基本属于单一制，多学科性质的大学不设立附属学院。以本科教学为主，少数私立大学也从事科学研究和开展研究生教育教学活动。第三，按照结构类型划分，不论是央属大学，还是邦属大学都可分成三种：（1）"纳附型大学"（Affiliating Universities），顾名思义是可以接纳附属学院的大学。纳附型大学是印度大学系统中最主要的类型，源于英国伦敦大学办学模式，通常拥有一个中心校园和部分院系设置，开展一些本科和研究生教育和科研活动。在早期，纳附型大学不进行教学活动，只为附属学院举行考试和颁发学位证书。后来，一些纳附型大学开始承担部分教学工作，并负责管理分散各地，数量不等的附属学院。有时，最大规模的纳附大学拥有的附属学院可多达400多所。（2）综合型大学，也称为"统一大学"（Unitery Universities），没有任何附属学院，只有一个单独的校园。在大多数情况下，这些大学主要依靠自身的院系开展本科和研究生教学活动，例如海德拉巴大学和贾-尼赫鲁大学就是这样模式的典型代表。（3）"联邦型大学"（Federal Universities）是指大学教学工作与其学院合作，实际上是一种变相的纳附大学，只不过它与其学院之间的关系比纳附大学与其附属学院的关系更为密切一些（Shi. X. G&Yan F. Q.：307-344）。随着高等教育不断发展，这三种类型的大学在某种程度上出现了混合，即一些单一制大学开始设置附属学院，一些纳附大学开始设置自己的二级学系。这样，纳附大学就出现了大学学院和附属学院同处一校的情况。大学学院根据经费来源和管理的不同，可以分为公立学院和私立学院，由大学评议会设立和维持，直接受大学的控制和管理（赵中建：140）。第四，按类型特征划分，印度大学也可以分成三类：（1）普通高校，指一般的央属和邦属大学。（2）国家重点院校，包括：印度理工学院、印度商管院、印度医学研究院、国家药学教育研究院、科学研发院、国家技术学院、印度科学教育研究院，以及其他一些专业院校。现在也有人提议将印度教育科学技术学院和印度医学科学研究院也列入其中。国家重点研究院属于印度精英高等教育机构，入学竞争十分激烈。(3)准大学，其与国家重点院校是印度高等教育系统中特殊类型的教育机构，基本上是在附属学院基础上发展起来的，既有公立的，又有私立的，也有私立公助的。这种院校办学体制灵活，成为市场经济时期发展最快的高等院校之一。

(二) 按不同标准划分的学院类型

学院是印度高等教育系统中规模最庞大的部分。2007年，印度有附属学院17000所，其中4300所为公立附属学院，占全部总数的24.2%；5750所为公助私立学院，占总数的32.5%；7540所为自筹经费学院，占总数的43.3%(Viswanathan，S.：Website)。《印度大学拨款委员会法》规定："学院是指着由大学授权和承认其特权的机构，……附属学院是被大学根据相关法律法规认可的机构，它根据本科学位（不包括荣誉学位和研究生学位）相关法律法令提供本科课程的机构（NRIC：24-25）。"由于附属学院数量增长速度太快，人们很难获得有关学院数量的准确信息。许多学院与大学关系处于不断变化之中。有些学院有时可能只是临时附属于某一大学，但很快就变成某大学的二级学院，或者独立设置的自治学院。

按照隶属关系划分，印度学院大体分成三类：第一类是附属学院，是作为大学附属教学机构而产生的。其经费来源多元，有些来自政府资助，或部分政府资助，有些来自私人独立资助。大部分附属学院只提供本科学历课程，但少部分附属学院被允许举办研究生教育或开设研究生课程。附属学院的课程大纲、考试，以及学位授予等都是由所属纳附大学控制的。附属学院的作用只是开展教学活动，为学生参加纳附大学举办的学位考试提供教学支持。进入21世纪，附属学院增长速度远远高于大学增长速度，有87%的学生都在附属学院学习（Agarwal P.：84）。到2005年，附属学院数量已经达到17625所（季诚钧：50-54）。第二类是"直属学院"（Constituent College），又称"大学学院"（University College）。从严格意义上讲，直属学院是20世纪50年代之后出现的附属学院变种。它们通常位于大学校园之中或附近，与大学保持上下级的关系。在办学标准方面，它们被认为"比附属学院更能保持与大学一致的教育质量标准"（Stella，A.：24）。在管理上，大学学院由大学评议会检查和监督，直接受大学的领导和控制，属于大学的二级学院，与大学其他部门一起设在校本部。大学学院下设系部，主要是开展研究生教育和科学研究，数量相对较少，其本科教学工作仍留在附属学院中进行。第三类是自治学院，是20世纪70年代末

80年代初出现的一种新的院校类型，是一种比附属学院更加具有高标准、自主性和创造性的新型学院。根据《国家教育政策》（1992年修订版）的定义，自治学院是被赋予自治权的学院，它们拥有"更多的学术自由，特别是在课程设计、滚动性教学、研究学习方法、制定录取规则和学习课程的要求、确定考试卷子和组织考试等方面，享有更大的自主权"（Ibid.）。与传统的附属学院不同，虽然自治学院还不能完全摆脱某些纳附大学的影响，但它们在很多方面开始拥有较大的自主决定权。譬如自治学院可以独立设置管理机构、学科教育委员会，可以不受大学影响单独进行学位授予、文凭发放等。一般来说，自治学院分成两种：纳附大学所属自治学院和完全独立自治学院。前者在教学事务方面都在大学附属制体制内运行，但在教学领域获得一定的自主权。后者属于独立自治学院，在相当程度上不受大学的约束和管制，具有较大的办学自主性。

按照学院性质划分，也可分成三类：第一类是公立学院，主要经费来自政府公共经费和学费，直接由大学拨款委或邦财政厅划拨经费。第二类是受助私立学院，属于公助私立学院。这类学院的发展资金依靠自筹，但主要办学经费来自公共资源，即大部分运行经费来自政府部门。第三类是"自筹经费学院"（Self-financing College）或者"无受助私立学院"（Private Unaided College），于1993年正式被命名。根据相关规定，凡是符合《1860年社团法案》规定的社团组织，拥有邦政府主管部门办学许可的学院均可列为此类。自筹经费学院最突出的特点就是基本上不依赖任何政府拨款，而是依靠自筹资金办学（宋鸿雁：39）。

二、市场经济时期高等教育发展状况

（一）院校数量和在校生规模不断扩充

20世纪90年代是印度高等教育快速发展的时期。从院校数量上看，高等院校总数从1990—1991年度的5932所增加到2006年的17973所，其中大学348所，学院17625所。在校生人数从440万人增至1050万人（Agarwal, P.：10-11）。到2009年，印度大学有800多所，其中央属大学46所，邦属大学359所，私立大学26所。表5-6显示的是45所教育部和非教育部所属的中央大学情况。

表 5-6　45 所央属大学列表

序号	学校名称	主要特点	地点	建校时间（年）	所属
1	德里大学	国家重点大学	新德里	1922	教育部
2	东北山大学	地方议会批准	西隆和 TURA	1973	教育部
3	阿萨姆大学	地方议会批准	锡尔杰尔	1994	教育部
4	特兹普尔大学	教学型住宿大学		1994	教育部
5	米佐拉姆大学	地方议会批准		2000	教育部
6	纳格兰大学	国会批准，综合性	多校区	1994	教育部
7	曼尼普尔大学	地方议会批准	曼尼普尔	2005	教育部
8	安拉阿巴德大学	国家重点院所	特里普拉	1887	教育部
9	拉·甘地大学	地方议会批准	依塔纳加尔	2006	教育部
10	特里普拉大学	地方议会批准		2007	教育部
11	锡金大学	地方议会批准	甘托克	2007	教育部
12	英语和外国语大学	国会批准大学	海德拉巴	2007	教育部
13	阿穆大学	国会批准		1920	教育部
14	巴印教大学	央属著名古老大学		1916	教育部
15	贾-尼赫鲁大学	国会批准	新德里	1969	教育部
16	JMI 大学	准大学		1962	教育部
17	毗瑟瓦婆罗提学院（VBU）	教育类大学		1921	教育部
18	海德拉巴大学	国会批准	海德拉巴	1974	教育部
19	本地治里大学	国会批准	本地治里	1985	教育部
20	BBA 大学	专业技术类大学	勒克瑙	1996	教育部
21	MANU 大学	专业技术类大学	海德拉巴	1998	教育部

续表

序号	学校名称	主要特点	地点	建校时间（年）	所属
22	MGAHV 大学	语言文学类大学	瓦学德哈	1997	教育部
23	英-甘地国立开放大学	开放大学	新德里	1985	教育部
24	英-甘地部落大学	民族类大学	多校区	2007	教育部
25	比哈尔中央大学	国会批准		2009	教育部
26	GGU	查提斯加邦议会批准		1983	教育部
27	古吉拉特大学	国会批准		2009	教育部
28	哈里亚纳大学	国会批注	哈里亚纳	2009	教育部
29	喜马偕尔大学	国会批准	喜马偕尔	2009	教育部
30	克什米尔大学	地方议会批准	克什米尔	2009	教育部
31	贾坎德大学	地方议会批准	贾坎德	2010	教育部
32	卡纳塔克大学	文科类院校	卡纳塔克	2009	教育部
33	喀拉拉大学	文科，经济类大学	喀拉拉	2009	教育部
34	w. e. f. 大学	综合性研究型大学		2009	教育部
35	奥里萨大学	国会批准的	奥里萨	2009	教育部
36	旁遮普大学	国会批准	旁遮普	2009	教育部
37	拉贾斯坦大学	国会批准	拉贾斯坦	2009	教育部
38	泰米尔纳德大学	国会批准		2009	教育部

续表

序号	学校名称	主要特点	地点	建校时间（年）	所属
39	HNBG 大学	国会批准	多校区	2009	教育部
40	查谟大学	2011 年新建大学		2009	教育部
41	南亚大学	8 邦联合建设国际大学		2007	其他部委
42	那烂陀大学	特别法案批准的院校		2010	其他部委
43	中央农业大学	农业研究委员会机构		1982	其他部委
44	印度海军大学	军事院校		2008	其他部委
45	拉-甘地国家航空大学				其他部委

资料来源：根据相关资料整理

（二）国家重点院校状况

在印度，国家重点大学属于精英型院校，入学竞争选拔激烈。在市场经济条件下，这类国家重点院校也不再单纯依靠政府经费办学，在数量上得到快速发展。有资料显示，到 2009 年，这类院校已经发展到 72 所，广泛分布在印度各地，如表 5-7 所示（News Indigo.：Website）。

表 5-7　国家重点院校及其分布情况

学校名称	数量（所）	分校区（地点）
规划和建筑学院	3	瓦达，新德里，博帕尔
印度理工学院	17	阿鲁那恰尔，古瓦哈提，巴特那，德里，甘地纳格尔，曼迪，印多尔孟买，布巴尼斯瓦尔，罗巴尔，焦特布尔，金奈，海德拉巴，瓦拉纳西，坎普尔，鲁尔基，卡哈拉戈普尔，
国家技术学院	26	锡尔杰尔，巴特那，赖布尔，德里，果阿，苏拉特，库鲁科斯塔拉，哈默坡，斯里加纳，詹谢普尔，卡纳塔克，卡丽卡特，博帕尔，那格浦尔，梅加拉亚，米佐拉姆，那格兰，罗尔克拉，本地治里，贾朗达尔，斋浦尔，锡金，蒂鲁吉拉伯利，瓦朗嘎，阿加尔塔拉，杜尔加布尔

学校名称	数量（所）	分校区（地点）
全印度医学院	7	巴特那，赖布尔，德里，博帕尔，布巴尼斯瓦尔，焦特布尔，瑞诗凯诗
印度科学教育研究院	5	提卢湾安塔普兰，博帕尔，普纳，莫哈利，加尔各答
印度医学技术学院	1	提卢湾安塔普兰
印度信息技术与管理学院	2	瓜廖尔，安拉阿巴德
印度信息技术制造学院	2	贾巴尔普尔，Kancheepuram
研究生医学教育研究院	1	本地治里
国家药学教育研究院	1	莫哈利
科学创新研究院	1	泰米尔纳德
印度语学院	1	Prachar Sabha
国家青年发展学院	1	斯克里伯里布德
尼赫鲁技术学院	1	安拉阿巴德
石油技术学院	1	Rae Bareli
印度统计学院	1	加尔各答
印度工程技术学院	1	希布尔

资料来源：人力资源教育部

　　2008 年 3 月的内阁会议上，人力资源发展部部长辛格提出在全国范围内新建 9 所印度理工学院、印度工商管理学院和中央大学（如表 5-8 所示），每所新建高校投资 200 亿—400 亿卢比专项财政拨款。其中 2008 年建立的布巴尼斯瓦尔印度理工学院（IITBBS）是本次兴建的第一所新理工学院，于 2009 年 2 月 12 日奠基。其第一批学生来自坎普尔和卡哈拉戈普尔两所学院。学校有 1 万名左右学生和 1100 名左右的教员。

表 5-8 新建地方印度理工学院列表

校称	建校时间（年）	地点	所属邦
罗巴尔印度理工学院	2008	罗巴尔	旁遮普
布巴尼斯瓦尔印度理工学院	2008	布巴尼斯瓦尔	奥里萨
海德拉巴印度理工学院	2008	海德拉巴	安得拉
甘地纳格尔印度理工学院	2008	甘地纳格尔	古吉拉特
巴特那印度理工学院	2008	巴特那	比哈
拉贾斯坦印度理工学院	2008	焦特布尔	拉贾斯坦
曼迪印度理工学院	2009	曼迪	喜马偕尔
印多尔印度理工学院	2009	印多尔	曼德哈亚
瓦拉拉西印度理工学院	1916（2011）	瓦拉拉西	北方

资料来源：根据有关资料整理

（三）中央和邦属两级开放大学

英-甘地国立开放大学建立之后，大学拨款委继续资助各级政府发展远程教育和开放教育，以适应国家城市人口增长带来的多变的学习需求。在拉-甘地政府时期，印度各邦也开始建立地区性开放大学，如哥塔开放大学（KOU，1987年）、那烂陀开放大学（NOU，1987年）和 YCM 开放大学（YCMOU，1989年）。1987年，大学拨款委还创办了一个高等教育电视课程——"国家课堂"（Country-Wide Classroom），每天（星期日和节假日除外）在"全印电视台网络"（Doordarshan Network）上播放两个小时。开设远程课程之初，电视课程内容主要依赖大量外国引进内容，但不久这些课程内容就被印度本土课程所替代。到 1989年，本土课程内容已经达到 60% 以上。课程服务对象主要是本科学生和教师。为了保障该项目顺利实施，大学拨款委还为 2000 多个学院提供相应的电视机和其他设备，帮助它们建立"教育媒体研究中心"（EMRCs）和"音像研究中心"（AVRCs）。其主要任务是进行人员培训、课程开发和软件制作，所需经费统一由大学拨款委提供。此外，大学拨款委还与印度国家卫星系统合作，启动了"大学拨款委-印度卫视项目"（UGC-INSAT Project），进一步帮助高等院校实施远程教育（Sharma，K. A.：167-169）。

自 20 世纪 90 年代以来，印度远程教育进入一个快速发展的时期，很多大学都建立远程教育学院，开展远程教育活动。有数据统计，到 2005 年，印度全国有 12 所开放大学（包括英-甘地国立开放大学）和 106 所远程教育学院，容纳了近280万学生。每年有近130万的学生注册这类学校的课程（Agarwal，P：10）。印度远程高等教育发展规模如表5-9所示：

表5-9 印度远程教育规模变化：1981—2001年

年度（年）	大学数（所）	学生数（百万）	远程教育人数在全部入学人数中的百分比（%）
1981—1982	22	0.91	5.7
1990—1991	40	0.56	10.1
1999—2000	74	1.58	17.0
2000—2001	74	2.00	20.0

陈俊珂，孔凡士．中外教育信息化比较研究［M］．科学出版社，2007：52.

印度提供远程高等教育学习项目的机构有4种类型，分别是国立开放大学、邦立开放大学、大学远程教育学院（即双重模式大学）和私立专业研究院。这4类远程高等教育机构共设立文凭和学位课程100多种；很多传统大学还通过函授学院开设函授课程。另外，印度还创办了包括英-甘地国立开放大学在内的十几所中央和地方开放大学。表示5-10列举了十几所主要的国家和地方开放大学。

表5-10 十几所开放大学名单

序号	开放大学名称	隶属	管辖范围	建立时间（年）
1	阿姆贝德卡博士开放大学	安得拉邦	南部	1982
2	英-甘地国立开放大学	中央政府	全国	1985
3	哥塔开放大学	拉贾斯坦邦	西北部	1987
4	那烂陀开放大学	比哈尔邦	东北部	1987
5	马哈拉施特拉邦开放大学	马哈拉施特拉邦	中部	1989
6	印多尔开放大学	中央邦	中部	1991
7	巴-安贝德卡博士开放大学	古吉拉特邦	西部	1994
8	卡纳塔克邦立开放大学	卡纳塔克邦	南部	1996
9	纳-萨汉斯开放大学	西孟加拉邦	东部	1997
10	罗-唐顿开放大学	北方邦	北部	1999
11	泰米尔纳德开放大学	泰米尔纳德邦	东南部	2001

序号	开放大学名称	隶属	管辖范围	建立时间（年）
12	桑-萨玛开放大学	恰蒂斯加尔邦	中部	2005
13	贝安查尔开放大学	北阿坎德邦	北部	2006
14	汉蒂科邦立开放大学	阿萨姆邦	东北部	2006

资料来源：陈斌：78-81

三、市场经济时期私立高等教育发展

（一）受助私立学院数量减少

20世纪80年代以前，70%的附属学院都属于受助私立学院，其中既有多学科学院，也有单学科学院。在教学方面，既有纯粹以本科生教育为主的，也有包括举办研究生教育的。早期建立的受助私立学院大多是可以举办研究生教育的、多科性质的学院，而较晚期建立的受助私立学院则主要在某一专门学科内进行本科生教育（宋鸿雁：38）。20世纪80年代末，大学的数量从500所增加到大约5000所。政府的资源达到了极限，大多数邦政府被迫停止建立或资助新的大学。因此，中央政府鼓励私人筹资，不承诺提供财政支持，并规定它们应在该地区大学的学术法规下发挥作用。这导致了一种新的私立院校的出现，这些私立院校在没有政府财政支持的情况下，只收取学生的学费维持生存。自费私立学院出现后，一些邦也开始把受助私立学院转制为自筹经费私立学院（NRIC：27）。进入21世纪，印度政府基本完成了受助私立学院的转制，全部转变成自筹经费的私立学院，受助私立学院基本成为印度高等教育的历史。这种变化趋势与印度经济社会整体的私有化、自由化改革是一致的。

（二）自费私立学院合法身份的确立

20世纪80年代之前，尽管学费和赞助费一直是印度私立院校的主要经费来源，但在印度很多地方这类收费被认为是不合理，也不合法的。由于缺乏必要的法律文件对私立学院收取赞助费做出明确的规定，所以除了麦里普大学①等少数私立院校外，大部分学院财务管理混乱，很大一部分学费和赞助费被管理者和举办者中饱私囊。在市场化趋势的影响下，很多私立院校都以营利为目的，教育商业化色彩严重。因此，为了规范管理，实现教育公平，一些邦也制定了

---

① 在麦里普大学，所有事情都在董事会上宣布，每一项收入与花销都记录在账，管理有序又透明。

相关法案对赞助费学院进行管理。譬如，1984 年，卡纳塔克邦对相关私立学院发展问题进行立法，后经多次修订补充和完善，对学校办学资格、招生、收费、费用支出等方面进行了比较细致的规定。1993 年，安得拉邦政府判例案结束后，赞助性收取费具有了合理性的法律依据，自费私立学院名称也正式获得合法地位（张继明，张丽丽：52-59）。

（三）私立准大学的快速发展

准大学是根据《大学拨款委员会法》第 3 条之规定，"大学以外的高等教育机构，如果在某一特定领域的工作水平很高，可以被宣布视为大学的机构"，称之为"准大学"或"被认可为大学"。这种做法始于 1986 年。按照规定，准大学享有大学的学术地位和特权，并能够加强其专业领域的活动，而不是成为一个多学院的一般类型的大学。准大学没有资格成为纳附大学拥有附属医院（NRIC：25）。1990—1991 年度，准大学数量增加到了 29 所；1998 年发展到了 38 所。2000 年以后，由于准大学机构的地位有了提升，促进了一批私立准大学机构的发展。2000—2006 年，26 所私立院校获得了准大学的地位。2005 年，准大学数量达到 101 所，其中接受政府资助的有 38 所，不接受资助的有 63 所（Agarwal, P.：14），2007 年达到 110 所，到 2009 年，达到 130 所（UGC：Webpage）。由此可见，准大学增长的速度是非常快的。

在 20 世纪 90 年代之前，准大学审批资格严格，只有少数办学业绩特别突出的优秀的公办学院或者受助私立学院才可能获得准大学地位。因此，准大学发展速度一直比较缓慢，从 1991 到 1995 年，准大学数量一直维持在 29 所。1995 年，为了推动高等教育市场化改革，解决办学经费不足的问题，纳-拉奥政府提出《私立大学法（草案）》，但未获得通过。尽管如此，1995 年之后，政府还是开始放宽准入门槛，大量符合条件的受助学院、自治学院和自筹经费私立学院都可以获得准大学称号，私立准大学数量迅速增加（Agarwal, P：9-20）。特别是 1998 年以后，高等教育市场放开，大量不依赖政府拨款、依靠自筹经费的私立院校都成了准大学。2000 年以后，人力资源开发部、科学与技术联合部联合决定放松对准大学资格的管制，鼓励优秀的高等院校申请获得准大学资格。当然，申请院校必须符合一些客观标准，并接受随后的审查考核。如表 5-11 所示，2000—2006 年是印度私立院校快速发展的时期。在这一时期，印度高等教育办学体制发生很大变化。私立院校数量大约占据高等教育机构总规模的三分之一，成为印度高等教育系统中有机的组成部分。

表 5-11　公立和私立高等院校发展情况（2000—2006）

时间（年）		2000—2001		2005—2006	
类型（所）		大学	学院	大学	学院私立
私立	政府资助	10	4997	10	5750
	无政府资助	21	3202	70	7650
公立	政府拨款	245	4097	268	4225
小计		276	12296	348	17625
合计		12572		17973	

资料来源：Agarwal, P.：156

（四）私立大学的诞生

私立大学是指进入 21 世纪后根据邦议会和国会立法批准建立的私立教育机构。1995 年《私立大学法（草案）》规定："私立大学将是不需要政府资助的自筹经费大学（Sharma, V.：1-29）。"2002 年，查提斯加邦通过第一部《私立大学法》，授权建立最早的邦属私立大学。随后几个邦也陆续通过《私立大学法》建立私立大学。私立大学与公立大学不同，是一种新型大学，一般不设附属学院，但不少私立大学在全国范围内都有不同的分校。例如，赖普尔 ICFAI 大学[①]就有 7 个分校处于不同邦，获得相应地方的立法许可，成为独立的法人实体办学。这些分校是：乌塔拉坎德邦（原北安查尔邦）、特里普拉、锡金、梅加拉亚、米佐拉姆、那加兰、贾坎德校区。因此，私立大学的规模一般比受助私立学院或自筹经费学院的规模要大得多，大都有上万学生的规模。私立大学一般都是多学科的，主要以本科教学为主；有些私立大学也开展科学研究和举办研究生教育；有些私立大学不仅进行不同层次的学位教育，也会进行非学位教育，非学生教育主要指与就业相关的各科技能培训。私立大学在跨国合作办学方面比自筹经费学院更为普遍。在印度，几乎所有的私立大学和学院都不是依靠政府力量举办的，只有一小部分私立院校获得了政府的资助。有些院校本身注册为营利性组织，但也有些院校注册为非营利性组织机构。然而印度高等教育系统仍然以公立院校为主导，私立院校地位相对较低，处于边缘状态。大多数院校以教学为主，开设医学、工程、牙科、护理和其他专业。

[①] 赖普尔 ICFAI 大学是根据 2005 年颁布的《私立大学法》第 9 条第 2 款成立的，2011 年 3 月 25 日获得大学拨款委批准，获得大学学位授予权，并获得全国教师教育委员会学士学位课程认证。

四、日益走向国际化的印度高等教育

（一）留学教育快速发展

在市场经济时期，越来越多印度中产阶级家庭开始有能力送子女留学海外，出国留学人数不断增加。从 1990 年到 1999 年，留学美国的印度学生增长了 46%（戴妍，袁利平：72-276）。到 2002 年，在美高等院校留学的人数达到 66836 人。与此同时，印度政府开始推行教育领域的对外开放，鼓励有能力的大学招收留学生。由于留学费用偏低，以及相对的英语语言优势，印度大学吸引了大量的周边国家及其亚、非、拉发展中国家的留学生到校学习。普纳大学、班加罗尔大学、奥斯马尼亚大学、马德拉斯大学、德里大学等院校不断健全规章制度，注重改善软硬件基础设施，以吸引更多的外国留学生。20 世纪 90 年代，印度大学的国际留学生数量连续几年不断上升。1990—1991 年度，印度大学国际学生有 12899 人，之后，一度印度出现波动，但到 2008—2009 年度，在印度大学国际学生人数达到 21778 人（Yeravdekar，V. R. &Tiwari，G.：373-380），如表 5-12 所示。印度留学教育的主要特征是政府重视，但由于教育基础设施远未得到相应的改善和提高，导致留学教育波动性较大。大部分国际学生来自亚洲和非洲国家。

表 5-12　按区域分布的国际学生数　　　　　　　　　单位：人

地区	1990—1991	1995—1996	2000—2001	2005—2006	2008—2009
亚洲	5741	4831	3866	10493	16004
非洲	6318	4081	2964	2403	4193
北美和南美	263	309	327	654	614
欧洲	173	127	179	206	304
澳大利亚	35	40	44	71	66
其他	369	699	405	629	597
总数	12899	10087	7785	14456	21778

（二）国际合作研究成绩显著

进入市场经济时期之后，印度政府采取了更加开放的政策，积极参加联合国、国际货币基金组织、亚洲开发银行，以及 77 国集团等一系列国际组织举办的各种活动。其目的非常明确，一方面是加强与国外高等教育的交流与合作，

力争获得国外最新信息，另一方面是努力获得经济上的援助。2002 年，世界银行贷款 25 亿美元给印度，专门用于在设备现代化、课程升级和教师培训等方面提高印度理工学院、技术大学和理工学院的水平，这无疑有助于提高印度技术和工程教育的质量。2003 年，香港汇丰银行（HSBC）看中了印度的高等教育市场，要向印度输出有息助学贷款。2009—2010 年度，欧盟启动一项新的奖学金计划，用于全球范围内的学术合作，并向大学学生和教师提供特别援助，帮助弱势群体。来自印度的 675 名学生和 138 名学者受益于该项目（Panikkar, K. N. &. Nair, M. B.：135-146）。

与此同时，印度政府还积极开展双边高等教育交流与合作。其中具有代表性的国际合作项目有：（1）曼-辛格-奥巴马 21 世纪知识创新计划。该计划是印美两国政府的合作研究项目，旨在加强和巩固两国高等院校之间的相互联系，促进教育教学和科研领域的交流与合作。主要合作的领域包括能源、可持续发展、气候变化、环境科学、教育发展与改革、社区发展和创新、城镇与乡村发展等方面，共投资金额 2.5 亿卢比。表 5-13 是主要参与项目的高等院校名单。（2）英印教育和科研创新计划。该计划启动于 2006 年，旨在巩固印度和英国之间教育的联系（UGC-2013：18-20）。该计划在促进两国教育交流与合作方面发挥了重要的作用。该项目为期 10 年，目前已经开发了 20 个子项目，投资总额为 1.75 亿卢比。（3）印度和中国政府合作建立了一项文化交流计划（CEP）。该计划每年向希望到印度进行深造的中国学生发放 25 份奖学金。教育部的中国奖学金委员会是该计划的中国总代理（MOE：Website）。

表 5-13　曼-辛格-奥巴马 21 世纪知识创新计划参与院校名单

印度高校	美国高校
印度理工——坎普尔校区	弗吉尼亚理工学院
印度理工——德里校区	德雷赛尔大学
巴印教大学	匹斯堡大学
圣雄甘地大学	布朗大学
	杜克大学
	普莱茅斯州立大学

资料来源：根据有关资料整理

在开展科技国际合作时，印度尽量与海外印度科学家合作，以减少对外国学者的依赖。海外印度人有 1800 万人，其中只有 300 多名科技人才能接触到世界最新科学技术。在美国得克萨斯的美籍印度科学家成立了一个促进印美科技合作小组，拟在肿瘤、海洋生态、统计计划、理论物理和环境科学方面与印度加强合作。活跃在美国高科技领域的印度人或印度裔美国人组成各种组织，采取不同方式帮助印度加强高等教育和科技研发。其中有个组织在 2000 年集资 10 亿美元计划在印度建立一批世界级的高科技教学中心。印度巴巴原子能研究中心、塔塔基础研究中心、细胞分子生物研究中心，以及孟买大学、印度理工学院等高校都参与了这些项目的合作研究。印度理工学院德里分校还与世界著名的高科技跨国公司 IBM 合作。IBM 公司直接在该校建立了研究开发机构，与该校共同开发高科技电子技术（钮维敢：82-84，6）。

（三）积极开展国际合作办学

首先，印度允许国外的大学和教育机构到印度办学，颁发在其本国不能得到认可的学位证书。根据世界贸易组织的服务贸易总协定（GATS），印度承诺 2003 年以后在教育领域将像对待国内大学一样，一视同仁地对待在印度的外国教育机构。2006 年 11 月，印度政府发表文件许可外资直接投入高等教育，外国大学可以在印度建立校园。这些举措不仅是为了增加投资，而且也是为了激励不同的利益相关者参与知识生产与传播和批判性地创新。印度政府向国外高校打开大门，欢迎外国机构到印度建校以及从事科研工作，借此让越来越多的印度平民在本国国土上接受世界级水平的高等教育。与此同时，很多外国大学也对到印度投资表现出了极大的兴趣。哈佛大学就计划在孟买开展培训项目，除一般的本科和研究生教育外，还将为政府官员和工商界领袖提供管理类培训内容。位于印度南部海德拉巴市的印度工商学院就是与知名的凯洛格商学院、沃顿商学院以及伦敦商学院合作创办的，而密歇根大学商学院也已在印度班加罗尔开设了经济研究中心。2005 年在印度有 150 所外国教育机构在印度运营，招收数千名学生。这些外国教育机构主要来自美国或英国，提供职业或技术课程（Agarwal，P.：11-13）。

其次，印度高等教育机构也积极扩张海外市场。印度在工程、生物科技、数学、化学、农业科技、信息技术等领域具有潜在的出口能力，一些大学也已经获得在其他国家开办相应教育机构的权利，并着手准备开拓海外教育市场（如允许并鼓励本国大学在海外设立分校）。印度正在打算依托其工厂和生物技术等高科技优势向海外教育市场进军，力图建立"世界级"的高等教育，提供"世界级"（World-Class）的教育和培训服务（孙新泉：Website）。

五、市场经济时期高等教育发展中的问题

（一）高等教育存在严重的结构性矛盾

印度是一个新兴经济国家，"金砖"（BRICS）五国之一。从 20 世纪 90 年代以来，经济一直保持稳定性增长态势。快速发展的经济为印度高等教育发展提出要求，也奠定了强大的经济基础。过去 30 年是印度高等教育发展最快的时期。然而，高等教育发展有其自身规律性，急剧的增长必然导致高等教育质量出现问题。印度高等教育长期积累的结构性矛盾日趋突出，具体表现在如下两个方面。

第一，高等教育数量和质量两个方面都存在严重问题。美国《商业周刊》报道：印度有 10 多亿人口，25 岁以下的人数占 60%，但在 17 岁至 23 岁年龄段的国民中，接受过高等教育的只占约 11%。根据联合国教科文组织提供的数据，国际平均水平为 24%，三分之二的发展中国家毛入学率都为 18%，发达国家毛入学率为 58%，2006 年（"十五规划"的最后 1 年）年底，印度毛入学率仅为 6.2%，远不能和发达国家相比，甚至也落后于中国（施晓光：73-75）。印度高等教育不仅数量不足，质量发展也面临严重问题。印度虽然每年都有 300 万名应届大学毕业生走向社会，但高素质人才仍旧供不应求。2005 年，麦肯锡的一项调查显示，印度本土培养出的工程师只有约 25% 可以达到跨国公司的职位要求，金融和财会专业的毕业生能够满足要求的更是低至 15%。尽管目前印度有几所列于世界前位的高校，但印度高等教育发展很不平衡，高质量人才培养集中于少数"精英"院校，例如 80% 的工程学博士都是由少数印度理工学院培养的。另外，按照印度官方公布的数据，2011 年，印度高校在校生人数达到 2750 万，毛入学率为 19.4%（18-23 岁年龄段），其中本科生占 90%，学术型博士生为 77798 人，不到在校生总数的 0.5%（MHRD：4）。

造成印度高等教育质量不高的原因是多方面的：一是基础设施简陋，有相当一部分学校，尤其是私立附属学院，办学规模很小，办学设备缺乏。一些学院通常设在单独一幢房屋里，图书馆藏书很少，班级人数则往往很大（赵中建：153-156）。二是政府投入不足，没有足够财力投资新的教育领域。尽管印度私立高等教育机构得到了较快的发展，但大部分只能依靠自筹经费，结果导致学校办学质量很不均衡。只有少数高质量的学校，大多数都是一些马路边的教学小店（同上）。这些低水平的私立学院很少能提供优质的教育服务，只把追求高额利润作为办学的唯一目标。三是政府监管不到位。政府对私立学院的发展状

况显得束手无策，正如印度政府高等教育法规委员会主任尼-卡兹米所指出的那样："虽然新学院如雨后春笋般地在全国各地发展起来，但很多学院羽翼未丰，缺乏规范性，所开设课程没有经过政府管理部门的批准和认证……，这导致印度大学真正陷入危机之中（Jayaram，N：207-240）。"美国宾州大学印度高级研究所所长德-卡普尔（D-Kapur）也指出："在印度，建立学院和大学不存在任何法规上的障碍。建立这样的大学损伤了诚信，鼓励了贿赂和造假。许多印度年轻人心高气盛，拥有文凭，但是没有受到良好的教育，我们敢肯定这绝不是好现象（Ibid.）。"四是纳附大学不负责。伴随高等教育规模的急剧扩充，一些大学虽然接纳了一些附属学院，但并没有给予实质性指导和监督。纳附大学与附属学院之间只存在名义上的附属关系，在物质和知识上的接触不多，大学很难对附属学院进行管理和质量监督，质量不高也成为必然。五是大学自身教学质量也不尽如人意。如《雅-帕尔报告》指出：

> 印度高等教育所存在的问题主要是学科专业碎片化，缺乏整体性和相互之间的联系。在课堂教学过程中，理论脱离实际，缺乏学术自治和思想自由之精神，教育职业对青年人缺乏吸引力，不仅过于商业化，均衡性问题也十分严重，大学治理模式保守僵化，受到政府和政治压力等现象明显（YPC-Report：1-104）。

第二，劳动力市场就业形势日益严峻，供需矛盾日趋紧张。虽然印度一直保持经济上的快速增长的速度，但经济结构调整缓慢，造成国内失业问题仍然比较突出。由于印度高等教育发展速度和规模超过了国家经济发展的需求和速度，印度劳动力市场容纳能力无法跟上毕业生人数增长的速度。一方面，大学生人数大幅度增加，但社会提供的就业岗位有限，大学生就业问题日趋严重；另一方面，印度整个社会失业率偏高，也影响大学生就业率提高。1994年印度劳动力失业率为5.9%，到2000年达到7.3%。据统计，1993—1994年度印度高等院校本科以上学历毕业生失业率为9.3%，1999—2000年度下降到8.8%，但到2004—2005年度又回升到11.3%（NSSO：Website；Agarwal，P.：163）。2001年人口普查数据进一步显示，4450万实业人口中，本科毕业生失业人数为480万人，约占总失业人口的10.8%。近40%的大学毕业生没有得到有效的就业，失业率为17.2%，高于全国整体失业率。如表5-14所示，失业率和教育水平之间存在正相关关系。教育程度越高的年轻人越不愿意在非正规部门从事低生产率、低收入的工作，这是造成其失业率高居不下的主要原因（Agarwal，

P.：50)。该统计还表明，学历越高的女性在劳动力市场中越处于明显劣势地位。

表 5-14　2004 年印度各教育层次失业率统计

受教育年限（年）	失业率（%）			占失业人口比例（%）		
	总体	男性	女性	总体	男性	女性
0	0.3	0.4	0.1	4.8	5.1	3.8
1—5	1.6	1.7	1.3	13.3	15.2	7.7
6—8	3.8	3.7	4.9	19.0	21.5	11.5
9—10	6.5	5.4	15.8	21.9	21.5	23.1
11—12	9.1	7.6	21.1	15.2	15.2	15.4
高于 12	11.3	8.5	27.0	25.8	21.5	38.5

资料来源：Agarwal，P.：163

与真实失业相联系的是功能性失业，主要表现为受过高等教育的人不能从事自己所学专业对口工作，或者获得高学位的人从事低要求的工作。这种情况是高等教育办学效益低，过渡教育的一种表现，是一种教育资源上的浪费（赵中建：149）。由于高等教育体制落后，学校在办学过程中学科比例和层次比例考虑得不够充分，未能以全体人力规划为基础，人才培养与市场需求脱节，学生在校学习的内容不能满足社会发展所需的实用知识和技能。因此，为了就业，毕业生中出现几百人甚至上千人抢一个"饭碗"，人文社科类硕士博士找不到工作就再回到教育学院攻读教育学士等怪现象（万晓玲等：67-70）。

第三，大学师资队伍建设面临很多挑战。印度学者研究发现，进入 21 世纪，印度大学越来越难以吸引到优秀毕业生从事教育和科研工作。如果走到印度大学校园询问研究生是否愿意留校从事教学和科研工作，很多学生都持有否定的态度。很多校长、院长和系主任都曾经表示，他们的大学有很多岗位亟待优秀青年学子充实。虽然有些大学每年也可以收到许多岗位申请者，但真正优秀的青年，具有潜在学术能力的学子寥寥无几。有资料显示，印度高校每年需要新增教师 15000 人，而每年印度高校自身培养的博士仅有 2 万多人，其中有工科和理科博士 6000 多人，他们很少愿意选择留校从事科研和教学工作。造成这种情况的因素有很多，主要的原因是：伴随全球化时代的来临，大量印度高级人才流失海外，给大学师资队伍建设带来很多压力；经费短缺、科研环境和生活待遇差使得很多优秀青年学子不愿意投身教育、科研和学术（Sunder，S：

4)。另外，根据联合国教科文组织发布的数据，在世界各地，印度博士毕业生在高校就业和从事教师工作的平均比率最低，如表5-15所示。

表5-15　世界各地区印度博士毕业生在高校就业和从事教师工作增长状况
（1995—2000）

地区	毛入学率（%）		百万人口教师数（人）	
	1995 年	2000 年	1995 年	2000 年
北美	61.7	80.7	2980	3612
亚洲大洋洲	28.8	42.1	2162	3205
欧洲	32.3	50.7	2042	2393
阿拉伯	11.5	14.9	653	730
拉美/加勒比	15.7	19.4	1422	1608
印度	6.0	7.2	436	434
世界平均	12.5	14.4	964	1084

资料来源：《UNESCO 教育报告》（1990—2000）

（二）高等教育拨款体制问题严重

第一，高等教育投入不足。虽然印度高等教育经费主要由政府财政支出、学生学费、私人捐赠、高等院校自筹资金和国际援助构成，高等教育经费筹措呈现多元化趋势，但从经费来源比例构成上看，印度高等教育经费主要还是来自中央和联邦政府的投资，地方政府也有少量投入，学费所占经费比例不高，且有逐年下降的趋势。这种对政府单一投资模式的依赖给中央财政造成巨大压力，对印度高等教育规模的继续扩展产生了较大影响，尤其是对教育质量造成极大的不良影响。总体来说，印度每年在高等教育方面的财政支出只有20亿美元，仅占其国内生产总值的0.37%，该数字同样也落后于发达国家及亚洲地区很多国家（见表5-16）。

表5-16　部分国家的高等教育经费比较（2002—2003）

国家	占 GDP 比重（%）	生均公共经费（美元）	人均国内生产总值（美元）
美国	1.41	9629	36006
日本	0.54	4830	31407
俄国	0.62	1024	2405
中国	0.50	2728	989

续表

国家	占 GDP 比重（%）	生均公共经费（美元）	人均国内生产总值（美元）
印度	0.37	406	487
韩国	0.34	1046	10006

资料来源：Agarwal, P.：161

印度政府奉行市场经济体制改革之后，印度高等教育财政中的政府公共支出急剧缩减。1980—1990 年，高等教育公共支出占中央政府五年规划支出的比例一直持续在 12.6% 左右，到 1994—1995 年，政府高等教育公共经费下降到 6%（加雅拉姆．N.，阿特巴赫，菲利普：24-32）。随着印度高等教育入学人数增多，生均教育经费急剧缩减，这个过程在 20 世纪 90 年代表现得尤为明显。印度专家估计从 1991 年到 2003 年 12 年间，生均高等教育教育经费降低了 28%（Agarwal, P.：21），高等教育经费预算比例的急剧下降进一步加重了高等教育的财政危机。20 世纪 90 年代初，印度大学联合会对各个大学财政状况进行调查，发现 20 世纪 80 年代后半期只有几所邦大学没有财政赤字，但到 20 世纪 90 年代，大多数大学都出现程度不同的财政赤字问题，有的大学甚至连年出现严重财政赤字。2000—2001 年，印度政府强行将高等教育拨款减少 10%，这无疑进一步加重了印度高等教育经费紧缺的情况。此外，印度政府在严格控制学校收费标准的同时，在税收方面未对用于教育事业的捐赠实行优惠政策，致使印度高等教育经费中的社会捐赠极为有限。

第二，高等教育经费分配不合理。长期以来，印度在财政拨款结构上偏向于中央大学，将其作为高等教育投资的重点。地方大学和附属学院虽然也能获得一定资助，但并不是印度高等教育的核心（吕炜等：61-67）。在高等教育经费分配中，85% 的公共高等教育经费投入约 130 所重点高等院校中，其他一般院校只占经费的 12%，而约 17625 所附属学院仅占公共经费的 3%（Agarwal, P.：21）。在印度，由于公共经费分配的失衡，附属学院只能朝私有化方向发展，导致私人资本开始大量涌入高等教育领域。虽然高等教育私有化是未来的一种发展方向，但面对大量私人资本介入高等教育，政府自身却表现得无所适从，印度政府的拨款制度还未能应对高等教育内部改革的要求。

（三）高等院校人事制度等改革遭到前所未有的抵制

从 2000 年 9 月 10 日开始，德里大学的 7000 名教师举行了为期一周的罢工，这是由 3 个截然不同但又相互关联的事件引发的。第一个是大学拨款委转发人力资源开发部拟实施的新政，引起了教师们的不满。其内容包括：（1）完全冻结所有自治学院的招聘工作；（2）禁止开设所有级别的职位；（3）削减员工总人数的 10%；（4）撤销所有超过一年的空缺岗位等。第二个是增加教师工作量。尽管教师数量短缺，但出于成本核算的考虑，大学拨款委决定大学编制拨款，导致德里大学等高等院校对教师工作量和岗位数量作出了新规定：在每周 40 小时的整体工作量标准下，鉴于政府只为大学提供 80% 的教学职位编制，而且是暂时填补①，大学不得不削减掉 20% 的工作岗位，同时增加在岗人员的工作量。第三个是大学拨款委调整投资模式，将部分划拨给附属学院的经费直接拨款到中央大学。然而这些大学并没有合理地将划拨经费进行二次分配，甚至设想将部分附属学院转交给邦属大学管理，乃至不考虑一些邦属大学根本没有能力接管这些附属学院。这项政策给一些附属学院财政造成很大困难，引起教师们的不满。印度大学新政是市场经济下的产物，它试图利用市场因素，推动大学人事制度和管理制度改革，但是由于受到长期形成的惯性影响，加之一些政策并不合理，新政遭到一些利益相关者，尤其是教师组织的抵制是不可避免的（Kumar, T. & Vijender, S.：603-607）。

六、深化高等教育改革的主要措施

（一）落实国家发展五年规划，实施系列工程

1991—2004 年是印度高等教育发展的重要时期。为了落实国家五年教育发展计划，印度政府一方面在数量和规模上采取了扩充倍增计划，另一方面将重点转移到质量的提升上，使之能够适应 21 世纪全球知识经济时代的需要。从纳-拉奥政府到曼-辛格政府，印度政府提出实施了一系列工程项目。

第一，图书馆改造工程。"九五规划"指出，随着高校扩招，基础设施，尤其是现有大学图书馆已经无法满足学生学习的需要，应该增加资金投入对其条件予以改善。1998 年，印度大学拨款委接受了高校图书馆第二国家委员会的建议，批准大学图书馆实施改造计划。

第二，重点大学建设工程。为了追求大学卓越，印度政府将少数大学确立为重点建设院校，每年分别投入 5000 万卢比作为重点建设资金。获得资助的院校称之为"有潜力成为卓越院校的大学"（Universities with Potential for Excellence）。2000—2001 年度，贾-尼赫鲁大学、海德拉巴大学、金奈大学、普纳大学和贾达普大学获得此殊荣。

---

① 按照大学拨款委计算，各大学学院的教师将过剩 35%，大学需要进行内部人事制度改革。

第三，教育行政管理人员的培训工程。为了提高高等院校办学水平和教育质量，大学拨款委成立了一个专门委员会负责对行政管理人员进行培训工作。1992年，委员会提交了一份报告，建议建立国家级培训学院。学院性质定位为跨院校中心，目标和职能是研制国家培训政策、开展相关研究、促进高等教育管理水平的提高、培训相关院校的行政人员等。1993年，印度政府成立了国家高等教育培训与科研学院，正式开始实施行政人员培训计划。

第四，学科及新兴研究领域建设工程。1997年，印度政府对大学所有学科专业进行审查和评估。大学拨款委专门成立了一个专家小组，审查在大学中增设的新学科和新兴研究领域。环境教育就是其中一门学科。委员会审查批准支持在不同大学院系开办这一学科的研究生班和研讨班。有10所大学开办了环境教育专业，大学拨款委还负责组织出版了相关的教材和文献。此外，为了满足不发达的农村地区的人，尤其是妇女、部落和高山地区人们的需要，大学拨款委组织开发了8个学科领域的课程，其中包括农业服务、旱地耕种、农村手工艺、丘陵农业、森林学、非传统能源、土地保护和水利管理、林业和野生动植物管理。另外，幼儿保育和教育两个学科在早期已经开设。

第五，扶植和发展印度传统文化工程。1993年，大学拨款委启动"大学推广瑜伽教育和实践"课程项目，目的在于促进在大学校园建立瑜伽教育和实践中心，开设瑜伽课程。当时有10多所大学里都设立了瑜伽系，很多系起名为"人性良知与瑜伽科学系"。这些系的主要任务是招收培养本科生和研究生，同时还开展相关学科的研究。此外，大学拨款委还支持巩固和加强梵文教育的教学与科研活动，设立"大学拨款委梵文奖学金"，将1999—2000年度作为"推广梵文教育计划年"，57所大学和学院利用所获得的专项经费建立了大学梵文语言中心（Agarwal，P.：106；施晓光：118 - 129；Sharma，K. A.：167-169）。

（二）建立高等教育质量保证机制

20世纪90年代是高等教育质量保障的10年。1992年3月，为了保障高等教育质量，印度政府批准建立完全自主性的跨院校大学委员会——国家高等教育认证委员会。该委员会负责在大学拨款委领导下，开展高等院校评估工作。1994年7月，该委员会更名为"国家评估和认证委员会"，简称"国家评认委"，总部设在班加罗尔。按照《大学拨款委员会法》规定，该委员会有权评估和认证印度高等教育机构，促进其教学和科研水平的提高。为了保障该委员会能够发挥出应有的作用，大学拨款委建议将拨款制度与评估和认证制度挂钩，具体要求：第一，各邦政府应该像以往一样自由建立、批准和资助新建院校，但是这些院校在获得认证之前不能接受中央财政资助。没有通过认证的邦属院校仍然完全由各邦负责资助、发展和支持。第二，对于新建央属院校，在获得认证之前需要实施单独拨款和经费分配政策。第三，在该委员会建立 5 年之内，只有被认证的院校才有资格获得中央财政拨款。这样的决定似乎过于严格，但对建立认证制度是有意义的，任何院校都必须毫无例外地接受这样的规则（NAAC：Website）。

国家评认委成立之后，很快就制定出五项工作目标：（1）提高高等教育及其专业设置水平；（2）促进高等院校学术环境改善和教学科研质量提高；（3）帮助高等院校确立学术目标；（4）促进高等院校实现必要的改革和改造；（5）鼓励高等院校开展自我评价和问责（Ibid.）。从管理上看，国家评认委主要是通过普通委员会和执行委员会开展工作的。在这两个委员会中，成员来自全国各地的教育管理者、政策制定者和高等教育专家。普通委员会主席由大学拨款委主席担任，执行委员会主席则由高等教育评估领域的知名学者担任。国家评认委下设很多咨询委员会和协商委员会，负责开展具体的评估和认证工作，同时也负责制定各项评估方案和政策。

国家评认委的成立，标志着印度高等教育质量保障体系的初步建立。经过 10 年发展，这个体系日趋成熟，形成一套既遵循国际惯例，又突出本国特色的高等教育质量保障体系。这个质量保证体系一共包括 7 个一级指标和若干个二级指标，具体情况如表 5-17 所示：

表 5-17　印度高等教育评估指标体系

一级指标	二级指标
课程	目标指向；课程开发；专业选择；学术灵活性与反馈机制
教学和评价	录取过程；对多样需求的满足；教学过程；教师素质；教学评价；学习和改革评价
科研、咨询和社会服务	科研促进科研产出；出版产出；咨询和社会服务活动；社会服务的参与；对外联系
基础设施和教育资源	实际设施、基础设施维护；作为学习资源的图书馆、计算机和其他设备
学生支持和学生发展	学生精神面貌；学生发展；学生支持；学生活动

一级指标	二级指标
组织和管理	目标价值取向；决策、组织结构；职能部门权力和职责；目标规划；人力资源的权力规划和招聘；业绩评价；职员发展项目；资源流和财务管理等
健康实践	全面质量管理；革新；教育价值基础；社会责任和公民角色；综合发展；周围环境和整改措施等

资料来源：NAAC: A Decade of Dedication to Quality Assurance, http://naac.gov.in/docs/NAACpdf

1994 年，国家评认委开始启动大学评估项目。105 所大学和 2311 所学院接受了该委员会组织的评估。除此之外，在这一时期，全印技教委下属的国家认证委员会也开始对全国技术类院校进行全面的评估和认证工作。到 2003 年年底，202 所院校的 895 个专业接受了国家认证委员会的评估和认证。当然，接受评估和认证的院校数占整个同类院校总数的比例仍然很低，很多知名院校很不情愿去接受来自这两个委员会的评估和认证。截至 2002 年 5 月，国家评认委对 263 所高校进行了认证，其中 261 所高校评估结果为合格。截至 2004 年 5 月，鉴定合格的高校增加到 1550 所，包括 109 所大学和 1441 所学院，其中有 785 所高校的鉴定分数在 75 分以上（许德仰，许明：50-53）。

虽然国家评认委工作成绩显著，但是在迅速发展过程中，印度高等教育质量保障体系及其运行机制方面还存在着诸多问题。（1）自主办学问题，是评估中的一项重要内容。其重要程度甚至超过学术和管理自由，是所有指标中分值最高的指标。在扩大办学自主性方面，很多院校在人才引进、分权治理、民主参与等方面都有了一定的改善，但整体执行效果并不理想。（2）教学、学习和评价问题，是很多院校得分较高的指标，但其革新能力尚且不足。（3）教师任命和聘任也问题突出。很多学校在师资队伍建设方面缺乏长远考虑，师资力量投入不足是导致质量不高的主要原因。（4）基础设施建设问题。印度高校基础设施建设方面成就显著，但设备利用率不高问题仍然比较突出。设备利用率不高是管理低效的一种反映。（5）课程方面总体状况良好，但改革的空间也较大。课程改革需要教师的广泛参与，需要不断对教学内容和课堂体系进行更新和改造，在一些职业和技术院校中，需要加快建立以工作为导向的课程体系。（6）科研、协商和扩展问题。高等院校还有很多方面需要更加聚焦，使之实现系统的最优化。科学研究是大学的主要职能，大学各院系应该动员各种资源，实现学术人员科学产出的最大化。在获取科学研究经费方面，高等院校还需更加注意建立协商机制，不断向外扩展研究领域的资金获取渠道，从社会各方面筹措资金。(7) 治理和管理问题。大学治理和管理是高校教学和科研的支持系统，对实现大学基本职能起重要保障作用。在评估中发现，很多院校管理能够帮助学术人员克服各种障碍，但有时政府管理和政治干预也成为教学和科研质量提升的绊脚石（NAAC：Website）。

（三）继续深化高校招生考试制度改革

大学招生考试制度是高等教育领域的一个重要问题，直接影响高等院校学生质量和学术水平，关系社会平等和教育效果。进入 20 世纪 90 年代，纳-拉奥政府启动新一轮大学招生考试制度改革，具体措施有（Agarwal, P.：103 - 113）：第一，实行分流招生，大力推行全国专业院校联考制度（JEE-main：webapge），其目的在于减轻普通高等教育的压力。根据《1992 年行动计划》安排，印度政府在全国范围内针对普通工程类院校启动技术联合入学考试办法，进行技术类院校单独考试制度改革探索，并取得成功。2002 年，印度中央中等教育委员会（CBSE）正式设立了具有全国性质的、针对工程技术类专业的联合入学考试——全印度工程入学考试，简称"全印工程考"（AIEEE）。2013 年，全印工程考更名为主要联合入学考试，简称"主联考"（JEE-Main）①。它共有两份试卷（卷一和卷二），其中卷一是针对工程类专业的考试，内容包含了三个独立的模块：物理、数学和化学。每个模块中包含 30 道多项选择题。主联考考试内容的设计与专业要求完成了匹配，同时考试题型以多项选择题为主。考试的成绩可作为 31 所"国家重点技术院校"（NIT）、23 所印度信息技术研究所（IIIT），以及其他一些受中央资助的技术类院校（Centrally Funded Technical Institutes）的录取依据。同年，主联考开始作为印度理工学院入学考试的一个筛选性阶段考试，它与印度理工学院举行的高级联合入学考试［简称"高级联考"（JEE-Advanced）］共同构成了全国性的关于工程类专业的入学考试体系——联合入学考试，简称"联考"（JEE）。联考成为选拔工程类专业人才的重要依据。其中高级联考分为两次考试，每次考试的内容不同但都包含三个独立的模块：化学、数学和物理。该考试也是一种标准化考试，所有题目都是客观题，两张试卷均为必答卷。由此可见，无论是考试形式还是考试内容，工程类大学都十分注重对考生数理素养的考查，从而实现生源的选拔与专业的高度匹配

---

① 2017 年，印度设立了专门组织专业联合入学考试的机构——国家测试机构（NTA）来负责组织工程类的主联考，提升了考试的信效度。

（肖海霞：25-26）。第二，适当控制高等教育入学规模，提高现有设施教育质量。除允许落后地区的院校适当发展外，政府要制止盲目兴建新学校趋势的蔓延。在新建高等院校时，务必认真规划新建高等院校的地理位置，尽量考虑布局合理和地区平衡，同时也要考虑师资和财源等。对现有招生人数少、规模不大的院校进行适当调整，每校规模最少保证在 500 人以上。另外，鼓励高等院校开始远程在线课程，向无法再参加联考的青年提供接受高等教育的机会。为此，印度政府还成立了校外大学考试委员会，鼓励学生自学成才。只要考试成绩合格，也可以得到文凭和学位。第三，继续实行根据考试成绩择优录取的招生考试政策，吸引好成绩的学生到高等院校，但同时也为较弱阶层保留一定量的入学名额（马加力：175-178）。在印度，高等院校，尤其是公立大学在招生录取上都十分注重"中教委考试"或"考试委考试"成绩的高低。考生必须同时在注重学术方面表现的校外测评和注重非学术方面表现的校内测评中都取得相应的分数或成绩等级才能通过这种考试。2006 年，印度政府通过了《宪法第 93 次修正案》，正式要求所有高等院校为其他落后阶级保留 27% 的配额。尽管这一决策引起了上层阶级的强烈抗议和一些公立精英大学的抵制，但到曼-辛格政府还是坚持执行这一政策（杨思帆，梅仪新：151-154）。2007 年 11 月，他在印度独立纪念日时强调指出：

> 只有所有的国民都能接受教育，这个国家才能取得进步。为了使每个公民都能够享有因经济发展而创造的新的就业机会，我们必须确保每一个印度人都要接受教育、具有技能。……对于那些没有接受任何教育的人来说，民主与发展是毫无意义的。这就是我们的宪法制定者特别关注表列种姓、表列部落和其他弱势阶层的原因……印度将长期致力于为表列种姓、表列部落、其他落后阶层和少数民族的社会、经济、政治和教育的发展争取更多的权利。在教育领域，除了有效地实施现存的招生预留名额制外，还要实施更多的奖学金和发展计划，以使他们从中获取更有力的支持（MHRD：Web-page）。

2008 年由这一政策引发的骚动终于尘埃落定，在公立大学中开始执行这一政策。此时，印度政府为这三大弱势群体在公立大学入学配额的保留比例已经高达 49.5%。此外，公立大学还对残疾学生实行了 5% 左右的入学配额保留，进一步拓宽了弱势群体获得优质高等教育的范围。

（四）继续深化高等教育体制和教学改革

深化高等教育体制和教学改革是一项长期的工作。第一，继续把发展自治学院作为高等教育改革的重点。在市场经济时期，印度政府十分重视自治学院改革，但由于历史和现实原因错综复杂，大学与附属学院均缺乏足够的改革动力。其根本原因在于：（1）自治学院没有真正享有自主权，关键性的学位授予权仍牢牢掌握在大学手中。自治学院内部所有重要的领导岗位和决策机构均有大学代表参与，影响和制约着学院自主权的行使，从而挫伤了学院改制的积极性和主动性。（2）大学拨款委承诺的经费资助往往不能及时和足额到位，这影响到转型规划的实施。同时，自治学院管理水平较低和缺乏民主，影响了广大教师参与自治的积极性。（3）印度社会消极传统的势力极为强大，附属学院的众多领导和教师安于现状，缺乏改制的动力，亦缺乏相应的激励机制（吴式颖，褚宏启：788）。另外，坚持推行高等教育经费多元化筹措制度。经过市场经济时期的财政制度改革，印度高等教育经费来源日趋多样化，包括政府财政支出、学生学费、私人捐赠、高等院校自筹资金和国际援助等，但从印度高等教育经费来源的比例上看，主要经费几乎都来自中央政府公共经费，地方政府也有少量投入，学费所占经费比例不高，且有逐年下降的趋势。这种对政府单一投资模式的依赖，一方面给中央财政造成巨大压力，另一方面对印度高等教育规模继续扩张造成一定影响，高等教育财政改革任重而道远。第二，坚持高等教育私有化改革，不断提高私立院校办学质量。私有化代表未来的一种发展方向。伴随市场高等教育私有化改革的推进，私立院校发展迅速，私立大学得到政府和社会的普遍认可。2004年，曼-辛格执政时印度高等教育利用私人资金的状况已经有了很大发展。私立学院数量约占全国学院总数的3/4。第三，深化高等院校教学，加速推进校企合作。进入21世纪，印度政府十分重视高等教育与产业界的合作。2008年，曼-辛格组织 FICCI 高等教育峰会，参会600多名代表中，企业代表达到了18%，而且多为企业领袖。作为一次教育峰会，如此之多企业界"大腕"参加，体现了高等教育与企业界合作前景广阔。德里大学加拿大研究中心主任坎-纳伊尔（K-Nail）指出："因为社会理论成果及学术的流动性，以及企业的社会责任要求，学术界与政府、企业的结合是至关重要的（杨思帆，梅仪新：151-154）。"第三，加速推进印度高等教育国际化进程。历史上，印度素有与国际合作的传统，包括印度理工学院、印度商管学院等顶尖大学都与英国、美国、德国、苏联、联合国教科文组织等之间的联系源远流长。早期建立的国家重点院校得到上述国家和组织的大量教育援助。20世纪90年代，印度为适应全球化调整，加速推进高等教育国际化，印度认识到高等教育交流与合作的重要性，采取鼓励留学的政策，成为仅次于中国的世界最大的留学生输出国。印度与美国和英国等国的科研合作项目也取得较大的进展。2008年，印度和加拿大联合举办高等教育峰会，深化了印度和北美高校之间的国际合作。2009年7月，印度人力资源发展部部长卡-西巴尔表示，印度会尽快完成相关立法，以设立分校或项目合作等灵活方式，向外国投资者和一些世界顶尖大学开放其高等教育，允许哈佛、斯坦福和耶鲁等顶尖大学进入印度等等（同上）。

参考文献

中文文献

1. 安双宏，李娜，王占军，等．印度教育公平战略及其实施成效研究［M］．杭州：浙江大学出版社，2015．

2. ［美］B·伯恩，等．九国高等教育［M］．上海师范大学外国教育研究室，译．上海：上海人民出版社，1973．

3. 曹孚．外国古代教育史［M］．北京：人民教育出版社，1981．

4. ［德］马克思恩格斯．记殖民主义［M］．易廷镇，等译．北京：人民出版社出版，1962．

5. ［印］D.D. 高善必．印度古代文化与文明史纲［M］．王树英，译．北京：商务印书馆，1998．

6. ［英］哈罗德·珀金．历史的观点［M］//伯顿·克拉克．高等教育新论：多学科的研究．杭州：浙江教育出版社，1988．

7. ［美］伯顿·R. 克拉克．高等教育系统：学术组织的跨国研究［M］．王承绪，等译．杭州：杭州（浙江）大学出版社，1994．

8. ［美］伯顿·R. 克拉克．高等教育新论：多学科的研究［M］．王承绪，等译．杭州：浙江教育出版社，1988．

9. ［巴］M.A. 拉希姆，等．巴基斯坦简史［M］．四川大学外语系，译．成都：四川人民出版社，1976．

10. 林承节．殖民统治时期的印度史［M］．北京：北京大学出版社，2005．

11. 林承节．独立后的印度史［M］．北京：北京大学出版社，2005．

12. 李连庆．我在印度当大使［M］．北京：辞书出版社，2007．

13. 马加力．当今印度教育概览［M］．郑州：河南教育出版社，1994．

14. 马骥雄．外国教育史略［M］．北京：人民教育出版社，1991．

15. ［印］摩奴·摩奴法论［M］．蒋忠新，译．北京：中国社会科学出版社, 1986.

16. ［德］马克思恩格斯选集（第2卷）［M］. 编译局, 译. 北京：人民出版社, 1995.

17. ［日］平川彰. 印度佛陀教史［M］. 庄昆木, 译. 北京：北京联合出版公司, 2018.

18. ［印］维-普拉卡什. 印度高等教育：应对当前的挑战［M］//施晓光, 严军. 全球知识经济中的高等教育. 北京：北京大学出版社, 2011.

19. 滕大春. 外国教育通史（第六卷）［M］. 济南：山东教育出版社, 1994.

20. 王长纯. 世界教育大系·印度教育［M］. 长春：吉林教育出版社, 2000.

21. 王新颖. 奇迹的建构：海外学者论中国模式［M］. 北京：中央编译出版社, 2011.

22. 吴式颖, 任钟印. 外国教育思想通史［M］. 长沙：湖南教育出版社, 2002.

23. 吴式颖, 褚宏启. 外国教育现代化进程研究［M］. 太原：山西教育出版社, 2005.

24. 闫亚林, 宋鸿雁. 印度高等教育发展研究：20世纪80年代至今［M］. 西安：西北大学出版社, 2011.

25. 张双鼓, 薛克翘, 张敏秋. 印度科技与教育发展［M］. 北京：人民教育出版社, 2003.

26. 曾向东. 印度现代高等教育［M］. 成都：四川大学出版社, 1987.

27. 赵中建. 战后印度教育研究［M］. 南昌：江西教育出版社, 1992.

28. 安双宏. 印度政府对高等教育的管理［J］. 比较教育研究, 2006 (8).

29. 安双宏. 论印度大学考试制度的弊端［J］. 比较教育研究, 2004 (6).

30. 安双宏. 印度高等教育的经费紧缺及其对策［J］. 外国教育研究, 2001 (3).

31. 董蕾. 大象的舞蹈：印度高等教育与软件业发展［J］. 中国现代教育装备, 2005 (6).

32. 陈斌. 印度远程教育的发展模式研究［J］. 现代远距离教育, 2011 (3).

33. 吕炜，王伟同，张妍彦. 发展中国家高等教育财政的国际比较 [J]. 财经问题研究，2004 (11).

34. 戴妍，袁利平. 印度高等教育国际化的特点及趋势 [J]. 比较教育研究，2010 (9).

35. 胡光利. 基督教传入印度始末 [J]. 辽宁大学学报，1988 (2).

36. 高鲲. 印度的保留政策和种姓矛盾 [J]. 南亚研究，1992 (2).

37. 顾培均. 印度英迪拉·甘地国立开放大学的历史和现状 [J]. 现代远距离教育，1996 (1).

38. 龚祥国，陆海云. 具有创新精神的英迪拉·甘地国立开放大学 [J]. 中国电大教育，1987 (2).

39. 黄俊伟，俞贵邦. 厚积薄发：印度理工学院成功之谜 [J]. 大学教育科学，2004 (3).

40. 黄军英. 从国家创新体系看印度发展信息技术的成功经验 [J]. 科技与经济，2006 (4).

41. 姜桂兴. 对印度新科技政策的解析 [J]. 中外科技信息，2003 (11).

42. 姜景奎. 再论中世纪印度教帕克蒂运动 [J]. 南亚研究，2004 (1).

43. 季诚钧. 印度大学附属制对我国独立学院的启示 [J]. 教育研究，2007 (7).

44. 梁忠翠. 迷失：基于尼赫鲁性格与中印边界冲突的分析 [J]. 理论导刊，2017 (11).

45. 林承节. 英国东印度公司怎么样从商人组织转变为国家政权 [J]. 南亚研究，1988 (1).

46. 刘冬，周岱. 透视印度 IT 教育的历史与现状 [J]. 世界教育信息，2007 (5).

47. 刘淑华，王旭燕. 印度高等教育大众化进程中的经费来源渠道探析 [J]. 外国教育研究，2016 (3).

48. 马骥雄. 古代印度教育 [J]. 杭州大学学报，1985 (2).

49. ［印］N. 加雅拉姆，P. 阿特巴赫. 孔子与古鲁：中国与印度学术职业的变革 [J]. 高等教育研究，2007 (2).

50. 钮维敢. 论印度高等教育在科技方面的外向开拓 [J]. 南亚研究季刊，2005 (3).

51. 欧东明. 印度教与印度种姓制度 [J]. 南亚研究季刊，2004 (4).

52. 欧东明. 印度民族认同与宗教认同 [J]. 南亚研究季刊，2008 (4).

53. 秦力. 印度高等教育值得探讨的几个问题 [J]. 南亚研究季刊, 1987 (3).

54. 邱永辉. 试论印度保留政策 [J]. 南亚研究季刊, 1991 (1).

55. 曲恒昌. 独具特色的印度大学附属制及其改革 [J]. 比较教育研究, 2002 (8).

56. 尚劝余. 甘地、尼赫鲁与印度式社会主义道路的形成 [J]. 南亚研究, 2017 (2).

57. 施晓光. 印度教育 "保留政策" 问题探析 [J]. 比较教育研究, 2008 (10).

58. 施晓光. 走向 2020 年的印度高等教育: 基于印度 "国家中长期发展规划" 的考察 [J]. 中国高教研究, 2011 (6).

59. 施晓光. 印度高等教育政策的回顾与展望 [J]. 北京大学教育评论, 2009 (4).

60. 王新有. 印度佛陀教兴衰进程中的政治因素研究 [J]. 南亚研究季刊, 2013 (1).

61. 万晓玲, 吴松, 邵松林. 印度高校毕业生就业状况评估及启示 [J]. 比较教育研究, 2006 (2).

62. 熊坤新, 严庆. 印度民族问题与民族整合的厘定 [J]. 西北民族研究, 2008 (2).

63. 许德仰, 许明. 印度高等教育质量保障体系面临的问题与对策 [J]. 高教发展与评估, 2005 (6).

64. 杨旭彪. 貌似神离: 基督教在印度的传播及其本土化特点 [J]. 贵州社会科学, 2016 (2).

65. 易红郡, 王晨曦. 印度高等教育发展中的问题、对策及启示 [J]. 清华大学教育究, 2002 (5).

66. 杨文武. 印度吸引外国留学生现状分析 [J]. 南亚研究季刊, 2005 (2).

67. 杨思帆, 梅仪新. 印度辛格政府的高等教育改革动向 [J]. 教育评论, 2009 (6).

68. 张继明, 张丽丽. 近代以来印度私立高等教育发展历程及启示 [J]. 贵州师范大学学报 (社科版), 2018 (1).

69. 张淑兰. 印度国大党的社会主义: 回顾与展望 [J]. 马克思主义研究, 2010 (8).

70. 杨文阳，张屹．印度新兴的远程家教产业对我国远程教育发展的启示［J］．现代远距离教育，2006（4）．

71. 朱明忠．评尼赫鲁的社会主义思想［J］．当代亚太，1998（8）．

72. 郑信哲．印度政府对表列种姓表列部落的特殊教育政策［J］．世界民族，1998（2）．

73. 张怡真，杜凯华．印度高等工程技术教育发展历史与现状［J］．河北大学学报（哲学社会科学版），2013（5）．

74. 张嘉妹．印度中世纪宗教文化的特点及启示［J］．南亚研究，2013（2）．

75. 邹宏如，敖洁，李铁明．印度科技人才培养及其启示［J］．贵州大学学报（社会科学版），2006（4）．

76. 庄静．古儒库拉：古老的印度古典音乐传承模式［J］．中国音乐，2019（6）．

77. 庄万友．莫卧儿人的统治及其对英国人在印度统治的影响［J］．南亚研究，1994（1）．

78. 张梦敏．尼赫鲁至拉杰夫·甘地执政时期印度高等教育的发展研究［D］．贵阳：贵州师范大学，2017.

79. 张智迅．英国东印度公司征服印度的军事因素研究（1757—1849）［D］．贵阳：贵州师范大学，2002.

80. 张昊．1937-1946英属印度穆斯林学生运动［D］．兰州：西北师范大学，2016.

81. 袁朋．独立后到90年代初期印度高等教育的发展［D］．保定：河北大学，2006.

82. 赵芹．印度高等教育附属制度研究［D］．厦门：厦门大学，2007.

83. 周小明．印度宪法及其晚近变迁［D］．上海：华东政法大学，2013.

84. 肖海霞．独立后印度公立大学本科招生录取制度研究［D］．南昌：南昌大学，2019.

85. 吴春燕．印度教育的发展与印度现代化［D］．福州：福建师范大学，2007.

86. 王月青．印度阿-瓦杰帕伊政府时期的经济改革［D］．西安：西北大学，2008.

87. 宋鸿雁．印度私立高等教育发展研究［D］．上海：华东师范大学，2009.

88. 刘筱. 印度工程技术教育发展研究 [D]. 重庆：西南大学, 2012.

89. 崔金宁. 印度教育现代化的历史演进研究 [D]. 西安：西北大学, 2006.

90. 陈群, 英属印度高等教育的殖民化 [D]. 上海：华东师范大学, 2009.

91. 郑伊从. 独立后印度高等教育经费投入问题研究（1947—2006）[D]. 桂林：广西师范大学, 2014.

92. 刘晓霞. 独立后印度高等教育的发展与印度现代化 [D]. 太原：山西大学, 2010.

93. 李英. 印度教师教育研究 [D]. 重庆：西南大学, 2013.

94. 梁捷. 尼赫鲁的雄心与五年计划后遗症 [N]. 上海证券报, 2015-11-18 (A07).

95. [唐] 慧立. 大唐大慈恩寺三藏法师传 [EB/OL]. [2021-1-30]. http://www.cngdwx.com/tangsong/datangdaciensisancangfashichuan/304946.html.

96. 施美均. 秘密的激情：尼赫鲁的另一面 [EB/OL]. (2019-10-31) [2021-1-30]. http://www.whb.cn/zhuzhan/xueren/20191031/298626.html.

英文文献

1. AGGARWA J C. Landmark in the History of Modern Indian Education [M]. New Delhi：Vikas Publishing house PVT LTD, 2006.

2. WATERBURY J. Exposed to Innumerable Delusions：Public Enterprise and State Power in Egypt, India, Mexico, and Turkey [M]. London：Cambridge University Press. 1993.

3. AGRAWAl K L, et al. An Analytical Study of Teacher Education In India [M]. Amitabh Prakashan, 1984.

4. AIYAN S P. The Governance of Universities [M] // Shah A B. Higher Education in India, Bombay：Lal Vani Publishing House, 1967.

5. ALTBACH P. Student Politics in Bombay [M]. New York：Asia Publishing House, 1968.

6. ALTBACH P. India：a World-Class Country Without World-Class Higher Education [M]. Boston：Center for International Higher Education, 2005.

7. ARNOLD D. The New Cambridge History of India：Science, Technology and Medicine in Colonial India [M]. London：Cambridge University Press, 2004.

8. ASHA G. Divided Government and Private Higher Education Growth in India

International Higher Education [M] . New York: Spring, 2004.

9. ASHBY E, ANDERSON M. University: British, Indian and African: A Study in the Ecology of Higher Education [M] . Boston: Harvard University Press, 1966.

10. ASHER C B, TALBOT C. India Before Europe [M] . London: Cambridge University Press, 2008.

11. AVARI B. Islamic Civilization in South Asia: a History of Muslim Powers and presence in the Indian Subcontinent [M] . London, New York : Routledge, 2013.

12. BASU D D. Introduction to the Constitution of India [M] . Nagpur: Lexis Nexis Butterworth Wadhwa, 2011.

13. BEHAR S C. India [M] //Clark, B. & Neave, G. The Encyclopedia of Higher Education. London: Pergamon Press, 1992.

14. BELLENOIT H J A. Missionary Education and Empire in Late Colonial India: 1860-1920 [M] . London: Pickering & Chartto, 2007.

15. BHATNAGAR S. Education in India [M] . Meerut: Loyal Book Depot, 2007.

16. BISWAS A, AGRAWAL S P. Development of Education in India: A Historical Survey of Educational Documents before and after Independence [M] . Cape Town: Concept Publishing Company, 1985.

17. CHANDRA B, et al. India After Independence 1947-2000 [M] . London: Penguin Books, 2000.

18. CHOWSHURY S R. Politics, Policy and Higher Education in India [M] . Singapore: Palgrave Macmallan, 2017.

19. COHN S B. Colonialism and its Forms of Knowledge: The British in India [M] . New Jersey: Princeton University Press, 1996.

20. COLLET D S, SARKAR S C. Life and Letters of Raja Rammohun (Ram Mohan) Roy [M] . Calcutta: Loan Stack, 1914.

21. CRE. The British Raj: The History and Legacy of Great Britain's Imperialism in India and the Indian Subcontinent [M] . New York: Charles River Editors, 2016.

22. DALTYMPL W, MUGHALS W. Love and Betrayal in Eighteenth-century India [M] . New York: Penguin Books, 2004.

23. DAS D. India from Curzon to Nehru and After [M] . London: Collins Clear -type Press, 1969.

24. DATTA S A. A History of the Indian University System: Emerging from the Shadows of the Past ［M］. Singapore: Palgrave Macmillan, 2017.

25. DONGERKERY S R. University Autonomy in India ［M］. Mombay: Lalvani Pub. House, 1967.

26. FRIEDMAN T. The World is Flat: A Brief History of the Twenty-First Century ［M］. New York: Farrar, Straus and Giroux, 2005.

27. GANDHI M K. An Autobiography or the Story of my Experiments with Truth ［M］. Ahmedabad: Navajivan Publishing House, 2007.

28. GHATAK U R , et al. Indian Association for the Cultivation of Science: A Century ［M］. Calcutta: Sree Saraswaty Press Ltd, 1976.

29. GRIFFITHS, P The British Impact on India ［M］. London: MacDonald, 1952.

30. GUHA R. Makers of Modern India ［M］. New Delhi: Penguin Books India, 2010.

31. GUHA R. India after Gandhi: The History of the World's Largest Democracy ［M］. New Delhi: Pens Book, 2010.

32. HARTE N. The University of London 1836－1986: An Illustrated History ［M］. London: The Athlone Press, 1986.

33. KHAN I A. Historical Dictionary of Medieval India ［M］. Plymouth: The Scarecrow Press, Inc, 2008.

34. KOCHHAR S K. Pivotal Issues in Indian Education ［M］. New Delhi: Sterling Publishers Private Limited, 1984.

35. LAL R B, SINHA G N. Development of Indian Education and Its Problem ［M］. Meerut: R. Lall Book Depot, 2007.

36. LEADBEATER T. Britain and India 1845－1947 ［M］. London: Hachette Livre Hodder Education, 2008.

37. MAJUMDAR R C. History of the Freedom Movement ［M］. Singapore : South Asia Books, 1988.

38. HOWELLS G, UNDERWOOD A C. The Story of Serampore and its College ［M］. New Delhi: Serampore, 1918.

39. JAFFRELOT C. Hindu Nationalist Movement and Indian Politics: 1925 to the 1990s ［M］. New York: Viking Press, 1996.

40. MASANI Z. Macaulay: Britain's liberal Imperialist ［M］. New Delhi: The Bodley Head Cover, 2013.

41. MEHENDIRATTA P R. University Administration in India and The USA Approaches, Issues and Implications: A Comparative Study [M]. New Delhi: Oxford & IBH Publishing Co, 1984.

42. METCALF D B, METCALF T. A Concise History of Modern India [M]. London: Cambridge University Press, 2006.

43. MOHAN R T. Brick by Red Brick: Ravi Matthai and the Making of IIM Ahmedabad [M]. New Delhi: Rupa Publications India Pvt Ltd, 2011.

44. MOOKERJI R K. Ancient Indian Education: Brahmanical and Buddhist [M]. New Delhi: Motilal Banarsidass Publication, 1989.

45. NEHRU J. Discovery of India [M]. London: Oxford University Press, 1989.

46. NEGI U R, BHALLA V. Effectiveness and Quality in Higher Education [M]. New Delhi: Association of Indian Universities, 1999.

47. PANIKKAR K N, NAIR M B. Globalization and Higher Education in India [M]. New Delhi: Pearson, 2012.

48. PINTO M. Federalism and Higher Education: the Indian Experience [M]. New York: Orient Longman, 1984.

49. POWER K B. Indian Higher Education [M]. New Delhi: Concept Publishing Company, 2002.

50. REIFELD J H H. Islamic Education , Diversity and National Identity: On Madras in India Post 9/11 [M]. New Delhi. Sage Publications, 2006.

51. PRABHU R K, RAO U R. The Mind of Mahatma Gandhi [M]. Ahmedabad: Navajivan Publishing House, 2007.

52. RAZA M. Higher Education in India: Retrospect and Prospect [M]. New Delhi: Association of Indian Universities, 1991.

53. SEBALY K P. The Assistance of Four Nations in the Establishment of the Indian Institutes of Technology, 1945–1970 [M]. New Delhi: Malloy Lithprinting Inc, 1972.

54. SGHARFE G H. Education in Ancient India [M]. Leiden: Boston; Koln: Brill, 2002.

55. SHARMA K A. Sixty Years of the University Grants Commission: Establishment, Growth, and Evolution [M]. New Delhi: Secretary University Grants Commission, 2013.

56. SETHI J D. The Crisis and Collapse of Higher Education in India ［M］. New Delhi: Vikas Publishing House Pvt. Ltd. , 1983.

57. SINGH A. Fifty Years Higher Education in India: The Role of the University Grants Commission ［M］. New Delhi: Sage Publication India Ltd. , 2004.

58. SINGH A. Redeeming Higher Education: Essays in Educational Policy ［M］. New Delhi: Ajanta Publications, 1885.

59. SINGH A, SHARMA G D. Higher Education in Indian: The social context ［M］. New Delhi: Konark Publishers Pvt Ltd. , 1989.

60. SINGH S. The Educational Heritage in Ancient India: How an Ecosystem of Learning Was Laid to Waste ［M］. New Delhi: Notion Press, 2017.

61. SRINIVASA S. Liberal Education and its Discontents: The Crisis in the Indian University ［M］. New York: Routledge, 2019.

62. SUNDREAM V A. Benaras Hindus University: 1916 - 1942 ［M］. NewDelhi: Rameshawar Pathak, 1942.

63. SURI S M. American Influence on Higher Education in India: a Study of Post -independence Era ［M］. New York: Sterling Publication Pvt Lid. , 1979.

64. TICKOO C. Indian universities ［M］. Madras: Orient Longman, 1980.

65. JAMMULAMADAK N. A Postcolonial Critique of Indian's Management Education Scene ［M］//THAKUR M, BABU R R. Management Education in India Perspectives and Practices. Singapore: Springer Nature, 2017.

66. JAYARAM N. Higher Education in India: Massification and Change ［M］// ALTBACH P G, UMAKOSH T. Asian Universities: Historical Perspective and Contemporary Challenges. Baltimore: The Johns Hopkins University Press, 2004.

67. HASAN M. Negotiating with Its Past and Present: The Changing Profle of the Aligarh Muslim University ［M］// Hasan M (ed.). Knowledge, Power & Politics: Educational Institutions in India. New Delhi: Roli Books, 1998.

68. JAYARAM N. Beyond Retailing Knowledge Prospects of Research-Oriented Universities in India ［M］//ALTBACH P G, BALAN J. World Class Worldwide Transforming Research Universities in Asia and Latin America. Baltimore: The John Hopkins University Press, 2007.

69. JAYARAM N. The Fall of the Guru: the Decline of the Academic Profession in India ［M］//Altbach P. The Decline of the Guru: Decline of the Academic Profession in Developing and Middle-income Countries. Boston: Center for International

Higher Education, 2002.

70. MAJEED J. James Mill's The History of British India: A Reevaluation [M] // MOIR M I, et al. J. S. Mill's Encounter with India. Toronto: University of Toronto Press Inc, 1999.

71. RAZA M, et al. Higher education in India: An assessment [M] // Raghavan J V. Higher education in the eighties. New Delhi: Lancer International, 1985.

72. SEDWAL M. The Emergence and Expansion of Indian Universities Before Independence: A Historical Perspective [M] // BHUSHAN S. The Future of Higher Education in India. Singapore: Springer Nature Pte Ltd, 2019.

73. SHAH A B. Higher education: Problem of Expansion [M] // Shah A B. Higher Education in India, Bombay: Lal Vani Publishing House, 1967.

74. SHI X G, YAN F Q. Higher and Professional Education in India [M] // GERHAEUSSER K, et al. Resurging Asian Giants – Lessons From the People's Republic of China and India. Manila: ADB, 2010.

75. SINHA A. From Management Institutes to Business Schools: An Indian Journey [M] //THAKUR M, BABU R R. Management Education in India Perspectives and Practices. Singapore: Springer Nature, 2017.

76. TILAK J B G. Emerging Trends and Evolving Public Policies in India [M] // ALTBACH P. Private Prometheus: Private Higher Education and Development in the 21stCentury. Boston: Boston College, 2003.

77. THAKARE S. The Educational Philosophy of Rabindranath Tagore and Dr. Radhakrishnan [J]. International Journal of History and Philosophical Research, 2016 (1).

78. THORA S. Affirmative Action India [J]. Policy Brief, 2006 (2).

79. TILAK J B G T, VARGHES N. Financing higher education in India [J]. Higher Education, 1991.

80. TOOLEY J. Management of Private–aided Higher Education in Karnataka, India: Lessons from an Enduring Public–Private Partnership [J]. Educational Management Administration & Leadership, 2005 (4).

81. SINGH A. The Indian University Grants Commission [J]. Higher Education, 1984 (13).

82. SINGH, KUMAR A. The Impact of Foreign Study: The Indian Experience [J]. Minerva, 1962 (1).

83. SHAEMA V. Reject Ambani－Birla Report on Education ［J］. New Delhi: People's Democracy, 2001 (12).

84. STEELEA T, Taylor R. Indian Adult Education and the Post－colonial Legacy ［J］. International Journal of Lifelong Education, 1994 (6).

85. AGARWAL P. Private Deemed Universities in India ［J］. International Higher Education, 2007 (49).

86. AlAM S S, ALAM S N. Sir Ashutosh Mukherjee: A Brilliant Mathematician and A Brilliant Educator of the Future Minds ［J］. International Journal of Research, 2015 (3).

87. BASU A. Technical Education in India: 1900－1920 ［J］. Indian Economic Social History Review , 1967 (4).

88. BALARAM P. The Indian Institute of Science: Marking a Centenary ［J］. Bangalore: Rresonance, 2009 (5).

89. ALTBACH P. Student Politics and Higher Education in India ［J］. Daedalus, 1968 (1).

90. EDITORIALS. Nehru Era ［J］. Economic Weekly (Special), 1964.

91. BHATIAL K, DASH M K. A Demand of Value Based Higher Education System in India: A Comparative Study ［J］. Journal of Public Administration and Policy Research, 2011 (5).

92. BLACK J. The Military Influence on Engineering Education in Britain and India: 1848－1906 ［J］. The Indian Economic and Social History Review, 2009 (2).

93. KHATUN A. Privatization of Higher Education: Problems and Issues in India ［J］. International Journal of Innovative Social Science & Humanities Research, 2015 (1).

94. KUMAR N. Transformation in Indian Higher Education and Prospects ［J］. Human Resource, 2012.

95. KUMA T, VIJENDER S. Downsizing Higher Education: An Emergent Crisis ［J］. Economic and Political Weekly, 2003 (7).

96. KUPPUSAMY S. Higher Education in India: an Overview ［J］. International Journal of Educational Administration, 2009 (1).

97. MALHOTRA A. The Axis of Neocolonialism ［J］. World Affairs, 2007 (3).

98. MES－104－1. Structure and Organization of Higher Education in India//

SOE. Planning and Management of Higher Education: A Macro-Perspective [J] . Indra Gandhi National Open University, 2003 (1) .

99. MES-101-2. The Constitutional Provision Regarding Indian Higher Education//SOE. Indian Higher Education: Policies and Plans [J] . Indra Gandhi National Open University, 2003 (2) .

100. MES-101-4. The Evolving Professional Role of a University Teacher// SOE. The Progressive Social Role of a University Teacher [J] . Indra Gandhi National Open University, 2003 (4) .

101. MOOKERJI K R. Glimpses of Education in Ancient India [J] . Annals of the Bhandarkar Oriental Research Institute, 1944 (1) .

102. MITRA S K. Internationalization of Education in India: Emerging Trends and Strategies [J] . Asian Social Science, 2010 (6) .

103. PERTZ S. The Guru in Me [J] .Tamara Journal, 2005 (3) .

104. RASHAKRISHNAN S. Radhakrishnan Commission Report on Higher Education [J] . Journal of Economics and Public Policy, 2017 (2) .

105. RAJAGANESAN D. Panel XII: The Challenge of Education—A Policy Perspective [J] . The Indian Journal of Political Science, 1986 (1) .

106. SEBALY P K. Tata Steel and higher technical education in India: The Padshah Plan, 1916-21 [J] . History of Education, 1988 (17) .

107. SHARMA V. Indian Higher Education Commodification and Foreign Direct Investment [J] .The Marxist, 2007 (2) .

108. SOMANATHAN R. The Assumptions and the Arithmetic of Caste-based Reservations [J] . Economic and Political Weekly, 2006 (24) .

109. SPECIAL. Nehru Era [J] . The Economic Weekly, 1964 (7) .

110. VIJAYKUMAR B, TEWARI V K. Aifucto Attacts Ambani-Birla Report [J] .NUTA Buletin, 2001 (8) .

111. VINOTHKUMAR K. Earlier National Education Policies of India- A Review [J] .International Research Journal of Engineering and Technology (IRJET), 2018 (12) .

112. YERAVDEKAR V R, TIWAR G. Internationalization of Higher Education in India: Contribution to Regional Capacity Building in Neighboring Countries [J] . Procedia: Social and Behavioral Sciences , 2014 (2) .

113. VARGHESE N V. BRICS and International Collaborations in Higher Educa-

tion in India [J]. Frontier. Education, 2015 (10).

114. TILAK J B G. University Finances in India: A Review of Problems and Prospects [J]. Higher Education, 1988 (6).

115. APTE D G. Universities in Ancient India [D]. Baroda: Maharaja Sayajirao University, 2009.

116. HAGGERTY, W. J. Higher and Professional Education in India [D]. Washington. D. C. : Institute of International Studies (DHEW/OE), 1969.

117. NAI K. History of Education in Bengal during Early Medieval Period: A Study [D]. Visva-Bharati, Santiniketan, 2017.

118. SUNDER S. Higher Education Reforms in India [D]. New Haven: Yale University, 2010.

119. IAU. Newsletter July 2001 [J]. IAU, 2001 (3).

120. AGARWAL P. Higher Education in India: The Need for Change [R]. New Delhi. Indian Council for research on International Economic Relations, Working Paper No. 180. 2006.

121. BHARGAVA S R C, et al. Report of IIM Review Committee [EB/OL]. (2013-10-28) [2022-7-8]. https: //www. education. gov. in/en/report-iim-review -committee-bhargava-committee-report.

122. BHAUMIK S K. et al. Foreign Direct Investment in Emerging Markets: Survey of FDI in India [R]. London: London Business School, 2003.

123. FEITH D. India's Higher Education Sector in the Twenty-first Century- a Growing Market and the Need for Greater International Engagement [R]. Melbourne: Asian Studies Association of Australia, 2008.

124. THORA S. Higher Education in India Emerging Issues Related to Access, Inclusiveness and Quality [R]. Mumbai: University of Mumbai, 2006.

125. VIRMANI A. India's Economic Growth: From Socialist Rate of Growth to Bharatiya Rate of Growth [R]. New Delhi: ICRIER Working paper, 2004.

126. GUPTA S P. Report of the Committee onIndia Vision 2020 [R]. New Delhi : Planning Commission, Government of India, 2002.

127. IGNOU: Master of Arts (History): Programme Guide [R]. New Delhi School of Social Science. 2011.

128. KAUL S. Higher Education in India: Seizing the Opportunity [R]. New Yoek: Working Paper No. 179, 2006.

129. SANCHETI S, PILLAI L. Institutional Autonomy in Indian Higher Education System: Need for a Serious Debate [R]. New Delhi: Association of Indian Universities, 2020.

130. RATAN A. Madndal Commission – Persistence Education of Caste Identities and Reservations in India [R]. Gujarat: Culture Politics and Identity Research Paper, 2014.

131. STELLA A. External Quality Assurance in Indian Higher Education, Case study of NAAC [R]. International Institute for Education Planning, 2002.

132. UGC-1990. Report of The UGC Committee Towards New Education Management [R]. New Delhi: University Grants Commission Bahadur Shah Zafar Marg, 1990.

133. UGC-2013. India Higher Education – Quest for Excellence [R]. New Delhi: Secretary, University Grants Commission, 2013.

134. GUPTA A. Affirmative Action in Higher Education in India and the US: A Study in Contrasts [R]. CSHE. 10. 06 University of California, Berkeley, 2006.

135. BHU. Banaras Hindu University: Capital of Knowledge [EB/OL]. [2022-07-06]. https: //bhu. ac. in/ mah amana. php .

136. BINOD R. 20 Best Jawaharlal Nehru Quotes About His Vision Of India [EB/OL]. (2020-12-23) [2021-01-30]. Scroodroll. www. scrolldroll. com/ jawaharlal-nehru-quotes/.

137. BRITANNICA, E. E. James Mill: Scottish Philosopher, Historian, and Economist [EB/OL]. (2021-01-12) [2022-07-06]. https: //www. britannica. com/biography/James-Mill.

138. Shilpi Nagpal. History Chapter 7 Civilising the Native, Educating the Nation [EB/OL]. [2022-7-6]. https: // ncert. nic. in /textbook/pdf /hess207. pdf .

139. AMU. University Founder [EB/OL]. (2021-01-27) [2022-07-06]. https: //www. amu. ac. in/about-us/the-founder.

140. ANONYMITY. 28 Insightful Quotes By Rajiv Gandhi [EB/OL]. [2022-07-06]. https: //quotes. The famous people. com/.

141. CI. Swami Vivekananda [EB/OL]. [2022-07-07]. https: //www. culturalindia. net/ reformers /vivekananda. html.

142. CHATTERJEA A, MOULIK S P. Doctoral Education and Academic Research (in India) [EB/OL]. (2006-02-24) [2022-07-06]. http: //digi-

talcommons. ilr. cornell. edu/working papers/65.

143. CULTURAL INDIA. Rajiv Gandhi ［EB/OL］. ［2022-7-8］. https：//
www. culturalindia. net/leaders/rajiv-gandhi. html.

144. GK. TODAY. National Education Policies 1968 and 1986 ［EB/OL］.
（2016-10-01）［2022-07-06］. https：//www. gktoday. in/gk/national-education-
policies-1968- and-1986/# National_Education_Policy_1968.

145. IANS. After 19 years：Government Favors Birla - Ambani Report on
Education Reforms ［EB/OL］. （2019-11-29）［2022-05-25］. https：//www.
newindianexpress. com/ business /2019 / nov/ 29 / after-19-years.

146. IIEP. History：Wood's Despatch on Education ［EB/OL］. （2019-06-
28）［2022-07-06］. http：//www. Indianetzone. com/23/sir_ charles_ wood_ s_ dis-
patch_ education. htm .

147. IIT-K. History of IIT, Kharagpur ［EB/OL］. （2021-01-28）［2022-07
-06］. http：//www. iitkgp. ac. in/institute /history. php.

148. INDIA NETZON. Lord Curzon, Indian Viceroy ［EB/OL］. ［2022-07-
06］. http：//www. indianetzone. com/ 3/ lord_ curzon. htm.

149. JEE - Main. Joint Entrance Examination - Main - Wikipedia ［EB/OL］.
（2018-12-16） ［2022-06-06］. https：//en. wikipedia. org/wild/Joint Entrance
Examination Main.

150. MHRD . Prime Minister's Address to the Nation from the Red Fort? on Inde-
pendence Day ［ EB /OL ］. ［2022-07-06］. http：/ /education. nic. in/policy
prouncements . htm.

151. MHRD-DHE. Report of AISHE 2010-2011. ［EB/OL］. （2011-10-24）
［2022 - 07 - 06］. www. education. gov. in/sites/upload _ files/mhrd/files/statistics/
AISHE201011. pdf

152. MHRDE-DOE. Programme of Action 1992 ［EB/OL］. ［2021-05-19］.
https：//www. education. gov. in/sites/upload_ files/mhrd/files/document-reports/POA
_1992. pdf.

153. MAHESHWARI V K. The Aims and Ideals of Education in Ancient India
［EB/OL］. （2015-01-19）［2022-07-06］. http：//www. vkmaheshwari. com/
WP/? p=1820.

154. MAHESHWARI V K. （a）. Lord Curzon and Indian Education- Neither
appropriate nor opportune ［EB/OL］. （2015-05-06）［2022-07-06］. http：//

www. vkmaheshwari. Com / WP/? p = 1939.

155. MAPOFINDIA. Gandhi's Thoughts on Education［EB/OL］. （2014-10-01）［2022-07-06］. https：//www. mapsofindia. com/personalities/gandhi/thoughts -of-mahatma-gandhi. html.

156. NAIK J P. The Role of Government of India in Education［EB/OL］. （2010-01-17）［2022-07-06］. https：// www. arvind guptatoys. com/arvindgupta/JPNaik_01. pdf.

157. NEWS INDIGO. Higher Education System & Institutes of National Importance［EB/OL］. （2021-01-28）［2022-07-07］. http：//www. aicte. ernet. in/.

158. NRIC. Report on The System of Education［EB/OL］. ［2022-7-6］. https //www. norric. org.

159. NSSO. Ministry of Statistic and Program implementation［EB/OL］. ［2021-05-22］. http：//mospi. nic. in/NSSOa .

160. PALIT C. Mookerjee, Asutosh［EB/OL］. （2015-03-04）［2022-07-06］. http：//en. banglapedia. org/ index. php.

161. PENIUN. Nehru Stood For An Idea Of India that Embraced Everybody: Shashi Tharoor［EB/OL］. （2018-11-14） ［2021-01-30］. https：//www. youthkiawaaz. com /2018/11/nehru-stood-for-an-idea-of-india-that-embraced-everybody-shashi-tharoor/.

162. SHAILESH K. Contributions of Jawaharlal Nehru to Indian Economy［EB/OL］. （2021-01-30）［2022-07-06］. https：//www. economicsdiscussion. net/ indian-economy/ contribu tions - of- jawaharlal -nehru-to-indian-economy/21134.

163. SINGH N. Yusuf Meherally: 5 Facts on Man Who Coined the Iconic Slogan 'Quit India'［EB/OL］. （2017-08-09）［2021-01-27］. https：//english. newsnationtv. com/india/news /yusuf meherally -179045. html.

164. SINGH S . From World's Education Capital to Depths of Illiteracy［EB/OL］. ［2022-07-06］. https：//indiafacts. org/worlds -education-capital-to-illiteracy-part-iii.

165. SIMRAN S. National Education Movement （1905-1938）［EB/OL］. ［2022-07-06］. https：//www. yourarticlelibrary. com/education/national -education-movement-1905-1938-education/89643.

166. TAG. Birla Ambani Report on Higher Education［EB/OL］. （2015-11-

01) ［2022－05－25］. https：//thecompanion. in/tag/birla－ambani－report－on－
higher－education.

167. TAHMANKAR D V. Lokamany, Tilak：Father of Indian Unrest and Maker of
Modern India ［EB/OL］. (2013－02－05) ［2021－01－27］. https：//archive. org/
details/ lokamanya tilak00dvta.

168. UoC. About the University：Minutes of the Senate for the Year 1857 ［EB/
OL］. ［2022－07－06］. https：//www. caluniv. ac. In / about /Minutes. html.

169. UoC. About the University－ Jurisdiction ［EB/OL］. ［2022－07－06］.
https：//www. caluniv. ac. in /about/ Jurisdiction. html.

170. UGC－1956. The University Grant of Commission Act, 1956 and Rules and
regulations Under the Act ［EB/OL］. ［2022－07－06］. https：//ugc. ac. in/
oldpdf/ugc_ act. pdf .

171. UGC－1971. Report. Report of Committee on Governance of Universities and
Colleges ［EB/OL］. (2018－05－30) ［2022－05－20］. https：//www. indiancul-
ture. gov. in.

172. YPC－REPORT. The Committee to Advise on Renovation and Rejuvenation
of Higher Education ［EB/OL］. (2013－10－28) ［2021－05－19］. https：//
www. education. gov. in/hi/report－committee－advise－renovation－and－rejuvenation－
higher－education－prof－yashpal－committee－report.

173. NKC：Report of National Knowledge Commission ［EB/OL］. (2013－10－
28) ［2021－05－19］. https//www. eprints. rclis. org/7462/1/National_ Knowledge_
Commission_ Overview. pdf.

174. VISWANATHAN S. Lessons not Learnt ［EB/OL］. (2006－03－06)
［2022－07－06］. http：//www. thehindu. corn/thehindu/flinelfl2406/stories/2007040
6003010700. hdn.

175. UoM：History and heritage ［EB/OL］. (2021－01－26) ［2022－07－06］.
https：//www. unom. ac. in/ index. php? route = university/history.

176. VARNAM. The Story behind Macaulay's Education Policy ［EB/OL］.
［2022－7－6］. History：India. varnam. org /2007/08/the_ story_ behind_ macaulays
_ edu.

177. VIGNESH. Five year Plans of India － List of Five Years Plans from (1951
to Till Now) ［EB/OL］. (2020－06－15) ［2021－01－30］. https：//www. recruit-
ment. guru/general－knowledge /five－year－plans/.

178. AHUJA S . Tata's Dream Institution: The Indian Institute of Science (IISc) in Bengaluru [EB/OL] . (2018-06-14) [2022-07-06] . https: //www. parsinews. net/tatas- dream - institution - the - indian - institute - of - science - iisc - in - bengaluru/253766. html.

179. AICTE. Approval Process Handbook (2020-21) [EB/OL] . (2020-03-21) [2022-07-06] . https: //www. aicte-india. org/sites/default/files/APH 2020 _21. pd.

180. AICTE. The All India Council for Technical Education Act, 1987 [EB/OL] . (1987-05-02) [2022-07-06] . https: //www. indiacode. nic. in/bitstream/1234567 89/1880/1/198752. pdf.

181. AHED R. Seven Problems with Higher Education in India [EB/OL] . [2021-05-22] . www. indianraj. com/. /problems with_ higher_ educati. htm.

182. GIPC. FYP-I. XII. Planning Commission, Government of India : Five Year (Five Year Plan: 1st—12th) [EB/OL] . [2022 - 07 - 06] . https: // www. niti. gov. in/planning commission. gov. in /docs /plans /planrel /fiveyr /welcome. html.

183. CABE. Brief History [EB/OL] . [2022-07-09] . https: //www. education. gov. in/ sites /upload_files.

184. MOE. The Report of the University Education Commission, 1948 [EB/OL] . (2020-10-16) [2022-07-08] . https: //www. educationforallinindia. com.

185. AUTHORITY. Gezatte of India: The Institutes of Technology Act, 1961 [EB/OL] . (2012-06-29) [2022-07-08] . https: //www. iitbbs. ac. in/pdf/institutes-of-technolgy-act-1961. pdf.

后 记

　　教育科研工作者对某项研究能够持之以恒地做下去的根本动力大概来自两个方面。一是社会责任感。这主要源于对研究选题本身的学术性和现实性的深刻认识，坚信自己所从事的工作对科学发展进步是有益的和有价值的。二是志趣使然。在我看来，这一点也十分重要。正如俗话所说："热爱是最好的老师。""路漫漫其修远兮，吾将上下而求索。"当今教育史学界，越来越多的学者和青年博士生开始关注和研究印度高等教育发展的历史和现实问题，但在我看来，现有的印度高等教育历史研究成果过于零碎，甚至没有一本全面系统描述印度高等教育通史之作，这也是本人试图弥补这方面缺憾不忘初心和不懈坚持的原因。

　　从最初开始收集文献资料，本书写作过程历时十余载，其间几乎夭折。幸亏期间得到许多老师、朋友和同事的无私帮助、热心鼓励和大力支持。每当想到他们，一股由衷的感激之情油然而生。我深知，没有他们的帮助、鼓励和支持，这本著作几乎不可能问世。经过多年努力，我终于为《印度高等教育史》书稿画上一个圆满句号。

　　回首过往，酸甜苦辣，五味俱全，苦去甘来，初心未改，如愿以偿，百感交集……所有词汇似乎都显得苍白，千言万语汇成一句：感谢，感谢，再感谢。在此，我首先要感谢多年来一直对我学习、生活和写作予以大力支持和帮助的老师、朋友和同事。他们主要有北京大学闵维方、陈学飞、陈洪捷、陈向明、丁小浩、马万华、阎凤桥、文东茅、陈晓宇、刘云杉、岳昌君、吴峰、赵国栋、尚俊杰、蔡磊砢、李春萍、沈文钦教授等；清华大学谢维和、王孙禹、史静寰、李曼丽、叶富贵教授等；北京师范大学顾明远、王英杰、刘宝存、洪成文教授等；北京外国语大学秦惠民教授等；中国人民大学周光礼、刘复兴教授等；厦门大学邬大光教授等；北京航空航天大学郑晓齐、雷庆教授等；首都师范大学王晓阳教授等；中央民族大学常永才教授等。其次，我也由衷地感谢长期关心、鼓励我进步的中国高等教育学会前会长瞿振元教授，中国教育战略发展学会张

374

双鼓副会长，人民文学出版社臧永清社长等。最后，我要感谢我的家人。我的父母，虽然都已是耄耋老人，疾病缠身多年，但始终不愿给子女增添一点麻烦。他们独立自强，克服身心困难，用行动支持我的工作，对此我既深感愧疚，又心存感激。我还要感谢我的夫人马永霞教授和儿子施翰老师。虽然他们每天也都工作繁忙，还承担更多家务劳动，但他们始终理解、鼓励和支持我坚持完成这项繁重的写作工作。没有他们的理解、包容和奉献，我可能也早已失去勇气和耐心，半途而废。

另外，光明日报社编辑和工作人员为本书出版付出了大量心血。在本书即将付梓之际，我向他们一并表示崇高敬意和诚挚谢意。

2022 年 6 月
于北京大学